C0-AQI-405

Elena Di Pede
Au-delà du refus: l'espoir

Beihefte zur Zeitschrift für die alttestamentliche Wissenschaft

Herausgegeben von
John Barton · Reinhard G. Kratz
Choon-Leong Seow · Markus Witte

Band 357

Walter de Gruyter · Berlin · New York

Elena di Pede

Au-delà du refus: l'espoir

Recherches sur la cohérence narrative
de Jr 32-45 (TM)

Walter de Gruyter · Berlin · New York

⊗ Gedruckt auf säurefreiem Papier,
das die US-ANSI-Norm über Haltbarkeit erfüllt.

ISBN-13: 978-3-11-018846-2
ISBN-10: 3-11-018846-5

Bibliografische Information Der Deutschen Bibliothek

Die Deutsche Bibliothek verzeichnet diese Publikation in der Deutschen Nationalbibliografie; detaillierte bibliografische Daten sind im Internet über http://dnb.ddb.de abrufbar.

Printed in Germany

Einbandgestaltung: Christopher Schneider, Berlin

Préface

L'analyse narrative est désormais une méthode exégétique connue et reconnue. Son intérêt privilégié se porte naturellement dans le premier Testament vers les livres répertoriés par le canon grec dans la section des «livres historiques». Sont étudiés en particulier la Genèse et le début de l'Exode, les Juges, Samuel et certaines pages des livres des Rois, des œuvres dont les qualités narratives sont reconnues de longue date. En réalité, avec quelques autres livres comme Esther, Ruth ou Jonas, ces récits sont souvent façonnés à l'aide de techniques relevant de l'écriture de fiction, quoi qu'il en soit de leurs rapports indéniables mais complexes avec l'histoire d'Israël et de ses ancêtres. Est-ce cette particularité de ces livres ou simplement leur qualité littéraire qui a attiré l'attention des exégètes férus de narratologie?

Toujours est-il que ceux-ci se sont peu intéressés jusqu'ici à d'autres récits du premier Testament, comme ceux que l'on trouve dans les livres des prophètes dits écrivains, en particulier Jérémie ou Ézéchiel. Est-ce dû au rapport plus étroit que ces livres entretiennent avec les événements de l'histoire de Juda, un rapport qui peut être perçu comme gênant pour l'approche narrative? Est-ce au contraire la qualité des récits qui est en cause, voire leur insertion dans un corpus où le message semble primer sur la forme? Est-ce le caractère décousu de beaucoup de ces récits qui détourne l'attention des chercheurs? Pourtant, des études littéraires ont montré, pour certains livres ou parties de livres prophétiques[1] que, malgré leur aspect souvent désordonné, ils présentent parfois une belle unité de composition et ne manquent pas de rigueur littéraire dans l'élaboration patiente de leur message. Mais cette qualité apparaît seulement si l'on envisage ces textes indépendamment d'une préoccupation exclusivement historique.

Dans cet esprit, il valait la peine de tenter une analyse narrative de récits prophétiques. Le long ensemble en prose qui, dans le livre de Jérémie, fait suite au «livret de la consolation» (Jr 30–31) et s'enchaîne à lui au moyen des chapitres 32 et 33, s'avérait un beau terrain de recher-

1 Je pense par ex. à J.M. ABREGO DE LACY, *Jeremías y el final del reino. Lectura sincrónica de Jer 36–45*, Estudios del Antiguo Testamento 3, Valencia, 1983, à P. BOVATI, R. MEYNET, *Le livre du prophète Amos. Analyse rhétorique*, Rhétorique biblique 2, Paris, 1994, et, plus récemment, à D. JANTHIAL, *L'oracle de Nathan et l'unité du livre d'Isaïe*, BZAW 343, Berlin – New York, 2004.

che dans la mesure où plusieurs difficultés sérieuses permettent de tester l'à-propos et l'utilité des outils de la narratologie biblique dans l'approche synchronique de textes narratifs prophétiques dont la caractéristique est de coller davantage à une certaine actualité de la vie du prophète ou du peuple au sein duquel il évolue. C'est le mérite d'Elena Di Pede de s'être aventurée non sans audace dans cette *terra incognita,* et d'avoir conduit sa recherche d'une manière qui me semble concluante à bien des égards, en tout cas quant à l'intérêt du recours à la méthode narrative pour étudier de tels corpus.

La question de l'unité du récit abordé est sans nul doute la plus redoutable, notamment en raison de l'habitude bien enracinée de lire les chapitres 32–33 soit comme une unité indépendante, soit comme le prolongement de la série des oracles poétiques du «livret de la consolation». Secouant cet usage courant, l'étude approfondie du chapitre 32 fournit de bons arguments pour envisager une autre hypothèse dont l'intérêt majeur me semble être de mettre en évidence une possible cohérence pour l'ensemble des chapitres en prose qui suivent (Jr 32–45). Quant à l'examen de l'intrigue, il vient donner du corps à cette hypothèse de l'unité de cet ensemble, hypothèse que la critique ne pourra plus ignorer dans la recherche sur la composition du Jérémie hébreu. De plus, ce regard original sur ce qui noue le récit épisodique propose une clé de lecture pour dégager la signification de cet ensemble.

La chronologie plus qu'étrange des chapitres 32 à 37, ou même à 39, est un autre défi lancé à l'analyse narrative. Le récit présente en effet de multiples dyschronies, dont André Neher disait déjà qu'elles reflètent littérairement le chaos que connaissaient Juda et Jérusalem dans les mois précédant la chute de la ville sainte aux mains des Babyloniens[2]. Cette chronologie à première vue aberrante devient ici un merveilleux terrain d'observation des effets qu'un récit peut produire lorsque le narrateur y joue sur la distinction entre l'ordre de présentation des faits dans l'intrigue et la chronologie «réelle» de ceux-ci, la *fabula,* qu'un lecteur attentif est en mesure reconstruire grâce aux données du récit. Car si un narrateur opte pour un ordre non chronologique, c'est qu'il estime que le récit en sera plus efficace. Reste à découvrir en quoi. Et sur ce point, plusieurs pistes intéressantes sont ici explorées.

Cette question de la chronologie illustre à merveille un autre élément important qui émerge de cette recherche narrative: le texte requiert la participation active du lecteur qui ne peut rester passif s'il veut que ce qu'il lit prenne sens. La Bible, écrit Marc-Alain Wolf, est un «livre anarchique et exubérant. [...] Son unité paradoxale éveille la

2 A. NEHER, *Jérémie,* Points Sagesse 139, Paris, 1998 (original 1960), p. 13.

curiosité, attise la question [...]. Ses silences, ses ellipses, ses condensations, ses contradictions dérangent et provoquent le lecteur», dont, ajoute-t-il, elle prévient l'auto-effacement[3]. Ainsi, si le texte est un mécanisme paresseux, selon l'expression heureuse d'Umberto Eco, le lecteur n'a pas le droit de l'être. Voilà qui se vérifie bien souvent au long des pages de ce livre: le récit de Jr 32–45 est un texte exigeant, qui livre ses secrets au lecteur qui prend le temps de s'y attarder avec patience et s'abstient de taxer d'absurde ce qui échappe à sa logique spontanée, ce qui ne fait pas sens du premier coup. Bref, une exigeante école de lecture. Mais aussi, sans doute, un enseignement sur la nature du texte prophétique qui n'est tel que dans la mesure où il est reçu par un sujet qui consent à le prendre au sérieux au point de chercher à comprendre.

La question des personnages et de leur construction narrative retient également l'attention. L'étude de la figure du prophète me semble revêtir un intérêt tout particulier, et non seulement sous l'angle de l'analyse narrative. En effet, l'intérêt pour la personnalité des prophètes a souvent suscité l'intérêt des études historiques en raison du caractère particulier de la prophétie en Israël. Mais ce dont témoignent les livres bibliques, c'est moins de la personne historique du prophète lui-même que de l'image qu'il a laissée chez les héritiers de son message, et c'est cette image qui a été reçue dans les communautés croyantes. Même si elle n'est pas toujours très proche de ce que fut le personnage historique, elle n'en est pas moins digne d'intérêt. Une étude littéraire comme celle qui est donnée ici du personnage de Jérémie propose une manière intéressante de mettre en lumière la figure de ce prophète telle qu'elle émerge du livre qui en porte le nom[4].

Il est à espérer que, malgré des imperfections inhérentes à toute recherche originale, cette étude innovante trouvera sa place dans le concert des études jérémiennes. En effet, c'est rien de moins qu'un changement de paradigme qu'elle introduit dans sa manière même de saisir le texte prophétique – et l'on sait combien ce type de changement peut être à même de renouveler les questions, d'ébranler les positions massives, de proposer de nouveaux angles de vue. Il est aussi à espérer qu'elle fera des émules.

Prof. André Wénin
Université catholique de Louvain

3 M.-A. WOLF, *Un psychiatre lit la Bible,* Lire la Bible 141, Paris, 2005, p. 16.

4 Dans le cas de Jérémie, je devrais écrire: «telle qu'elle émerge de la forme hébraïque du livre qui porte ce nom». Il serait intéressant en effet d'explorer les effets de sens particuliers qui ressortent de la forme courte de ce livre attestée par le grec de la LXX.

Avant-propos

Cette étude a été présentée comme thèse de doctorat en théologie à la Faculté de théologie de l'Université catholique de Louvain en décembre 2004. Elle n'aurait certainement pas vu le jour sans le soutien d'un certain nombre d'institutions et de personnes. Ma gratitude va en premier lieu au F.N.R.S. (Fonds National de la recherche Scientifique) qui financé cette recherche. Je remercie également le Doyen, les professeurs et les membres de la faculté de Théologie qui m'ont soutenue et encouragée tout au long de mes études. Tout particulièrement, je remercie les professeurs de l'unité d'exégèse qui, grâce à la mise sur pied du réseau de recherche en analyse narrative des textes bibliques (RRENAB), ont su créer un climat de travail particulièrement stimulant et créatif.

Toute ma reconnaissance va en particulier aux professeurs Pierre-Maurice Bogaert et André Wénin. Avec beaucoup de finesse, le premier m'a appris à ouvrir les pages du livre de Jérémie et à apprécier cet écrit complexe et fascinant. Le second a bien voulu relever «le défi de Jérémie» et a accompagné ce travail de ses nombreux conseils avisés et amicaux.

Que tous ceux qui, avec beaucoup de persévérance et de vigilance, ont relu ces nombreuses pages afin de traquer les inattentions et les coquilles, soient eux aussi remerciés.

Ma gratitude va enfin aux Professeurs John Barton, Reinhard G. Kratz, Choon-Leong Seow et Markus Witte qui ont accueilli cette étude dans la collection BZAW, aux éditions de Gruyter.

Je dédie ces pages à tous ceux qui, de près ou de loin, ont soutenu mon travail par leurs encouragements, surtout dans les moments les plus difficiles: toutes les personnes qui, comme ma famille, m'ont entourée de leur amitié sans faille et de leur sympathie tout au long de l'élaboration de cette recherche.

Namur, le 1er Octobre 2005

Elena Di Pede
Collaborateur scientifique F.N.R.S.

Table des Matières

Deuxième partie
La temporalité en Jr 32–45 et la logique du récit

Troisième partie
L'intrigue et les personnages du récit

Conclusion générale

Introduction

Quand on a visité les lieux,
que l'on a suivi les parcours et les chemins
balisés, que la curiosité est assouvie
quant à ce que l'on voulait voir et qui était
à ne pas manquer, on revient quelquefois
sur les pas de sa promenade,
regarder
à nouveau – quant à soi, pourrait-on dire –
les choses et les endroits
déjà vus une première fois,
comme s'il fallait ce retour
pour s'en souvenir plus tard.

N. MALINCONI, *Détours à Grignan*[1]

Lire un texte ou l'étudier, c'est un peu comme se promener dans un joli village: on peut avoir différentes attitudes et emprunter différents trajets. Il y a ceux qui passent vite, vite, pour dire: «on l'a vu», ou même «on l'a fait»! Il y a ceux qui s'y promènent une première fois pour avoir une vue d'ensemble puis qui reviennent ensuite aux endroits déjà vus pour y découvrir d'autres choses, ce qui était resté caché lors de la première découverte. Ainsi, il y a les «touristes» et ceux qui «habitent» le village un moment, qui prennent le temps de s'asseoir sur un banc pour observer la vie, les personnes, les animaux, une fontaine... De la manière de visiter dépend aussi l'intensité du souvenir que l'on garde, l'intensité de l'enseignement que l'on reçoit.

Il en va de même lorsqu'on entre dans le monde du récit. Le lecteur peut se comporter en «touriste» ou en «habitant». Cependant, comme pour la visite d'un village, la manière d'entrer dans le récit peut avoir des conséquences majeures pour celui qui accepte d'y séjourner et de se confronter authentiquement avec lui, car

> «le récit se donne aussi, et peut-être d'abord, comme le lieu où prend corps un sens qui fait signe au lecteur, un lieu où se dessine un monde qui de-

1 Grignan, 2002, p. 3.

> mande à être habité, où s'ouvrent de nouveaux possibles, où sont promues des valeurs et où des contre-valeurs sont dénoncées»[2].

C'est en risquant une telle visite que le lecteur peut espérer tirer du récit le plus grand nombre d'enseignements.

Comme un village, le texte a ses limites «géographiques». Une fois écrit, il occupe un espace délimité, défini et définitif: le livre. En effet, contrairement à ce qui peut se passer pour un récit oral, l'histoire écrite est liée à une contrainte matérielle objective, à savoir celle du support. Celui qui écrit doit donc faire des choix afin de mettre en œuvre une stratégie narrative efficace dans les limites que lui offre le livre. Cela pourrait laisser croire que les limites du support déterminent la communication. Mais il n'en est rien. Les limites constituent une chance pour le récit, car

> «"c'est l'un des grands charmes des livres qu'ils doivent finir". Les limitations matérielles du médium – qu'il s'agisse du rouleau ou du codex – sont le versant externe de la nécessité interne qu'a le récit de mener les choses à leur terme, pour notre grand plaisir de lecteurs»[3].

Ainsi l'arrangement du matériau ne dépend que très peu des contraintes éditoriales, mais bien plus essentiellement du message lui-même. Cela est particulièrement vrai en ce qui concerne les textes bibliques qui tentent de formuler le non-dit, l'inexprimable, Dieu, et ce qui se joue dans les rapports des hommes et des femmes avec lui. L'écriture biblique, en effet, permet, à travers le récit, de mettre en scène les interactions des personnages humains entre eux et avec le personnage Dieu, l'inaccessible par excellence.

Raconter ainsi ces relations est capital pour comprendre ce qui peut se passer tant dans le rapport aux autres que dans le rapport à l'Autre dans une situation qui peut être semblable ou qui a des accointances avec celle que vit le lecteur. En effet, l'essentiel de toute démarche de

---

2 A. Wénin, «Personnages humains et anthropologie dans le récit biblique», in: C. Focant, A. Wénin, *La Bible en récit II. Colloque international d'analyse narrative des textes de la Bible, Louvain-la-Neuve, Avril 2004,* BETL 191, Leuven, 2005, à paraître. Dans le même sens, D. Marguerat, «Entrer dans le monde du récit», in: Id., *Quand la Bible se raconte,* Lire la Bible 134, Paris, 2003, pp. 9-37, écrit: «le lecteur réel (vous et moi) est [...] invité [...] à entrer dans la stratégie de lecture induite par l'auteur implicite. On peut même dire que le texte, par l'action qu'il exerce sur le destinataire, *construit* son lecteur en façonnant sa culture et son systeme de valeurs» (p. 17). L'auteur implicite est celui qui est reconstruit par le lecteur au cours de sa lecture, il est l'«image de l'auteur telle qu'elle se révèle dans l'œuvre par ses choix d'écriture et de déploiement d'une stratégie narrative», cf D. Marguerat, Y. Bourquin, *La Bible se raconte. Initiation à l'analyse narrative,* Pour lire, Paris – Genève – Montréal, 1998, p. 217.

3 J.-P. Sonnet, «Le rendez-vous du Dieu vivant. La mort de Moïse dans l'intrigue du Deutéronome (Dt 1–4 et Dt 31–34)», *NRT* 123 (2001), pp. 353-372, citation p. 370.

mise en récit réside probablement dans la prise de distance qui permet d'appréhender le vécu en profondeur. Le récit ressemble au vécu, mais ce n'est pas exactement le vécu – du lecteur en tout cas –, c'est plutôt un miroir de l'histoire[4]. Car la littérature, tout comme l'art et le théâtre, a le pouvoir de représenter les choses. Cela est nécessaire pour que, dans la société au sein de laquelle des œuvres voient le jour, les gens puissent prendre distance par rapport au quotidien et pressentir les catastrophes dans lesquelles leur société s'engouffre, poussée par le serpent de la convoitise. Ainsi, pour revenir au récit biblique, en mettant en scène des événements passés de manière à démonter les ressorts de la violence et de la convoitise, et à mettre en lumière la fidélité du Dieu de l'Alliance et son intervention salutaire dans l'histoire des hommes, il a aidé par son écriture, et il aide par sa lecture, l'humain à comprendre et à se comprendre. Il constitue de la sorte un «processus de mémoire narrative, sans cesse repris» par les communautés afin de faire mémoire des «événements fondateurs du passé», un processus qui «établit la pertinence théologique des événements passés pour comprendre le présent»[5]. En ce sens, «la narrativité est un véhicule littéraire du message de salut», car si «les juifs et les chrétiens se racontent *des histoires*, c'est parce qu'ils croient en un Dieu qui se révèle *dans l'histoire*»[6]. Aujourd'hui, ce processus de mémoire passe à travers la lecture d'un écrit définitif, fondement et fondation de la réflexion[7].

4 Voir à ce propos G. SCARPETTA, «La littérature, miroir de l'histoire? Ce que seuls les romans peuvent dire», *Le Monde Diplomatique* (Mars 2003), p. 30. Celui-ci s'intéresse en particulier au rôle du roman moderne dans la description de la société: «La fonction capitale du roman moderne, ce n'est pas d'"illustrer" par un récit une conception du monde ou de l'histoire déjà élaborée; mais plutôt de révéler, par ses voies spécifiques, "ce que seul le roman peut dire" (selon la formule de Hermann Broch dans *La Mort de Virgile*, reprise et développée par Carlos Fuentes ou Milan Kundera). Il s'agit de dégager le non-dit de l'histoire officielle, les zones de l'expérience humaine que les historiens négligent; de déstabiliser les certitudes, les orthodoxies, les visions du monde constituées; d'explorer l'envers ou le négatif de l'image que nos sociétés donnent d'elles-mêmes». Tout comme la littérature moderne, la littérature ancienne a également ce rôle.

5 MARGUERAT, «Entrer dans le monde du récit», p. 19.

6 MARGUERAT, «Entrer dans le monde du récit», p. 19.

7 Comme le souligne I. CALVINO dans un roman où il met en scène le lecteur confronté à la péripétie de la lecture, *Se una notte d'inverno un viaggiatore*, 13e éd., Milano, 2002, p. 213: «è sulla pagina, non prima, che la parola, anche quella del raptus profetico, diventa definitiva, cioè scrittura. È solo attraverso la limitatezza del nostro atto dello scrivere che l'immensità del non-scritto diventa leggibile, cioè attraverso le incertezze dell'ortografia, le sviste, i lapsus, gli sbalzi incontrollati della parola e della penna. Altrimenti ciò che è fuori di noi non pretenda di comunicare con la parola, parlata o scritta: mandi per altre vie i suoi messaggi».

S'il est vrai qu'une fois écrite, la parole acquiert un caractère définitif, elle n'en demande pas moins toujours l'interaction d'un autre, en l'occurrence le lecteur – la communauté des lecteurs. Sans l'échange avec le(s) lecteur(s), le récit est, demeure lettre morte[8]. Ainsi, selon la célèbre formule de Grégoire le Grand, on peut dire que l'Écriture «grandit avec ceux qui la lisent»[9]. Mais cette croissance ne peut se faire n'importe comment et sans une méthode claire qui respecte le texte tel qu'il nous est parvenu aujourd'hui[10]. Il faudra revenir sur la méthode retenue pour cette étude. Mais avant cela, penchons-nous quelque peu sur le monde du récit et sur le lecteur.

En racontant son histoire, le narrateur[11] crée un monde où des personnages vivent des événements, un monde dans lequel le lecteur est invité à entrer, pour habiter l'espace qui lui est ouvert[12]. Mais pour parcourir correctement ce monde et en tirer des enseignements, le lecteur ne peut y entrer n'importe comment et doit être conscient de la limite qui est la sienne. Cette limite touche au fait même que le lecteur est un être humain. De ce fait, il est un sujet situé dans le temps et l'espace et il s'insère, par sa lecture même, dans un processus qui le précède et le dépasse, un processus d'interprétation dont il n'est qu'un maillon[13]. Il est donc toujours «pétri d'historicité, porteur d'intérêts et

8 Le lecteur et la lectrice «donnent vie à ce monde à partir de ce que le texte dit, et aussi ce qu'il ne dit pas, mais présuppose implicitement», MARGUERAT, «Entrer dans le monde du récit», p. 10.

9 *Moralia in Iob*, XX, 1, cité par A.-M. PELLETIER, *D'âge en âge les Écritures. La Bible et l'herméneutique contemporaine*, Le livre et le rouleau 18, Bruxelles, 2004, p. 155.

10 Un élément également souligné par PELLETIER, *D'âge en âge*, pp. 155-159.

11 Selon la définition de MARGUERAT, BOURQUIN, *La Bible se raconte*, p. 22, le narrateur est «la "voix" narrative d'où émane le récit et qui le raconte». Il s'agit d'un concept littéraire qu'il ne faut pas confondre avec le(s) auteur(s) réel(s) du texte, qui est «le personnage historique, individuel ou collectif, responsable de l'écriture du récit; comme tel, il n'émarge pas au champ de la narratologie». En tant qu'instance qui raconte l'histoire, le narrateur est aussi celui qui sait tout sur l'histoire qu'il raconte. C'est dans ce sens qu'il est omniscient. Voir également J.L. SKA, *«Our Fathers Have Told Us». Introduction to the Analysis of Hebrew Narratives*, Subsidia Biblica 13, Roma, 1990, pp. 39-63.

12 Comme l'écrit MARGUERAT, «Entrer dans le monde du récit», p. 9: «la magie d'un récit est sa capacité de construire un monde. [...] Une phrase – et le narrateur ouvre un espace que le lecteur, la lectrice sont invités à habiter. Le pouvoir d'attraction du récit est de déployer un monde que le lecteur va parcourir, un monde peuplé de personnages, entraîné dans une action où le narrateur a ménagé surprises et rebondissements. Parce qu'il sollicite l'imaginaire du lecteur, le récit fait en un clin d'œil voyager dans l'espace et dans le temps».

13 C'est ce que souligne PELLETIER, *D'âge en âge*, pp. 121-122, en affirmant qu'«en chaque lecture que je fais d'un texte j'engage une histoire qui me précède et qui est comme incorporée à ce que je lis. Malgré l'illusion individualiste qui peut m'habiter,

de représentations particuliers»[14]. Ainsi, il questionne et interprète le texte toujours et seulement à partir de ce qu'il est. Anne-Marie Pelletier le souligne remarquablement. Elle écrit, en effet, que

> «nul n'interroge un texte – son projet fût-il de nature "scientifique" – sans engager un monde de représentations, de connaissances, de jugements, ou encore un vraisemblable, dont les possibilités et les limites commanderont son interprétation. [...] Un texte ne parle que pour autant qu'il est questionné, qu'à la mesure des attentes avec lesquelles il est abordé».

Car, dit-elle,

> «nous ne rejoignons les textes du passé que pour autant que nous les faisons entrer en résonance avec nos questions, nos soucis, nos quêtes d'aujourd'hui. Hors de cette actualisation, qui est au principe de l'acte d'interprétation, ils restent archive muette, lettre morte»[15].

Aussi, c'est l'implication du lecteur dans le monde du récit qui fera en sorte que de ce dernier devienne tombe où trésor[16].

Par ce qu'il est, par son désir et dans une démarche interprétative, en constant dialogue avec le texte, le lecteur apprendra des choses qu'il ignorait, et découvrira des éléments enfouis dans le texte, parfois inconnus de l'écrivain lui-même[17]. Cela est important. Le texte écrit, en effet, n'est figé qu'en apparence et trouve une nouvelle signification

---

mon acte de lire n'est jamais qu'une manière de m'insérer dans un processus qui me précède et qui se prolongera au-delà de moi, puisque "*Le comprendre lui-même doit être pensé moins comme une action de la subjectivité que comme insertion dans le procès de la transmission* où se médiatisent constamment le passé et le présent."» (La citation entre guillemets est de H.G. Gadamer).

14 C'est ainsi que PELLETIER, *D'âge en âge*, p. 139, définit la lecture, et elle ajoute: «Nous sommes invités à nous déprendre de l'idée d'un texte qui comporterait en lui-même, comme propriété intrinsèque, un seul et unique sens, objectif et stable, amarré dans l'intention de l'auteur, que le lecteur n'aurait qu'à recueillir comme on se penche pour ramasser un objet, et qui serait la référence normative pour évaluer les interprétations qu'on en donne». Dans le même sens, M. JONDOT, *Aujourd'hui à Jérusalem: le temps de la Bible*, Parole Présente, Paris, 2001, pp. 13-14, écrit ceci: «Un livre serait aboli s'il était réduit à une seule lecture. L'autre qui l'ouvre à son tour, après nous ou hors de nous, trouve encore à y puiser et c'est heureux. La vérité ne se laisse pas enfermer! Toute lecture oublie du sens comme les moissonneurs d'autrefois laissaient toujours du blé pour le glaneur ou pour d'autres semailles. "L'oubli d'un sens, disait R. Barthes, ne peut être reçu comme une faute"».

15 PELLETIER, *D'âge en âge*, p. 56.

16 Selon l'adage de P. Valéry: «Il dépend de celui qui passe que je sois tombe ou trésor, que je parle ou que je me taise. Ceci ne tient qu'à toi. Ami, n'entre pas sans désir», cité par PELLETIER, *D'âge en âge*, p. 56.

17 En donnant la parole à l'auteur d'un des romans lus par le lecteur, CALVINO, *Se una notte*, p. 216, affirme ceci: «Dai lettori m'aspetto che leggano nei miei libri qualcosa che io non sapevo, ma posso aspettarmelo solo da quelli che s'aspettavano di leggere qualcosa che non sapevano loro». Car, ajoute-t-il, p. 226, «scrivere è sempre nascondere qualcosa in modo che venga poi scoperto».

grâce au lecteur. La richesse du voyage qu'il fera dans le monde que lui ouvre le narrateur dépendra donc toujours, qu'il le veuille ou non, de la situation dans laquelle il se trouve mais aussi de son désir qui le pousse à aller plus loin dans le questionnement lui permettant de comprendre et donc d'interpréter le texte[18].

Ainsi, pour lire correctement, le lecteur doit accomplir un important travail sur lui-même. S'il doit être conscient de ses limites et les reconnaître afin de ne pas se laisser piéger par elles, il doit aussi déposer toute intention ou parti pris pour se laisser questionner par le récit et guider par le narrateur. Il doit être prêt à se laisser interpeller lorsqu'il ne s'y attend pas, à se laisser solliciter par le non-dit que le récit lui-même lui suggère[19]. Souvent, en effet, le récit prend corps en vue d'un enseignement de vie, leçon que le lecteur est invité à prendre par le biais du récit. Car celui-ci lui offre un miroir de la réalité, de sa réalité, dans la mesure où, dans sa mise en scène, le narrateur lui fournit des exemples ou des contre-exemples, face auxquels il pourra se positionner et réagir. Aussi, dans la mesure où le lecteur accepte d'habiter le texte et de se laisser habiter par lui, dans la mesure où il accepte ses sollicitations le temps de la lecture, voire même après, l'espace-livre deviendra alors une référence, son «espace vital»[20], un lieu où il peut (ré)apprendre à se connaître et à vivre, où il peut acquérir un plus d'humanité face aux autres et à l'Autre qui l'interpelle.

Pour ce faire, le lecteur, invité à lire le récit, doit souvent le relire pour en explorer les zones d'ombres, il doit revenir sur ses pas pour bien observer ce qu'il n'avait fait qu'entrevoir. Car le récit est une construction qui «se tisse [...] d'avancées et de retours en arrière», qui «a ses clartés et ses obscurités»[21]. Après une première lecture qui donne une vue d'ensemble, il en demande donc d'autres plus approfondies, en quête de la finesse et de la profondeur du texte. Le lecteur doit s'asseoir, en quelque sorte, et observer; se laisser interpeller par le récit, mais aussi lui poser des questions et écouter les réponses. Pour cela,

---

18 Les deux démarches sont étroitement associées, car «*comprendre* revient nécessairement à interpréter, puisque tout acte de compréhension incorpore à la fois des éléments qui appartiennent à l'objet – en l'occurrence le texte – mais aussi des éléments qui relèvent du sujet cherchant à reconnaître le sens de l'objet», PELLETIER, *D'âge en âge*, p. 48.

19 Cf. CALVINO, *Se una notte*, p. 281.

20 C'est ce que souligne E. LÉVINAS, «La Révélation dans la tradition juive», in: P. RICŒUR e.a., *La Révélation*, Publications des facultés universitaires Saint-Louis 7, Bruxelles, 1977, pp. 55-77, à la p. 56: «La référence ne se concrétise-t-elle pas en lecture et la lecture n'est-elle pas une façon d'habiter? Volume du livre en guise d'espace vital!»

21 MARGUERAT, «Entrer dans le monde du récit», p. 10.

comme dans un village, plusieurs parcours sont possibles, dont certains se recoupent et se croisent. Dès lors, bien que l'itinéraire soit différent, le promeneur passera à nouveau devant le même monument, la même maison. Mais ceux-ci seront perçus d'un autre angle de vue, situés dans un autre ensemble, au point qu'un nouveau passage, loin d'être une simple répétition, sera l'occasion d'un regard neuf, d'une redécouverte.

C'est donc d'un récit biblique et de sa lecture qu'il sera question dans cette étude. Dès lors, la première démarche est de choisir un récit et ce, pour délimiter le champ d'enquête. Le choix s'est porté sur le livre de Jérémie, et en particulier sur la plus longue des sections en prose qui le composent, les chapitres 32–45[22]. Cet ensemble raconte, en gros, le rapport difficile entre YHWH et le peuple de l'alliance, rapport dont le prophète Jérémie est l'intermédiaire principal. Dans la situation difficile que le peuple est en train de vivre – la venue des Chaldéens et le siège de Jérusalem –, le prophète est le témoin et l'objet du refus progressif et inéluctable de la parole de vie qu'il est invité à proclamer. Ainsi, loin de réussir à amener le peuple à une conversion, il est entraîné par lui dans son retour en Égypte, pays de l'esclavage et de l'idolâtrie, où, ainsi que YHWH, il disparaîtra à jamais de la bouche du peuple.

L'ensemble choisi est *a priori* problématique à cause de sa chronologie compliquée[23], mais le mode narratif qu'il présente pousse au minimum à tenter le pari d'une lecture globale. Cela dit, bien qu'elle ne représente qu'une partie du livre, la section choisie est malgré tout assez vaste. C'est la raison pour laquelle on cherchera en vain dans cette étude un *status quaestionis* systématique pour chacun des chapitres de la section retenue. Un tel travail demanderait probablement une thèse en soi et toucherait davantage à l'histoire de l'exégèse[24]. De plus, de longs *status quaestionis* détourneraient l'attention du but que se fixe cette étude.

On l'a dit, la méthode choisie pour aborder la lecture de ce texte est de type littéraire et fera la part belle au récit et à son lecteur. Cela dit, il faut maintenant s'expliquer sur ce choix. Tout d'abord, ce type d'étude

22 Dans ce travail, seules les citations d'autres livres bibliques que Jr seront mentionnées avec le sigle du livre d'où elles sont tirées, à moins que l'abréviation Jr ne soit nécessaire pour éviter toute ambiguïté. – De même, excepté dans les citations ou les titres d'ouvrages, l'abréviation «Jr» désignera le livre de Jérémie tandis que le nom complet «Jérémie» sera dorénavant utilisé lorsqu'il s'agit du personnage du prophète.

23 Il faudra s'expliquer ultérieurement sur ce découpage, ce sera l'objet du tout premier chapitre de cette étude, cf. *infra*, pp. 19-37.

24 Pour pallier ce qui pourra être perçu comme un manque, je renverrai, le cas échéant, à des *status quaestionis* déjà établis.

est encore marginal dans l'univers des études jérémiennes[25]. Pour cette raison, et à cause de l'intérêt que ces méthodes suscitent aujourd'hui dans le monde exégétique francophone, on pourrait soupçonner cette étude de se plier à un effet de mode qui, comme toute mode, est destinée à passer. Certes, cette méthode vivra probablement son déclin un jour, et la lecture ici proposée sera dépassée par d'autres qui iront plus loin. Cependant, le moteur de cette recherche n'est pas la mode, mais la profonde conviction qu'une approche littéraire peut apporter du neuf dans la compréhension du livre biblique qui porte le nom du prophète Jérémie. Aujourd'hui comme depuis plus d'un siècle, les études qui concernent ce livre se centrent pour l'essentiel autour de questions historiques, que ce soit autour de la figure du prophète ou des différentes étapes de la rédaction du livre[26]. Mais ces questions, au demeu-

25 Les études de type littéraire consacrées à l'une ou l'autre partie de Jr ne sont pas très nombreuses à ce jour. On peut citer, par ex., les travaux de J.M. ABREGO DE LACY, *Jeremías y el final del reino, lectura sincrónica de Jer 36–45*, Estudios del Antiguo Testamento 3, Valencia, 1983, et «El texto hebreo estructurado de Jeremías 36–45», *Cuadernos Bíblicos* 8 (1983), pp. 1-49; ceux de B. BOYLE, «Narrative as Ideology: Synchronic (Narrative Critical) and Diachronic Readings of Jeremiah 37–38», *Pacifica* 12 (1999), pp. 293-312; ID., «Ruination in Jerusalem: Narrative Technique and Characterisation in Jeremiah 37–38», *Compass* 32 (1998), pp. 38-45, deux articles tirés de sa thèse doctorale, *Fire in the City: a Synchronic (Narrative Critical) and Diachronic Reading of the Interviews between Zedekiah and Jeremiah in Jeremiah 37:1–38:28a*, Rome, 1997 (à ma connaissance, non publiée); voir aussi la thèse doctorale de J.J. PARDO IZAL, *Pasión por un futuro imposible. Estudio literario-teológico de Jeremías 32*, Tesi Gregoriana. Serie Teologia 76, Roma, 2001. En ce qui concerne les commentaires, tous s'axent prioritairement sur des questions historiques, bien que l'une ou l'autre remarque d'ordre littéraire soit présente dans tous. Parmi les commentaires du livre, trois se détachent: R.E. CLEMENTS, *Jeremiah*, Interpretation. A Bible Commentary for Teaching and Preaching, Atlanta, 1988, et W. BRUEGGEMANN, *A Commentary on Jeremiah. Exile and Homecoming*, Grand Rapids – Cambridge, 1998 (ce volume en réunit deux publiés précédemment, en 1988 et 1991) s'attachent plus que les autres à l'interprétation du texte. Quant au commentaire de J.R. LUNDBOM, *Jeremiah*, AB 21abc, New York – London – Toronto – Sydney – Aukland, vol. 1 (chap. 1–20), 1999, vol. 2 (chap. 21–36) et vol. 3 (chap. 37–52), 2004, il s'inscrit dans la perspective du «rhetorical criticism».

26 Pour un panorama de telles études, voir M. KESSLER, «New Directions in Biblical Exegesis», *Scottish Journal of Theology* 24 (1971), pp. 317-325; L.G. PERDUE, «Jeremiah in Modern Research», in: ID., B.W. KOVAKS, *A Prophet to the Nations*, Winona Lake, 1984, pp. 1-32; W. VOGELS, «Prophètes et littérature prophétique», in: M. GOURGUES, L. LABERGE (eds), *«De bien des manières». La recherche biblique aux abords du XXIe siècle. Actes du Cinquantenaire de l'ACEBAC (1943-1993)*, Lectio Divina 163, Montréal – Paris, 1995, pp. 79-118, en particulier pp. 87-93; R.P. CARROLL, «Century's End: Jeremiah Studies at the Beginning of the Third Millennium», *Current Research* 8 (2000), pp. 18-58; J. FERRY, «"Yhwh crée du nouveau". Restauration et nouveauté dans le livre de Jérémie (Lecture de Jr 30–31)», *EstBib* 60 (2002), pp. 381-404, en particulier pp. 381-388; voir enfin l'ouvrage récent de T. RÖMER, J.-D. MACCHI, C. NIHAN (eds), *Introduc-*

rant fort intéressantes et utiles du point de vue historique, risquent d'en masquer d'autres qui ont trait davantage à l'herméneutique du livre.

Ainsi, le débat actuel cherche à comprendre la constitution du corpus jérémien et tente d'expliquer comment divers courants, dont le plus important semble relever de la mouvance deutéronomiste, ont influencé la composition du livre actuel, duquel la version du TM constituerait la dernière étape connue[27]. Les théories proposées sont multiples et parfois fort complexes et le noyau primitif qu'elles cherchent à reconstituer est souvent différent d'une théorie à l'autre[28]. Cela dit, ce type d'étude met également l'accent sur l'imbrication de poésie et de prose qui se repère en Jr[29], ce qui donne à l'ensemble une complexité encore renforcée par des indications temporelles «illogiques»[30]. De la sorte, elles soulignent un élément étonnant du livre dans son ensemble, à savoir un désordre certain.

C'est ici que l'on touche à ce qui me semble être la limite majeure de l'approche exclusivement historique d'un texte. Privilégier le point de vue de l'histoire de la composition d'un texte détourne parfois de l'entreprise consistant à tenter de comprendre le sens du texte lui-même, et pousse souvent à gommer les difficultés de celui-ci en les expliquant par la présence de diverses strates rédactionnelles[31]. Or

> «c'est tout autant par ses ambiguïtés et ses indéterminations qu'un texte se révèle esthétiquement efficace. Ce sont ces dernières qui activent des interprétations neuves, "lorsque le nouvel interprète ne se satisfait plus de la réponse ou du sens qui ont été formulés avant lui et qui font encore auto-

---

tion à l'Ancien Testament. Le Monde de la Bible 49, Genève, 2004, pp. 345-358, en particulier pp. 352-354.

27 C'est l'hypothèse de P.-M. Bogaert, à laquelle je me rallie. Selon cette hypothèse, les deux textes de Jr, LXX et TM, dépendent tous deux d'un «texte court» hébreu dont la version grecque (LXX) est le meilleur témoin que nous ayons conservé. Le TM, quant à lui, est le meilleur témoin conservé de la relecture de ce texte court, relecture que l'on appelle également «texte long». Pour de plus amples détails, voir en particulier P.-M. BOGAERT, «Le livre de Jérémie en perspective: les deux rédactions antiques selon les travaux en cours», *RB* 101 (1994), pp. 363-406, ainsi que les nombreux travaux de cet auteur dont certains sont cités dans la bibliographie générale de ce travail, cf. *infra*, pp. 367-368. Cela dit, le débat reste ouvert, mais le but de ce travail n'est pas d'y entrer.

28 Voir à ce propos RÖMER, MACCHI, NIHAN (eds), *Introduction*.

29 Il s'agit là d'une particularité de Jr qu'il faudra reprendre en fin de parcours pour voir si une étude de type littéraire peut donner des éléments en vue de mieux comprendre cette alternance.

30 Le terme «illogique» dépend évidemment du point de vue auquel on se place. Je reviendrai abondamment sur cette question dans la deuxième partie du travail.

31 Cette remarque ne vise absolument pas à remettre en question l'existence de diverses strates rédactionnelles dans ce livre à la composition certainement longue et complexe. Elle vise simplement souligner que cette manière de faire ne rend pas service au texte tel qu'il nous est parvenu, mais aurait plutôt tendance à l'appauvrir.

> rité, et cherche à donner une réponse nouvelle à la question impliquée par le texte ou qui lui a été transmise"»[32].

Ainsi, peut-on se contenter des explications de ceux qui, ne cherchant même pas à comprendre la logique interne d'une disposition un peu curieuse du récit, érigent leur incompréhension en système, ôtant de la sorte au livre toute logique et tout sens[33]? N'est-ce pas un peu facile d'évacuer une difficulté de la sorte? N'est-ce pas le meilleur moyen de faire taire une parole, que de la démonter sans chercher à en comprendre le sens? Au fond, cela ne revient-il pas à faire ce que le peuple mis en scène dans le livre fait lui-même: réduire la Parole au silence? Mais si ce texte est «insensé», il faut au moins se demander pour quelle raison des générations de croyants ont continué à le lire et à le transmettre tel quel.

Il ne suffit donc pas de démonter l'horloge pour essayer de comprendre quel mécanisme a été inséré avant l'autre. Après l'avoir démontée, il faut aussi savoir tout remettre à sa place originelle – et non à celle qui semble la plus probable au «démonteur» – pour que le mécanisme fonctionne à nouveau. Dès lors, si les études de type historique amènent une plus grande compréhension sur les questions de la composition du texte et peut-être aussi sur la personne historique du prophète, les études de type littéraire peuvent espérer apporter des réponses quant au sens même du texte. De ce point de vue, le «désordre» du livre, qu'il soit de style ou de chronologie, ne sera pas interprété d'emblée comme le signe de l'inattention ou de l'incompétence de celui (ou ceux) qui a (ont) composé l'ouvrage: il sera plutôt questionné avec l'idée qu'il peut remplir une fonction précise dans l'économie du récit, fonction qu'il s'agit de chercher et d'interpréter.

Le présent travail s'inscrit donc dans ce chantier ouvert par les nouvelles méthodes synchroniques, et recourra en particulier à la méthode narrative. Il cherche à prendre résolument le parti du texte et du lecteur appelé à en découvrir la cohérence et l'articulation narrative. Ainsi,

> «destinataire de ce qui n'est autre chose qu'une narration, ce lecteur n'est pas censé connaître l'envers de la tapisserie – où se trahit l'histoire de sa fabrication; il est invité à discerner dans le dessin qui s'offre à lui la subtile insistance d'une trame narrative»[34].

C'est pour cette raison qu'il a été nécessaire d'opérer, outre le choix de la section à étudier, celui de la version du texte à lire. On le sait, ce livre biblique comporte deux versions complètes, l'une plus courte, dont le

---

32 PELLETIER, *D'âge en âge*, p. 126. Elle cite H.R. Jauss.

33 C'est ce que fait, par ex. R.P. CARROLL dans divers ouvrages, cf. *infra*, n. 6, p. 121.

34 SONNET, «Le rendez-vous», p. 355.

meilleur témoin est à ce jour transmis en grec dans la Septante (LXX), et l'autre plus longue, dont le meilleur témoin connu est le texte massorétique (TM). Méthodologiquement, il faut donc opérer un choix car, d'un point de vue littéraire, les deux livres sont indépendants et ne doivent pas être confondus. Ce choix doit être clair et respecté au cours de la lecture, afin de ne pas courir le risque de corriger une version par l'autre, étant sous-entendu dans cette démarche qu'une version serait «meilleure» que l'autre sur l'un ou l'autre point. Il s'agit là d'une tendance fort présente dans les commentaires critiques du livre, même les plus récents[35], qui mettent en œuvre une démarche de type historique. Ce procédé est à proscrire absolument dans une étude de type littéraire et, pour que celle-ci soit fructueuse, il faut, dans un premier temps, du moins, limiter le champ d'enquête à une version. Dans le cas présent, il s'agira de la version de Jr telle qu'elle nous est rapportée par le TM. La version de la LXX ne sera que très peu prise en considération ici. Elle le sera uniquement lorsque la comparaison peut être utile pour mieux faire ressortir la particularité du récit tel qu'il est présenté par le TM[36].

Le travail se développe en trois parties. Chacune d'elles s'attache à un aspect particulier du texte tout en contribuant à sa manière à illustrer la cohérence narrative de Jr 32–45. La première partie en justifie les limites et présente l'hypothèse de lecture retenue. Dans un premier chapitre, on cherche à montrer la validité du découpage retenu, qui pousse à lire dans la foulée et sans interruption un ensemble de chapitres souvent morcelé par la critique. Ensuite, un second chapitre analyse de plus près le chapitre 32, début de cette longue section en prose, en vue de mettre en évidence sa cohérence interne et son importance pour le récit qui suit. Il en est, en effet, la porte d'entrée et, en tant que tel, il fournit au lecteur des éléments essentiels pour comprendre la suite, ce que l'analyse narrative appelle le «contrat de lecture».

La deuxième partie reprend dans le détail la question de la chronologie «chaotique» que présente cette longue section en prose. Après une mise à plat du texte (chapitre 1), visant à repérer les «sauts» chronologiques et à voir si le texte lui-même donne des indications pour reconstruire la *fabula* du récit, un deuxième chapitre reprend les travaux de trois commentateurs dits «classiques» pour voir comment, dans le cadre d'une étude de type historique, les difficultés rencontrées

35 Cf., par ex., W. McKane, *A Critical and Exegetical Commentary on Jeremiah*, ICC, vol. 2, Edinburgh, 1996.

36 Une analyse narrative distincte des deux textes est peut-être susceptible d'apporter des arguments de type littéraire à la meilleure compréhension de l'histoire de la composition du livre.

lors du chapitre 1 sont étudiées et résolues. Tout en soulignant l'importance de ces études qui mettent le doigt, on l'a dit, sur un élément essentiel et étonnant de Jr, ce chapitre montrera que le but recherché par ces commentateurs, à savoir rendre le livre plus compréhensible au lecteur de Jr, n'est pas vraiment atteint et que, dès lors, une autre approche s'avère utile. C'est à celle-ci qu'est consacré le troisième chapitre, qui reprend les données textuelles relevées dans le premier chapitre. Grâce à l'utilisation de la rhétorique sémitique et des outils forgés par la narrativité pour travailler la gestion du temps du récit, le texte sera parcouru à nouveau dans son ensemble afin d'en déceler l'organisation et la logique interne d'un point de vue temporel.

La troisième et dernière partie du travail présentera trois chapitres au contenu strictement narratif. Dans un premier temps, on reprend les données récoltées tout au long des deux premières étapes, en vue de détecter la présence d'une intrigue d'ensemble et d'en voir le développement, ainsi que l'enseignement que peut en tirer le lecteur (chapitre 1). Les deux chapitres suivants se centrent ensuite sur l'étude des personnages du récit. Le chapitre 2 s'attache à la figure de Jérémie, personnage central en tant que médiateur prophétique entre YHWH et son peuple. Cette étude mettra déjà en lumière l'un ou l'autre aspect concernant les autres personnages qui, d'une manière ou d'une autre, interagissent tous avec le prophète. Ensuite, comme l'ensemble étudié présente deux épisodes où Jérémie semble absent, on s'y attardera en vue de mettre en lumière les agissements des acteurs du récit lorsque le prophète n'est pas là. Cela fera l'objet du troisième chapitre.

La conclusion de ce travail reviendra notamment sur la cohérence de l'unité littéraire retenue et sur l'imbrication de poésie et de prose dans Jr, et cherchera à donner une réponse à la question de la fonction des chapitres 32–45 dans l'économie globale de ce livre biblique, ainsi qu'à celle, fort complexe, de la structure de l'ensemble de Jr.

Ce travail voudrait montrer que

> «le crédit dont jouit cette nouvelle approche [narrative] peut certes d'abord être justifié à un niveau théorique. Une meilleure connaissance du phénomène du récit ne peut qu'être bénéfique à qui veut lire les récits [bibliques] de manière appropriée. Cependant, cette justification *a priori* n'est pas suffisante. Seule la pratique concrète de l'analyse narrative peut montrer si cette nouvelle méthode de lecture ouvre la voie à une meilleure compréhension des textes ou s'il s'agit d'une sophistication supplémentaire du travail exégétique, mais sans gain interprétatif véritable»[37].

---

37 J. ZUMSTEIN, «Le cycle pascal du quatrième évangile (Jean 20–21)», in: D. MARGUERAT (ed.), *Quand la Bible se raconte*, Lire la Bible 134, Paris, 2003, pp. 143-161, citation pp. 143-144.

Par cette étude, on voudrait montrer que, dans le cas de Jr, en particulier en ce qui concerne le bloc en prose des chapitres 32–45, la pratique de cette méthode permet de mieux comprendre la stratégie de communication mise en œuvre et le sens qui se dégage de l'ensemble du récit.

Entrons donc dans le monde du récit des chapitres 32–45 du livre qui porte le nom du prophète Jérémie, en espérant qu'au fil de la promenade, le guide sera capable de faire goûter un peu de la richesse qu'il y a découverte.

Première partie
Délimitation du texte et hypothèse de lecture

Introduction

L'ensemble des chapitres retenus pour cette étude, les chapitres 32–45 de Jr, n'est pas un bloc couramment lu comme un tout dans les commentaires et les études concernant ce livre biblique. C'est pourquoi, avant de commencer une quelconque analyse du texte, il faut justifier le choix d'un tel découpage[1]. Comment déterminer, en effet, où commencer et où terminer une section à analyser lorsque celle-ci est relativement vaste et qu'elle englobe une série d'épisodes que la critique sépare le plus souvent? Quels sont les critères porteurs de sens dans un tel découpage? Faut-il s'en tenir à la critique classique ou retourner au texte pour qu'il réponde lui-même à la question, en quelque sorte? Cela dit, faut-il rester sourd aux éléments que l'exégèse classique relève dans son ou ses découpage(s) de la section?

Ces quelques questions sont le point de départ de la réflexion de cette première partie. Dans un premier temps, il s'agira de justifier les limites du texte – pourquoi commencer la section par le chapitre 32 et la fermer avec le chapitre 45 – en dialogue avec le texte de Jr lui-même, sans oublier les études des exégètes qui se sont déjà attelés à la tâche. Dans un second temps, il faudra s'interroger sur l'articulation de cette section en prose avec celles qui l'entourent, à savoir d'une part le «livret de la consolation», et d'autre part les oracles contre les Nations. Ce sera l'objet d'un premier chapitre.

Après avoir délimité le texte à étudier, on se penchera en détail, dans un second chapitre, sur le récit introductif de cette longue section en prose, le chapitre 32. Cette étape est importante pour deux raisons qui tiennent essentiellement à la place qu'occupe ce chapitre dans la section: il la commence. En tant que «porte d'entrée» dans le récit, ce chapitre occupe une place déterminante: il commence une nouvelle histoire et devrait fournir le «contrat de lecture» de celle-ci. De plus, tout en reprenant une série d'éléments qui précèdent dans le livre de Jr, le chapitre 32 annonce l'essentiel de la suite. Pour ces deux raisons, il sera intéressant d'en proposer d'emblée une lecture approfondie.

---

1 L'ensemble de l'étude corroborera ce choix, mais une première justification s'impose.

Ce parcours permettra peut-être déjà de dégager quelques fils rouges du texte et de montrer l'importance des passages en prose – et tout particulièrement des chapitres 32–45 – dans l'économie de Jr, ainsi que son importance pour le message théologique d'ensemble.

Chapitre 1
Les limites du texte: pourquoi 32 à 45?

I. Introduction: découpage et difficultés

Découper un texte pour en étudier une partie est toujours une opération périlleuse et critiquable. Cependant, cette opération est nécessaire car elle est l'étape préliminaire de l'interprétation. Outre le fait de permettre au lecteur de se confronter à un texte aux dimensions raisonnables, découper un ensemble littéraire afin d'en dégager de plus petites unités de sens – des ensembles de mots aux phrases pour en arriver aux péricopes – est en effet le premier pas de la démarche interprétative d'un écrit, quel qu'il soit.

Dans le cas spécifique de Jr, des éléments internes à l'œuvre elle-même peuvent aider dans cet exercice de délimitation. En effet, parmi les particularités de ce livre, la plus visible et la plus étonnante peut-être pour le lecteur est le mélange de styles: on y trouve alternativement des passages en poésie, essentiellement des oracles, et d'autres en prose, essentiellement des récits qui concernent le prophète, mais aussi Jérusalem et le peuple. De l'ensemble de poèmes, majoritaires dans la composition, se détachent donc quelques sections en prose, des histoires racontées qui s'appellent l'une l'autre par de nombreux échos (parmi ces récits, voir par ex.: 19,1–20,6; 26–29; 32–45).

Le passage d'un style à l'autre fournit sans doute un critère externe relativement objectif pour un premier découpage du livre en sections. En ce sens, le lecteur s'aperçoit facilement que la plus longue partie en prose du livre est le bloc formé dans le TM par les chapitres 32–45 (chap. 39–51 LXX). Cependant, retenir cette section comme unité littéraire est un choix qui ne va pas sans problème. L'exercice est d'autant plus périlleux que, dans les études récentes, et surtout dans les commentaires qui prennent en compte le livre entier, cet ensemble n'a jamais été lu, à l'une ou l'autre exception près[1], comme un tout cohérent,

1 À ma connaissance, seuls deux auteurs découpent le texte de cette manière. Dans un ouvrage collectif qui présente la Bible comme une œuvre littéraire, J. ROSENBERG, «Jeremiah and Ezekiel», in: R. ALTER, Fr. KERMODE (eds), *The Literary Guide to the Bible*, Cambridge, 1987, pp. 184-206, propose de lire les chapitres 32–45 ensemble (voir en particulier pp. 190-191). En effet, après avoir soulevé la difficulté rencontrée

bien qu'un faisceau d'indices convergents semblent recommander une telle lecture.

Je l'ai dit, dans les commentaires classiques de Jr, la section 32–45 est le plus souvent morcelée en plusieurs parties, essentiellement pour deux raisons qui ne s'excluent pas nécessairement l'une l'autre. La première est que les chapitres 32 et 33 sont généralement lus avec ce qui précède, c'est-à-dire avec le «livret de la consolation» (chap. 30–31)[2]. La seconde est d'ordre chronologique: étant donné que la chronologie des chapitres 32–45 est chaotique, les épisodes qu'ils racontent semblent se suivre sans liens apparents et peuvent donc être séparés les uns des autres[3]. Ce récit se présente, en effet, comme une suite d'histoires et d'anecdotes qui n'ont pas toujours de lien direct les unes avec les autres et semblent, la plupart du temps, être simplement juxtaposées. Dans ce sens, on pourrait dire, en reprenant une terminologie de Roland Barthes, qu'il s'agit d'un récit fragmentaire. Mais si c'est le cas, doit-on pour autant renoncer à trouver la logique, ou du moins une logique, à la disposition de ces fragments mis les uns à la suite des autres? Non, à en croire le même Barthes:

---

par les auteurs classiques concernant la chronologie chaotique du livre, cet auteur remarque que le livre est construit selon les règles communes du parallélisme biblique, ce qui rend l'agencement de Jr selon le TM plus cohérent que celui de Jr LXX. À côté de cette présentation du livre de Jr par Rosenberg, il faut citer celle de C.H. BULLOCK, *An Introduction to the Old Testament Prophetic Books*, Chicago, 1986, en particulier pp. 185-214. Cet auteur estime que les chap. 32–45 forment ensemble «the second *biographical interlude*» (p. 201). Je reviendrai sur l'argumentation de Rosenberg dans la conclusion générale de ce travail, où j'essayerai de dégager une structure d'ensemble du livre, cf. *infra*, pp. 343-349.

2 Voir dans ce sens J. BRIGHT, *Jeremiah*, AB 21, New York, 1965, p. 238, selon qui les chap. 32–33 ont été transmis comme partie du «livret» «for obvious reasons»; voir également E.W. NICHOLSON, *The Book of the Prophet Jeremiah. Chapters 26–52*, Cambridge, 1975, pp. 49-89; L. ALONSO SCHÖKEL, V. COLLADO BERTOMEU, J. SICRE DIAZ, «Jeremías 30–33», *Cuadernos Bíblicos* 3 (1979), pp. 1-30; M. BIDDLE, «The Literary Frame Surrounding Jeremiah 30,1–33,26», *ZAW* 100 (1988), pp. 409-413; CLEMENTS, *Jeremiah*, p. 193; J.G. MCCONVILLE, *Judgement and Promise. An Interpretation of the Book of Jeremiah*, Leichester – Winona Lake, 1993, pp. 92-103; K. SCHMID, *Buchgestalten des Jeremiabuches. Untersuchungen zur Redaktions- und Rezeptionsgeschichte von Jer 30–33 im Kontext des Buches*, WMANT 72, Neukirchen-Vluyn, 1996; BRUEGGEMANN, *Exile and Homecoming*, pp. 264-322; J. FERRY, «"Je restaurerai Juda et Israël" (Jr 33,7.9.26). L'écriture de Jérémie 33», *Transeuphratène* 15 (1998), pp. 71-72, article qui, sur ce point, semble en contradiction avec son ouvrage *Illusion et salut dans la prédication prophétique de Jérémie*, BZAW 269, Berlin – New York, 1999, voir en particulier pp. 267-352; PARDO IZAL, *Pasión*. Enfin, on peut voir encore T. RÖMER, dans l'article qu'il consacre à Jr dans RÖMER, MACCHI, NIHAN (eds), *Introduction*, pp. 345-358. Cet auteur propose de lire ensemble 30–33, même s'il nomme l'ensemble «annonces de salut», réservant aux chap. 30–31 le titre de «livret de la consolation».

3 Je reviendrai en détail sur la question de la disposition des événements dans le récit dans la deuxième partie de ce travail.

> «Quoi, lorsqu'on met des fragments à la suite, nulle organisation possible? Si: le fragment est comme l'idée musicale d'un cycle (*Bonne Chanson*, *Dichterliebe*): chaque pièce se suffit, et cependant elle n'est jamais que l'interstice de ses voisines: l'œuvre n'est faite que de hors-texte»[4].

Ces difficultés concernent essentiellement le début de la section, surtout la cohérence des chapitres 32–36 et leur articulation à leur contexte proche, les chapitres 30–31 d'une part et le chapitre 37 d'autre part. La délimitation de la fin de la section, par contre, ne pose pas de problème particulier, même si certains estiment que le chapitre 45 n'est pas à son emplacement original[5]. Tous les critiques sont en effet d'accord pour faire débuter les oracles contre les Nations au chapitre 46. Il n'y a donc pas lieu ici de s'occuper du rapport entre la fin de la section en prose et ces oracles. Il suffira de voir comment la fin de la section 32–45 s'articule avec la suite, et non d'en discuter le découpage.

Malgré les difficultés certaines que le texte présente et sur lesquelles il faudra revenir, des éléments d'ordre littéraire, également fournis par le texte, invitent à lire cette longue section comme un tout cohérent ou du moins à faire le pari d'une telle lecture.

II. Les éléments textuels d'unité de 32–45

Le premier élément d'unité, j'y faisais allusion, tient au genre littéraire: composés de récits en prose, les chapitres 32–45 forment un ensemble narratif qui n'est pas interrompu par d'autres genres littéraires. Ces chapitres contiennent certes des oracles, mais ceux-ci sont insérés dans le discours direct des personnages et sont donc partie intégrante du récit.

À cela s'ajoute le fait qu'après une formule conclusive en 31,40[6], le chapitre 32 débute par une exposition narrative très forte qui introduit les personnages de l'action et amorce une intrigue, commençant ainsi un nouveau récit[7]. Celui-ci, contrairement aux chapitres 30–31, contient

---

4 R. BARTHES, *Roland Barthes par Roland Barthes*, Écrivains de toujours, Paris, 1975, pp. 89-90, l'auteur dit cela à propos de son œuvre, mais cela peut donner à penser pour d'autres ouvrages.

5 Je reviendrai sur la question, voir *infra*, en particulier pp. 185-189.

6 Ce que soulignent également, par. ex. B.A. BOZAK, *A Life «Anew». A Literary-Theological Study of Jer. 30–31*, AnBib 122, Roma, 1991, p. 25 et PARDO IZAL, *Pasión*, p. 35.

7 La coupure narrative au début du chap. 32 est notée également par H. MIGSCH, *Jeremias Ackerkauf. Eine Untersuchung von Jeremia 32*, ÖBS 15, Frankfurt, 1996, pp. 85-86; SCHMID, *Buchgestalten*, pp. 49-52 et 86, ainsi que par PARDO IZAL, *Pasión*, qui parle, p. 23, de «la cesura al inizio del capitulo 32». Voir aussi pp. 168-169.

de nombreuses indications chronologiques, un élément de surface supplémentaire qui distingue les deux parties.

> [1]La parole qui fut à Jérémie de la part de YHWH dans la dixième année de Sédécias roi de Juda, cette année était la dix-huitième année de Nabuchodonosor; [2]alors la force du roi de Babel assiégeait Jérusalem, et Jérémie le prophète était retenu dans la cour de la garde qui est dans la maison du roi de Juda, [3]où l'avait retenu Sédécias roi de Juda en disant: «Pourquoi [...]?»[8]

Ces versets (32,1-3a) marquent le début d'un récit car ils mettent le lecteur en présence des personnages principaux de l'action qui va suivre, ils situent ce récit dans le temps et amorcent une intrigue. Cette exposition narrative est un deuxième élément qui pousse à relier les chapitres 32–33 à la suite[9].

Un autre facteur important d'unité de la section en prose est la présence d'un personnage que l'on ne trouve nulle part ailleurs dans le livre. Il s'agit de Baruch. Il entre en scène au chapitre 32, où il est témoin et gardien de l'acte d'achat du champ d'Anatôt, signe concret du retour possible. Il fait sa dernière apparition dans le texte au chapitre 45, alors que Jérémie vient d'annoncer que, même en Égypte, Nabuchodonosor viendra punir le peuple idolâtre. C'est alors que le narrateur fait état de la promesse de vie sauve reçue par Baruch et qui lui permettra d'être témoin de la restauration au-delà du malheur désormais consommé dont il est aussi le témoin. Ce même personnage apparaît en outre en 36 où il joue un rôle important. Il est encore évoqué rapidement en 43,3[10].

---

8 Je traduis. Dans la suite du travail, il en sera de même lorsque aucune source de traduction n'est mentionnée. Le choix d'une traduction très littérale est dicté par le souci de mettre en évidence le rythme du texte et les répétitions qui aideront, le cas échéant, à structurer les différents passages.

9 À cela, on peut ajouter un argument d'ordre théologique souligné par N.J. RUBINGER, «Jeremiah's Epistle to the Exiles and the Field in Anathoth», *Judaism* 26 (1977), pp. 84-91, en particulier pp. 89-91, et à sa suite, P.M. CHANG, «Jeremiah's Hope in Action – An Exposition of Jeremiah 32:1-15», *EAJT* 2 (1984), pp. 244-250, en particulier pp. 247-249. Ces auteurs montrent que les chap. 29 et 32 ont des liens théologiques très forts. Dans ces deux chapitres, en effet, Jérémie invite à l'espoir les deux parties du peuple, celle qui est partie à Babylone et celle qui est restée à Jérusalem. À Babylone, les exilés étaient inquiets pour leurs biens restés au pays. Aussi, pour les rassurer, Jérémie exerce son droit de rachat, montrant ainsi que l'exil est provisoire et que le droit sera respecté. De plus, par ce même acte, le prophète invite le peuple présent à Jérusalem à y rester, soumis aux Chaldéens. De la sorte, de manière apparemment contradictoire, Jérémie invite chacun à s'enraciner là où il se trouve. Quant aux chapitres centraux, les chap. 30–31, ils annoncent le futur et donnent sens à l'histoire qui est en train de se passer. – Pour plus de détails sur cette introduction narrative, cf. *infra*, pp. 41-44.

10 Pour plus de détails sur le rôle de Baruch, voir P.-M. BOGAERT, «Le personnage de Baruch et l'histoire du livre de Jérémie. Aux origines du Livre deutérocanonique de Baruch», in: E.A. LIVINGSTONE (ed.), *Studia Evangelica, VII. Papers presented to the Fifth*

Si le personnage de Baruch encadre, en quelque sorte, toute cette section, deux autres éléments d'unité soudent – si l'on peut dire – la première partie de l'ensemble, les chapitres 32–39[11]. Il y a d'une part l'expression «la cour de la garde» – lieu où Jérémie est retenu par le roi – mentionnée plusieurs fois dans le livre, mais uniquement dans les chapitres 32–39[12]. Par ailleurs, cette expression encadre également ce qui semble être un autre indice d'unité dans cette première partie (voir 32,2 et 38,28). Il s'agit cette fois d'une scène récurrente: les entrevues entre Jérémie le prophète et le roi de Juda (voir 32,2-3; 34,6; 37,17-21; 38,14-26, auxquelles il faut ajouter la rencontre «indirecte» en 36,21-26). Ces deux éléments supplémentaires d'unité invitent à rapprocher et à lire ensemble les chapitres où ils se trouvent.

International Congress on Biblical Studies held at Oxford, 1973, Texte und Untersuchungen zur Geschichte der Altchristlichen Literatur 126, Berlin, 1982, pp. 73-81; ID., «Le nom de Baruch dans la littérature pseudépigraphique: l'apocalypse syriaque et le livre deutérocanonique», in: W.C. VAN UNNIK (ed.), *La littérature juive entre Tenach et Mischna. Quelques problèmes*, Recherches Bibliques 9, Leiden, 1974, pp. 56-72; A. WÉNIN, «Y a-t-il un "livre de Baruch"? À propos du livre récent d'André Kabasele Mukenge», in: J.-M. AUWERS, A. WÉNIN (eds), *Lectures et relectures de la Bible. Festschrift P.-M. Bogaert*, BETL 144, Leuven, 1999, pp. 231-243. Voir aussi l'ouvrage récent de J.E. WRIGHT, *Baruch Ben Neriah. From Biblical Scribe to Apocalyptic Seer*, Studies on Personalities of the Old Testament, Columbia, 2003. Enfin, voir également le chap. 3 de la deuxième partie de ce travail, *infra*, en particulier, pp. 185-189, et mon article: «Jérusalem, 'Ebed-Melek et Baruch. Enquête narrative sur le déplacement chronologique de Jr 45», *RB* 111 (2004), pp. 61-77.

11 Pour une structure rhétorique de l'ensemble, voir *infra*, pp. 164-172.

12 L'expression חצר המטרה n'apparaît que dans le bloc narratif 32–39: 32,2.8.12; 33,1; 37,21 (2x); 38,6.13.28; 39,14.15. Elle se retrouve une seule autre fois dans la Bible, en Ne 3,25, insérée dans la liste des personnes qui ont œuvré à la reconstruction, avec la mention des lieux et de leurs actions. On lit encore le mot חצר en Jr 19,14; 26,2 et 36,10.20. Dans les deux premiers cas, il s'agit de la cour de la maison de YHWH; en 36,10, il s'agit de la cour supérieure du temple où Baruch lit le rouleau au peuple; en 36,20, enfin, il s'agit de la cour que les fonctionnaires traversent pour aller faire rapport au roi. Le mot מטרה se trouve, sauf erreur, 16 fois dans la Bible dont 3 fois au sens de «cible»: 1 S 20,20; Jb 16,12 et Lm 3,12. Les 13 autres fois, ce substantif est dérivé de la racine נטר «garder, surveiller», d'où «la cour de la garde» (11 fois en Jr – toujours avec חצר –, et 2 fois en Ne, dont une fois avec חצר). À cela on peut ajouter qu'il n'est fait allusion explicite à l'emprisonnement de Jérémie que dans cette section du livre: 32,2; 33,1; 37,2.15.16.18.20; 38,6.7.9.10.11.13.26. Pour être complet, on peut ajouter 20,1-2, lorsque Jérémie est mis au pilori, et 26,7-11, lorsque ceux qui ont entendu les paroles de Jérémie contre le Temple s'emparent de lui pour le mettre à mort. Dans ces deux derniers cas, cependant, il ne s'agit pas à proprement parler d'un emprisonnement. A. CONDAMIN, *Le livre de Jérémie: traduction et commentaire*, EB, Paris, 3e éd. corr., 1936, p. 240, par ex., définit la cour de la garde comme «partie de la cour extérieure du palais, réservée pour ceux qu'on voulait tenir sous une certaine surveillance sans les mettre dans la prison commune; on y jouissait d'une liberté relative».

À cela, vient s'ajouter le fait que cet ensemble de chapitres tourne autour d'un thème principal qui déborde les intrigues successives qu'il présente. Car ce qui intéresse le récit, c'est le sort de Jérusalem et de ses habitants. Pour cette raison, le narrateur nous rapporte les épisodes qui lui semblent essentiels sur les derniers jours de la ville et sa prise par les Chaldéens, suivis du récit du sort du peuple et du prophète après la catastrophe.

À ces indices internes, on peut ajouter une réflexion sur ce qui encadre cette section. Le récit qui commence en 32,1 et se termine en 45,5, se trouve en effet enchâssé entre deux sections juxtaposées d'oracles: les chapitres 30–31, le «livret de la consolation», et les chapitres 46–51, les «oracles contre les Nations». Ces deux sections oraculaires se détachent nettement de la section en prose par divers traits. Tout d'abord, contrairement à la section en prose qu'elles englobent, les deux sections d'oracles présentent certes une logique, mais pas d'intrigue[13]. De plus, il s'agit de deux blocs de pièces poétiques qui annoncent, chacune à sa façon, le salut de Jérusalem et de Juda. D'une part, les chapitres 30–31 annoncent la restauration du peuple, thématique qui trouve des échos dans les deux premiers chapitres de la section en prose (chap. 32–33), surtout au chapitre 33. D'autre part, les chapitres 46–51 annoncent le châtiment des Nations qui ont causé la perte de Juda et de Jérusalem. Suivant une trajectoire qui procède du sud au nord[14], ils commencent avec l'Égypte, pays où le peuple impénitent s'est réfugié, pensant ainsi échapper à la colère de YHWH. Ils reprennent et prolongent en cela la finale de la section en prose (chap. 43–44). Le dernier de ces oracles concernera Babylone: instrument de la punition divine, cette grande puissance destructrice pour le peuple élu subira le châtiment de son action. Ces deux sections poétiques qui promettent le salut du peuple tranchent nettement par leur contenu d'avec la section en prose. Celle-ci, en effet, raconte l'enfoncement progressif mais inexorable du peuple

13 Le bloc en prose, au contraire, en présente une, cf. *infra*, pp. 205-242.

14 Les oracles contre les Nations sont le lieu d'une des différences majeures entre les deux versions de Jr, LXX et TM. Tout d'abord, ceux-ci ne se trouvent pas au même emplacement dans les deux versions: à partir de 25,14 dans la LXX, c'est-à-dire au milieu du livre; à partir du chap. 46 dans le TM, c'est-à-dire à la fin du livre. En outre, à l'intérieur de ce bloc, les oracles sont disposés selon un ordre différent. Sans ordre apparent dans la LXX – mais encore faudrait-il vérifier d'un point de vue littéraire –, ils sont ordonnés de manière géographique dans le TM, où ils suivent un itinéraire qui va du sud-ouest au nord-est, de l'Égypte vers Babylone, détournant ainsi sur cette ville la malédiction qui pesait sur Jérusalem dans le texte court. Voir à ce propos H.St.J. THACKERAY, *The Septuagint and Jewish Worship: a Study in Origins*, The Schweich Lectures, London, 1923, en particulier p. 30; B. GOSSE, «La malédiction contre Babylone de Jérémie 51,59-64 et les rédactions du livre de Jérémie», *ZAW* 98 (1986), pp. 383-399.

dans le refus d'écouter la Parole et donc de se convertir. Cela le mène à la déroute la plus complète: le retour en Égypte, le refus de l'Alliance et l'asservissement aux idoles[15].

Les indices relevés jusqu'à présent semblent converger et inviter au moins à tenter l'entreprise de lire les chapitres 32–45 comme un tout. Mais, voyons les difficultés qu'un tel découpage présente.

III. Les chapitres 32–45 et leur contexte proche: le «livret de la consolation» (chap. 30–31) et les oracles contre les Nations (chap. 46–51)

Le paragraphe précédent le montre: plusieurs éléments dans le texte appuient le découpage proposé. Cependant, j'y ai fait allusion, l'exégèse critique préfère découper le texte autrement, parce qu'elle est attentive à certaines de ses particularités qu'il faut maintenant examiner.

Les problèmes concernent essentiellement la première partie de l'ensemble (chap. 32–39), car celle-ci ne présente pas une chronologie cohérente et suivie des événements, surtout en ce qui concerne les événements des chapitres 35 et 36, qui se passent sous Joaqim, alors que ceux des chapitres 32–34 et 37–39 se déroulent sous le roi Sédécias. La seconde partie, par contre, en tout cas à partir du chapitre 40, est racontée de manière chronologiquement suivie. C'est probablement pour cette raison que l'unité de ces chapitres pose moins de problèmes à la critique[16].

Outre le problème chronologique sur lequel il faudra revenir en détail, une autre question épineuse de cet ensemble est celle du lien avec ce qui précède, autrement dit le lien avec le «livret de la consolation». Voyons cela de plus près.

15 Cela est déjà annoncé en Dt 28,68. Je reviendrai sur cet aspect lors de l'étude de l'intrigue du récit, cf. *infra*, pp. 235-238.

16 Je reviendrai sur cette question dans la deuxième partie de ce travail.

1. À quoi relier les chapitres 32 et 33?

a. Introduction

Traditionnellement, les chapitres 32 et 33 sont reliés aux chapitres poétiques que l'on appelle communément «livret de la consolation» (chap. 30–31), et cela en raison de leur contenu, fort proche de celui du «livret». À titre d'exemple, on peut citer la thèse récente de José Javier Pardo Izal[17] qui consiste en une approche littéraire et théologique du chapitre 32. Avant de proposer une lecture de ce chapitre, l'auteur justifie son choix du texte et l'opportunité de le lire comme un tout cohérent, comme un récit à part entière[18]. Pour ce faire, il analyse les éléments qui unissent 31–33 et ceux qui séparent 30–31 de 32–33[19]. Ainsi, sont mentionnées, par exemple, la césure narrative en 32,1, la chronologie absente en 30–31 et bien présente à partir de 32, et la différence de style entre les deux parties. Malgré cela, les arguments en faveur de la continuité étant plus forts à ses yeux, il conclut que 30–33 forment une unité cohérente[20]. Pourtant, à partir de ces observations, on est en droit de se poser la question de savoir si 32–33 doivent être lus avec ce qui précède ou avec ce qui suit, ne serait-ce que parce que la suite est également composée en prose.

b. Éléments d'unité et de séparation

On l'a dit, le rapprochement entre 30–31 et 32–33 ne va pas sans difficulté, car c'est surtout le chapitre 33 qui, par-dessus le chapitre 32, rappelle fortement le «livret», comme l'ont souligné Joëlle Ferry dans un article récent et J.J. Pardo Izal dans sa thèse[21]. Dès lors le chapitre 32 se retrouve englobé «malgré lui» dans le «livret». Cela remet-il en cause le choix de la section de texte proposée pour cette étude? Non, si du moins on nuance quelque peu les propos de ces auteurs, sans toucher à bon nombre de remarques qu'ils font, remarques au demeurant fort intéressantes au niveau littéraire.

---

17 PARDO IZAL, *Pasión*.

18 PARDO IZAL, *Pasión*, pp. 21-65.

19 PARDO IZAL, *Pasión*, pp. 22-35.

20 PARDO IZAL, *Pasión*, concluant son paragraphe intitulé «Separación de 30–31 y 32–33», pp. 34-35, dit ceci, p. 35: «Por todas estas consideraciones, hacemos nuestra la afirmación de Biddle: "Jeremias 30–33, llamado el libro de la Consolación, desde hace tiempo se reconoce en cierto sentido como una unidad coherente que afirma, en poesía una esperanza futura para el pueblo (Jr 30–31) y, en prosa, para la tierra (Jr 32–33)"».

21 FERRY, «"Je restaurerai"» et PARDO IZAL, *Pasión*.

Pour tenter d'enrayer la tendance actuelle des exégètes qui, pour la plupart, ne considèrent le chapitre 33 que comme un ajout postérieur sans importance[22], J. Ferry consacre son article à montrer qu'en fait il est essentiel dans l'ensemble de Jr, car il représente l'étape de l'actualisation des prophéties antérieures qui se trouvent dans ce même livre biblique. Dès lors, le chapitre 33 est entièrement parcouru en fonction de son message théologique, tout d'abord concernant la ville (33,1-13 en lien avec 32,28-44), ensuite à propos du germe de justice (33,14-18 en lien avec 23,5-6), enfin sur la nouvelle alliance (33,19-26 en lien avec 31,35-37). Les remarques de type littéraire et théologique de J. Ferry sont fort intéressantes pour nourrir la lecture de ce chapitre riche bien qu'un peu obscur, et pour en comprendre le rôle essentiel dans l'économie du livre. Mais c'est probablement le lien entre la fin du chapitre 33 et 31,35-37 qui la pousse à lier les chapitres 32–33 au «livret de la consolation» sans tenir compte des liens possibles avec les chapitres qui suivent, qui sont eux aussi très forts. Ferry le souligne elle-même: «le chapitre 33 est solidement arrimé au chapitre 32»[23]. Mais il ne faut pas oublier que ce dernier annonce le chapitre 34 et la suite de la section en prose, et ce dès les premiers versets[24].

Dans cet article, J. Ferry énumère les éléments communs entre le «livret» et le chapitre 33. Je les reprends maintenant dans le détail en suivant l'ordre de ce chapitre.

Le premier élément d'unité à noter, probablement le plus faible, est constitué par «les deux introductions 30,1-3 et 33,1-2»[25] qui

«ont une structure parallèle ce qui renforce l'unité des chapitres 30–33:
- Parole qui fut adressée à *Jérémie* de la part de YHWH en ces termes

22 FERRY, «"Je restaurerai"», voir en particulier p. 69 et n. 1-4. Je suis ici le fil de l'article de Ferry qui met davantage l'accent sur le chap. 33, fort proche du «livret», tout en ajoutant, le cas échéant, des remarques de Pardo Izal.

23 FERRY, «"Je restaurerai"», p. 71.

24 Les liens soulignés par PARDO IZAL, *Pasión*, sont aussi bien thématiques (essentiellement la restauration, p. 25) que formels. Ainsi, il note le thème du retour souligné par l'expression שוב שבות, qui ne se retrouve cependant pas uniquement en 30–33. Il note également la présence de formules prophétiques telles que הַדָּבָר אֲשֶׁר הָיָה אֶל־יִרְמְיָהוּ מֵאֵת יְהוָה לֵאמֹר, formule que l'on retrouve en 30,1 mais également en 32,1; 33,1 et 34,1. Ces trois dernières occurrences sont doublées d'une mention chronologique, comme le note Pardo Izal lui-même sans apparemment en tenir compte (p. 32). Enfin, il note l'expression «voici venir des jours», qui se trouve 15 fois dans Jr (p. 33). Il faut dire, cependant, que la formule prophétique et l'expression susmentionnées ne se trouvent pas uniquement dans les chap. 30–33, ce qui peut laisser perplexe quant à leur pertinence pour le découpage. Ces éléments sont discutés plus amplement *infra*.

25 Cet élément est souligné également par PARDO IZAL, *Pasión*, p. 23.

- Ainsi parle YHWH
- "Écris" en 30, "invoque" en 33
- car voici venir des jours où je restaurerai mon peuple (30,3; 33,14.26)»[26].

Le rapprochement entre ces deux introductions n'est pas aussi évident qu'il y paraît. Il n'est en tout cas pas le seul possible dans l'ensemble des introductions d'oracles présentes dans Jr. En effet, l'introduction de 30,1 se retrouve mot à mot en 7,1; 11,1 et 18,1[27]. À cela, il faut ajouter qu'elle se rapproche beaucoup plus du début du chapitre 36: l'introduction des deux paroles divines y est identique à peu de chose près[28]; d'autant qu'on retrouve le verbe «écrire» (כתב), la mention du livre (ספר), et de «toutes ces paroles» (אֵת כָּל־הַדְּבָרִים) «que je t'ai parlées» (אֲשֶׁר־דִּבַּרְתִּי אֵלֶיךָ). Voilà qui rapproche l'introduction du chapitre 30 davantage de 36,1-2 que du début de 33. Enfin, il faut ajouter que l'expression «voici venir des jours», présente dans l'introduction du chapitre 30, ne se retrouve pas dans celle du chapitre 33, mais seulement plus loin dans ce même chapitre (voir v. 14).

D'autres rapprochements sont plus forts[29] et dessinent un enchaînement d'éléments connexes qui tournent autour du thème de la conversion et de la restauration, et ce, grâce à trois images successives qui se complètent dans le chapitre 33. Il y a tout d'abord la thématique de la guérison, avec la belle image de la plaie cicatrisée (voir 33,6.17 et 30,12-13.15.17). Vient ensuite la restauration annoncée (33,7.11.26 et 30,3.18; 31,23[30]), et enfin, le thème de la purification des fautes (33,8 et 31,34). Un dernier élément de rapprochement, j'y ai déjà fait allusion, est le parallélisme strict entre la fin du chapitre 31 (v. 35-37) et la fin du chapitre 33 (v. 19-26).

On le voit: ces liens ne touchent pas le chapitre 32, bien que celui-ci soit intimement lié au suivant. On est en droit, dès lors, de se poser la question: au-delà des éléments qui unissent 32 à 33, y a-t-il des liens entre 32 et 30–31?

---

26 FERRY, «"Je restaurerai"», p. 81.

27 Il s'agit toujours de הַדָּבָר אֲשֶׁר הָיָה אֶל־יִרְמְיָהוּ מֵאֵת יְהוָה לֵאמֹר. On peut y ajouter 21,1; 34,1 et 35,1, où cette introduction se retrouve à l'identique mais plus développée (entre יְהוָה et לֵאמֹר). Voir aussi 32,1; 34,8 et 40,1, où le seul mot absent est לֵאמֹר. Enfin, on retrouve cette introduction, avec une légère variation en 27,1, identique à celle de 36,1 (cf. n. suivante).

28 הַדָּבָר אֲשֶׁר הָיָה אֶל־יִרְמְיָהוּ מֵאֵת יְהוָה לֵאמֹר en 30,1 et הָיָה הַדָּבָר הַזֶּה אֶל־יִרְמְיָהוּ מֵאֵת יְהוָה לֵאמֹר en 36,1.

29 Les trois thématiques de rapprochement qui sont soulignées sont également présentes ailleurs en Jr, mais il n'y a pas lieu de les évoquer ici.

30 Plus largement, on peut voir aussi 30,10.18 et 31,5.6.8-14, qui parlent également de restauration.

Les liens entre le «livret» et le chapitre 32 ne sont pas nombreux si l'on s'en tient aux reprises de mots ou de phrases. Ils se font essentiellement au niveau de thématiques communes. Tout comme le chapitre 32, en effet, le «livret» rappelle la faute du peuple (30,4-7.14; voir 32,27-35) avant d'évoquer le retour dans la terre et la nouvelle alliance qui durera pour toujours (30,8-10; 31,1-40; voir 32,36-44; 33,1-26)[31]. À cela, on peut ajouter la thématique de la faute des pères qui, dans un premier temps, se répercute sur les fils avant que chacun soit rétribué selon sa propre faute (31,29-30; voir 32,18-19). Le thème est franchement négatif au chapitre 31 où est évoquée l'image des raisins verts qui agacent les dents de qui les mange (v. 30). Il est davantage positif au chapitre 32 où le péché n'est pas directement évoqué mais où c'est plus globalement la conduite de chacun qui est prise en compte (v. 19).

c. Conclusion

Ces quelques remarques montrent bien que l'articulation entre le «livret» et la section en prose qui suit est complexe et finement construite. Ces deux parties du livre s'articulent l'une à l'autre par la reprise de mots, de phrases et de thématiques semblables. Cependant, l'articulation ne se fait pas précisément à la charnière entre les deux parties, c'est-à-dire à la fin du chapitre 31 et au début du chapitre 32. Elle se fait plutôt entre le «livret» dans son ensemble et le chapitre 33, c'est-à-dire après que le narrateur a introduit un nouveau récit qui commence au chapitre 32, où l'on trouve déjà des échos du «livret», bien que de manière très lâche.

Au risque d'enfoncer une porte ouverte, il est nécessaire de souligner ici un élément simple, mais essentiel. Le rédacteur final, celui qui a donné au livre la forme que nous lui connaissons, n'a pas pensé au travail des exégètes qui auraient décortiqué son texte pour en comprendre le fonctionnement. Il avait son histoire à raconter, son message à proposer et, pour cela, une stratégie poétique et narrative à mettre en œuvre. Les observations judicieuses notées jusqu'à présent peuvent donc être reprises autrement que dans le but de déterminer une section du livre. Ferry et Pardo Izal montrent très bien, en effet, que ces chapitres sont fortement construits. Ce constat indique qu'il y a, dans le chef du rédacteur final, une volonté de proposer au lecteur un texte bien noué, qui, au lieu d'être morcelé, doit être lu dans son ensemble.

31 Le «livret» annonce également, à sa manière, les oracles contre les Nations, car, après le rétablissement du peuple, il annonce le malheur pour ceux qui ont fait du mal à Israël, cf. 30,11.15-17.

S'il fallait utiliser une image pour décrire le fonctionnement du texte à cet endroit, on pourrait recourir à celle d'une chaîne, où chaque maillon est, certes, unique et indépendant, mais en même temps ne peut exister seul: pour qu'il y ait une chaîne, il faut que chaque maillon tienne intimement à celui qui le suit et à celui qui le précède.

Pour vérifier si ce type d'articulation entre la section en prose et son contexte proche est significatif, il faut maintenant se pencher sur la fin de cet ensemble narratif et voir comment se fait la transition avec la suite, à savoir les oracles contre les Nations.

2. Les liens thématiques et formels entre les chapitres 43–44 et 46

Par-dessus le chapitre 45, les chapitres 43–44 et 46 concernent l'Égypte, en particulier son châtiment[32]. Cependant, le chapitre 45 n'est pas exclu, puisque l'oracle contre l'Égypte (chap. 46) est daté de la quatrième année de Joaqim, comme l'oracle pour Baruch au chapitre précédent (45,1 et 46,2).

La transition entre la partie en prose et les oracles contre les Nations est géographiquement «lisse». Le lecteur, qui avait laissé Jérémie en Égypte aux prises avec le peuple idolâtre pour entendre parler du sort de Baruch, retrouve le prophète au début du chapitre 46 (v. 1) où les oracles contre les Nations qui ont mené le peuple élu à sa perte s'ouvrent par l'Égypte et son roi, c'est-à-dire la nation où la partie récalcitrante du peuple élu a tenté de trouver refuge (voir 43,1-7). L'oracle est on ne peut plus clair sur le sort du roi égyptien que le peuple de YHWH s'est choisi[33]: tout comme Nékao, livré aux mains de Nabuchodonosor à Karkemish (46,2), son successeur, le pharaon Hofra (44,30), sera livré à ce même Nabuchodonosor, et personne ne pourra trouver refuge auprès de lui (46,25, voir 43-10-13). Le sort des Judéens sera ainsi consommé: le peuple qui n'a pas écouté la parole de YHWH son Dieu trouvera la mort dans le pays d'esclavage où il a voulu retourner, croyant y conserver la vie menacée par les Chaldéens (44,28-29).

Étant donné que plus rien n'est dit des «bonnes figues» – selon l'expression du chapitre 24 –, soit la branche du peuple partie à Babylone, cette dernière parole de Jérémie signifie-t-elle la fin définitive du peuple? Certainement pas. Deux éléments vont dans ce sens.

Le premier est l'oracle de vie sauve pour Baruch, sur lequel je reviendrai plus loin[34]. En quelques mots, l'élément positif pour le peuple

32 Comparer en particulier 43,11 avec 46,16 et 43,12 avec 46,25.

33 Je reviendrai sur cette question, cf. *infra*, pp. 70-71.

34 Cf. *infra*, pp. 185-189.

dans ce très bref chapitre peut se résumer à ceci: au milieu du malheur ambiant, Baruch, le fidèle témoin de la Parole prophétique, peut proclamer que les annonces de Jérémie concernant le malheur se sont effectivement réalisées. Il en ira de même pour ses paroles de bonheur et de restauration dont le même Baruch a été le témoin: elles se réaliseront elles aussi.

Le deuxième élément est constitué par l'oracle contre l'Égypte (chap. 46). Tout comme l'oracle de vie sauve à Baruch, cet oracle est un retour en arrière, précisément à la quatrième année de Joaqim. Cet élément important, qui fait le lien entre les chapitres 45 et 46, donne également à penser que les retours en arrière dans Jr ont une fonction capitale lorsqu'il s'agit d'annoncer un bonheur pour le peuple: prononcés par le prophète avant la débâcle, mais rapportés par le narrateur dans un ordre différent dans son récit, ils font entendre en dernière instance que cette déroute du peuple n'est pas le mot de la fin[35]. L'oracle contre l'Égypte est essentiel de ce point de vue. En effet, le prophète y annonce que YHWH va livrer le Pharaon et ses proches «dans la main de ses ennemis et dans la main de ceux qui cherchent son souffle» (46,26; voir 44,30), un sort que subiront également les Judéens qui se sont réfugiés en Égypte (46,25b). Mais à propos d'Israël, il dit ceci (46,27-28), reprenant presque mot à mot l'annonce de 30,10:

> 27Mais toi, ne crains pas, mon serviteur Jacob,
> et ne sois pas effrayé / brisé[36], Israël.
> Car voici que je vais te délivrer du lointain,
> et ta semence de la terre de leur captivité;
> et Jacob reviendra et sera au repos et sera tranquille,
> il n'y a personne pour l'inquiéter.
> 28Toi, ne crains pas, mon serviteur Jacob – oracle de YHWH –
> car je suis avec toi.
> Car je fais destruction de toutes les nations où je t'ai banni,
> mais de toi, je ne fais pas destruction,
> et je te corrigerai / t'enseignerai pour le droit –
> mais t'acquitter, je ne t'acquitterai pas.

Voilà qui a le mérite d'être clair! YHWH ne laissera pas passer les incartades de son peuple: le récit des chapitres qui précèdent le montre explicitement. Cependant, après avoir montré comment le peuple retourne de sa propre initiative en Égypte, à une situation de servitude, le narrateur nous fait entendre une parole de YHWH sur le retour d'exil. Le fait de placer cette annonce de retour à la suite de l'oracle contre l'Égypte signifie sans doute que l'exil volontaire dans ce pays est aussi

35 Pour la gestion des événements dans le récit par le narrateur, cf. *infra*, pp. 164-185.

36 Dans une traduction, le signe / inséré entre deux mots indique une alternative possible.

concerné par le retour. Même si le peuple parti en Égypte est retourné de lui-même à ce qu'il était avant l'Exode et en sera châtié (46,25), YHWH promet pour lui aussi, avec le rassemblement de tous les exilés, une nouvelle création et un nouvel exode[37].

Puni, le peuple n'est donc pas livré à lui-même en dernière instance, mais il est reconstruit sur de nouvelles bases, les mots de l'alliance n'étant plus écrits sur la pierre, mais dans les cœurs des hommes (voir 31,33).

À ce qui précède, on voit sans peine que la fin de la section en prose s'articule à la suite d'une manière analogue à ce qui se passe pour le début, où 33 rappelle 30–31 par-delà le chapitre 32. Sautant par-dessus le chapitre 45, mais sans s'en couper totalement, les chapitres 46 et 43–44 se rejoignent par de nombreux éléments dont le principal est certainement l'Égypte et l'annonce du châtiment de ce pays et de son roi.

3. Conclusion

On peut visualiser les observations qui précèdent grâce à un tableau[38]:

30–31	Annonce de la restauration du peuple
32,1-14	DÉBUT DU RÉCIT EN PROSE – introduction de Baruch (32,11-14)
32,15–33,26	YHWH annonce le châtiment et la restauration du peuple (32,15.36-44; 33,6-26)
	(…)
43,8–44,30	YHWH dénonce l'idolâtrie du peuple et annonce le châtiment de l'Égypte (43,9-13; 44,24-36)
45,1-5	FIN DU RÉCIT EN PROSE – dernière apparition de Baruch
46–51	Oracles contre les Nations: début: annonce du châtiment de l'Égypte (46,1-26, voir v. 25-26)

L'image de la chaîne utilisée pour expliciter le fonctionnement de l'articulation de la section en prose avec ses voisines est d'autant plus pertinente pour le bloc 32–45, qu'elle fonctionne pour les deux bouts de la section en prose. Au début, alors que le chapitre 33 est fortement lié au «livret», le chapitre 32 entame un récit en anticipant massivement les

37 Voir également les survivants annoncés en 44,28. La thématique rappelle également deux autres oracles du livre, appelés communément oracles du «nouvel Exode», en 16,14-15 et 23,7-8.

38 Les changements typographiques utilisés dans les tableaux servent à mettre en évidence les parallèles textuels.

éléments que le lecteur retrouvera dans les chapitres suivants[39]. À la fin, on retrouve un même type de reprise, car les chapitres 43–44 anticipent le chapitre 46, puisqu'il y est question de l'Égypte, par-dessus le chapitre 45 qui clôture quant à lui la section qui précède, en particulier par ses liens étroits avec le chapitre 36, mais aussi avec le chapitre 32, où Baruch apparaît pour la première fois.

Ainsi, et même si cela peut paraître une lapalissade, on pourrait dire que les éléments du texte indiquent que les chapitres 32–33 doivent être lus dans la foulée de ce qui précède et en ouverture de ce qui suit, sans les couper ni de l'un ni de l'autre. Au plan des thématiques, ces deux chapitres sont liés à la fois au «livret de la consolation» et au récit de l'emprisonnement de Jérémie, de la prise de Jérusalem et de la fuite en Égypte. Par leur genre littéraire, le narrateur pousse encore à les rapprocher de ce qui suit. Au minimum, il invite le lecteur à ne pas les isoler de la suite, mais à envisager des rapports plus profonds que simplement formels. Et, en tout cas, il l'appelle à envisager l'effet que produit sur lui cette section positive, «consolatrice», lorsqu'il lit la suite, beaucoup plus noire...

IV. Autres difficultés: les chapitres 34, 35, 36 et 37

1. Les chapitres 34, 35, 36

Dans l'histoire de la critique du livre, les chapitres 32 et 33 ne sont pas les seuls a avoir été coupés de ce long ensemble en prose. Les chapitres 34 et 35, de même que le chapitre 36, ont également posé problème. À titre d'exemple, on peut citer la dissertation doctorale de José-Maria Abrego[40]. Ce dernier propose une lecture synchronique de Jr 36–45, en laissant de côté les premiers chapitres du bloc en prose. Certes, son choix est défendable puisque le chapitre 45 se réfère explicitement au chapitre 36 et peut donc faire inclusion avec lui. Mais que faire alors du chapitre 32, où Baruch, personnage essentiel s'il en est dans les chapitres 36 et 45, apparaît pour la première fois? Et pourquoi séparer les

39 Cet aspect particulier du chap. 32 (reprise de ce qui précède et anticipation de ce qui suit), sera traité dans le chap. 2 de cette première partie. Cf. *infra*, pp. 88-102.

40 ABREGO DE LACY, *Jeremías y el final del reino*.

deux seuls chapitres de cet ensemble situés explicitement au temps de Joaqim (35,1 et 36,1)[41]?

Pour des raisons touchant essentiellement à la chronologie indiquée par le texte lui-même, les commentateurs, même récents, morcellent, eux aussi, la section[42]. Mais au niveau de la thématique, les chapitres 34 (v. 8-22) et 35 vont bien ensemble: tous deux parlent en effet de l'accueil de la Parole et de ses conséquences. Très brièvement: au chapitre 34, les habitants de Jérusalem libèrent leurs esclaves suite à l'invitation de leur souverain (voir v. 8-10), peut-être dans l'espoir d'éloigner la menace qui pèse sur la ville (voir v. 21-22). Le stratagème semble, en effet, montrer ses fruits bien rapidement. Mais, revenant sur leur décision (v. 11), les habitants de Jérusalem refusent la Parole de la Loi; ce qui amène l'annonce du châtiment: Jérusalem sera dépeuplée (voir v. 18-22). Le chapitre 35 raconte, pour sa part, une histoire de fidélité: les Récabites sont fidèles à la parole de vie de leur père (v. 6-10 et 13-16), ce qui leur vaudra d'habiter en paix, à Jérusalem qui plus est (v. 11)[43]. Bref, l'infidélité à la Parole amène le châtiment du peuple et l'abandon de Jérusalem, tandis que la fidélité à celle-ci permet d'habiter en paix dans la ville sainte.

Le thème ainsi développé s'enrichit davantage si la lecture ne s'arrête pas au chapitre 35, mais se prolonge en 36, la lecture du rouleau de la Parole prophétique. Ici, le peuple demeure indifférent et passif face à ce qu'il entend (v. 10). Les nobles, quant à eux, prennent peur et décident de rapporter au roi les paroles qu'on leur a lues[44] (v. 11-19).

---

41 Abrego de Lacy n'est pas le seul qui, tout en appliquant au texte une méthode synchronique, sépare les chap. 35 et 36, situés sous le même roi, et ne prend pas en compte le chap. 32 où Baruch apparaît pour la première fois. Par ex. BRUEGGEMANN, *Exile and Homecoming*, fait de même dans son commentaire, pp. 338-417, intitulant l'ensemble «The "Baruch Document"». La même division se retrouve chez J. SCHREINER, *Jeremia*. II. *25,15–52,34*, Die neue Echter Bibel. Kommentar zum Alten Testament mit der Einheitsübersetzung 9, Würzburg, 1984., pp. 207-235, sous le titre «Die Berichte Baruchs: 36^{1}–45^{5}».

42 Pour un aperçu des points de vue des commentateurs à ce sujet, voir la deuxième partie de ce travail, en particulier le chap. 2, cf. *infra* pp. 137-154.

43 Le v. 11 semble en contradiction avec l'affirmation des Récabites qui disent écouter fidèlement la parole de leur père. Mais ils disent également qu'ils ont été forcés de se réfugier à Jérusalem à cause de la montée des Chaldéens et de l'armée d'Aram. Se réfugier dans cette ville entourée de remparts est donc pour eux une question de vie ou de mort. S'ils contreviennent à la parole de leur père, c'est pour assurer la survie du clan. En refusant de boire du vin, par contre, ils montrent bien qu'ils restent fidèles sur le fond à la parole de leur père. C'est donc bien malgré eux qu'ils habitent en ville et qu'ils sont accessoirement le signe qu'à Jérusalem habitent des personnes capables d'écouter une parole de vie et de la pratiquer.

44 Le v. 2 anticipe pour le lecteur la teneur menaçante du contenu du rouleau, confirmée au v. 29.

Le roi, pour sa part, prend des mesures radicales: contrairement à toute attente – celle du lecteur mais aussi celle de quelques notables présents qui l'invitent à ne pas brûler le rouleau (voir v. 25) –, il refuse la parole entendue et souligne ce rejet par son geste de déchirer et brûler le rouleau qui la contient (v. 21-26). Ce sommet dans le refus implique la condamnation sans appel: le malheur pour Jérusalem.

2. Les chapitres 37 et suivants

Les chapitres 37 et suivants sont moins problématiques, et tous les commentateurs sont d'accord de les lire comme un ensemble, à l'exception, peut-être, du chapitre 45 qui se rapporte explicitement, je l'ai dit, au chapitre 36. En effet, ces chapitres racontent de manière suivie les événements concernant la prise de la ville et la déportation de ses habitants. Même s'il y a des inversions au niveau de certains épisodes particuliers, tout se déroule sous le même roi, Sédécias, et lors des mêmes événements dramatiques. Il n'est donc pas nécessaire ici de s'étendre davantage sur la question.

3. Autres difficultés

En plus des difficultés pointées ci-dessus, les chapitres 32–45 posent certains problèmes au plan de la narration. La pierre d'achoppement la plus importante est certainement constituée par les ruptures dans la chronologie du récit. Celles-ci prennent deux formes. Il y a, en premier lieu, des inversions par rapport à la chronologie des faits racontés aussi dans le deuxième livre des Rois et dans le deuxième livre des Chroniques. Ensuite, on trouve des sauts inexpliqués dans la suite des événements, dont le plus flagrant est constitué par l'omission du règne d'un roi de Juda, Konyahû, au début du chapitre 37[45]. Ce roi n'est pourtant pas inconnu dans le livre[46] et même, il le clôture, si l'on peut dire, puisque c'est à lui que le roi de Babel, Ewil-Mérodak, fait grâce (52,31-34)[47].

45 Tout au moins, le passage est ambigu, comme le montre l'utilisation de חחח à cet endroit. Cf. *infra*, n. 12, p. 127-128.

46 Cf. 22,24-27, un oracle dans lequel l'exil de ce roi est annoncé, et 29,2 où il est déjà en exil, en introduction à la «Lettre aux exilés».

47 C'est donc tout naturellement lui que l'on retrouvera à Babel, dans la LXX en tout cas, au début de «l'appendice Baruchien» de Jr (Ba 1,13), lorsque le témoin Baruch fera la lecture des prophéties de Jérémie au roi et au peuple. Voir à ce propos les articles cités *supra*, n. 10, p. 22-23. Je reprendrai la question du témoignage *infra*, p. 95.

Cependant, les indices que le récit lui-même fournit au lecteur montrent que ces difficultés du texte soulèvent davantage de questions par rapport à la logique narrative que par rapport au découpage du texte du récit. Ainsi découpé, en effet, le texte semble être la mise en récit d'une synthèse de la prophétie de Jérémie. Ce bloc de chapitres montre comment les différents personnages de l'histoire interagissent entre eux. Le Seigneur, le prophète, le roi et le peuple sont mis en scène dans leurs relations et oppositions, car Jérémie continue à relayer la parole de YHWH[48]. Ainsi, récits et oracles tournent autour de thématiques semblables qui explicitent ce que Jérémie répète inlassablement depuis les premiers chapitres du livre et qui pourrait se résumer ainsi: «si vous écoutez la parole de YHWH et vivez dans son alliance, vous aurez la vie sauve; si vous ne l'écoutez pas et servez des dieux qui ne vous connaissent pas, les Chaldéens viendront et prendront la ville»[49].

Les liens entre ces chapitres en prose et le reste du livre sont très nombreux et pourront certainement aussi éclairer le lecteur sur le rôle spécifique qu'ils jouent dans l'économie globale du livre, rôle sur lequel on reviendra en fin de parcours. Par ailleurs, les liens internes au livre ne sont pas les seuls que le lecteur de la Bible établira. Il en est d'autres, en effet, d'ordre intertextuel cette fois, qu'il faudra reprendre lorsqu'ils s'avéreront éclairants pour la lecture du texte de Jr lui-même[50].

---

48 Cette question sera reprise dans la conclusion de ce travail, cf. *infra*, pp. 335-343.

49 Ces éléments constituent comme un refrain dans le livre tout entier et se trouvent dès les premières pages. La racine שמע y est utilisée, sauf erreur, 189 fois à partir de 2,4 et rares sont les chap. où on ne la trouve pas (chap. 1; 15; 24; 39; 45; 47; 52). La racine ידע s'y trouve, sauf erreur, 72 fois, à partir du chap. 1. Cette racine indique essentiellement [1] la connaissance que YHWH a du prophète (cf. par ex. 1,5; 12,3; 15,5); [2] la non-connaissance de YHWH de la part du peuple et de ses chefs (cf. par ex. 2,8; 4,22; 8,7; 9,2); [3] la non-connaissance du peuple de la part des idoles qu'il se choisit (cf. par ex. 6,9; 19,4); [4] l'invitation faite au peuple de reconnaître sa mauvaise conduite (cf. par ex. 2,19.23; 3,13); [5] enfin, il est synonyme de châtiment, puisque le peuple sera envoyé dans une terre ou parmi des nations qu'il ne connaît pas (cf. par ex. 9,15; 15,14; 16,13). Le retour au Seigneur pour avoir la vie sauve est également évoqué (7,3-7; 18,11; 26,3; 35,15). Enfin, l'annonce de la prise de la ville par les Chaldéens est aussi une annonce fréquente dans la prophétie de Jérémie, et ce, dès le chap. 1, où la venue des ennemis du Nord est clairement annoncée (cf. 1,14).

50 C'est le cas, par ex., pour le chap. 36, lorsque le lecteur l'aborde avec, présents à l'esprit, d'autres épisodes de lecture: la lecture par Moïse de l'écrit de l'alliance (Ex 24,3-8), celle du rouleau de la Loi (2 R 22–23) et celle des prophéties de Jérémie à Babylone (Ba 1).

V. Conclusion

Le parcours effectué jusqu'ici met en évidence une série d'éléments qui, sans nier la difficulté de justifier la délimitation de la section proposée, convergent dans le sens de la possibilité de considérer la section en prose comme un ensemble et de tenter le pari de la lire comme un récit à part entière, dont il faudra chercher à comprendre le fonctionnement ainsi que la stratégie de communication du narrateur.

Les difficultés majeures tiennent, on l'a vu, d'une part à la distinction entre le «livret de la consolation» et la section en prose, et d'autre part, au morcellement narratif des événements racontés. La première difficulté peut être écartée si l'on considère, outre le fonctionnement «en chaîne» du début et de la fin de la section, le caractère introductif de 32,1 et la conclusion qui précède en 31,40, ainsi que le passage à un style littéraire différent. La seconde difficulté, quant à elle, invite à prendre de la hauteur pour regarder le texte dans son ensemble, au-delà des difficultés chronologiques, ce qui sera une des tâches de cette recherche.

CHAPITRE 2
L'ouverture du récit: Jr 32

Porte d'entrée du bloc narratif étudié, le chapitre 32[1] présente un texte fort riche, non seulement par sa thématique principale – invitation au peuple à espérer malgré la période difficile qu'il traverse –, mais aussi parce qu'il anticipe des éléments clés du récit, que le lecteur retrouvera dans la suite comme «dilués» dans les différents épisodes qu'il va lire. Pour cette raison, il est important d'en aborder la lecture dès cette première partie du travail. Le chapitre 32, en effet, semble avoir un statut tout à fait particulier dans la section en prose. Ce statut est mis en exergue par la place qu'il occupe: il ouvre la section et le récit qu'elle contient. C'est pour cette raison également que l'on est en droit de se demander non seulement pourquoi il vient en premier lieu, mais aussi s'il ne servirait pas au narrateur pour exposer le contrat de lecture qu'il propose à son lecteur.

Ces quelques pages ont pour but, après avoir lu de près le récit du chapitre 32, de mettre en évidence les liens entre l'exergue et le reste du récit, liens qui sont essentiellement de deux types. Il y a tout d'abord des liens formels, des mots et des phrases que l'on lit en 32, puis de nouveau dans la suite du texte. Il y a ensuite des attaches qui se nouent à travers des rappels de thématiques semblables et de scènes répétées. Il peut s'agir alors de liens plus vagues, mais il n'est sans doute pas inintéressant de les relever. Avant d'aborder ces liens de manière systématique au fil du chapitre 32, il est utile d'en explorer le récit, afin de mettre en relief ses accents et la manière dont les choses sont présentées par le narrateur[2]. Cela permettra de mesurer l'importance de ce chapitre dans l'ensemble de la section en prose.

---

1 Pour un *status quaestionis* sur le chap. 32, cf. PARDO IZAL, *Pasión*, pp. 69-112, et 113-149 pour une étude rédactionnelle et des genres littéraires.

2 Dans sa thèse, déjà plusieurs fois citée, PARDO IZAL, *Pasión*, propose également une étude littéraire du chap. 32. La question se pose dès lors de savoir s'il est nécessaire d'en reprendre la lecture à nouveaux frais. La réponse est affirmative et ce, pour une raison déterminante: le point de vue de ce travail est en effet fort différent de celui de Pardo Izal, qui lit 32 comme un récit à part entière faisant partie du «livret» (cf. *supra*, n. 20, p. 26). S'il est incontestable que 32 forme un récit en soi, il est considéré dans le présent travail comme l'ouverture de la suite et donc en interaction avec elle. Dans ce sens 32 est un micro-récit dans un macro-récit dont il constitue l'exergue.

I. Lecture narrative de Jr 32

1. Introduction

La lecture d'un texte est souvent éclairée par la mise en évidence d'une structure. Celle-ci est d'autant plus importante dans le cas de Jr que, comme le souligne Jack R. Lundbom, «la structure est une clef de signification et d'interprétation». En effet, en général, les discours du livre présentent une pensée globale exprimée sous une forme fragmentaire[3]. Une lecture fouillée du texte devrait donc se fonder sur une structuration préalable. Cependant, étant donné que l'exercice a déjà été tenté en ce qui concerne le chapitre 32[4], il ne semble pas utile de reprendre le travail. Aussi, dans la lecture qui suit, je ne proposerai la structure d'un passage que là où elle s'avère nécessaire en vue d'une meilleure compréhension du texte[5].

---

3 J.R. LUNDBOM, *Jeremiah. A Study in Ancient Hebrew Rhetoric,* Winona Lake, 1997, pp. 148-149.

4 Dans un article relativement récent, J.M. OESCH, «Zur Makrostruktur und Textintentionalität von Jer 32», in: W. GROß (ed.), *Jeremia und die »deuteronomistische Bewegung«*, BBB 98, Weinheim, 1995, pp. 215-223, propose une structure de 32 en opposition avec celle que propose Chr. HARDMEIER, «Probleme der Textsyntax, der Redeeinbettung und der Abschnittgliederung in Jr 32 mit ihren kompositionsgeschichtlichen Konsequenzen», in: H. IRSIGLER (ed.), *Syntax und Text. Beiträge zur 22. Internationalen Ökumenischen Hebräisch-Dozenten-Konferenz 1993 in Bamberg,* St. Ottilien, 1993, pp. 49-79. Tous deux proposent une structure qui s'appuie sur les niveaux de communication présents dans ce texte. Hardmeier assume un point de vue clairement historique, tandis que Oesch cherche à établir une structure plus simple que la sienne (cf. p. 216), sur la base de ce qu'il appelle une «méthode narrative» attentive aux différents niveaux de communication, afin d'en déterminer l'intentionnalité (cf. p. 216). Cela dit, il faut bien souligner que sa méthode est essentiellement au service de l'histoire du texte. Il cherche à montrer comment, à chaque étape de la rédaction, le message du chap. 32 évolue: un simple message de consolation devient un texte de restauration dans lequel il n'est plus question de donner des signes de salut, mais d'indiquer comment l'agir de YHWH est juste et comment les récepteurs doivent se comporter par rapport à lui et à ses médiateurs afin de ne pas perdre, dans le futur, ses dons salutaires (cf. p. 222). PARDO IZAL, *Pasión,* propose pour sa part une étude rhétorique détaillée du texte. Sa structuration du chap. 32 est insérée dans une approche littéraire globale du récit qui cherche à lire ce texte dans son ensemble d'un point de vue littéraire, pp. 199-248. Une structure de surface est proposée également par LUNDBOM, *Jeremiah* 2, p. 501.

5 Certains éléments de ce chapitre reprennent en partie les données d'un article publié par ailleurs: «Jr 32, exergue du récit des chapitres 32–45?», *ZAW* 117 (2005), pp. 559-573.

Narrativement, les étapes du chapitre 32 se présentent comme suit:

v. 1-5	Introduction générale et parole de Sédécias	
v. 6-25	Récit de Jérémie	
	v. 6-15	récit de l'achat du champ
	v. 16-25	prière à YHWH
v. 26-44	Réponse de YHWH à la prière du prophète	

Après une introduction qui englobe une parole de Sédécias, le narrateur enchaîne avec un récit de Jérémie, suivi d'une parole du Seigneur. Le récit de Jérémie se compose lui-même de deux parties: dans la première, il raconte une scène privée, l'achat d'un champ familial; dans la seconde, il rapporte la prière qu'il a adressée à YHWH après avoir effectué la transaction. Ce chapitre se présente donc comme l'enchaînement de trois paroles prononcées par les trois personnages principaux de l'histoire qui commence: le roi de Juda, Jérémie et YHWH. La difficulté majeure sur laquelle le lecteur achoppe concerne l'articulation des paroles les unes aux autres[6].

Une lecture approfondie du texte devrait apporter une réponse à cette question et aux autres qui se poseront au fil de l'étude. La lecture qui suit aidera à baliser le chapitre en vue d'en déceler l'unité, avant de se poser la question du «contrat de lecture».

2. L'exposition (v. 1-5)

a. L'introduction narrative (v. 1-3a)

Dès le début du chapitre 32, le décor est campé grâce aux premiers versets introduisant narrativement le récit[7]. L'introduction narrative

6 À côté de ce problème littéraire majeur, une seconde question touche au contenu du livre et concerne le lieu même où Jérémie est invité à acheter le champ en signe du retour possible. Il pose question au lecteur du livre de Jr dans la mesure où la bourgade d'Anatôt, d'où provient Jérémie (1,1), est aussi probablement la première qui connaîtra le malheur: tous ses habitants devront rendre des comptes au Seigneur, ils mourront par l'épée et la famine, car ils en veulent à la vie du prophète (11,18-23). Nul n'est prophète en son pays: les habitants d'Anatôt ne dérogent pas à cette règle vis-à-vis de Jérémie. Mais ils seront punis pour cela. Dès lors, que signifie poser dans ce village le signe de l'espoir du retour après l'exil?

7 À propos du début du chap. 32, les commentateurs estiment en général qu'il s'agit d'un ajout postérieur qui sert à introduire le récit de Jérémie. Ainsi, par ex. B. DUHM, *Das Buch Jeremia*, KHC 11, Tübingen, 1901, pp. 260-261; CONDAMIN, *Jérémie*, p. 250;

(v. 1-3a) présente sept noms propres dans une constellation particulière que l'on peut schématiser comme suit: trois noms de personnes sont précisés par une fonction: Jérémie est prophète, Sédécias est roi de Juda, ce qui est dit deux fois, et Nabuchodonosor est roi de Babel[8]. Les deux rois sont situés dans un rapport d'opposition autour de Jérusalem, tandis que Jérémie est situé par rapport au Seigneur, grâce à la parole qui lui parvient et à la mention de «prophète». Avec ces informations, les personnages principaux sont campés d'emblée dans leurs rapports mutuels. C'est bien là la caractéristique d'une exposition. Un autre élément important est également présent dès le début: la parole à travers laquelle YHWH se rend présent à son prophète[9].

Cette introduction ne mentionne pas uniquement les acteurs principaux du récit. Elle donne également les renseignements nécessaires à la compréhension des événements, situer leur chronologie et le lieu où ils se jouent, mais aussi pour percevoir leur dynamique: la parole du Seigneur s'adresse à Jérémie; roi de Juda en ce temps-là, Sédécias règne depuis dix ans, et Nabuchodonosor depuis dix-huit ans; Jérusalem, quant à elle, est encerclée par les Chaldéens, alors que le prophète est emprisonné dans la cour de garde du palais. Cette exposition crée d'emblée une attente chez le lecteur qui se pose de nombreuses questions, comme par exemple de savoir quel sera le contenu de la parole de YHWH annoncée par le narrateur, et quel sera le sort de Sédécias, de Jérusalem et de Jérémie qui, on l'a vu, se trouvent dans une situation précaire.

P. VOLZ, *Der Prophet Jeremiah*, KAT 10, Leipzig, 1922, p. 302; W. RUDOLPH, *Jeremia*, HAT 1/12, Tübingen, réimpr., 1968., pp. 207-209; A. WEISER, *Das Buch Jeremia, Kapitel 25,15–52,34*, ATD 21, Göttingen, 1969, pp. 293-294; E.W. NICHOLSON, *The Book of the Prophet Jeremiah. Chapters 26–52*, Cambridge, 1975, p. 76; J.A. THOMPSON, *The Book of Jeremiah*, NICOT, Grand Rapids, 1980, p. 587; L. BOADT, *Jeremiah 26–52, Habakkuk, Zephaniah, Nahum*, Old Testament Message 10, Wilmington, 1982, p. 61; Ch.L. FEINBERG, *Jeremiah. A Commentary*, Grand Rapids, 1982, p. 224; R.P. CARROLL, *Jeremiah. A Commentary*, OTL, London, 1986, p. 620; W.L. HOLLADAY, *Jeremiah. A Commentary on the Book of the Prophet Jeremiah*, Hermeneia, vol. 2, Philadelphia – Minneapolis, 1989, p. 210, qui ajoute aussi que ces 3 versets sont une «long digression»; BRUEGGEMANN, *Exile and Homecoming*, p. 301; C.T. BEGG, «Yahwe's "visitation" of Zedekiah (Jer 32,5)», *ETL* 63 (1987), pp. 113-117, en particulier p. 113.

8 Il est intéressant de noter, comme le fait PARDO IZAL, *Pasión*, pp. 202-203, que «en el v. 1 Sedecías es presentado como "rey de Judá". Al final de la primera perícopa, v. 5, es descrito únicamente por el nombre. Este cambio es correlativo al de Nabucodonosor, presentado únicamente por el nombre en el v. 1 y como "rey de Babylonia" en el v. 4». Cela soulignerait un changement de situation pour les deux rois. Si au début (v. 1) Sédécias est le roi qui ordonne, au v. 5 il apparaît comme un roi déchu, soumis au pouvoir d'un autre, le roi de Babel.

9 Selon PARDO IZAL, *Pasión*, p. 179, la Parole est le personnage dominant du récit, acteur invisible mais omniprésent.

Ainsi, dès le début, le narrateur dirige l'attention du lecteur sur les éléments essentiels du récit de 32–45. Parmi ceux-ci, le roi, la ville et Jérémie sont unis par leur destin: le sort du roi dépend de celui de la ville, et celui du prophète est intimement lié à celui de Jérusalem[10]. D'emblée, en effet, un parallèle s'ébauche entre la ville et le prophète, comme le montre le schéma[11]:

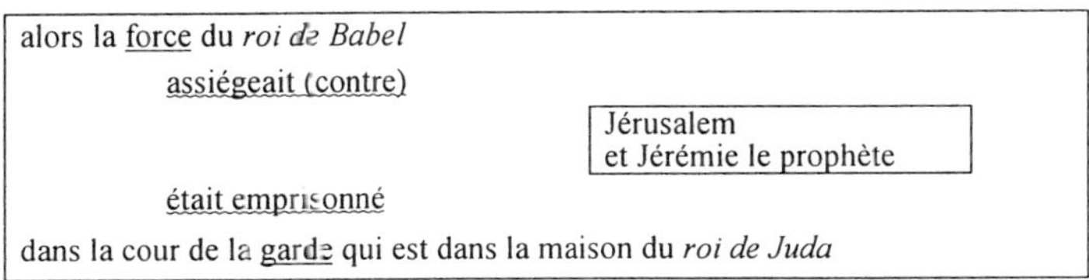

On le voit: de même que Jérusalem est emprisonnée par les ennemis qui l'encerclent, Jérémie est enfermé, retenu par le roi dans la cour de garde du palais. Deux cercles concentriques s'esquissent donc ici, au centre desquels se trouve le prophète, doublement emprisonné, pour ainsi dire[12]. Plus exactement, la ville encerclée par l'ennemi emprisonne elle-même un ennemi. Car Jérémie est bel et bien considéré par le roi comme un ennemi intérieur, allié aux assiégeants extérieurs, comme en témoignent ses paroles aux versets 3-5[13]. C'est pourtant à lui que YHWH s'adresse.

---

10 Cf. L. ALONSO SCHÖKEL, J.L. SICRE DIAZ, «Jeremías», in: ID., *Profetas. Commentario I*, Madrid, 1980, pp. 397-653, en particulier p. 569, soulignent à juste titre à propos des v. 2-5 que cette introduction «enfoca la atención hacia el rey y la capital, unidos en destino común». En effet, le roi devrait être solidaire du sort de sa capitale – symbole du pays tout entier – comme un capitaine l'est de son navire. La suite nous apprendra que Sédécias n'est pas aussi intéressé qu'il devrait l'être par le sort de Jérusalem puisqu'il s'enfuit dès que la ville est prise, cf. 39,4. De plus, ce qui semble essentiellement l'intéresser, c'est son propre sort, cf. 38,19. Si le sort du roi et celui de la ville sont liés, il est indéniable que celui de Jérémie dépend aussi de celui de la ville, comme la suite du récit le montre. Dans le même sens: J. APPLEGATE, «The Fate of Zedekiah: Redactional Debate in the Book of Jeremiah», *VT* 48 (1998), pp. 137-160 et 301-308, en particulier pp. 143-144, et PARDO IZAL, *Pasión*, p. 203.

11 Ce parallèle, pourtant frappant, n'est pas souligné par les auteurs consultés, à l'exception de PARDO IZAL, *Pasión*, p. 241: «Como parte del pueblo, Jr sufre y padece el rechazo de Dios, su encarcelamiento asemeja a la situación del pueblo cercado por los enemigos. Sólo que curiosamente sus enemigos son el mismo pueblo».

12 Dans le même sens, voir les remarques intéressantes que fait J. CAZEAUX, *Histoire, utopie, mystique. Ouvrir la Bible comme un livre*, Initiations bibliques, Paris, 2003, pp. 124-125.

13 Les commentateurs consultés ne font aucune allusion à cela pour les v. 2-5. Ils se contentent de renvoyer aux événements des chap. 37 et 38 dans le commentaire de ces versets du chap. 32. Ainsi la majorité des commentateurs cités à la n. 7, pp. 41-42. Voir aussi n. 14, p. 129.

Après avoir mentionné ces éléments nécessaires à la compréhension de la suite, le narrateur laisse la parole au roi. De cette manière, tout en amenant quelques informations complémentaires, il fait débuter l'action du récit, faisant jouer les personnages et campant les rapports qu'ils entretiennent les uns les autres[14], et cela, bien que tous les éléments de l'exposition ne soient pas encore connus du lecteur.

b. La parole du roi (v. 3-5)

Comme annoncé par le verset 1, l'introduction narrative cède très vite la place à une parole (v. 3b). Mais contrairement à l'annonce, ce n'est pas une parole de YHWH que le lecteur entend, mais un discours du roi. C'est assez déroutant, d'autant que pour entendre la parole attendue, il devra prendre patience jusqu'au verset 7 où Jérémie rapporte une parole que YHWH lui a dite, et même plus exactement jusqu'au verset 26, où Dieu prendra enfin la parole directement. C'est que le narrateur préfère lui donner à entendre en premier lieu les mots de Sédécias qui accompagnent l'enfermement de Jérémie dans la cour de la garde, détail important puisqu'il est répété deux fois (v. 2.3).

À travers cette parole qu'il englobe donc dans l'introduction narrative au récit de Jérémie, le narrateur, en laissant la parole au roi, étoffe indirectement son exposition. Dans son apostrophe au prophète, Sédécias cite une parole de Jérémie que le lecteur n'entendra «en direct» que plus loin, en 34,2-5[15]. Cet oracle est programmatique, puisqu'il annonce

---

14 Cette façon de faire du narrateur ne doit pas étonner. Car le narrateur de la Bible laisse la priorité à l'action, qui doit donc débuter le plus rapidement possible. Cf. J.-L. SKA, J.-P. SONNET, A. WÉNIN, *L'analyse narrative des récits de l'Ancien Testament*, *CE* 107, Paris, 1999, pp. 24-25.

15 Alors, le lecteur apprendra que YHWH donne à son prophète l'ordre d'aller proclamer à Sédécias l'oracle en question. Concernant ce passage et sa reprise en 34,3-5, les auteurs consultés ne font guère de remarques d'ordre littéraire, se limitant plutôt à des considérations d'ordre rédactionnel ou historique. Le lien entre les deux passages n'est pas immédiat pour la plupart des commentateurs qui mettent plutôt l'emprisonnement de 32,3 en relation avec celui dont parle 37,14-15.21 (cf. *infra*, n. 13, p. 128). Si le rapprochement entre 32 et 37 est fait par bon nombre de commentateurs, le lien entre 32,3-5 et 34,2-5 est moins souvent souligné et pratiquement jamais à partir de 32, mais plutôt à partir de 34. Certains se contentent d'un simple renvoi d'un passage à l'autre: H. FREEDMAN, *Jeremiah. Hebrew Text and English Translation with an Introduction and Commentary*, Soncino Books of the Bible, London – Jerusalem – New York, 7e éd. 1977, p. 230; BOADT, *Jeremiah 26–52*, p. 73. D'autres notent les différentes circonstances dans lesquelles cet oracle est répété ou prononcé, tout en indiquant que 34,2-5 est une reprise virtuelle de 32,3-5 ou une parenthèse rédactionnelle expliquant les raisons de l'emprisonnement du prophète: FEINBERG, *Jeremiah*, p. 239; CARROLL, *Jeremiah*, p. 619; HOLLADAY, *Jeremia* 2, p. 210, selon qui (p. 213) 34,3 est la source de 32,4; D.R. JONES, *Jeremiah*, NCBC, Grand Rapids, 1992, pp. 407-408, voir aussi p. 425 où il explique la répétition de la parole pour Sédécias par

le scénario de la suite du récit en esquissant le sort de la ville, qui sera donnée au roi de Babel qui la brûlera (34,2), et le sort de Sédécias qui n'échappera pas à Nabuchodonosor et sera déporté, mais qui mourra en paix pour autant qu'il écoute la parole que YHWH lui adressera lors de sa visite (34,3-5). S'il est clair que c'est cette parole de Jérémie que le roi reprend ici à son compte, il ne la rapporte pas avec les mêmes accents, ce qui montre que son écoute est biaisée. Mais, à ce stade, peu importe[16].

En laissant dès le début la parole au roi, le narrateur ne se contente pas d'introduire cet oracle programmatique; mais en le faisant répéter par le roi dans une interpellation au prophète, il suggère aussi d'emblée la réaction du roi. Sa parole suggère une possible opposition entre lui et le prophète («Pourquoi *prophétises-tu...?*»), opposition qui se précisera ensuite, et ne cessera qu'à la fin du chapitre 38, lorsque le roi de Juda sera déposé par celui de Babel, un épisode relaté en 39,1-4.

En réalité, quand il rappelle ainsi la parole du prophète, le roi le fait en lui posant une question: «pourquoi prophétises-tu en disant...?». On peut dès lors se demander quel est le ton de cette interpellation royale. Il s'agit là d'une question à laquelle le lecteur peut difficilement répondre avec certitude, aucun élément dans la parole elle-même ni dans l'introduction du narrateur ne permettant de trancher. Elle n'est pourtant pas anodine, car une autre y est liée: elle concerne le but de cette question du roi au prophète. Malheureusement, en laissant au roi le soin de commenter lui-même l'emprisonnement du prophète, le narrateur n'encadre cette question d'aucune explication qui puisse aiguiller le lecteur. Néanmoins, le lien direct entre cette interpellation et l'emprisonnement de Jérémie dans la cour de la garde (v. 3) suggère que cette question va plutôt dans le sens du reproche, voire de l'accusation[17].

«the sermonic character of chapter 34»; MCCONVILLE, *Judgement and Promise*, p. 104; G.L. KEOWN, P.J. SCALISE, T.G. SMOTHERS, *Jeremiah 26–52*, WBC 27, Dallas, 1995, p. 180, qui notent aussi la variation dans la façon de parler du roi: à la 3e personne en 32, à la 2e en 34 (pp. 151 et 180). Enfin, WEISER, *Jeremia 25,15–52,34*, p. 293, met directement en relation les deux paroles en laissant entendre l'antériorité de 34,2b-5 par rapport à 32,3b-5.

16 Pour une comparaison entre ces deux passages, voir *infra*, pp. 164-165.

17 J. APPLEGATE, «Narrative Patterns for the Communication of Commissioned Speech in the Prophets: A Three-Scene Model», in: G.J. BROOKE, J.-D. KAESTLI (eds), *Narrativity in Biblical and Related Texts. La narrativité dans la Bible et les textes apparentés*, BETL 149, Leuven, 2000, pp. 69-83, analyse les introductions narratives aux discours prophétiques. Il estime, p. 79, que le ton de l'interpellation de Sédécias «is accusatory». Cette position est également celle de PARDO IZAL, *Pasión*, p. 179. Voir également ALONSO SCHÖKEL, SICRE DIAZ, «Jeremías», pp. 590-591, selon qui cela serait confirmé indirectement par la peur du roi en 38,19 et par l'oracle en 21,9. MCCONVILLE, *Judgement and Promise*, p. 98, souligne quant à lui l'aspect ironique de la question du roi qui sait très bien pourquoi Jérémie prophétise de la sorte.

Reste à savoir sur quoi porterait celle-ci[18]. Le roi accuse-t-il Jérémie de parler contre la raison d'État? Lui en veut-il plutôt de ne pas soutenir la politique des gouvernants? Lui reproche-t-il de décourager les troupes en annonçant la défaite comme certaine (v. 3b-5) et en les poussant à se rendre à l'envahisseur? Voit-il Jérémie comme un «collaborateur» – ce que laisserait supposer le rapprochement entre cette parole et l'épisode de l'arrestation en 38,1-6? Ou encore, cherche-t-il à entrer en dialogue avec le prophète, comme ce sera le cas plus loin, en 37,17 et 38,14, où le roi l'envoie chercher afin d'avoir une entrevue avec lui? Demande-t-il des éléments supplémentaires qui lui permettraient de comprendre? Ou la prophétie est-elle la raison de l'emprisonnement de Jérémie? Car le lecteur peut également se demander si la question de Sédécias est bien une véritable question, ou si, au contraire, elle est posée pour combler un vide, pour justifier une arrestation que le souverain n'approuve qu'en partie et contre laquelle il ne peut rien[19]. Rien de cela n'est dit clairement en 32, car aucune indication ne permet de trancher. D'ailleurs, la question restera sans réponse aussi bien pour le roi que pour le lecteur. Mais quoi de plus normal qu'ouvrir un tel questionnement au début d'un récit? Ne faut-il pas éveiller la curiosité du lecteur?

3. Le récit de Jérémie (v. 6-25)

Après avoir entendu la question de Sédécias interrogeant Jérémie sur le «*pourquoi?*» de sa prophétie, le lecteur est confronté à une parole du prophète. C'est effectivement ce qu'il attend: une réponse à la question du roi. En réalité, Jérémie se met à raconter un fait qui lui est arrivé lorsqu'il se trouvait dans la cour de la garde où Sédécias vient de l'enfermer: le narrateur cède ainsi sa place à son personnage à qui il

---

18 Pour chercher à comprendre de quelle accusation il s'agit, les commentateurs rapprochent cet épisode des deux autres arrestations de Jérémie en 37,13-16 et 38,6. Ce qui ressort le plus souvent, c'est que Jérémie est accusé de désertion. Voir par ex. CONDAMIN, *Jérémie*, p. 276; WEISER, *Jeremia 25,15–52,34*, p. 293. À cette accusation, certains ajoutent celle de traîtrise, sur base du rapprochement des deux épisodes d'arrestation, 37,11-16 et 38,1-6, comme par ex. BRIGHT, *Jeremiah*, pp. 232-233. Quant à KEOWN, SCALISE, SMOTHERS, *Jeremiah 26–52*, p. 223, ils soulignent que ce sont les princes qui voient en Jérémie un traître. Plus original, J. STEINMANN, *Le prophète Jérémie: sa vie, son œuvre et son temps*, LD 9, Paris, 1952, p. 230, estime que le prophète «était d'une sincérité parfaite», et que l'accusation d'espionnage qui lui est lancée par l'officier «s'explique par une consigne venue de haut lieu ou par l'effervescence des esprits». Rien dans le texte, pourtant, ne le laisse supposer.

19 C'est ce que laisserait supposer le rapprochement avec le chap. 38, où l'on apprend que le roi a peur des princes qui l'entourent et qu'il ne peut s'opposer à eux (v. 1-5).

donne un statut de narrateur intradiégétique[20]. Deux problèmes se posent d'emblée. Tout d'abord, il apparaît vite que la parole de Jérémie ne constitue pas vraiment, à première vue du moins, une réponse à l'interpellation du roi. Ensuite, et la question est plus épineuse encore, la scène racontée n'a pas encore eu lieu lorsque le roi questionne Jérémie et l'emprisonne. Au moment où se passe l'épisode qu'il raconte, en effet, le prophète se trouve déjà enfermé dans la cour de la garde (v. 8) où il reçoit la visite de son cousin qui vient lui demander d'acheter le champ. Or, ce lieu d'emprisonnement est mentionné ici pour la première fois. Ainsi, au moment où il est arrêté par le roi en 32,2, Jérémie n'a pas encore pu conclure l'affaire. Comment donc peut-il raconter un événement qui ne s'est pas encore produit au moment de son arrestation (voir v. 8)? Cet emprisonnement ne serait-il pas le premier? Le prophète ne répond-il à la question du roi qu'après un délais de quelques jours[21]? Rien dans le récit ne permet d'accréditer ces hypothèses. Ainsi, question du roi et récit du prophète ne se suivent pas de manière chronologique[22], et contribuent à rendre curieuse la disposition narrative de l'ensemble puisque, paradoxalement, le narrateur présente le récit du prophète comme la réponse de celui-ci au roi.

Ainsi, si l'on s'en tient à une logique chronologique, la question du roi semble rester sans réponse puisque le narrateur ne donne pas accès à ce que Jérémie aurait pu répondre au moment où la question fut posée. Mais en faisant suivre immédiatement le récit de Jérémie, le narrateur crée pour le lecteur l'illusion, ne serait-ce que momentanée, qu'il s'agit de sa réponse. Le récit du prophète pourrait donc bien constituer malgré tout une réplique adéquate à la question du roi, bien que les choses soient déroutantes à première vue[23].

---

20 Dans le bloc de chapitres étudiés, Jérémie assume par deux fois le rôle de narrateur intradiégétique, narrateur interne à l'histoire ou «second», soit ici et au chap. 35, où il raconte l'épisode des Récabites. Voir à ce propos SKA, «*Our Fathers Have Told Us*», pp. 46-47. Cette question sera traitée *infra*, pp. 272-276.

21 Ce n'est qu'à partir du chap. 37 que le lecteur pourra mettre un peu d'ordre dans la suite des événements, afin de reconstituer les péripéties auxquelles le prophète est confronté.

22 C'est probablement la raison pour laquelle les commentateurs mentionnés *supra*, n. 7, pp. 41-42, ne s'intéressent guère à cette parole du roi, la reléguant sans plus dans l'introduction au récit de Jérémie. C'est aussi, en définitive, la position de PARDO IZAL, *Pasión*, qui, tout en appelant les v. 1-5 «*Exposición*», p. 168, ne fait réellement commencer le récit qu'au v. 6, sans voir l'interaction qu'il pourrait y avoir entre la parole de Sédécias et le récit de Jérémie, p. 174. Mais cette position semble nuancée p. 190 où il dit que la question de Sédécias peut être interprétée aussi bien comme une question posée à Jérémie que comme une question posée au lecteur.

23 Cette réponse de Jérémie «décalée» par rapport à la question du roi sert peut-être aussi à souligner le caractère transitoire du pouvoir politique du roi opposé à la

a. Structure narrative du récit de Jérémie

Après la parole du roi au verset 6, l'histoire de Jérémie débute brusquement, *in medias res*. Le prophète n'introduit pas son histoire par une exposition des faits, il passe immédiatement au stade de la complication[24] en rapportant une parole de YHWH. Cette complication se développe en trois phases qui mènent au dénouement:

Complication, 1e phase	La parole de YHWH annonçant la venue de Hanam'el (v. 6-7)
Complication, 2e phase	Venue de Hanam'el et achat du champ selon les règles (v. 8-10)
Complication, 3e phase	Jérémie confie l'acte à Baruch (v. 11-14)
Dénouement	L'auditeur et le lecteur comprennent la raison de l'achat (v. 15)
Rebondissement	Prière: comment ce champ peut-il être signe de vie étant donné le péché d'Israël? (v. 16-25)

Comme ce schéma le montre, si Jérémie n'introduit pas son récit, il en dramatise la complication en trois temps[25]. La complication tient au fait que pour l'auditeur de Jérémie – et pour le lecteur –, ce que le prophète raconte est de plus en plus mystérieux. Les mystères subsistent jusqu'au moment du dénouement, au verset 15, où tout s'éclaire. L'histoire que Jérémie raconte ressemble dans ce sens à un roman policier, jouant sur une «trame de révélation» de ce qui est caché, mais absolument nécessaire à la compréhension de l'histoire.

Jusqu'au dénouement du verset 15, les trois moments de la complication de Jérémie font monter la tension par paliers, le mystère s'épaississant pour l'auditeur et le lecteur. Dans la première phase (v. 6-7), Jérémie reçoit une parole du Seigneur annonçant la visite de son cousin et sa venue là où il se trouve: il lui demande d'acheter son champ, expliquant qu'il en a le droit. À ce stade, le Seigneur ne donne aucun ordre concernant l'achat, ou du moins Jérémie n'en fait pas mention. Dans la deuxième phase de la complication (v. 8-10) le prophète raconte son achat avec force détails: il paye comptant et rédige un acte en bonne et due forme. L'auditeur et le lecteur ne peuvent que se demander pourquoi Jérémie donne tant de précisions juridiques en relatant

permanence de l'action prophétique, qui suscite l'espoir parce qu'elle annonce des promesses de YHWH, qui, elles, sont pour toujours.

24 La complication est la partie du récit relatant «les diverses étapes de la quête ou de la transformation, les différentes manières d'approcher de la vérité (cachée)», ce qui ménage une attente, un suspense. Cf. SKA, «*Our Fathers Have Told Us*», pp. 25-26.

25 PARDO IZAL, *Pasión*, p. 170, dit que «aparentemente la complicación de la acción no existe», le récit se déroulant normalement depuis son début, au v. 6, et jusqu'à la pesée de l'argent au v. 9. Après, l'attention se détourne sur l'écriture et l'auteur estime que la complication recouvre les v. 11-14.

cet achat. Enfin, dans la troisième phase (v. 11-14), il raconte avec soin qu'il a remis le document à un «notaire»[26], Baruch, en présence de témoins. Ici, on se demande pourquoi Jérémie insiste tant sur la conservation officielle de l'acte. Ainsi, à ce stade du récit, l'assistance – s'il y en a bien une[27] –, le lecteur et les témoins présents, ignorent encore le motif réel de l'achat et ils peuvent raisonnablement se demander pourquoi le prophète agit de la sorte, d'autant plus qu'il ne pourra avoir la jouissance immédiate de son bien puisqu'il est prisonnier et que les Chaldéens occupent le territoire où se situe le champ acheté[28].

Ce n'est qu'au verset 15 que le prophète explicite quelque peu la raison de son geste: le Seigneur déclare que l'on pourra encore acquérir des biens immobiliers dans le pays. Il s'agit en réalité du dénouement, et il se fait par révélation, par *anagnorisis*. Ici, les auditeurs de Jérémie et le lecteur comprennent que son acte est un acte prophétique dont la signification est essentielle. Quant au lecteur, c'est maintenant qu'il peut comprendre que ce récit est une réponse au «pourquoi» de Sédécias: la parole de malheur sur Jérusalem qui semble tant déranger le roi n'annonce pas la fin définitive de Juda. Elle est à comprendre dans l'optique d'une restauration future du peuple.

26 BOGAERT, «Le personnage de Baruch», p. 74, dit ceci: «Le récit insiste sur la présence de témoins (v. 10-12) et sur le rôle de Baruch qui, tel un notaire ou un archiviste, va devoir veiller à la conservation de l'acte. Et puisque cet acte n'a pas seulement une portée cadastrale mais aussi prophétique, la fonction notariale de Baruch s'étend à ce dernier aspect». Noter aussi que Baruch est appelé «notaire» par Jérôme dans son prologue à Jr.

27 Dans l'introduction narrative, juste avant la parole du roi, le narrateur ne spécifie pas s'il y a d'autres personnages présents lors de l'arrestation de Jérémie. De plus, au v. 6a, en introduisant le récit de Jérémie, le narrateur ne précise rien à ce sujet. En ce sens, si le récit crée l'illusion d'être une réponse à la question du roi (v. 3-5), ce dernier est le seul auditeur du récit, puisque aucun autre personnage n'est mentionné. Si l'on tient cela, Jérémie raconterait donc le tout au roi, en le mettant au courant d'un événement qu'il ignore et de ses rebondissements. Il est raisonnable cependant de penser que d'autres sont présents, la cour de la garde étant un lieu public, comme le suggèrent les épisodes des chap. 37 et 38.

28 Cela, pour deux raisons essentielles. Premièrement, on le sait, Jérémie est en prison. Deuxièmement, le territoire où se trouve le champ est déjà envahi par les Chaldéens, comme le soulignent, par ex., CONDAMIN, *Jérémie*, p. 249; B. PERRIN, «Trois textes bibliques sur les techniques d'acquisition immobilière (Gn XXIII; Ruth IV; Jr XXXII,8-15)», *Revue Historique de droit français et étranger. Série* 4. 41 (1963), pp. 5-19; 177-195 et 387-417, en particulier p. 414; THOMPSON, *Jeremiah*, p. 591; FEINBERG, *Jeremiah*, p. 226. Ce fait est important d'une part parce qu'il dramatise la situation et d'autre part parce que, ajouté à la rédaction scrupuleuse de l'acte accompagnant l'achat, il donne davantage d'ampleur au geste de Jérémie, augmentant le contraste entre cette situation concrète et l'acte d'achat. De plus, si l'on situe le chap. 32 dans l'ensemble de Jr, il y a un empêchement supplémentaire, étant donné que le prophète a été rejeté par les siens (11,18-19).

Mais le verset 15 ne constitue pas la fin de l'intervention de Jérémie dans le chapitre. Après avoir fourni cet éclaircissement sur son achat, de manière inattendue, Jérémie se met à prier. Dans sa prière il évoque l'action de Dieu qui est créateur (v. 17) et sauveur (v. 20-22) vis-à-vis du peuple qu'il s'est choisi[29], et il rétribue les fautes avec équité (v. 18-19). Mais la réponse du peuple à l'action divine est pleine d'ingratitude: prenant la terre comme un dû et non comme un don, il n'écoute pas son Dieu (v. 23), raison pour laquelle le présent est tragique, au point que le prophète ne semble pas pouvoir imaginer d'issue (v. 24). Aussi s'étonne-t-il de ce que Dieu déroge à la règle de la rétribution en annonçant une restauration à ce peuple pécheur (v. 25). Ainsi, la fin inattendue de la prière donne une nouvelle impulsion au récit puisqu'elle suscite une autre parole, parole que le lecteur attend depuis le début, celle du Seigneur. Le lecteur s'aperçoit alors que le récit du prophète n'est que la première phase d'une complication plus large, celle de l'ensemble du récit en prose qui va suivre, et que résume la réponse de YHWH.

On constate ainsi que dans sa manière de raconter, Jérémie diffère par deux fois l'explication du motif de son discours (voir v. 15 et v. 25). De la sorte, le prophète attire l'attention de son auditeur et ménage l'effet final. À quoi bon raconter une histoire dont les auditeurs connaîtraient déjà la fin? De plus, il faut remarquer qu'en concluant sa prière sur ce paradoxe, Jérémie insiste sur l'aspect étonnant de l'annonce de la restauration du peuple, et donc du geste qu'il a dit avoir accompli apparemment sans se poser de questions.

b. L'achat du champ (v. 6-15)

Jérémie requis comme *goel*

La parole de YHWH ouvre le récit de Jérémie, qui poursuit en racontant que tout se passe conformément à la parole divine (v. 8a: כדבר יהוה), même si la parole de Hanam'el est un peu différente de celle qu'annonçait YHWH[30].

29 En Égypte, YHWH a placé des signes et des prodiges *jusqu'à ce jour*. «[...] En utilisant le démonstratif de proximité, qui renvoie à l'aujourd'hui du lecteur, là où viendrait plus naturellement le démonstratif de la distance, "en ce jour-là", [...] ce texte, non seulement requiert l'activité du lecteur, mais engage celui-ci au cœur de l'événement qu'il narre, lui donnant d'"entrer dans le récit aux côtés du peuple, pour rejoindre le lieu de l'énonciation divine et être rejoint, au présent, par celle-ci"», PELLETIER, *D'âge en âge*, p. 107.

30 PARDO IZAL, *Pasión*, p. 174, souligne que le voyage d'Hanam'el n'est pas relaté dans le récit de Jérémie. Cela n'a rien d'étonnant, me semble-t-il, et ce, pour deux raisons.

En invitant Jérémie à acheter le champ, YHWH et Hanam'el après lui invoquent le droit du *goel*, auquel on recourt afin que le patrimoine de la famille ne se disperse pas en cas de défection de l'un de ses membres, mais surtout pour que la terre reste possession du Seigneur comme le prévoit le droit du Lévitique (Lv 25,23-31)[31]. Mais le fait que la visite accomplisse une parole adressée par YHWH au prophète pose une autre question: s'agit-il simplement d'éviter la dispersion du patrimoine familial, ou y a-t-il davantage? Dans le chef de Hanam'el probablement pas, ou du moins il n'en fait pas état[32]. Mais dans le chef de YHWH? Comme on l'a vu, la situation n'est rose ni pour le prophète emprisonné ni pour la ville assiégée. Que signifie donc l'achat proposé à Jérémie? Quel en est l'enjeu? Rien ne l'indique à ce stade du récit. Jérémie reconnaît pourtant dans la visite de son cousin la parole du Seigneur, il exécute la demande qui lui est faite en se conformant à la loi afin d'assurer la validité de l'acte.

Le narrateur de l'histoire, Jérémie, était absent. Il ne peut donc connaître les détails de ce voyage, à moins que son cousin ne lui en ait parlé, ce qu'il ne semble pas avoir fait étant donné l'importance de sa demande. De plus, si le narrateur extradiégétique avait voulu que le lecteur ait des détails sur ce voyage, il aurait pu le raconter ou y faire allusion avant de passer la parole au prophète. Ce qui semble vraiment intéresser le narrateur est donc la venue du cousin, selon la parole du Seigneur, ainsi que la transaction de l'achat du champ. Cela dit, comme le remarque CAZEAUX, *Histoire, utopie, mystique*, pp. 124-125, la visite d'Hanam'el tient du «miracle», puisqu'il a «franchi les lignes des assiégeants, et il a également défié les barrages» du roi et des gardes. Ainsi, selon cet auteur, la «résurrection d'Israël» s'inscrit d'emblée dans cette visite.

31 Nombre de commentateurs soulignent le rôle de Jérémie en tant que *goel*. Cf. par ex. DUHM, *Jeremia*, p. 262; FREEDMAN, *Jeremiah*, pp. 215-216; STEINMANN, *Jérémie*, p. 232, qui ajoute que, si le Seigneur n'était pas intervenu auprès de Jérémie, Hanam'el aurait pu essuyer un «refus ironique» de la part de son cousin au courant de l'issue du siège; BRIGHT, *Jeremiah*, pp. 238-239; JONES, *Jeremiah*, p. 408; KEOWN, SCALISE, SMOTHERS, *Jeremiah 26–52*, pp. 152-153; J.M. ABREGO DE LACY, «Jeremías», in: S. GUIJARRO OPORTO, M. SALVADOR GARCÍA (eds), *Comentario al Antiguo Testamento II*, Madrid – Salamanca – Estrello, 2e éd. 1997, p. 140, qui souligne également que «la solidaridad impedirá que ésta [la tierra] pase definitivamente a manos extranjeras»; voir également LUNDBOM, *Jeremiah* 2, p. 505.

32 À ce propos, S. AMSLER, *Les actes des prophètes*, Essais bibliques 9, Genève, 1985, p. 30, écrit ceci: «Le moment n'est donc pas à investir de l'argent dans un bien-fonds, en territoire occupé, serait-ce même une parcelle du patrimoine de la famille. Plus avisé est le cousin du prophète qui tente de retirer quelque profit de son terrain avant la catastrophe! Tout devrait normalement amener Jérémie à rejeter la proposition de rachat, même si elle pouvait s'appuyer sur le devoir de ne pas laisser aliéner les biens de la famille».

La validité de l'acte d'achat et son importance

Dans la situation que le narrateur et Sédécias viennent de rappeler (v. 1-5), l'acte de Jérémie «crée la surprise, puisque cette vente se fait à la veille d'une catastrophe inévitable»[33], et que le champ se situe en territoire occupé. La surprise est d'autant plus grande que le prophète semble agir[34] sur ordre de YHWH. La formule que Jérémie utilise ici est, en effet, elliptique: «Je connus que c'était la parole de YHWH». Le prophète ne raconte pas comment cela se passe. Mais apparemment, il reconnaît dans la parole de son cousin celle du Seigneur. Ainsi, par sa manière de raconter, Jérémie induit au moins deux choses. Premièrement, il s'est entendu annoncer la visite de Hanam'el par YHWH, sans plus de détails et sans recevoir d'ordre spécifique à ce propos. Deuxièmement, lorsque la parole du Seigneur se réalise à l'arrivée d'Hanam'el, Jérémie reconnaît dans ce qu'il dit non la simple demande de son cousin, mais la parole de YHWH, et il l'accomplit. Jérémie comprend-il davantage? Il ne le précise pas, tout comme il n'indique pas sur base de quoi il comprend. Ainsi, le récit donne l'image d'un prophète confiant, intuitif, qui fait ce que Dieu lui demande, même si cela semble absurde, même si Dieu ne lui a pas expliqué pourquoi il devait le faire. L'achat surprend donc, aussi et surtout parce que Jérémie raconte les choses de telle sorte que son auditeur – et le lecteur – pense qu'il est mis au courant de tout ce que Jérémie savait à ce moment. Cela le surprend d'autant plus que, s'il était à la place de Jérémie, il refuserait l'offre! Le prophète, au contraire, perçoit dans la demande de Hanam'el la parole de YHWH et donc il l'accomplit.

Quelle signification a donc cet ordre on ne peut plus étrange si l'on s'en tient aux simples apparences? Laissant planer le mystère, Jérémie poursuit en racontant de manière très minutieuse son achat. Il donne tellement de détails que l'auditeur – et le lecteur – devient à son tour témoin de la transaction. Ainsi, il rappelle à qui appartient le champ qu'il achète, de même que son lien de parenté avec lui. De plus, pour qu'il n'y ait aucun doute sur la localisation du champ, il répète pour la troisième fois que celui-ci se trouve à Anatôt. Il sort ensuite l'argent et le compte (v. 9). D'où sort cet argent sonnant et trébuchant que Jérémie

---

33 Cf. ALONSO SCHÖKEL, SICRE DIAZ, «Jeremías», p. 569. Je traduis.

34 On l'a dit, ici Jérémie ne mentionne pas un ordre que le Seigneur lui aurait donné à ce moment ou auparavant; il le fera plus loin, à la fin de la prière. Cela rebondit sur l'utilisation que le narrateur intradiégétique Jérémie fait de son droit de réserve, cf. *infra*, pp. 273-274.

a à sa disposition? S'agit-il d'une somme tellement dérisoire que tout le monde, même un prisonnier, peut l'avoir dans son escarcelle[35]?

Pour chercher à résoudre ce problème d'argent, le rapprochement avec d'autres récits où il est question d'une transaction de ce genre pourrait s'avérer utile. Ceux-ci sont au nombre de trois: Gn 23, où Abraham achète un champ pour enterrer Sarah; 2 S 24, où David achète une aire pour y bâtir un autel pour le Seigneur, et Rt 4, où Booz achète le champ appartenant au mari et aux fils de Noémi. Mais en mettant ces récits en perspective, on s'aperçoit qu'au fond la question d'argent n'est pas essentielle, d'autant que l'on ne peut présumer de la valeur relative

35 Concernant la question du prix payé par Jérémie, les chercheurs se divisent essentiellement en quatre groupes. Il y a tout d'abord ceux qui convertissent le prix en monnaie moderne, comme par ex. DUHM, *Jeremia*, p. 263; VOLZ, *Jeremia*, p. 302 et WEISER, *Jeremia 25,15–52,34*, p. 295, qui estiment la valeur de la transaction entre 40 et 50 marks d'or; O. GARCÍA DE LA FUENTE, «El contrato de Jeremías (32,6-15): comparación con los documentos del Antiguo Oriente», in: Consejo Superior de Investigaciones Científicas (ed.), *XV Semana Biblica Española (20-25 Sept. 1954): En torno al problema de la escatología individual del Antiguo Testamento Otros estudios*, Madrid, 1955, pp. 188-212, en particulier p. 198, estime la valeur à 35 pesetas d'or, et il ajoute que l'on ne peut juger la grandeur du champ d'après la valeur actuelle de l'argent car cela donnerait une idée fausse de la valeur de la terre à l'époque; il n'en reste pas moins que, selon lui, le champ n'était pas grand, même si la guerre contribuait à faire baisser les prix. STEINMANN, *Jérémie*, p. 233, estime la somme à «à peu près 35 francs-or», «soit environs 7000 fr. d'aujourd'hui. Mais la monnaie avait alors une valeur relative beaucoup plus considérable» ajoute-t-il à la n. 9. Contrairement à Freedman, cf. *infra*, Steinmann estime que le champ était «important», mais que la situation avait fait chuter le prix de la terre. Viennent ensuite ceux qui se limitent à évaluer le poids de l'argent sans donner de termes de comparaison en monnaie courante: il y en a environ 7 onces selon NICHOLSON, *Jeremiah 26–52*, p. 77; moins de 200 gr. selon HOLLADAY, *Jeremiah* 2, p. 214. D'autres commentateurs ne s'attachent pas à convertir le prix payé par Jérémie, faisant toutefois des observations sur la somme payée, comme par ex. FREEDMAN, *Jeremiah*, p. 216, qui souligne que «the price appears to be very low, but the field may have been small. [...] There is no suggestion in the text that the land was sold to Jeremiah at "panic value" due to political situation». Viennent enfin ceux qui ne s'attachent pas du tout à résoudre cette question, comme par ex. CONDAMIN, *Jérémie*; MCCONVILLE, *Judgement and Promise*; ALONSO SCHÖKEL, SICRE DIAZ, «Jeremías»; ABREGO DE LACY, «Jeremías», parmi lesquels certains soulignent néanmoins la conformité de la transaction en la rapprochant de Gn 23,16, comme par ex THOMPSON, *Jeremiah*, p. 588; FEINBERG, *Jeremiah*, p. 226. Certains ont comparé cet achat avec les transactions dans l'antiquité. Voir à ce propos J.-Ph. LÉVY, «Sur trois textes bibliques concernant des actes écrits», in: *Mélanges à la mémoire de Marcel-Henry Prévost. Droit biblique, interprétation rabbinique, communautés et société*, Publications de l'Université Lille II. Droit et Santé, Paris, 1982, pp. 23-48, en particulier p. 24 et la n. 8 où il affirme «le retard économique de cette région [Juda] par rapport à la Grèce», où l'on frappait déjà des pièces alors qu'à Jérusalem on pesait l'argent. La question est résumée et discutée par LUNDBOM, *Jeremiah* 2, pp. 506-507.

des sommes d'argent dont parlent ces récits[36]. Mais la comparaison entre Jr 32 et ces récits met plutôt en valeur un autre élément, probablement plus éclairant pour la compréhension du texte. Il s'agit de la question de la validité de l'acte[37]. Le tableau suivant, qui reprend les éléments soulignant la validité de la transaction dans les quatre passages cités, aidera à mettre en lumière des éléments intéressants concernant la transaction en Jr 32.

Gn 23 (céder un champ)	2 S 24,18-24 (acheter une aire)	Rt 4 (droit de rachat)	Jr 32 (droit de rachat)
		tribunal (v. 1.10)	
		témoins (v. 9.10)	
		Rappel du droit en vigueur	
peser l'argent (v. 16)	prix payé (v. 24)	ôter une sandale et la donner à l'autre partie (v. 7.8)	peser l'argent (v. 9)
garantir l'acquisition (v. 17-18.20)			rédiger le contrat (v. 10)
			apposer le sceau (v. 10)
(témoins v. 18)		témoignage des témoins (v. 11-12)	faire témoigner les témoins (v. 10, voir v. 25 et 44)
			peser l'argent avec une balance (v. 10)
			double contrat de vente: un scellé et un ouvert (v. 11)
			remise du contrat à un «notaire» pour qu'il demeure (v. 12)
			devant des témoins qui signent le contrat (v. 12)

36 Le champ acheté par Abraham coûte 400 sicles d'argent qu'il pèse pour Ephrôn (Gn 23,16), tandis que David acquiert l'aire pour 50 sicles d'argent (2 S 24,24). Par contre en Rt 4 il n'est pas question de prix. Par rapport aux deux sommes mentionnées, le prix payé pour le champ d'Anatôt semble effectivement peu de chose, pour autant que la valeur relative des sommes annoncées soit comparable.

37 Ne considérant aucunement la question de l'argent mais la similitude des actes, PERRIN, «Trois textes bibliques», en particulier pp. 412-414, estime que Jr 32,8-15 et Rt 4 doivent être rapprochés à cause de la présence dans les deux récits de la figure du *goel*. Cela dit, Perrin souligne que le *goel* n'a pas la même fonction dans les deux épisodes: en Rt 4, il «doit rétablir la descendance et une dévolution successorale à un chef de famille mort sans postérité»; en Jr 32, il intervient afin «d'éviter qu'un bien immobilier passe à des étrangers» (p. 412).

Un simple coup d'œil montre l'insistance de Jr 32 sur les éléments qui attestent la validité de la transaction. Cela souligne également que l'argent n'est qu'un des éléments de cette validité. En effet, la somme exacte pesée par Jérémie semble n'entrer en ligne de compte que pour mettre en évidence le fait que le champ a effectivement été payé au prix demandé[38], validant ainsi la transaction. On voit dès lors se profiler une plus grande affinité entre Jr 32 et Rt 4 qui, tout en ne mentionnant aucune somme d'argent, insiste aussi sur la validité de la transaction établie. L'important est donc de souligner le caractère légal de la transaction, qui doit être complète et juridiquement valide.

Jérémie, qui a veillé à ce que des témoins soient présents, établit le contrat et pèse l'argent devant eux. Il le fait de manière strictement conforme aux règles en vigueur à l'époque[39]: son achat doit être valide, et sa trace juridique doit être conservée soigneusement, d'où l'appel à une sorte de notaire à qui l'acte est confié. Ainsi, cet acte représentera le champ lui-même pendant la période où il sera impossible de l'occuper physiquement. De la sorte, il devient le symbole du champ: il certifie et atteste qu'un jour il reviendra à celui à qui il appartient. «La propriété – écrit Bernard Perrin – s'est donc matérialisée dans un titre et ce titre fait foi d'une pesée d'argent à efficacité "transférante"»[40]. L'importance de cet aspect apparaîtra plus loin, parce que c'est par ce titre que se concrétisera de manière durable l'espoir du retour et de la restauration, au-delà de la situation actuelle sans issue. Cela dit, il faut souligner le paradoxe que crée le respect minutieux du droit par Jérémie, alors que la catastrophe qui approche va certainement faire disparaître les institutions, les lois et le droit[41]. Jérémie veut-il souligner à sa manière que ces trois piliers de la vie du peuple – trois dons de YHWH – survivront à la catastrophe au même titre que la terre[42]?

---

38 L'expression du v. 9b laisse supposer qu'Hanam'el a fixé le prix du champ.

39 Peu d'études s'attachent spécifiquement à cette question. Voir GARCÍA DE LA FUENTE, «El contrato de Jeremías (32,6-15)», qui s'intéresse essentiellement à l'aspect archéologique, en comparant ce que la Bible dit du contrat de Jr 32 aux données fournies par les actes retrouvés à Warka et à Éléphantine; PERRIN, «Trois textes bibliques», s'attache à la légalité de l'acte; LÉVY, «Sur trois textes bibliques», compare les différents éléments de l'acte établi par Jérémie aux éléments que l'on trouve dans les actes du Moyen-Orient ancien: le support matériel de l'écriture, l'écriture elle-même, le sceau, sa forme finale (acte scellé et acte ouvert), les témoins et la conservation matérielle du document.

40 PERRIN, «Trois textes bibliques», p. 415.

41 J'emprunte cette observation à J.-M. CARRIÈRE, «Une prière d'espérance. Jérémie 32,16-25», *Masses Ouvrières* 435 (1991), pp. 49-63, en particulier p. 50.

42 Cette observation rebondit. En effet, si Jérémie agit sur ordre de YHWH, on peut supposer que celui-ci lui a indiqué la manière d'accomplir l'acte. Dans ce cas, c'est

L'établissement de cet acte valide en tout point est donc essentiel, et cette validité implique la présence de témoins. Car ceux-ci en sont la garantie. Mais dans la situation qu'est en train de vivre la ville, qu'adviendra-t-il de ces témoins? Ainsi, il apparaît que le récit fort détaillé de Jérémie a également une autre fonction, ne touchant pas uniquement à la validité de la transaction. Par l'exactitude et les multiples détails de son récit, en effet, le narrateur Jérémie fait de son auditeur suggéré par le montage narratif, le roi – et du lecteur lui-même – un témoin garantissant l'achat[43]. De la sorte, l'acte et les témoins ensemble pourront témoigner pendant «de nombreux jours» que l'on «achètera encore des maisons et des champs et des vignes dans ce pays», selon la parole divine que Jérémie proclame en finale (v. 15). Ils pourront donc témoigner du retour possible dans cette terre symbolisée par l'acte notarié, dont Baruch est solennellement constitué le garant, lui dont on apprendra plus loin qu'il a déjà été témoin et scribe des prophéties de malheur prononcées par Jérémie (chap. 36).

Au verset 15, en rapportant une parole de YHWH, Jérémie fournit donc la clef du mystère. Ainsi se dénoue le récit de l'achat du champ. Mais une question supplémentaire se pose au lecteur. En effet, la parole de YHWH rapportée par le prophète débute au verset 14 par un ordre clair concernant la conservation minutieuse de l'acte. Ainsi le lecteur se demande la raison de cet ordre, qui est donné avant même qu'il ne connaisse les raisons de l'acte lui-même. La tension monte donc jusqu'à la fin dans ce récit. Jérémie est vraiment un bon conteur qui tient en haleine son auditoire jusqu'au dernier mot, là où il apprend qu'il a agi en fonction d'une parole d'espérance de Dieu. Mais l'auditoire, pas plus que le lecteur, ne saura jamais à quel moment Jérémie a reçu cette parole, même si la fin de la prière qui suit (v. 16-25) confirmera que le Seigneur a bien donné à Jérémie l'ordre d'acheter le champ et de le payer devant témoins (v. 25). C'est à cette prière du prophète qui prolonge son récit de l'achat du champ que nous allons nous intéresser maintenant.

c. La prière adressée à YHWH après la transaction

Le récit de Jérémie aurait pu se terminer lorsque les témoins, le(s) auditeur(s) et le lecteur comprennent enfin la raison et le sens de l'achat

---

YHWH lui-même qui veut sous-entendre, à travers le respect minutieux de la procédure, que tous ses dons pour le peuple sont seulement mis entre parenthèse pendant la punition. Comme le montre bien PARDO IZAL, *Pasión*, le récit de 32 est aussi bien l'annonce de la restauration du peuple que celle de la restauration de la terre.

43 Il y a évidemment une certaine ironie à faire du roi le témoin de cette restauration.

du champ (v. 15). Or, il n'en est rien, puisque le récit rebondit avec une prière que le prophète adresse à YHWH. Cette prière est la suite du récit de l'achat du champ et forme avec lui un tout cohérent, comme le montre l'inclusion formée par l'expression «achète le champ» que l'on retrouve aux versets 7 et 25, début et fin du récit de Jérémie.

Cette prière est complexe, comme l'indique également son caractère «inclassable». Si elle commence comme une prière d'intercession[44], elle apparaît aussi comme une confession des hauts faits de YHWH. Cependant on ne peut la classer ni dans une catégorie ni dans l'autre: d'une part, de nombreux éléments la distinguent de la prière d'intercession, et d'autre part, Jérémie se limite à rappeler les œuvres positives de Dieu dans le passé, achoppant sur un présent tellement noir qu'aucun avenir ne lui semble possible. Ainsi, le prophète ne se tourne pas vers un futur dans lequel le Seigneur répéterait ses bienfaits.

Mais cette difficulté de surface en cache d'autres au niveau des personnages et de leur perception des choses, et elles sont plus fondamentales. La prière dit quelque chose du prophète lui-même et de sa relation à Dieu, mais elle parle également du Seigneur et de son action dans l'histoire avec des accents bien précis, ce qui donne des indications au lecteur sur la manière qu'a Jérémie de percevoir YHWH. Elle bute également sur le présent paradoxal, ce qui, en fin de compte, donne du personnage Jérémie une image plutôt complexe. Pour essayer de comprendre quelque peu cette complexité, il est sans doute plus utile de chercher la logique de la prière plutôt que d'en faire une lecture suivie.

Après avoir accompli sans poser de question une action qui semble bien «minuscule et dérisoire»[45], Jérémie se tourne vers YHWH avec ses étonnements, ses «pourquoi». Il cherche à comprendre, mais de manière beaucoup moins directe que le roi. En effet, avant d'interroger, il prend distance par rapport à la question qui se pose immédiatement lorsqu'on est sous le coup d'une émotion ou de quelque chose que l'on

44 Jérémie introduit le récit de sa prière par le verbe פלל, qui peut indiquer la simple prière mais aussi la prière d'intercession. On peut donc se demander laquelle de ces deux prières Jérémie introduit ainsi. Pour cela, je renvoie à CARRIÈRE, «Une prière d'espérance», pp. 53-55, qui montre bien que de nombreux éléments rapprochent la prière de Jérémie de la prière d'intercession, mais qu'elle présente également de nombreux éléments l'en distinguant.

45 C'est ainsi que la définit H. MOTTU, *Les «Confessions» de Jérémie. Une protestation contre la souffrance*, Le Monde de la Bible 14, Genève, 1985, p. 155 qui ajoute cependant que «c'est ce dérisoire signifiant qui aura raison de l'Histoire. Tout se passe – continue-t-il – comme si Dieu voulait répondre au tragique des événements par la description minutieuse d'une simple transaction profane pour montrer que, si Jérusalem est détruite, le pays et les gens n'en continueront pas moins à vivre. Il y aura encore quelque chose après la catastrophe».

ne comprend pas. Le prophète cherche à savoir, mais il prie en même temps. Il est donc normal que ses interrogations soient quelque peu voilées. Il n'en reste pas moins qu'une question lui brûle les lèvres, comme le montre le paradoxe qu'il exprime au verset 25. La promesse du don de la terre bute, en effet, sur la situation présente dans laquelle le peuple se débat, comme le montre en particulier l'insistance du prophète sur la présence des Chaldéens aux portes de la ville (v. 22 et 25). Cette promesse réitérée par YHWH est-elle toujours valable? Le Seigneur est-il cohérent dans son action[46]? Face au caractère contradictoire de la réalité à laquelle il est confronté, Jérémie prie, tout en espérant trouver des éléments de réponse à sa perplexité.

Le début et la fin de la prière: le paradoxe comme clé de lecture? (v. 17-19 et 24-25)

Le début de la prière peut fournir une clé de lecture pour l'ensemble. En effet, Jérémie insiste d'emblée et avec force sur le *faire* de Dieu. Mais son action se décline de deux manières apparemment opposées: la création du monde et la rétribution de la faute (v. 17 et 18-19). Ainsi accolés dès les premiers versets, ces deux éléments confrontent le lecteur à l'agir paradoxal du Seigneur et l'invitent à s'interroger sur sa signification.

Dans les paroles de Jérémie, YHWH est le seul capable de créer ciel et terre. Il est celui qui fait des choses merveilleuses, dont la création est certainement la première. C'est par ce *faire* ordonné à la vie et à l'épanouissement de l'humain (voir Gn 1) que YHWH montre qu'il est maître et Seigneur[47]. Rien d'étonnant, dès lors, que Jérémie souligne que ce *faire* du Seigneur s'accompagne du déploiement de sa puissance, l'expression «par ton bras étendu» renvoyant à l'Exode[48], là où YHWH

---

46 CARRIÈRE, «Une prière d'espérance», p. 51 et n. 5, souligne que, par sa prière, le prophète interprète le moment historique dans lequel il vit et s'interroge sur l'action «possible dans une situation sans issue», une question que se pose tout homme dans une telle situation, passée ou présente. Mais cette interprétation de la prière de Jérémie n'est pas la seule. Par ex. ALONSO SCHÖKEL, SICRE DIAZ, «Jeremías», p. 570, indiquent que cette prière «suena como reproche al Señor por lo incoherente de su proceder». Par contre, pour BRUEGGEMANN, *Exile and Homecoming*, p. 305, la prière «is not, however, a scolding. It is an act of amazement».

47 Il est intéressant de noter que le v. 17b contient le verbe פלא *Nifal* avec דבר comme sujet, expression qu'on lit pour la première fois en Gn 18,14, lors de l'annonce à Abraham du fils de la promesse. Une manière de souligner peut-être que YHWH est capable de *faire* la vie dans des lieux de mort et de chaos.

48 Pour l'expression בְּכֹחֲךָ הַגָּדוֹל וּבִזְרֹעֲךָ הַנְּטוּיָה, v. 17a, typique de l'évocation de l'Exode, voir Dt 9,29 et 2 R 17,36. Pour la première partie, voir Ex 32,11; Dt 4,37; Ne 1,10; pour la seconde, voir par ex. Ex 6,6; Dt 3,34; Ps 134,12.

fit une autre œuvre de création: libérer son peuple de l'esclavage et le faire naître comme peuple à part entière. Ce rappel émerveillé de l'agir créateur de YHWH est suivi, dans les paroles de Jérémie, d'un élément du Décalogue qui peut sembler étonnant, mais qui correspond également à un *faire* de Dieu. C'est ainsi que, aux versets 18 et 19, Jérémie affirme la force et la sagesse de YHWH en parlant de la rétribution. Le Seigneur est celui qui *fait* (עשה) «bonté pour des milliers», tout en «faisant payer la faute des pères sur le sein de leurs fils après eux» (v. 18, voir Ex 20,5-6 et 34,6-7).

La suite rend les choses un peu plus complexes. En effet, dans un premier temps, Jérémie affirme que YHWH fait «bonté pour des milliers», et ajoute qu'il «fait payer la faute des pères sur les fils», ce qui semble injuste à première lecture. Mais, immédiatement après avoir dit cela, le prophète précise que le Seigneur a les yeux «ouverts sur tous les chemins des fils d'humain pour donner à chacun selon son chemin et selon le fruit de ses actions» (v. 19)[49]. En doublant la deuxième affirmation, cette précision la nuance: la force de YHWH n'est pas aveugle et débridée. Elle est canalisée par la sagesse et le conseil, deux qualités qui lui permettent de faire de grandes œuvres avec force, certes, mais surtout avec sagesse[50]. Si YHWH réserve sa grande bonté à des milliers, cela ne signifie pas, en effet, qu'il fait table rase des fautes commises. Jérémie, et YHWH avant lui, le dit: les fautes subsistent et se reportent sur les générations suivantes.

> «Qui se risquerait à le nier, en effet? – écrit André Wénin. – Lorsque les hommes, individus ou sociétés, s'aliènent aux idoles – ces dieux qui flattent leurs envies et travestissent en bien le mal que cela engendre –, le poids de leur faute tombe sur les générations suivantes qui ont à en porter les conséquences»[51].

Mais Jérémie va plus loin, affirmant que YHWH surmonte, non pour lui mais pour le peuple, cet effet pervers des péchés des pères qui veut que les fils en soient marqués sur plusieurs générations. En soulignant la force et le conseil de YHWH qui, en fin de compte, rétribue chacun selon

---

49 CARRIÈRE, «Une prière d'espérance», pp. 53-55, souligne que, selon le vocabulaire hébreu utilisé, «l'action de YHWH dans la "rétribution" est un don! Impossible de penser ici à une quelconque punition… car jamais Dieu ne "donne" une punition! Et pour bien faire comprendre cette ouverture dans la pensée de la rétribution, la prière de Jérémie reprendra ce même verbe "*donner*" au v. 22, en faisant référence à un aspect central de la foi d'Israël: le *don* de la terre par YHWH». On peut dès lors se poser la question de savoir ce que signifie le fait que la «rétribution» soit un don.

50 Un aspect que soulignent WEISER, *Jeremia 25,15–52,34*, p. 297 et KEOWN, SCALISE, SMOTHERS, *Jeremiah 26–52*, p. 156, selon qui Dieu «excels in both wisdom and action».

51 A. WÉNIN, «Dieu jaloux», in: P. GIBERT, D. MARGUERAT (eds), *Dieu, vingt-six portraits bibliques*, Paris, 2002, pp. 68-76, citation, p. 73.

ses propres actions (v. 19), le prophète affirme que YHWH a la force et la capacité de ne pas enfermer les fils dans le péché des pères mais de les faire sortir de ce déterminisme pour ne considérer que leurs fautes personnelles, signe évident de sa sagesse et de sa justice.

Ce paradoxe initial d'un amour qui n'exclut pas le châtiment des fautifs mais s'emploie à le mitiger, prépare le lecteur à un autre paradoxe, mis en évidence à la fin de la prière lorsque Jérémie rappelle l'agir étonnant du Seigneur. Comme le récit de l'achat du champ le suggère, la punition n'est pas la dernière action de YHWH pour son peuple. Jérémie vient de l'apprendre et s'en étonne au verset 25. YHWH se contredit-il? Comment peut-il demander d'acheter un champ alors que les Chaldéens en piétinent le sol ainsi que les abords de la ville? Cet étonnement peut cependant recouvrir deux attitudes différentes chez le prophète: soit l'incompréhension, soit la confiance totale face à ce que YHWH lui a ordonné de faire[52]. La fin du verset 25, en effet, peut être lue de deux manières différentes. La première est la suivante:

> «[...] [25]Et toi tu m'as dit, Seigneur YHWH: *"Achète pour toi le champ avec l'argent et fais témoigner des témoins"* alors que la ville est donnée dans la main des Chaldéens.»

Dans ce cas, Jérémie semble dire: «Comment se fait-il que tu me demandes d'acheter un champ alors que tout ici va être pris par l'ennemi?» Cette option montre un Jérémie qui fait ce que le Seigneur lui demande tout en s'interrogeant et cherchant à comprendre le pourquoi des choses.

Une seconde manière de lire étend la parole de YHWH jusqu'à la fin du verset:

> «[...] [25]Et toi tu m'as dit, Seigneur YHWH: *"Achète pour toi le champ avec l'argent et fais témoigner des témoins, alors que / même si la ville est donnée dans la main des Chaldéens"*.»

Selon cette lecture, les dernières paroles de Jérémie font toujours partie de l'ordre de YHWH: malgré les Chaldéens, il faut acheter le champ. Dans ce cas, Dieu se fait rassurant dès sa demande, et face à lui, Jérémie ne se pose pas de questions. Néanmoins, dans les paroles de Jérémie, le paradoxe subsiste entre ce qu'il observe (v. 24) et ce qui lui est deman-

---

52 Dans le commentaire de ces deux versets, les sentiments que Jérémie peut avoir face à l'acte qu'il doit poser dans la situation dans laquelle il se trouve ne sont généralement pas pris en compte, sauf peut-être par FREEDMAN, *Jeremiah*, p. 218, qui souligne la vague de doute qui s'abat sur Jérémie; ou BRUEGGEMANN, *Exile and Homecoming*, p. 305, déjà cité à la n. 46, p. 58. D'autres soulignent le paradoxe ou l'absurdité de l'ordre, voir par ex. WEISER, *Jeremia 25,15–52,34*, p. 298 et KEOWN, SCALISE, SMOTHERS, *Jeremiah 26–52*, p. 157.

dé de faire (v. 25)[53], ce qui souligne une fois de plus le caractère surprenant de l'ordre reçu.

Le texte offre donc une double possibilité de lecture et il ne faut probablement pas trancher entre les deux afin de conserver l'ambiguïté produite par cette alternative. Dans un cas comme dans l'autre, le prophète s'étonne de la requête de YHWH. Mais si, dans le premier cas, doublant le constat du verset 24 avec la mention de la présence des Chaldéens dans la ville (v. 25b), Jérémie semble trouver impossible l'issue positive au châtiment présent, dans le second, il semble donner lui-même la réponse à son propre étonnement, en se remémorant les paroles que YHWH lui a dites en lui ordonnant d'acheter le champ. Dans le premier cas, l'homme met son Dieu en question, comme pour lui demander s'il est vraiment certain de ce qu'il fait. Dans le second, le prophète semble se «laisser faire» plus facilement, avec confiance. L'ambiguïté porte donc également sur le caractère du personnage; elle le corse, lui donne de l'ampleur. Comme tout humain, le prophète n'est pas univoque, il est complexe, ce que me semble souligner l'ambiguïté de ses paroles[54].

Mis en perspective avec le paradoxe initial, ce paradoxe final devrait s'éclairer pour Jérémie et pour le lecteur. En effet, le prophète l'affirme dès le début: YHWH agit de manière paradoxale dans l'histoire. Cette manière d'agir pourrait donc être habituelle pour lui, et, si tel est le cas, il peut faire de même dans le présent. L'ordre qu'il donne à Jérémie d'acheter le champ corrobore cette lecture. Mais la situation de Jérusalem est tellement dramatique que Jérémie semble désemparé face à cet agir de Dieu, et le lecteur, qui se trouve aux côtés de Jérémie, l'est également.

---

53 Dans les traductions françaises de la Bible, la première solution est retenue par la Traduction Œcuménique de la Bible, Paris, 1988; la Bible de Jérusalem, Paris, 1998; Crampon, Paris – Rome – Tournai, 1905; Chouraqui, Paris, 1985. Segond, Villiers-le-Bel (France), 3e éd. 2002, ne met pas de guillemets mais des points de suspension après le mot «témoins» et recommence une nouvelle phrase avec le mot «alors». Cette première possibilité est également retenue, par ex. par A. NEHER, *Jérémie*, Points Sagesse 139, Paris, 1998, p. 186; WEISER, *Jeremia 25,15–52,34*, p. 291; CARROLL, *Jeremiah*, p. 624; LUNDBOM, *Jeremiah* 2, p. 514. Les traductions de Osty, Trinquet, Paris, 1973, et de Maredsous, Paris – Turnhout, 1969, quant à elles, ne présentent pas de guillemets à cet endroit, mais un tiret entre les mots «témoins» et «alors», ce qui laisse tout de même supposer qu'ils penchent pour la première solution sans pour autant trancher nettement. La seconde solution est retenue dans la traduction de DHORME, *La Bible. L'Ancien Testament II*, La Bibliothèque de la Pléiade 39, Paris, 1959. Pour sa part, *La Bible Nouvelle traduction*, Paris – Montréal, 2001, ne met pas de guillemets dans sa traduction de ce passage, ce qui laisse ouvertes les deux interprétations.

54 Ces éléments seront repris lors de l'étude du personnage de Jérémie, cf. *infra* pp. 244-250.

Au centre de la prière, Jérémie évoque d'autres éléments, les prodiges de Dieu (v. 21-22), l'infidélité d'Israël et le châtiment (v. 23-24), qui illustrent les affirmations théologiques du verset 19 et préparent la surprise du lecteur à la fin de la prière.

Le centre de la prière: prodiges de YHWH et refus du peuple (v. 20-23)

v. 20-23aα	Bienfaits de Dieu	(voir v. 18aA)
	- agir en Égypte - exode - don de la terre	
v. 23aβ	Infidélité du peuple	
	- non-écoute - non marche - non faire	
v. 23b	Malheur du peuple appelé par YHWH → châtiment	(voir v. 18aB)
	concrétisé au v. 24: Chaldéens → v. 25	(voir v. 19)

Dans ces versets, on constate un jeu au niveau des pronoms personnels utilisés. Lorsque Jérémie prie, il s'adresse à YHWH et, en évoquant trois actions salutaires pour le peuple, il parle de lui en «tu» (v. 20-23aα). Par contre, il évoque la prise de possession de la terre et la non-écoute d'Israël en «ils» (v. 23aβ). Enfin, la réponse de YHWH à cette désobéissance du peuple est évoquée au verset 23b: le pronom de deuxième personne réapparaît ici pour parler du châtiment qui fait suite à la réaction du peuple. Le «tu» qui fait bonté au début se change en «tu» qui punit à cause de «leur» mauvaise action et leur refus d'écouter, ingratitude suprême.

On peut dès lors se demander si, dans la ligne du verset 18, la cause de la non-écoute des contemporains de Jérémie, et par conséquent de la punition présente, ne serait pas un premier péché des pères qui s'est répercuté sur les fils. En effet, le verset 24 introduit le résultat des trois actions précédentes: le refus de la loi est cause de malheur et ce malheur est là maintenant, «personnifié» par les remblais qui atteignent la ville, allusion aux Chaldéens qui vont y entrer pour la prendre[55].

Il faut remarquer enfin que ce n'est qu'ici, à la fin de la prière du prophète, que le lecteur apprend ce qui motive la prophétie que Sédécias reproche à Jérémie au début du chapitre. C'est en effet après avoir

55 À propos des personnifications en 32, cf. PARDO IZAL, *Pasión*, pp. 235-237, en particulier pp. 236-237 pour les remblais.

rappelé l'ingratitude du peuple afin que son auditeur – et le lecteur – puisse en prendre la mesure, que le destinataire peut comprendre pourquoi YHWH a décidé de punir le peuple[56].

d. Conclusion

D'un paradoxe à l'autre, la prière de Jérémie s'arrête donc au présent qui reste étonnant mais où Jérémie se montre fidèle à Dieu, puisqu'il accomplit fidèlement ce qui lui est ordonné, bien qu'il soit désemparé face à ce qu'il voit (voir v. 24-25).

L'agir paradoxal de Dieu mis en évidence par le prophète au début et à la fin de sa prière est d'une certaine manière souligné au centre de celle-ci par l'opposition entre l'action divine en faveur d'Israël et la réponse négative du peuple (v. 20-24). Si Jérémie bute sur un présent négatif qui lui semble insurmontable, est-ce à cause de la manière paradoxale d'agir de YHWH ou parce qu'il sait que le peuple risque de refuser encore une fois dans le futur l'agir positif du Seigneur? En tout cas, la figure de Jérémie apparaît plus complexe encore après cette prière qu'il adresse à Dieu.

4. La réponse de YHWH au prophète

Sans explication particulière, le narrateur poursuit son récit en citant la parole du Seigneur. Elle semble elle aussi être une réponse au discours antérieur, une réaction à la stupéfaction exprimée par le prophète à la fin de sa prière. Dans cette parole, YHWH dénonce les crimes commis par le peuple et annonce la punition (v. 29-35)[57], avant d'annoncer un revirement au verset 36, lorsqu'il fait part à Jérémie de son projet de restauration et de salut pour son peuple (v. 36-41). De la sorte, ce qui répond réellement à la prière du prophète n'arrive qu'à la fin, aux ver-

56 Étant donné que la parole du roi et celle de Jérémie ne se suivent pas chronologiquement, comme souligné *supra*, pp. 46-47, les commentateurs consultés ne font aucune allusion à la réponse de Jérémie au roi, se limitant parfois à résumer la situation historique brossée par le v. 24. Ainsi, par ex. THOMPSON, *Jeremiah*, p. 592; FEINBERG, *Jeremiah*, p. 228; KEOWN, SCALISE, SMOTHERS, *Jeremiah 26–52*, p. 157; BRUEGGEMANN, *Exile and Homecoming*, p. 304. C'est en effet seulement pour le lecteur que cette phrase apparaît comme une réponse à la question du début qui avait été laissée sans réponse, comme le souligne LUNDBOM, *Jeremiah* 2, p. 504.

57 Les péchés de Juda sont racontés aux chap. 34,8-22; 35 et 36; plus loin dans le récit, le peuple reniera YHWH définitivement en retournant en Égypte (chap. 44). Le châtiment est raconté au chap. 39.

sets 42-44, quand le Seigneur l'informe de la portée véritable de l'achat du champ.

a. Structure de la parole de YHWH

Le discours que le Seigneur adresse à Jérémie aux versets 26-44 est construit autour de la punition et de la restauration du peuple (voir le tableau ci-contre[58]). Ces deux thèmes sont articulés autour d'une phrase qui revient trois fois (v. 28, 36 et 43). À chaque fois cette phrase est introduite comme parole du Seigneur («ainsi dit YHWH»: v. 28, 36 et 42), et mentionne le fait que la ville ou le pays sera donné dans la main des envahisseurs babyloniens.

La deuxième de ces trois phrases se trouve au centre du discours de YHWH, au verset 36. Dans ce verset central, un glissement s'opère. En effet, si la première fois c'était YHWH lui-même qui annonçait qu'il allait livrer la ville aux Chaldéens en guise de punition, cette fois il ne fait plus que rapporter ce que le peuple lui-même dit de la ville, sans pour autant faire mention de la cause de la débâcle, à savoir qu'elle «sera donnée» aux Chaldéens. Ce changement au centre est important car le Seigneur va contester le dire du peuple en dressant la liste des actions de restauration qu'il va entreprendre en sa faveur. Il en va de même au verset 43, où c'est le pays tout entier qui sera donné aux ennemis. Mais encore une fois, YHWH rapporte cette phrase comme si elle ne lui appartenait pas. Ce qui lui appartient, en revanche, c'est l'annonce de l'achat possible des terres dans tout le pays (v. 44), en réponse à l'étonnement de Jérémie au verset 25.

Les trois phrases pointées introduisent une parole de YHWH, mais elles encadrent aussi deux listes d'actions, l'une au passé et à la troisième personne du pluriel, l'autre au futur et à la première personne du singulier. La première énumère en huit étapes les fautes que le peuple a commises contre son Seigneur[59], cause de la punition annoncée (v. 29-35); la seconde dénombre, de nouveau en huit étapes, les actes de bonté que YHWH fera pour son peuple afin de le restaurer (v. 37-41). Faisant l'une et l'autre mention de huit actions, ces deux listes peuvent être rapprochées. Globalement, en effet, la seconde est le pendant de la première, car si celle-ci énumère les raisons pour lesquelles le pays et la

58 Cette structure est proche de celle que propose par PARDO IZAL, *Pasión*, p. 217, en tout cas en ce qui concerne les divisions principales autour des v. 28; 36 et 43.

59 Pour une structure détaillée des péchés du peuple, cf. E. DI PEDE, «La cohérence interne de la liste des fautes du peuple en Jr 32/29-35», *ETR* 79 (2004), pp. 239-246, en particulier p. 241.

26 Et la *parole* de YHWH fut à Jérémie en disant:
27 «Voici, moi YHWH Dieu de toute chair,
toute chose / parole est-elle trop difficile / merveilleuse pour moi?
28 C'est pourquoi *ainsi dit* YHWH:
"Voici, *je donne* cette *ville* dans la main des **Chaldéens**
et dans la main de Nabuchodonosor **roi de Babel**, et il la **prendra**
29 Et ils entreront, les **Chaldéens** qui combattent contre cette *ville*
et ils incendieront cette *ville* par le feu et ils la brûleront, ainsi que les maisons [...];
RAISONS DE LA PUNITION:
... ils ont fait brûler [de l'encens] pour Baal 1
et ils ont versé des libations pour des dieux étrangers afin de m'offenser 2
30 ... [ils] ne font que le mal à mes yeux depuis leur jeunesse 3
... [ils] ne font que m'offenser par l'œuvre de leurs mains – [...] 4
33 Et ils ont tourné vers moi le dos et non les faces, alors que je les enseignais [...] 5
mais il n'étaient pas écoutant **pour prendre** une leçon. 6
34 Et ils ont mis leurs abominations dans la maison sur laquelle mon nom est appelé
pour la rendre impure [...] 7
35 Et ils ont construit les hauteurs de Baal [...] pour faire passer
leurs fils et leurs filles à Molek 8
(ce) que je ne leur ai pas ordonné et qui n'était pas monté à mon cœur,
pour faire cette abomination afin de faire pécher Juda.

36 Et maintenant c'est pourquoi *ainsi dit* YHWH Dieu d'Israël
à cette *ville* dont *vous dites*: 'Elle *sera donnée* dans la main
du **roi de Babel** par la famine, l'épée et la peste'.

RESTAURATION APRÈS LA PUNITION:
37 Voici je vais les rassembler depuis tous les pays où je les ai chassés, [...] 1
et je les ferai revenir en ce lieu et je les ferai habiter en sécurité; 2
38 et ils deviendront pour moi un peuple et moi je deviendrai pour eux un Dieu. 3
39 Et *je donnerai* pour eux un cœur unique et un chemin unique, [...] 4
Et je conclurai pour eux une alliance de toujours,
40 pour eux de derrière qui je ne retournerai pas 5
en leur faisant du bien / les rendant bien
je donnerai ma crainte dans leurs cœurs pour qu'ils ne s'écartent pas de (sur) moi. 6
41 et je me réjouirai à leur propos pour les rendre bien / leur faire du bien, 7
et je les planterai dans ce pays dans la solidité, par tout mon cœur et toute mon âme. 8

Car *ainsi dit* YHWH:
42 comme j'ai fait venir sur ce peuple tout ce grand mal, cf. v. 29b-35
ainsi moi je ferai venir sur eux tout le bien que moi je parle sur eux. cf. v. 37-41
43 Et le champ sera acheté
dans ce pays dont *vous dites*:
'C'est une désolation, ... il *sera donné* dans la main des **Chaldéens**'.
Des champs avec l'argent ils achèteront
et ils écriront dans le livre et le scelleront
44 et ils feront témoigner des témoins dans la terre de Benjamin
et dans les environs de Jérusalem Cf. v. 15 et 11-13
et les *villes* de Juda, de la montagne, de la Shepéla et du Néguev
car je ferai revenir leurs captifs – oracle de YHWH.»

ville sont aux mains des Chaldéens, la seconde montre que l'exil ne sera pas le mot de la fin, d'autant que cette promesse est doublée en finale par l'affirmation de l'achat encore possible de champs et du retour des captifs, comme le montre, au verset 44, l'écho du verset 37b. Enfin, la troisième parole (v. 42-44) est une sorte de récapitulation, le verset 42a faisant écho au grand mal des versets 28-35 et le verset 42b reprenant le grand bien des versets 37-41, récapitulation prolongée par une reprise du signe concret de la restauration: l'achat de champs par les exilés revenus dans le pays (voir v. 37 et 41a).

La comparaison entre les deux listes formées par la première et la deuxième parole peut être poussée plus loin. Certaines correspondances thématiques semblent se dégager, en effet. Du côté du peuple, les deux premières actions montrent que les Judéens ont tenté d'évincer YHWH de leurs maisons d'abord et du Temple ensuite, en y faisant brûler des offrandes pour Baal. À cela, YHWH, répondra en ramenant son peuple dans la terre promise à partir de tous les lieux où il l'a chassé (actions 1 et 2; v. 29b et 37). Le peuple n'a fait que le mal depuis sa jeunesse, offensant Dieu par sa pratique idolâtre; mais le Seigneur passera outre: il établira à nouveau une alliance avec lui dans laquelle il renouvellera la manière de penser et donc de se comporter de chacun des membres du peuple (actions 3 et 4; v. 30 et 38-39). Le peuple a ensuite tourné le dos au Seigneur qui l'enseignait avec sollicitude, au point que nul n'écoute et ne comprend la leçon. À cela, YHWH répondra en ne se détournant pas d'Israël pour lui faire le bien et il enseignera la crainte de Dieu pour qu'Israël ne s'écarte plus de lui (actions 5 et 6; v. 33 et 40). En commettant ses abominations dans le Temple, le peuple a offensé le Seigneur. Mais celui-ci se réjouira de lui faire du bien (action 7; v. 34 et 41). Enfin, si le peuple a voulu se détruire en profanant la terre et en sacrifiant fils et filles au Molek, le Seigneur lui rendra la vie en le plantant solidement dans le pays (action 8; v. 35 et 41). C'est cela que son cœur désire pour le peuple, et non les abominations que ce dernier a inventées pour miner la patience de son Dieu. On le voit, le Seigneur veut la vie du peuple. Mais pour que celle-ci soit acceptée par les rebelles, il faut des antidotes puissants qui répondent aux abominations commises par le peuple. Cependant, la reconstruction ne peut faire fi de la punition, «électrochoc» destiné à faire réfléchir le peuple sur ses agissements pervers.

La parole de YHWH est donc bien structurée, et son organisation met en évidence un retournement par rapport à la prière à laquelle elle répond. Alors que Jérémie mentionnait d'abord les bienfaits passés (v. 17-22) puis les fautes du peuple (v. 23) pour en venir au malheur présent (v. 24), YHWH part du malheur présent (v. 28-29a) pour l'expliquer par les fautes d'Israël (v. 29b-35) mais annonce ensuite la restauration (v. 36-44), répondant à l'étonnement (central) du prophète (v. 23). Mais il faut relire à présent ce discours point par point.

b. L'auto-présentation de YHWH (v. 26-28)

En prenant la parole, le Seigneur ne répond pas directement à l'étonnement du prophète, bien qu'il fasse clairement écho aux paroles qu'il a dites. Les versets 27 et 28, en effet, assurent la transition en reprenant deux éléments de la prière de Jérémie. C'est un signe que Dieu embraye bien sur la prière du prophète, même s'il ne répond pas directement à la question finale.

Le début du verset 27 reprend en parallèle le début du verset 17, mais avant cela, comme en réponse à ce que Jérémie disait de lui, à savoir qu'il est un Dieu créateur et puissant, Dieu se présente lui-même comme le Dieu de toute chair. Apparaît ici un premier glissement significatif, car YHWH insiste sur le fait qu'il s'intéresse à toute chair, donc à chacun personnellement.

Un deuxième glissement significatif se trouve au niveau de l'affirmation de Jérémie du verset 17, reprise par le Seigneur au verset 27[60]:

v. 17	Ah! Seigneur YHWH, voici que toi tu as fait les cieux et le pays par ta grande force et par ton bras étendu; *aucune* [chose / parole n'est trop difficile / merveilleuse pour toi].
v. 27	Voici, moi YHWH Dieu de toute chair, *toute* [chose / parole est-elle trop difficile / merveilleuse pour moi]?

Par cette reprise du début de la prière de Jérémie, YHWH rebondit sur l'étonnement du prophète. Les deux discours commencent de la même manière, YHWH reprenant à son compte les paroles que Jérémie avait dites en lui adressant sa prière. Mais dès le début, malgré les paroles semblables, une différence s'instaure entre les deux discours. Jérémie affirme que rien n'est trop difficile pour le Seigneur. Cette affirmation est changée en question rhétorique dans les mots de YHWH[61]. Ainsi, la

60 NICHOLSON, *Jeremiah 26–52*, p. 81, estime que cette reprise de l'anticipation faite par Jérémie au v. 17 sert à asseoir la promesse de restauration. – Dans un article récent, T.E. FRETHEIM, «Is Anything Too Hard for God? (Jeremiah 32:27)», *CBQ* 66 (2004), pp. 231-236, analyse tout particulièrement le v. 27. Il est selon lui l'indication que l'achat du champ par Jérémie ne fonctionne pas «as a sign of *future* restoration but as a sign that God will now bring a halt to the judgment in progress and move directly to restore Israel's fortunes» (p. 231).

61 C'est ce que souligne également BRUEGGEMANN, *Exile and Homecoming*, p. 306.

question rhétorique de YHWH introduit un *crescendo* dans les merveilles: Dieu va aller plus loin dans les merveilles que ce que Jérémie en perçoit ou en comprend.

Si le verset 27 reprend le début de la prière, le verset 28b fait de même avec la fin de la prière de Jérémie, les versets 24a et 25b. Par là, il confirme le sort de la ville. On notera toutefois qu'il omet le verset 25a, à savoir le paradoxe, qu'il réserve pour la fin.

À son tour, le Seigneur est énigmatique... Néanmoins cette parole est en rapport étroit avec ce que Jérémie vient de dire[62]. Le prophète souligne-t-il un paradoxe? YHWH reprend ce que Jérémie a dit pour questionner son étonnement en lui demandant s'il y a quelque chose de trop difficile pour lui. Jérémie ne souligne-t-il pas le paradoxe de l'action divine[63]? YHWH souligne lui-même que sa manière d'agir est bel et bien paradoxale – ou peut apparaître telle aux yeux des hommes. Mais en même temps qu'il suggère cela, il montre qu'une telle manière d'agir est nécessaire pour que les humains ne restent pas enfermés dans les conséquences malheureuses de leurs actions, et pour ménager des issues possibles à la vie, même dans les situations les plus mortifères.

Ainsi, d'emblée, YHWH confirme la punition qu'il réserve à la ville à cause du mal commis: celle-ci sera livrée aux Chaldéens qui l'incendieront. Mais un contraste demeure par rapport à ce que Jérémie en avait dit au verset 24. En effet, le Seigneur ne parle plus de guerre – représentée par l'épée –, de famine et de peste – expression courante du châtiment dans le livre de Jr. Que signifie l'absence de ces trois châtiments qui ne touchent que les personnes, quand seule la prise de la ville donnée aux mains des Chaldéens est mentionnée[64]? À bien y regarder, cela n'est guère étonnant, vu la différence notable qu'il y a entre la destruction par le feu et celle par la famine, l'épée et la peste. En effet, s'il s'agit bien de destruction dans les deux cas, le résultat est diamétralement opposé. Car le feu détruit la ville – les murs qui la forment

---

62 La comparaison entre la prière de Jérémie et la réponse de YHWH donne des éléments d'unité du chap. Pour cette raison, elle se trouve dans le paragraphe sur l'unité, cf. *infra*, pp. 83-86.

63 Cf. ce qui a été dit du v. 25, *supra*, pp. 59-60.

64 L'épée (חֶרֶב), la peste (דֶּבֶר) et la famine (רָעָב) sont reprises par YHWH au v. 36, lorsqu'il cite les paroles du peuple pour introduire l'annonce du rassemblement et du retour. – Ces trois éléments porteurs de mort sont fréquemment cités en Jr à propos du châtiment. Chacun se retrouve seul dans de nombreuses occurrences, même si חֶרֶב est le plus fréquemment utilisé. On retrouve ces trois éléments ensemble en 14,12; 21,7 (avec deux mentions de חֶרֶב).9; 27,8.17; 29,18; 32,24.36; 34,17; 38,2; 42,17.22; 44,13, c'est-à-dire exclusivement pour parler du châtiment du peuple et de ceux qui se réfugient et habitent en Égypte (les occurrences des chap. 42 et 44). On trouve aussi חֶרֶב et רָעָב ensemble en 14,15.16.18; 15,2; 16,4; 18,21 (avec deux mentions de חֶרֶב); 44,12 (deux mentions des deux mots).18.27.

et protègent ses habitants – sans nécessairement toucher les personnes, qui peuvent toujours fuir face aux flammes. Sans les murs, mais avec les personnes, il sera possible de construire à nouveau sur de nouvelles bases (voir v. 40-41). Par contre, épée, famine et peste laissent les murs de la ville indemnes, ne s'en prenant qu'aux habitants pour les anéantir, ce qui est de nature à compromettre toute restauration ultérieure par manque de partenaires pour l'alliance de YHWH[65]. Si le feu annoncé par Dieu détruit, il n'est pas directement dirigé contre les personnes qui habitent les murs comme le sont, par contre, les trois fléaux[66]. La différence entre les deux châtiments évoqués montre que si, pour Jérémie, il n'est pas question de détruire ce lieu symbolique qu'est Jérusalem mais uniquement ses habitants ingrats, Dieu semble plutôt vouloir faire table rase de la ville, en épargnant les personnes[67].

c. L'énumération des fautes du peuple (v. 29-35)[68]

Tel un juge, après avoir annoncé la punition, YHWH énumère les motifs de la condamnation. La question qui se pose ici est de savoir s'il y a une logique dans la liste des péchés établie par le Seigneur[69]: le peuple, dit-

65 La façon dont Jérémie voit le désastre au v. 24 est-elle étonnante au vu de ce que le prophète dit du péché du peuple dans sa prière? Mais s'il en est ainsi, le paradoxe n'en devient que plus criant: si tout est détruit, et d'abord les personnes, comment le futur dont parle YHWH sera-t-il possible?

66 Cette différence montre bien que si Jérémie est fidèle, dans l'ensemble, à l'esprit de la parole de YHWH, il n'en demeure pas moins libre de l'interpréter (voir en ce sens la différence entre la parole de YHWH en 36,2-3 et ce qu'en fait Jérémie en 36,5-7: à ce propos, E. DI PEDE, «Jérémie 36: Essai de structure», *RivBib* 49 [2001], pp. 129-153, en particulier pp. 133-135), voire parfois de se méprendre sur la portée effective de la parole qu'il reçoit, comme cela semble être le cas ici. Non seulement cet élément est important pour mieux comprendre la relation entre Jérémie et le Seigneur, mais il joue également un rôle dans la caractérisation du personnage Jérémie.

67 Si au chap. 32 le Seigneur ne parle que de destruction par le feu, ce ne sera plus le cas au chap. 44, où sa patience est à bout (cf. 44,22) et où il promet aussi la punition par l'épée, la famine et la peste (cf. 44,12.13), ce qui est normal puisque là, il n'y a plus que les personnes. – De plus, est-il tellement inattendu qu'ici l'instrument de la punition soit le feu, alors que la faute des habitants de Jérusalem est d'avoir fait brûler des offrandes pour Baal (v. 29; cf. 44,3.8.15.17.18.19.21.23.25) et que Joaqim a fait brûler le rouleau où YHWH avait ordonné à Jérémie d'écrire toutes ses paroles, comme on l'apprendra plus loin (36,25-32)?

68 Cette partie du texte est étudiée en détail dans *ETR* 79 (2004), pp. 239-246, sous le titre «La cohérence interne de la liste des fautes du peuple en Jr 32/29-35». Je résume ici cet article que l'on consultera pour de plus amples détails.

69 Selon WEISER, *Jeremia 25,15–52,34*, p. 299: «werden hier ohne klare Ordnung und inneren Zusammenhang – ein Zeichen sekundären Auffüllung – als Gründe für das Gottesgericht aufgezählt». Dans son commentaire récent sur Jr, G. WANKE, *Jeremia*. 2. *25,15–52,34*, Zürcher Bibelkommentare. A.T. 20/2, 2003, pp. 307-308, ne retient pas le point de vue de Weiser et montre comment ces péchés sont récurrents dans le livre,

il, a brûlé de l'encens pour Baal et versé des libations pour des dieux étrangers (v. 29); depuis sa jeunesse, il n'a fait que le mal et ainsi a offensé YHWH (v. 30); puis, tournant le dos à Dieu et non la face, le peuple n'a pas écouté son enseignement (v. 33), mettant ses abominations dans le Temple (v. 34) et construisant des hauts-lieux à Baal pour y faire passer fils et filles au Molek (v. 35). Apparemment, la liste énumère les fautes sans ordre particulier. Mais à y regarder de plus près, la liste a bien une cohérence propre[70].

YHWH reproche essentiellement trois fautes au peuple: le culte d'autres dieux (v. 29b-30), le refus d'écouter sa parole (v. 33) et l'abomination (v. 34-35), des fautes qui sont essentiellement le fait de «cette ville» ainsi que des Judéens et des fils d'Israël (v. 32). Ces trois éléments sont intimement liés: le premier et le troisième regroupent des variantes de l'idolâtrie, tandis que la non-écoute de l'enseignement de Dieu se trouve au centre. L'ordre des fautes ainsi énumérées semble donc avoir une visée bien précise: dénoncer l'idolâtrie ainsi que sa cause profonde, la non-écoute d'une parole de vie.

À cela, il faut ajouter un *crescendo* entre le début et la fin, car les libations (v. 29) sont remplacées par le sacrifice des fils et des filles (v. 35). La première offrande débouche sur une offense à YHWH (v. 30), tandis que la seconde s'enracine dans une faute envers YHWH et sa Maison (v. 34). De plus, la disposition des péchés montre le lien qu'il y a entre l'idolâtrie et la non-écoute. Refuser la parole mène à la perversion consistant à faire ce que YHWH n'a jamais ordonné (v. 35b), perversion qui s'exprime ici par le sacrifice des fils et des filles au Molek.

Quant aux coupables dénoncés, c'est tout le peuple dans son ensemble et chacun de ses membres pris singulièrement qui est infidèle et touché par la perversion. Mais la parole prophétique le souligne: par sa manière d'agir, le peuple corrompt également les lieux qu'il investit. Ainsi, les toits des maisons privées (v. 29), toute la ville (v. 32 et 33), et jusqu'au Temple (v. 34) deviennent les lieux où le peuple pratique son idolâtrie. Et si le Temple est ainsi touché, cela signifie qu'il n'y a plus de limite, que la voie est ouverte au reniement de YHWH lui-même. C'est ainsi que le peuple se choisit un nouveau maître (בעל) et roi (מלך[71]), un

d'où leur reprise ici. Les autres commentateurs consultés semblent ne pas s'intéresser à la question étant donné qu'ils ne s'attachent pas à la logique interne de ce passage.

70 Pour une structure détaillée du passage mettant en évidence les récurrences textuelles, voir DI PEDE, «La cohérence», p. 241.

71 Il y a certes une différence entre מֹלֶךְ et מֶלֶךְ mais après בעל, le jeu de mots n'est peut-être pas absent.

dieu de mort, auquel il sacrifie d'ailleurs son avenir, ce qu'il a de plus précieux: ses fils et ses filles[72].

Par ses paroles, YHWH brosse du peuple le portrait d'un «adolescent», qui persiste, provoque et s'entête malgré les avertissements et les enseignements de son Dieu. «Ils ont tourné vers moi le dos et non les faces, alors que je les enseignais – tôt matin je les enseignais –, mais il n'y avait pas en eux ceux qui écoutent pour prendre une leçon» (v. 33) et «(ce) que je ne leur ai pas ordonné et qui n'est pas monté à mon cœur» (v. 35). Par cette phrase un peu étonnante, YHWH souligne qu'en agissant comme il l'a fait, le peuple a dépassé son entendement, sa réflexion et sa volonté. YHWH n'a jamais voulu que son peuple aille jusqu'à ce point de non-retour sur le chemin de la mort. Au contraire, ses enseignements sans cesse répétés avaient pour but d'éviter qu'une telle extrémité soit jamais atteinte; ils avaient pour but la vie et non la mort du peuple qui, agissant de la sorte manifeste son désir d'en revenir à un stade où il n'était pas encore un peuple, un stade antérieur à sa «naissance»[73], ce que confirmera plus loin le retour du peuple en Égypte et à l'idolâtrie (chap. 42–44).

d. La punition et la consolation (v. 36-41)

YHWH le dit, le peuple est en train de se détruire par le feu allumé pour l'encens offert aux autres dieux et pour les sacrifices au Molek. Il décide donc d'y mettre un terme en se servant à son tour de cet élément purificateur: la ville et le peuple n'échapperont pas au feu allumé par les Chaldéens[74].

Mais le lecteur découvrira ensuite que le Seigneur a un plan bien précis: après la punition imminente, il ramènera le peuple dans la terre qu'il avait déjà donnée à ses pères, il restaurera la possibilité d'acheter des champs et il fera le bien et le bonheur du peuple qui respecte l'alliance[75]. Car si YHWH est offensé par tout ce mal – il le dit et le répète

---

72 Cette façon d'agir pose une question d'ordre éthique: quelle est la dignité d'un peuple qui va contre l'interdit du meurtre au nom d'un dieu? Voir à ce propos mon article «La cohérence», pp. 244-245.

73 S. Freud appelle cela «pulsions du moi» ou de «mort». Pour plus de détails, voir DI PEDE, «La cohérence», p. 245, n. 7.

74 Il est symptomatique qu'en 38,23, c'est Sédécias lui-même qui est accusé de bouter le feu à la ville.

75 Cette recherche par YHWH d'une solution pour enrayer la violence rappelle un autre récit où YHWH tente de s'adapter à la violence de l'homme: le récit du Déluge en Gn 6–9. Entre les deux épisodes, le parallèle est important. En 32 comme en Gn 6, la violence détruit le monde et Dieu épouse cette logique pour faire table rase en vue de recommencer depuis le début. De part et d'autre, YHWH cherche à mettre un frein à la violence tout en ménageant une issue à la vie: là, il conclut une alliance avec

(v. 29.30.32) – il se déclare toutefois prêt à pardonner, à revenir sur sa colère et à continuer d'aimer son peuple. Cela est marqué de manière très précise dans le texte, car la fin du chapitre insiste sur le rassemblement et le retour au pays (v. 37-44)[76].

Mais en même temps que le retour – déjà évoqué au verset 37b –, il faut faire en sorte que le peuple ait les atouts nécessaires afin que le retour intérieur et donc l'alliance soient à nouveau possibles (v. 38). Les versets 39 et 40 détaillent le moyen mis en œuvre par YHWH pour permettre le retour et la restauration du peuple[77]:

v. 37	Ramener établir	(שוב Hi) והשבתים (ישב Hi) והשבתים	*dans ce lieu*	לבטח <u>en sécurité</u>	TERRE
v. 38	ANNONCE DE L'ALLIANCE				
v. 39	לטוב להם	DON	pour du bien pour eux (avec *crainte* יראה)		ALLIANCE
v. 40	להיטיבי אותם	DON	pour que je leur fasse du bien / je les rende bien		
v. 41	להטיב אותם	DON	pour leur faire du bien / les rendre bien (avec *crainte* יראה)		v. 38 → 39 v. 30 → 41
	Planter	(נטע Qal) ונטעתים	*dans cette terre*	באמת <u>en vérité</u>	TERRE
v. 42-44	ANNONCE DE LA TERRE				

Pour enrayer les trois fautes commises par le peuple, YHWH lui fera trois dons essentiels pour qu'il vive, comme le montre le refrain du texte aux versets 39-41. Tout le bien que YHWH pense lui faire en vue de le ramener, de l'établir (v. 37) et de le planter dans la terre (v. 41) est opposé à l'offense (כעס) que le peuple fait à son Dieu. Le Seigneur a un plan clair: rétablir et planter son peuple en vérité et en sécurité dans sa terre. Pour cela, il projette de lui faire trois dons, au centre de la struc-

---

Noé; ici, la destruction annoncée n'est pas son dernier mot car il promet une nouvelle alliance (Jr 31,31-34) et la restauration du peuple (voir par ex. 32,36–33,26), par-delà la destruction. Le parallèle est donc tentant, mais il reste des différences substantielles entre les deux récits.

76 Mais avant cela, il faut guérir le peuple du mal qu'il s'inflige lui-même et qui l'afflige. La guérison passe par la douleur causée par le «moindre mal», une punition pédagogique, qui doit – ou du moins qui devrait – mener à la réflexion sur les actions commises. «Le procédé – dit NEHER, *Jérémie*, p. 29, à propos de Jérémie lui-même en 1,5, mais cette expression me semble pouvoir également s'appliquer à l'action pédagogique de YHWH pour son peuple – est curieusement psychanalytique: il cherche, en blessant, à guérir». Cela dit, ce discours divin semble éviter cette idée du châtiment médicinal ou pédagogique. Car il se contente de juxtaposer le châtiment et la restauration, tous deux d'initiative divine: sans que le peuple fasse quoi que ce soit, Dieu le ramène. L'insistance est ainsi mise sur sa miséricorde, mais aussi sur le paradoxe, paradoxe qui disparaîtrait si entre la punition et la restauration, il y avait amendement du peuple (cf. 30–31).

77 Il est possible de proposer une structure quelque peu différente de ce passage, comme le fait PARDO IZAL, *Pasión*, pp. 213-215.

ture, en vue du bien (v. 39.40.41). Deux de ces dons sont accompagnés de la crainte (v. 39.41), nécessaire pour que soit possible l'alliance éternelle (v. 40). Ainsi, le Seigneur leur donnera «un cœur et un chemin uniques», à la fois singuliers à chacun et communs à tous[78], afin qu'ils le craignent pour leur bonheur (v. 39); ensuite il établira «pour eux une alliance de toujours» en vue de leur bien (v. 40a); enfin, troisième don, la crainte qu'il donnera «dans leurs cœurs pour ne pas s'écarter» de lui (v. 40b).

La boucle est bouclée, mais cette fois le cercle n'est plus vicieux. Le Seigneur donne ainsi, en contrepoint au mal commis par le peuple, tout ce qui est nécessaire pour vivre un rapport juste avec lui. Les trois dons de YHWH apparaissent alors comme des antidotes à la mauvaise conduite du peuple: grâce au cœur unique, le peuple ne sera plus idolâtre; tous ensemble et chacun à sa manière, ils ne suivront plus qu'un seul Dieu, YHWH; par la «nouvelle alliance», le peuple sera à nouveau capable d'écoute; enfin, grâce à la crainte, il ne commettra plus d'abominations. L'alliance est ainsi restaurée (v. 37-38) pour le bien que le Seigneur va faire pour tous, y compris ceux qui ont fait le mal (v. 41a; voir 29-30.32-34).

Le point final que YHWH semblait vouloir mettre à l'histoire du peuple (v. 28) et que celui-ci avait cru déceler dans l'arrivée des Chaldéens (v. 36), se mue en points de suspension. Ce point final apparent n'était en réalité que la fermeture d'une parenthèse. C'est ce que souligne à sa manière la reprise, au début des promesses, de la conjonction utilisée auparavant pour introduire la liste des griefs. En effet, le לכן du verset 28 revient de manière presque inattendue au verset 36. Au verset 28, il introduit la déclaration du Seigneur lui-même annonçant qu'il va livrer la ville afin que Nabuchodonosor la prenne. Par contre, au verset 36, il introduit la même idée, mais comme une assertion du peuple que YHWH ne semble plus partager.

Le לכן du verset 36 est donc inattendu car il change de sens. Comme le dit André Neher, c'est ici un *pourtant*[79], un *malgré tout* qui vient frac-

78 À chacun son propre cœur et son propre chemin (אחד), mais aussi commun (אחד), tous orientés vers un même but: la vie dans l'alliance. À propos de cette expression, les commentateurs font essentiellement le lien avec 31,31-34, ainsi, par ex. NICHOLSON, *Jeremiah 26–52*, p. 82; THOMPSON, *Jeremiah*, p. 596; FEINBERG, *Jeremiah*, p. 231; CARROLL, *Jeremiah*, p. 630; HOLLADAY, *Jeremiah* 2, p. 220.

79 Cf. NEHER, *Jérémie*, p. 187, qui ajoute: «N'ont-ils [la plupart des traducteurs] pas remarqué que le même mot [*'akèn*] revient au verset 36, avec un sens tout différent, inattendu mais irrécusable, signifiant alors: *pourtant!* Le *lakèn* introductif [v. 28] ne serait-il pas dès lors l'expression même de l'absurde, d'une conséquence sans prémisse, d'un effet sans cause, et qui se transmuerait plus tard en un victorieux *malgré tout* [...]?» Cette interprétation du לכן peut surprendre. Elle est cependant possible

turer les annonces de punition pour introduire la suite de l'histoire, comme s'il en était le tournant. Il faut reconnaître

> «que le châtiment est nécessaire, juste et inexorable»[80], et «*pourtant!* [...] Tout se passe comme si la catastrophe était déjà consommée, oubliée, réparée. [...] *Pourtant* – clé de la réversibilité du temps que Dieu est seul à détenir. En répondant à Jérémie, Dieu lui a confié cette clé»,

clé qui ouvre l'espace du champ et le temps de la punition pour qu'ils deviennent espace et temps de Dieu[81].

e. La réponse aux perplexités de Jérémie (v. 42-44)

Ce n'est qu'après avoir exprimé tout cela que YHWH reprend les termes de Jérémie pour conclure la première partie de sa réponse[82]. Les versets 43-44 répondent concrètement à la perplexité exprimée par le prophète à la fin de sa prière (v. 25): le champ acheté est le signe tangible que le retour se fera et que le peuple vivra.

---

au regard des études philologiques sur le sujet. À ce propos, voir par ex. B. JONGELING, «*Lākēn* dans l'Ancien Testament», in: A.S. VAN DER WOUDE (ed.), *Remembering all the Way... A Collection of Old Testament Studies Published on the Occasion of the Fortieth Anniversary of the Oudtestamentisch Werkgezelschap in Nederland*, OTS 21, Leiden, 1981, pp. 190-200. Dans cet article, l'auteur analyse la signification de לכן, exposant d'abord trois possibilités d'étymologie: pour Eitan, il y a deux לכן en hébreu biblique, l'un signifiant «c'est pourquoi» et l'autre «mais, encore, peu importe comment, toujours» (p. 191); Goldbaum estime quant à lui que la meilleure traduction de לכן est «sur ma parole» (p. 191); enfin, Koheler et Baumgartner mentionnent la signification de «en vérité, vraiment» (p. 192). Ensuite, Jongeling étudie les emplois de לכן, notant que parfois «la traduction usitée "c'est pourquoi" ne convient pas». Dès lors on peut «comprendre *lākēn* comme "s'il en est ainsi, puisqu'il en est ainsi, étant donné cette situation, dans ce cas" ou quelque chose de semblable. La préposition "*l^e* exprime l'idée de relation (*par rapport à*) avec une grande variété de nuances", dit Joüon (§ 133d). On peut donc rendre *lākēn* littéralement par "par rapport à ainsi"» (p. 193). C'est sur base de cette interprétation littérale que l'auteur analyse les différents cas abordés, avant de conclure, p. 200: «Selon le contexte *lākēn*, qui est toujours en rapport avec ce qui précède, doit être traduit de diverses manières. La traduction usitée "c'est pourquoi" est correcte dans plusieurs cas, mais à partir de "dans cette situation" il faut le rendre d'autre façon: "or", "donc", "alors", peut-être "néanmoins", "pourtant" en d'autres endroits». Voir aussi MCCONVILLE, *Judgement and Promise*, p. 100 et PARDO IZAL, *Pasión*, p. 167.

80 NEHER, *Jérémie*, p. 189.

81 NEHER, *Jérémie*, pp. 190-191: «*Pourtant!* Le mot qui casse l'impossible, qui balaie les obstacles, qui crée l'avenir. Le mot qui accepte lucidement toutes les difficultés, toutes les embûches, toutes les barrières et qui les pulvérise par l'espoir. Le mot qui perce les cloisonnements du temps et qui efface les distances. Deux événements séparés par des mois, des années, des siècles, des millénaires – la catastrophe et le retour – coïncident *pourtant*, sont tout proches, intimes, simultanés».

82 La suite de la réponse de YHWH à la prière du prophète se trouve au chap. 33.

Dans les quelques mots de ces deux versets, YHWH reprend les termes-clés du récit que Jérémie avait fait aux versets 7-15:

> [43]Et *le champ sera acheté* (v. 7.8.9.15) *dans ce pays* (v. 15) dont vous dites (voir v. 36): «C'est une désolation, sans humain ni animal, il sera donné dans la main des Chaldéens». [44]Des champs, *avec l'argent* (v. 9.10) ils (en) *achèteront et ils écriront dans le livre* (v. 10) et *ils scelleront* (v. 11.14) et *ils feront témoigner des témoins* (v. 12) dans *le pays de Benjamin* (v. 8) et dans les environs de Jérusalem et dans les villes de Juda et dans les villes de la montagne et dans les villes du bas pays et dans les villes du Néguev, car je ferai revenir[83] leurs captifs – oracle de YHWH.

En lisant ces deux versets qui clôturent le chapitre, le lecteur comprend que le récit de Jérémie, et en particulier le dernier verset (v. 15), n'était en fait qu'une annonce de ce qui est explicité ici. Ce n'est pas parce que les Chaldéens sont là que tout espoir est perdu. Au contraire. Ce sont les gens du peuple qui disent que la terre est désolée, comme s'ils ne voyaient pas plus loin que le bout de leur nez. YHWH a la vue plus longue et c'est ce qu'il leur fait dire au moyen de l'achat du champ et des paroles du prophète. De la sorte, le lecteur apprend – et le peuple aussi, si seulement il écoutait – que la désolation provoquée par les Chaldéens n'est pas la fin de l'histoire. La chose est tellement importante qu'il est nécessaire de faire appel à des témoins[84], non seulement pour qu'ils puissent attester de ce qu'ils ont vu – l'achat du champ et l'établissement du contrat – mais aussi pour qu'ils puissent témoigner de la bonne nouvelle aux quatre coins du pays, «dans le pays de Benjamin et dans les environs de Jérusalem et dans les villes de Juda et dans les villes de la montagne et dans les villes du bas pays et dans les villes du Néguev». Cette énumération semble couvrir par ondes successives un territoire relativement vaste, comme pour donner l'impression que les voix des témoins se répandent peu à peu dans tout le territoire à partir du lieu où se situe le champ acheté, le pays de Ben-

83 Le verbe שוב avec YHWH comme sujet permet également de traduire «je ferai changer le sort de». Cette traduction est retenue par Osty, par *La Bible. Nouvelle traduction*, mais aussi par certains commentateurs, comme par ex. CONDAMIN, *Jérémie*, p. 244; VOLZ, *Jeremia*, p. 301; RUDOLPH, *Jeremia*, p. 212; STEINMANN, *Jérémie*, p. 232; BRIGHT, *Jeremiah*, p. 290; WEISER, *Jeremia 25,15–52,34*, p. 292; NICHOLSON, *Jeremiah 26–52*, p. 82; THOMPSON, *Jeremiah*, p. 595; FEINBERG, *Jeremiah*, p. 231; CARROLL, *Jeremiah*, p. 630; HOLLADAY, *Jeremiah* 2, p. 206, MCKANE, *Jeremiah* 2, p. 849; LUNDBOM, *Jeremiah* 2, p. 522.

84 ABREGO DE LACY, *Jeremías y el final del reino*, p. 181, affirme: «Sin los testigos el cumplimento es inútil, es destruir por destruir, matar por matar. Es necesario algún superviviente que sea testigo del cumplimiento [...]». D'où, également l'importance de Baruch dans le récit.

jamin[85]. Il n'est guère étonnant que ce territoire soit le premier concerné: ceux qui ont été maudits en premier lieu (voir 11,18-23) seront les premiers à recevoir la bonne nouvelle du salut. À partir de là, la nouvelle se répandra progressivement de ville en ville. Tout d'abord vers les environs de Jérusalem et les villes de Juda, puis la montagne au nord-est, vers celles de la Shephéla, le bas pays à l'ouest, puis vers le Néguev au sud[86].

Ainsi, ce n'est qu'à la fin de sa parole que YHWH dévoile ses intentions. Maintenant, Jérémie, et le lecteur avec lui, savent pourquoi le prophète a été invité à investir dans des actions en baisse destinées à chuter du jour au lendemain[87]. Mais ils savent également que tous sont concernés par cet acte d'espérance. Par ailleurs, on comprend enfin quel était le vrai rôle de Jérémie dans cette affaire surprenante. Dès la visite de Hanam'el, le rôle de Jérémie comme *goel* pour sa famille était clair. À présent, le Seigneur souligne que la fonction du prophète est bien plus ample. À la fin de son discours (v. 42-44), en effet, YHWH montre que s'il a invité son prophète à exercer son droit de rachat (voir v. 25), c'était au fond pour signifier qu'il lui confie un rôle qui est éminemment le sien: être *goel* pour le peuple. En ordonnant cet acte prophétique à Jérémie, YHWH le faisait participer à ce *droit de rachat* du peuple. De la sorte, le prophète acquiert par l'achat du champ un statut

85 Le pays de Benjamin est la terre natale de Jérémie (cf. 1,1). Il est dit «bien-aimé de YHWH près duquel il repose en sécurité» (Dt 33,12). Ce territoire est mentionné plusieurs fois en Jr: en 6,1 les gens de Benjamin sont appelés à fuir l'invasion qui s'approche; en 17,26, les habitants des villes environnantes de Jérusalem, dont les habitants du pays de Benjamin, sont invités à faire des offrandes et des actions de grâce dans la maison de YHWH; c'est à Anatôt (32,8) que Jérémie doit acheter un champ familial en signe de la restauration future dont les habitants de Benjamin sont les premiers témoins (32,44); en 33,13, Benjamin est un des territoires où «les brebis passeront sous la main de celui qui les compte», un des lieux où les bergers feront reposer leurs brebis. On notera encore qu'en 37,12, Jérémie cherche à s'y rendre mais il est arrêté à la porte de Benjamin (37,13).

86 À propos de cette mention géographique, les commentateurs notent que la position de Benjamin ici est la même qu'en 17,26 et 33,13. Ainsi, par ex. DUHM, *Jeremia*, p. 270; RUDOLPH, *Jeremia*, p. 213; WEISER, *Jeremia 25,15–52,34*, p. 301; NICHOLSON, *Jeremiah 26–52*, p. 83; THOMPSON, *Jeremiah*, p. 596; CARROLL, *Jeremiah*, p. 631; JONES, *Jeremiah*, pp. 418-419; MCKANE, *Jeremiah* 2, p. 851; BRUEGGEMANN, *Exile and Homecoming*, p. 311. Il s'agit essentiellement d'affirmer que tout le pays de Juda retrouvera paix et stabilité. Enfin, en citant Streane, FREEDMAN, *Jeremiah*, p. 224, affirme que «the several parts of the land are specified in order to make the promise more distinct that it should be possessed again in its entirety».

87 Cette annonce prend d'autant plus d'ampleur si le narrateur la garantit en citant YHWH et non Jérémie. Si, comme dans la LXX, la parole de YHWH était rapportée par Jérémie, son degré d'autorité serait moindre, Jérémie n'étant pas forcément fiable. Cf. *infra*, pp. 106-107.

plus important que celui d'un simple *goel*[88]. En faisant l'acquisition de cette terre, dont nous savons maintenant qu'elle est la marque palpable de la volonté de salut de Dieu, Jérémie se fait *goel* de l'avenir d'Israël. C'est ce que suggèrent Luis Alonso Schökel et José Luis Sicre Diaz en disant: «le parent doit racheter un morceau de terre, le prophète doit racheter un morceau de futur»[89]. Le *goel* du peuple en est témoin: YHWH ne laissera pas son héritage se disperser et se perdre. Déjà, il met tout en œuvre pour que cela n'arrive pas.

f. Conclusion de l'analyse de la réponse de Dieu

La situation présente décrite tant par YHWH que par Jérémie est dramatique. Mais lorsque le Seigneur prend la parole, au lieu de rassurer le prophète et le lecteur à bon compte en levant immédiatement le voile sur le paradoxe bel et bien réel à leurs yeux, il ouvre les horizons de son auditeur – et du lecteur. Il lance une sorte d'invitation à voir plus loin, à avoir confiance, à dépasser la contingence des événements pour espérer à nouveau. C'est probablement la raison pour laquelle il ne commence pas par expliquer d'emblée les motivations de son ordre à Jérémie d'acheter un champ en territoire occupé, ordre apparemment insensé. C'est son pouvoir sur les choses et les événements qu'il affirme en premier lieu. Ensuite, de manière inattendue, il confirme la punition du peuple à cause de ses nombreux péchés. De plus, en citant au verset 28 le verset 3b, le Seigneur confirme l'oracle mis en question par le roi au début du récit. Par cette entrée en matière quelque peu curieuse, YHWH veut-il faire taire ceux qui lui demanderaient des comptes pour sa pédagogie dure? Car YHWH ne fait que différer le moment de la véritable réponse à la question: l'annonce du retour clôturera son discours et sera son dernier mot dans ce chapitre, venant comme appuyer l'action de

---

88 À ce propos, ALONSO SCHÖKEL, SICRE DIAZ, «Jeremías», p. 569, estiment que le récit de Jérémie «es un oráculo en acción, Jeremia profetiza en vivo: no sólo palabras, ni siquiera acción simbólica, sino acto real y jurídico. Ese acto significa el futuro en cuanto que lo está anticipando [...]. A pesar de todo lo que va a suceder, la tierra sigue siendo de los judíos, la tierra prometida a los patriarcas y poseída durante siglos».

89 Cf. ALONSO SCHÖKEL, SICRE DIAZ, «Jeremías», p. 569: «al pariente toca rescatar un trozo de tierra, al profeta toca rescatar un trozo de futuro. Es palabra del Señor». Cette expression est reprise également dans ALONSO SCHÖKEL, COLLADO BERTOMEU, SICRE DIAZ, «Jeremías 30–33», p. 22. Dans un sens similaire, É. WIESEL, *Célébrations Prophétiques. Portraits et légendes*, Paris, 1998, pp. 261-262, selon qui Jérémie, se détournant un instant de la tragédie collective, «œuvre dans le présent pour le présent. Le monde s'écroule autour de lui? Il lui forge un avenir où l'homme aura les moyens de survivre à la violence et à la mort» (p. 262).

Jérémie[90]. Ainsi, le dernier mot de YHWH pour Jérémie et le lecteur, avant d'affronter la débâcle, concerne la paix et la restauration du pays et de ses habitants, ce que le chapitre 33 va confirmer.

II. L'unité du chapitre: les malheurs de Jérusalem et l'achat du champ

1. Introduction: le récit et ses «décalages»

Le parcours accompli jusqu'à présent montre que le chapitre 32 est construit de manière à interpeller et étonner le lecteur. Tout d'abord, une parole de YHWH est annoncée au verset 1, mais ce n'est qu'à la fin du chapitre qu'on la lit (v. 26-44). Le premier discours du récit est placé dans la bouche du roi qui interroge le prophète sur le pourquoi d'un oracle que le lecteur n'a pas encore lu et qu'il ne rencontrera qu'au début du chapitre 34 (v. 1-5). Suite à la question du roi, le prophète lui-même raconte une histoire qui ne répond pas à proprement parler à la question posée, bien que le montage narratif tende à le laisser croire. L'histoire rapportée par Jérémie pose elle aussi des questions. Certains éléments y sont laissés en suspens: c'est seulement à la fin du récit que le prophète précise ce que signifie l'acte qu'il a posé (v. 14-15), et à la fin de sa prière qu'il dévoile l'ordre du Seigneur (v. 25). Si l'on compare la façon dont Jérémie relate cet acte prophétique à d'autres narrations du même genre, on a de bonnes raisons de s'étonner[91]. De plus, de façon imprévue, le prophète complète son récit en s'adressant au Seigneur dans une prière dont la finale étonne le lecteur, qui voit Jérémie surpris par le paradoxe qu'il constate: le lecteur apprend en effet que le pro-

90 KEOWN, SCALISE, SMOTHERS, *Jeremiah 26–52*, p. 162, soulignent l'inclusion entre le v. 44 et les v. 11-12 par la présence des témoins.

91 Voir, par ex. 13,1-11, l'épisode de la ceinture: le prophète évoque en premier lieu l'ordre du Seigneur puis son exécution, avant de dévoiler la signification de ce geste. En 16,1-13, quand le Seigneur demande au prophète de ne pas se marier, ordre et signification sont introduits d'emblée. Par rapport à ces deux exemples, le prophète adopte au chap. 32 une façon surprenante de raconter l'acte prophétique. À ce propos, voir par ex. J. APPLEGATE, «"Peace, Peace, when there is no Peace": Redactional Integration of Prophecy of Peace into Judgement of Jeremiah», in: A.H.W. CURTIS, T. RÖMER (eds), *The Book of Jeremiah and Its Reception – Le livre de Jérémie et sa réception*, BETL 128, Leuven, 1997, pp. 51-90, en particulier p. 80: «In Jer it is unusual for God's instructions to be revealed after the action is reported. The normal pattern is the other way around: the action is reported after the instruction or the action goes unreported and is simply assumed to have happened – such is God's authority!»

phète n'a pas agi sans perplexité. Enfin, la dernière parole du chapitre, celle du Seigneur, rencontre la surprise du prophète, mais seulement après la longue évocation du péché du peuple, un détour dont le lecteur ne comprend l'intérêt qu'au terme de la réponse divine, là où l'histoire racontée par Jérémie s'éclaire elle aussi.

À côté de ces questions, le lecteur est mis face à une série de décalages produits par l'ordre voilé que YHWH donne au prophète. En premier lieu, le lecteur est confronté au paradoxe de l'achat d'un terrain déjà foulé aux pieds par les ennemis, alors que tout le pays, avec sa capitale, est sur le point de capituler. Face à cette situation, l'acte de Jérémie apparaît non seulement comme une folie, mais également comme une trahison[92]. Que cet acte soit une folie est assez clair. À quoi bon, en effet, gaspiller de l'argent pour un terrain dont l'acheteur ne pourra probablement jamais profiter? Ce geste paradoxal devrait poser question aux témoins de Jérémie. Il semble pourtant qu'il n'en soit rien. Que ce geste soit une trahison est peut-être moins clair. Mais du point de vue des gens de Jérusalem, comment qualifier autrement l'achat d'un champ en territoire occupé par l'ennemi: ne serait-ce pas pour passer de son côté à un moment ou l'autre? C'est apparemment le point de vue des hauts fonctionnaires du roi qui, aux chapitres 37 et 38, montreront clairement qu'ils considèrent Jérémie comme un traître qu'il faut mettre à mort.

Un deuxième décalage est présent entre la déportation annoncée par Jérémie (v. 3-5), et la promesse faite par YHWH au prophète (v. 15). Le contraste entre le présent et le futur annoncé est criant. Le prophète lui-même y est confronté (voir v. 14-15 et 25) et n'hésite pas à interpeller YHWH à ce sujet. Comment est-il possible, en effet, de voir plus loin, d'inviter à espérer alors que destruction et déportation sont apparemment les seuls horizons du peuple et de ses gouvernants[93]?

Enfin, YHWH annonce dans un même discours le malheur et le bonheur pour son peuple (v. 29 et 36-44), indiquant ainsi que son horizon à lui est beaucoup plus large que celui des acteurs humains. Il signifie ainsi que son dessein est global et à long terme. Certes, il comprend punition et malheur, mais ceux-ci sont ordonnés dès le départ à la restauration. La punition est nécessaire afin de rééduquer le peuple au

92 C'est ce que souligne CARROLL, *Jeremiah*, p. 621.

93 Comme le remarque à juste titre PARDO IZAL, *Pasión*, p. 11 et *passim*, dans la prédication de Jérémie, tant le châtiment que la restauration sont impensables pour les gens de Jérusalem au moment où ils sont annoncés: le châtiment est promis alors que les faux prophètes proclament la paix, et la restauration est annoncée lorsque les Chaldéens se trouvent aux portes de la ville.

respect des limites vitales (v. 28-35). Une fois que ces limites seront rétablies, la vie pourra à nouveau s'épanouir selon le désir de YHWH.

Ces décalages pointés dans le texte vont dans le même sens. Ils soulignent le choc entre le présent et le futur, présent dans lequel le peuple et le roi sont plongés, ne voyant pas d'issue possible. Cela est vrai aussi pour le prophète qui interroge YHWH bien que celui-ci lui ait dévoilé quelque peu ses plans d'avenir.

Mais le peuple et le prophète ne sont pas les seuls à être ainsi confrontés aux paradoxes. Le lecteur l'est aussi. Et il ne peut qu'être étonné par cet enchaînement curieux des choses, d'autant que, juste avant de commencer la lecture de cette nouvelle histoire, il a lu le «livret de la consolation» (chap. 30–31). Qu'en sera-t-il alors? De manière surprenante, le lecteur apprend que le dernier mot appartient à la vie et non à la mort, même si le peuple doit traverser celle-ci pour réapprendre à vivre. C'est ce que la suite du récit lui montrera encore, et c'est ce que le peuple et ses gouvernants n'acceptent pas, malgré le zèle déployé par Jérémie dans sa mission.

Face à tout cela, la question légitime du lecteur est celle de savoir quelle peut être la fonction d'une telle manière de raconter. Un premier élément de réponse se trouve peut-être dans l'unité du chapitre qu'il faut envisager à présent.

2. Unité paradoxale: la punition et le champ

Dans l'ensemble, on l'a vu, le récit du chapitre 32 est construit par emboîtements successifs: «fausse» réponse à l'interpellation du roi, le récit de Jérémie pris en lui-même se tient (v. 6-15), mais il rebondit car le prophète dit ne pas comprendre la logique divine (v. 16-25). YHWH reprend alors les choses en utilisant les termes mêmes du prophète pour parler de la restauration du peuple et de l'alliance (v. 28-44). La «composition gigogne» du récit met déjà en avant de nombreux éléments d'interprétation et ébauche les rapports qui se jouent à différents niveaux: entre les personnages du récit et avec le lecteur. Et malgré l'enchaînement problématique des parties, le chapitre ne manque pas d'unité. Cette unité s'articule autour de deux éléments en tension, tension qui crée précisément la perplexité de Jérémie à la fin de sa prière, soit au centre du texte (v. 25): il y a, d'une part, l'annonce du châtiment de Jérusalem pour les fautes du peuple, d'autre part, l'annonce d'une restauration d'Israël figurée par l'achat du champ d'Anatôt. Le tableau qui suit reprend les passages où l'on retrouve les mentions de l'achat et de sa signification, ainsi que les mentions de la punition. Il met ainsi en évidence la tension présente entre ces deux thématiques, tension qui fait l'unité paradoxale de l'ensemble[94].

INTRODUCTION NARRATIVE	
3	[...] où l'avait retenu Sédécias roi de Juda en disant: «Pourquoi toi prophétises-tu en disant: "[...] Voici: je donne cette ville dans la main du roi de Babel et il la prendra [...]"»
RÉCIT ET PRIÈRE DE JÉRÉMIE	
6	Et Jérémie dit «La parole du Seigneur fut à moi en disant: *'Achète pour toi mon champ qui est à Anatôt, car à toi est le droit de rachat pour acheter'.* »
8	Et Hanam'el fils de mon oncle vint vers moi [...] et il dit vers moi: *"Achète de grâce mon champ qui est à Anatôt qui est dans le pays de Benjamin,* *car à toi est le droit de possession et à toi le [droit de] rachat, achète pour toi."*
9	*Et j'achetai le champ* de Hanam'el fils de mon oncle qui est dans Anatôt, [...]
10	*Et j'écrivis dans le livre et je scellai et je fis témoigner des témoins et je pesai l'argent* [...].
12	*Et je donnai le livre de l'achat [...] aux yeux des témoins [...]*
15	Car ainsi dit YHWH [...]: *'Encore seront achetés des maisons et des champs et des vignes dans ce pays'.*
24	Voici les remblais viennent à la ville pour s'emparer d'elle et la ville sera donnée dans la main des Chaldéens qui combattent contre elle [...]
25	Et toi tu as dit vers moi, Seigneur YHWH: *'Achète pour toi le champ avec l'argent* *et fais témoigner des témoins*, alors que la ville est donnée dans la main des Chaldéens'.»
DISCOURS DE YHWH	
28	C'est pourquoi ainsi dit YHWH: "Voici, je donne cette ville dans la main des Chaldéens [...]
36	Et maintenant c'est pourquoi ainsi dit YHWH Dieu d'Israël vers cette ville dont vous dites: 'Elle sera donnée dans la main du roi de Babel par la famine, l'épée et la peste'.
42	Car ainsi dit YHWH: comme j'ai fait venir sur ce peuple tout ce grand mal, ainsi moi je ferai venir sur eux tout le bien [...].
43	*Et le champ sera acheté dans ce pays* dont vous dites: 'C'est une désolation, sans humain ni animal, il sera donné dans la main des Chaldéens'.
44	*Des champs avec l'argent ils achèteront* *et ils écriront dans le livre et ils scelleront et ils feront témoigner des témoins* [...]

On le voit, le châtiment annoncé est évoqué au verset 3 par le roi de Juda, repris par le prophète au terme de sa supplique (v. 24 et 25) puis détaillé par le Seigneur aux versets 28, 36 et 42 – les deux dernières fois de manière indirecte en citant les dires des Judéens. Quant à l'acquisi-

94 En caractères soulignés les mentions concernant la prise de la ville. En caractères *soulignés italiques* les mentions de l'achat et en *italique* ce qui concerne tout ce qui tourne autour de l'achat: argent, témoins, écriture...

tion du champ, signe de la restauration voulue par Dieu, elle est longuement racontée par Jérémie (v. 6-15) qui l'évoque à nouveau au verset 25, puis reprise à la fin du chapitre, aux versets 43-44, dans le discours de YHWH.

Le tableau le montre, les deux thèmes s'alternent de façon très élaborée: la thématique positive, celle de l'achat, se trouve essentiellement dans les versets 1 à 25 (première partie), alors que la thématique négative de la punition se déploie surtout dans les versets 26-44 (seconde partie). Cela dit, c'est le thème négatif qui figure en tête de la première partie, tout comme le thème positif clôt la seconde. La transition d'une thématique à l'autre se trouve au terme de la prière du prophète (v. 25), c'est-à-dire au cœur même de l'ensemble du chapitre.

De la sorte, faisant écho à un oracle du prophète, Sédécias évoque la catastrophe (v. 3) que provoquera la faute du peuple. C'est de celle-ci que parle YHWH en commençant le discours qu'il adresse au prophète pour lui faire comprendre pourquoi il projette le châtiment à l'encontre de Juda (v. 28-35). Car le présent interpelle Jérémie qui, apparemment, ne saisit pas bien le sens qu'a, dans une telle situation, l'ordre d'acquérir un lopin de terre (v. 25). À cela, le Seigneur répond que ce châtiment n'est pas pour son peuple la fin de l'histoire, revenant pour l'expliciter sur la signification profonde de l'action symbolique qu'il a ordonnée à Jérémie (v. 43-44).

La présence de ces deux thèmes balise vraiment le texte, mais il est assez paradoxal de constater que c'est seulement en arrivant à la fin du discours du Seigneur que le prophète et le lecteur comprennent la pleine signification de l'achat du champ, lorsqu'ils sont à même de le situer dans la perspective plus ample ouverte par le Seigneur. Lorsqu'on l'entend, l'histoire que raconte Jérémie (v. 6-12) s'avère plutôt anodine. Mais à la fin du récit du prophète (v. 14-15), le lecteur s'aperçoit qu'il n'en est rien. Cela dit, ce début d'explication donné par Jérémie déplace le lecteur par rapport aux personnages. En lui donnant d'entendre la question que Sédécias posait à Jérémie (v. 3b-5), le narrateur situait le lecteur à côté du roi. Au terme du récit, le lecteur participe d'une certaine manière à la connaissance qu'a le prophète de l'acte qu'il a posé. Toutefois, au verset 25, en évoquant à nouveau la transaction, le prophète avoue au Seigneur son étonnement – ou son incompréhension. À cet endroit, le lecteur est complètement aux côtés de Jérémie dont il apprend qu'il ne sait pas tout, et, avec lui, il attend les éclaircissements de YHWH. Le Seigneur, après avoir à nouveau développé les raisons du châtiment, rappelle une dernière fois l'achat du champ, pour annoncer le retour futur en Juda et la reprise de la vie dans le pays. Il faut donc attendre la fin du discours divin pour comprendre la signification plénière et de l'acte symbolique de Jérémie et du châtiment annoncé, car c'est là qu'est communiqué au prophète le projet d'avenir de Dieu pour le peuple.

Le récit se déploie donc comme par à-coups dans une construction «gigogne», et ce n'est que de manière progressive qu'il acquiert tout son sens, aboutissant par paliers au dévoilement complet du projet de Dieu pour le peuple. Dans sa découverte du récit, le lecteur évolue donc du non-savoir au savoir, à travers une *anagnorisis* à plusieurs étapes. Au début, il se trouve dans une position analogue à celle du roi et sa question est celle que Sédécias pose sur le pourquoi de la prophétie de malheur. Comme le souverain, il attend donc que Jérémie éclaire sa lanterne. En réalité, il va plutôt d'abord partager les difficultés du prophète avant d'entendre avec lui la réponse du Seigneur qui l'éclaire sur son projet de salut pour le peuple et qui explique, par la même occasion, la signification de l'achat du champ raconté par Jérémie.

3. La prière de Jérémie et la réponse de YHWH: unité, différences et complémentarité

En répondant à la perplexité du prophète, YHWH agit comme Jérémie l'avait fait en répondant à la question du roi: il vise à élargir les horizons de son interlocuteur avant de donner la réponse. Mais si Jérémie ne reprenait aucun des termes de la question du roi dans sa réponse, YHWH, avant de donner les raisons de son ordre, élargit les vues de son interlocuteur en reprenant en partie ses propres paroles[95]. Il faut donc maintenant voir cela de plus près. Pour faciliter la comparaison, résumons brièvement les reprises:

au début	v. 27-29a, voir v. 24. 25b	crochet entre prière et réponse
au centre	v. 36, voir début et v. 24. 25b	
à la fin	v. 43-44, voir v. 25a et v. 15	

Chaque fois, je l'ai souligné, il y a un glissement significatif entre les deux. Ainsi, la prière de Jérémie et le discours divin sont essentiellement complémentaires, surtout en ce qui concerne l'évocation de l'histoire du peuple:

95 Cf. *supra*, pp. 67-69.

Jérémie:	évocation des merveilles passées	v. 17-23a
	péché = non-écoute	v. 23b
	→ *châtiment*	v. 23c + 24
	PRÉSENT	v. 25
YHWH:	*châtiment*	v. 27-29a
	péché: développements et précisions sur le refus d'écoute	v. 31-33
	évocation des merveilles futures inversant le châtiment	v. 36-42, voir v. 42 → 23c.24a

Pour mettre YHWH face au paradoxe auquel il assiste, Jérémie récapitule l'histoire du peuple depuis la création (v. 17), rappelant ensuite l'action salvifique du Seigneur qui a libéré son peuple de l'esclavage égyptien (v. 20-21) et lui a donné une terre ruisselant de lait et de miel sur laquelle vivre en paix (v. 22). C'est justement la terre qui pose problème dans le présent du peuple. Jérémie semble dire, en effet, que le peuple n'a pas accepté cette terre comme un don puisqu'il en prend possession sans écouter la voix du Seigneur et sans suivre sa loi (v. 23). Tout en n'insistant guère sur les nombreuses fautes du peuple – ce que fera YHWH (v. 29b-35) –, Jérémie met en exergue la source de toutes les autres: la non-écoute (v. 23). Comment, dans de telles conditions, ce peuple pourrait-il encore bénéficier du don de la terre? C'est ainsi que les Chaldéens sont là et sont les nouveaux maîtres du terrain. Le paradoxe entre le présent et le futur – annoncé par l'achat du champ – est criant, et Jérémie cherche à comprendre quelque chose qui semble le dépasser complètement.

En réponse, YHWH commence par évoquer le présent tragique qui, aux yeux de Jérémie – et du lecteur –, semble être une entrave insurmontable à la venue d'un futur de paix: la présence des Chaldéens et la destruction imminente de la ville, lieu symbolique de la présence de YHWH au milieu de son peuple. Conformément à ce qu'a dit Jérémie, Dieu lie le châtiment présent aux fautes d'Israël et de Juda. Le Seigneur détaille ces nombreuses fautes, mais il confirme au centre de l'énumération la faute que Jérémie voit comme essentielle, la non-écoute (v. 33-34, voir v. 23), faute qu'il développe et accentue. Ainsi:

Jérémie:	1	*non-écoute* de la loi	v. 23
	2	*non faire* des commandements	
YHWH:	1	*tourner* la nuque et non la face	v. 33
	2	*non-écoute* de l'enseignement[96]	

96 Il s'agit probablement de l'enseignement prophétique, comme le laisse supposer le mot הַשְׁכֵּם, «tôt matin», qui est souvent utilisé en référence à la sollicitude du Sei-

Dans les deux paroles, la non-écoute du peuple est mise en cause. Mais celle qui est évoquée par YHWH est plus détaillée (v. 33-35), car son enseignement est inlassable, dit-il, et le fait qu'il soit resté lettre morte auprès du peuple mine sa patience. Jérémie vise plus large en parlant du refus global du peuple, sans faire référence au ministère des prophètes (v. 23). Il n'empêche que le tableau brossé de part et d'autre est fort semblable, car c'est depuis l'entrée en terre promise que le peuple n'écoute pas la loi du Seigneur et ne la pratique pas. Ainsi, les deux discours sont ici complémentaires car YHWH précise et complète la parole de Jérémie.

La complémentarité entre les deux paroles est décelable également à un endroit essentiel. En effet, dans sa prière, Jérémie reprend les choses depuis la création. il renvoie aux bienfaits passés de Dieu (v. 20-23a), reniés par le peuple. Ce reniement entraîne le châtiment qui pose problème. C'est sur ce problème que Jérémie achoppe: le présent noir, apparemment sans issue possible ou du moins envisageable. YHWH va le mener plus loin. Faisant l'impasse sur ses dons passés, après avoir évoqué le présent et ses causes (v. 28-35), il ouvre la perspective sur ses bienfaits futurs, au-delà des fautes du peuple (v. 36-44). De la sorte, considéré dans une perspective qui le dépasse largement, le présent est relativisé par l'affirmation que l'obstacle n'est pas insurmontable. Car la punition n'est pas un terme, mais le lieu d'un nouveau commencement. Le futur va bien au-delà de la punition et annonce le retour et la possibilité renouvelée du partenariat entre le Seigneur et son peuple. Le futur, en effet, reprend et prolonge l'histoire du Salut, et il inverse la punition présente, comme le souligne le parallèle repérable entre la fin de la prière et celle du discours de Dieu:

<table>
<tr><td>v. 23c</td><td>ותקרא אתם
את כל־הרעה הזאת:</td><td rowspan="2">הבאתי אל־העם הזה
את כל־הרעה הגדולה הזאת
כן אנכי מביא עליהם
את־כל־הטובה
אשר אנכי דבר עליהם:</td><td rowspan="2">v. 42</td></tr>
<tr><td>v. 24c</td><td>ואשר דברת היד והנך ראה:</td></tr>
</table>

Bref, dans sa réponse, YHWH instruit Jérémie, il l'invite à élargir ses horizons, et cela n'est pas sans effet sur le lecteur qui assiste à leur dialogue[97].

gneur dans l'envoi de prophètes: 7,25; 25,4; 26,5; 29,19; 35,15. Voir aussi 7,13; 25,3; 35,14, où c'est YHWH qui parle depuis «tôt matin».

97 Cet aspect sera repris lors de l'analyse de la relation entre Jérémie et le Seigneur, cf. *infra*, pp. 277-280.

Cette évocation du futur rappelle en fin de parcours la perplexité que Jérémie avait énoncée au verset 25 et y donne finalement une réponse. En effet, en reprenant les termes que le prophète avait utilisés pour expliquer son geste aux témoins (v. 15), YHWH explicite, cette fois pour Jérémie – et pour le lecteur –, la portée réelle de son ordre et donc de l'action prophétique qu'il lui a ordonnée. Le Seigneur amplifie de la sorte ce que Jérémie avait dit aux témoins de son achat: il garantit la continuité de la possession de la terre.

On le voit donc, si le discours de YHWH est une réponse à la perplexité du prophète, cette réponse se construit peu à peu. Le Seigneur prend le temps d'argumenter les raisons du châtiment présent pour mieux révéler la portée étonnante de l'acte qui a rendu Jérémie perplexe (voir v. 27). L'achat du champ est un immense signe d'espérance qui dépasse le présent dramatique et le relativise.

4. Conclusion

Loin d'être décousu, le chapitre 32 est fortement construit et présente une unité qui se noue dans la tension paradoxale entre le désespoir et la promesse. Ce paradoxe est souligné par les trois paroles – du roi, du prophète et du Seigneur – qui semblent juxtaposées.

> «Le roi, enfermé dans son horizon étroit de la ville assiégée et d'un sort personnel tragique, ne parle que de malheur; Jérémie, obéissant à l'ordre du Seigneur accomplit un geste d'espérance et le raconte, mais bute sur le présent dramatique qu'il constate et qui lui semble contradictoire avec le geste ordonné par YHWH. Enfin, le Seigneur vient ouvrir les horizons du prophète et du lecteur, rappelant les causes du présent dramatique, présent qui apparaît comme l'étape obligée sur le chemin de la restauration de l'alliance et d'une vie nouvelle»[98].

Dans sa découverte de ce récit, le lecteur se trouve confronté à un dévoilement du projet de Dieu qui se fait pas à pas. Peu à peu, il en vient à comprendre non seulement la situation présente et l'ordre d'acheter le champ, mais aussi l'ensemble de l'histoire du salut. Sur ce point, prophète et lecteur ont une longueur d'avance sur les autres personnages du récit car, contrairement à ces derniers, eux sont au courant du projet du Seigneur au-delà de la catastrophe imminente et ils le comprennent. Mais cela n'est possible que grâce aux éclaircissements que seul le Seigneur peut donner, car c'est bien de son action qu'il s'agit,

98 DI PEDE, «Jr 32, exergue du récit», p. 567.

action face à laquelle prophète et lecteur sont en attente et donc, inévitablement, dans un certain doute[99].

Si Jérémie retrace toute l'histoire d'Israël à partir de la création et fait état de l'action salvifique de YHWH dans cette histoire, ce dernier pour sa part reprend une série d'éléments de la prière du prophète afin de l'éclairer sur ce qu'il semble ne pas comprendre, en élargissant son horizon au futur que Dieu prépare. Cet aspect renseigne le lecteur sur un élément supplémentaire, à savoir le rapport entre YHWH et son prophète. Si ce dernier dit ou fait des choses sans être trop sûr de ce qu'il dit ou fait, c'est que l'acte prophétique demande la foi du prophète qui le pose, et n'est donc pas un acte mécanique. Pour sa part, YHWH ne laisse pas tomber le prophète et il use avec lui de pédagogie.

Face à leurs interlocuteurs, Jérémie et le Seigneur agissent de manière paradoxale, on le voit. C'est comme si, par leur réponse, ils voulaient mettre certains éléments de l'histoire «en suspens», comme pour les maintenir – comme dit Jean-Marie Carrière – «dans l'incertitude et dans l'indécision: le droit, l'espoir, l'action entreprise, l'histoire aussi, sans doute»[100]. C'est comme si le prophète et YHWH voulaient ne pas enfermer leur action ou leur parole dans le monde restreint de leur interlocuteur respectif – le roi et le prophète –, mais élargir les horizons de leur question avant de proposer une réponse. C'est là une façon de leur faire prendre distance par rapport à ce qu'ils ont sous les yeux, par rapport à ce qu'ils croient être important, mais aussi une manière de les inviter à ne pas se contenter d'une réponse facile, à court terme.

Cette première ébauche de solution à la difficile articulation des trois paroles dans ce chapitre n'est peut-être pas la seule possible et il faut voir à présent si l'on ne peut aller plus loin. Car jusqu'à présent, l'analyse se situe au niveau des rapports entre les personnages, mais elle vaut probablement aussi pour le lecteur dans son rapport au récit. Le fil conducteur de celui-ci est en effet l'invitation à espérer au-delà de la crise présente. Cette invitation déroutante demande un dépassement de soi – comment trouver, en effet, la force d'espérer dans une situation qui pousse au désespoir? –, car elle ne s'impose pas d'emblée, se faisant jour peu à peu au fil du récit, dans un processus d'*anagnorisis* à rebondissements. Cette révélation progressive est permise par l'agencement

---

99 L'auditeur intradiégétique du récit de Jérémie ne se situe pas au même niveau que le lecteur du livre car, contrairement à ce dernier, il n'entend pas la réponse de YHWH, comme c'est le cas dans la LXX. Cette différence est reprise *infra*, pp. 106-107.

100 CARRIÈRE, «Une prière d'espérance», p. 50, et n. 3. Si dans son article l'auteur ne s'occupe que de la prière de Jérémie après l'achat du champ, ses observations concernant la «mise en suspens» peuvent également s'appliquer, me semble-t-il, à la réponse que YHWH donne à la prière du prophète.

des trois paroles, c'est-à-dire par la manière retenue par le narrateur de disposer le matériau de l'histoire qu'il raconte. Un autre procédé auquel il recourt est ce que l'on a appelé dans l'analyse rhétorique «l'annonce du sujet». En effet, le récit de Jr 32 anticipe de plusieurs manières le macro-récit qu'il ouvre. Le paragraphe suivant explore cet aspect des choses.

III. Le chapitre 32 comme annonce de 33–45

1. Reprise en guise d'introduction

Les paragraphes précédents ont montré la finesse narrative du chapitre 32. Le récit de ce chapitre met en évidence des éléments essentiels pour la suite: les rapports entre personnages, en particulier entre le prophète et le roi et entre le prophète et YHWH; il annonce, pour le prophète et pour le lecteur, les véritables projets du Seigneur pour son peuple, au-delà du présent et du futur proche, qui sont noirs et apparemment sans issue[101]. Ces éléments tendent à conférer à ce chapitre le statut d'ouverture, dans la mesure où il semble susceptible de jeter une lumière particulière sur la suite du récit.

À côté de cela, le chapitre 32 constitue également une «annonce du sujet»[102]. En effet, on y retrouve de façon assez concentrée de nombreux éléments repris dans la suite de la section où il sont comme dilués[103]. C'est au repérage systématique de ces éléments qu'est consacré ce paragraphe. On suivra en partie le fil du récit: on se penchera tout d'abord sur le cadre historique et géographique donné par le texte lui-même; puis, on verra ce qui, dans chaque partie du récit de Jr 32, an-

101 On verra plus loin qu'il est aussi une esquisse du contrat de lecture auquel le lecteur est invité à adhérer avant de lire la suite de l'histoire à peine annoncée (v. 1-5). Cf. *infra*, p. 102 et suivantes.

102 L'«annonce du sujet» est une technique de répétition qui, par sa fonction, se distingue du «mot-crochet». «Le mot-crochet établit une liaison verbale entre deux paragraphes qui se suivent immédiatement. L'annonce du sujet prépare, de près ou de loin, une partie du développement; elle renseigne le lecteur ou l'auditeur sur l'itinéraire choisi. Lorsqu'il s'agit de reconnaître la structure littéraire d'un ensemble, l'annonce du sujet a, de toute évidence, plus d'importance que le mot-crochet». Voir à ce sujet A. VANHOYE, *La structure littéraire de l'épître aux Hébreux*, Paris, 2e éd. 1976, en particulier pp. 33-37, citation p. 36.

103 De plus, ces éléments sont parfois une reprise de ce que le lecteur a déjà rencontrés auparavant dans sa lecture de Jr.

nonce la suite de la section narrative: des scènes récurrentes; des thématiques, essentiellement des annonces de bonheur et de malheur; et enfin des verbes récurrents, pour autant qu'ils n'aient pas été étudiés avec un des thèmes relevés.

2. Cadre temporel et spatial du chapitre 32 (v. 1-3a: voir 34,1 et 39,1)

a. L'introduction narrative du chapitre 32 (v. 1-3a)

> 32 [1]La parole qui fut à Jérémie de la part de YHWH dans la dixième année de Sédécias roi de Juda, cette année était la dix-huitième année de Nabuchodonosor, [2]alors la force du roi de Babel assiégeait (contre) Jérusalem, et Jérémie le prophète était retenu dans la cour de la garde qui est dans la maison du roi de Juda [3]où l'avait retenu Sédécias roi de Juda en disant: «Pourquoi toi prophétises-tu en disant: [...]».

Ces trois premiers versets, on l'a vu, commencent une nouvelle histoire et forment, avec la parole du roi (v. 3-5), l'introduction narrative au récit de Jérémie qui va suivre. Ce qui nous retiendra ici, c'est le cadre géographique et temporel mis en place par ces trois premiers versets. L'action se déroule à Jérusalem, là où Jérémie se trouve enfermé (v. 2, voir v. 1), au cours de la dixième année de Sédécias, qui correspond à la dix-huitième de Nabuchodonosor. Une indication supplémentaire concerne la ville: le roi de Babel est en train de l'assiéger.

Cette introduction spatio-temporelle n'est pas la seule à mentionner ces éléments. Dans la suite du récit, le lecteur rencontre deux autres introductions de ce type, où reviennent les mêmes personnages dans une situation analogue. La première, et cela n'est pas anodin, se trouve au début du chapitre 34: le narrateur y opère un retour en arrière pour raconter comment Jérémie reçoit de YHWH la parole que Sédécias semble lui reprocher au moment de son arrestation en 32,3-5[104]: quand Jérémie reçoit cette parole de YHWH, il était encore libre de ses mouvements (voir 34,2). La seconde reprise de ces indications spatio-temporelles se trouve en 39,1 où sont évoqués de manière succincte des détails concernant le siège.

---

104 Il est assez étonnant de constater que les commentateurs de Jr ne mettent généralement pas en rapport cette parole de Sédécias du début du chap. 32 et celle que, au début du chap. 34, YHWH ordonne à Jérémie d'aller rapporter au roi. Cf. *supra*, n. 15, pp. 44-45.

b. L'introduction narrative du chapitre 34 (v. 1)

Le chapitre 34 débute par une introduction fort semblable pour le fond à celle du chapitre 32[105]:

> [1]*La parole qui fut à Jérémie de la part de* YHWH tandis que *Nabuchodonosor roi de Babel,* et toute *sa force* et tous les royaumes de la terre (qui étaient sous la) domination de sa main, et tous les peuples combattaient *contre Jérusalem* et contre toutes ses villes, en disant: «[...]».

Après le chapitre 33, qui prolonge en trois discours de YHWH à Jérémie les paroles de 32,36-44 à propos de la restauration du peuple, une telle reprise des éléments initiaux du chapitre 32 s'avérait sans doute nécessaire pour rappeler à la mémoire du lecteur les principaux éléments de l'histoire, dont le narrateur reprend à présent le fil. C'est probablement pour cette raison que tous les détails ne sont pas repris, mais seulement les éléments essentiels, à savoir la parole de YHWH s'adressant à Jérémie et la présence de Nabuchodonosor et de son armée – augmentée des troupes d'autres nations – en train de combattre Jérusalem et les villes qui en dépendent (voir 34,6-7).

Bien que plus brève, cette introduction narrative donne au lecteur une série d'éléments complémentaires, absents de l'introduction du chapitre 32. Un premier ajout frappant est la mention d'autres villes de Juda agressées avec Jérusalem, en particulier Lakish et Azéqa «qui subsistent encore», précise le narrateur au verset 7[106]. Cela pourrait être une

---

105 En *italique* les éléments communs avec 32,1-2.

106 Lakish est une ville cananéenne très ancienne située entre Jérusalem et Gaza, à 35 km de la capitale. Le récit biblique en attribue la conquête à Josué (cf. Jos 10,31-35). Elle sera fortifiée par Roboam (2 Ch 11,9) et deviendra par la suite le quartier général de Sennachérib, d'où il lancera son attaque contre Jérusalem (cf. 2 R 18,14.17; 19,8, parallèle à Is 36,2; 37,8; 2 Ch 32,9 et Mi 1,13). Cette action de Sennachérib se situe environ un siècle avant les faits qui nous occupent. Lieu de l'assassinat du roi de Juda Amasias (cf. 2 R 14,19 et 2 Ch 32,9), ce n'est qu'après l'exil que Lakish sera à nouveau habitée par des Judéens (cf. Ne 11,30). La ville d'Azéqa, quant à elle, se trouve à environ 20 km au sud-ouest de Jérusalem. Elle connaît un peu le même sort que la ville de Lakish. En effet, le récit biblique y situe une victoire de Josué sur les rois cananéens (cf. Jos 10,10-11). Occupée par les Philistins, elle sera fortifiée par Roboam (cf. 2 Ch 11,9) et à nouveau occupée par des Judéens après l'exil (cf. Ne 11,30). Cf. O. ODELAIN, R. SÉGUINEAU, *Dictionnaire des noms propres de la Bible*, Paris, 1978, p. 229 pour Lakish et p. 53 pour Azéqa. – Ces deux villes ne sont citées qu'une seule fois dans Jr et le lecteur est en droit de se poser la question de savoir pourquoi elles le sont ici. Si les raisons historiques d'une telle mention nous échappent, d'un point de vue narratif, elle n'est pas sans importance. En effet, la mention de ces villes situées toutes deux au sud-ouest de Jérusalem pourrait souligner que les Chaldéens se trouvent déjà du côté de l'Égypte: il n'y aurait donc pas d'aide possible à attendre de ce côté car, avant d'arriver à Jérusalem, l'armée de Pharaon devrait déjà livrer bataille à une armée nombreuse. De plus, et peut-être plus fondamentalement, la mention d'autres villes n'ayant pas encore été prises par les Chaldéens pourrait aussi indi-

première indication du fait que les événements qui vont être racontés sont proches de ceux du chapitre 32 mais antérieurs à eux[107]. En 32,2, en effet, Jérusalem semble être la seule ville que les envahisseurs n'ont pas encore prise et devant laquelle ils ont mis le siège. À cet endroit, en effet, les Chaldéens ne guerroient plus comme en 34,1 (נלחמים): ils assiègent la seule capitale (צרים).

Un autre indice dans le texte suggère que ce qui nous est raconté ici est antérieur à l'épisode du chapitre 32. L'introduction du chapitre 34, en effet, ne mentionne pas l'endroit où se trouve Jérémie quand YHWH lui parle. Cela pourrait indiquer que la parole qui va suivre, les versets 2-5, a été adressée au prophète et prononcée avant l'emprisonnement auquel fait allusion 32,2. Ce détail est effectivement confirmé par la suite immédiate du chapitre 34: les versets 2-5 nous livrent la parole que YHWH confie à Jérémie pour Sédécias avec l'ordre d'aller la lui porter (v. 2). C'est cette parole que nous avons entendue de la bouche du roi en 32,3b-5, objet des reproches par lesquels Sédécias justifie l'emprisonnement du prophète (32,2-5)[108].

Un troisième élément concerne les troupes qui assiègent Jérusalem. Autour de la ville, il n'y a pas uniquement les Chaldéens comme c'est le cas en 32,2. En 34,1, la lutte contre la ville est menée non seulement par les troupes du roi de Babel, mais aussi par les peuples sous sa domination. Cette insistance souligne l'importance des forces déployées contre le peuple de la ville qui ne pourra certainement rien faire d'autre pour son salut que se rendre[109]. Il s'agit là d'une confirmation indirecte

---

quer que les Récabites (chap. 35) qui se réfugient à Jérusalem sous le règne de Joaqim avaient le choix entre plusieurs villes pour s'y réfugier. En nommant d'autres villes à côté de Jérusalem, le narrateur pourrait renforcer à l'avance le contraste entre les Récabites et les habitants de Jérusalem que le chap. 35 mettra en évidence. Pourquoi, en effet, ces hommes montent-ils à Jérusalem et pas dans une autre ville fortifiée encore libre? Choisir Jérusalem assume une signification plus forte, parce que ces hommes marginaux seront ainsi les seuls à écouter une parole dans la ville sainte.

107 En ce sens, par ex., cf. WEISER, *Jeremia 25,15–52,34*, p. 293. Par ailleurs la majorité des commentateurs qui abordent cette question datent les deux épisodes séparément et s'accordent pour les espacer d'un an environ: entre 589-588 pour 34 et 587 pour 32. Cf. par ex.: STEINMANN, *Jérémie*, pp. 226 et 231; BRIGHT, *Jeremiah*, pp. 219-224; FEINBERG, *Jeremiah*, pp. 224 et 239; CARROLL, *Jeremiah*, p. 619; JONES, *Jeremiah*, p. 407; KEOWN, SCALISE, SMOTHERS, *Jeremiah 26–52*, pp. 151 et 180. Pour sa part, NICHOLSON, *Jeremiah 26–52*, p. 74, estime que la première partie du chap. 32, les v. 1-15, se déroule en 588-587, et le chap. 34, en 587 (p. 90).

108 Pour la question de la disposition des événements dans le texte, voir la deuxième partie de ce travail.

109 Se rendre aux Chaldéens qui assiègent la ville a quelque chose de symbolique comme le souligne R. DRAÏ, *La communication prophétique. 1. Le Dieu caché et sa révélation*, Paris, 1990, p. 294: «Le siège de la ville n'est plus que le symbole, la représenta-

de ce que Sédécias avait dit en rapportant l'oracle programmatique de Jérémie: toute résistance aux Chaldéens sera vaine (32,5b).

Sur cette base, on est en droit de restaurer l'ordre chronologique des événements. Nabuchodonosor fait la guerre à Juda et lutte contre toutes ses villes avec des renforts (34,1). C'est alors que YHWH donne à Jérémie l'ordre d'aller porter une parole à Sédécias. Jérémie proclame son oracle probablement lorsque la lutte s'est concentrée contre Jérusalem, Lakish et Azéqa (34,6-7). Un peu plus tard, lorsque ces deux dernières villes sont prises et que Jérusalem est assiégée, Sédécias emprisonne Jérémie en lui reprochant son oracle (32,1-6).

c. L'introduction narrative du chapitre 39 (v. 1 et 2)

L'introduction narrative du chapitre 34 n'est pas le seul passage à reprendre, dans la suite du récit, les éléments de 32,1-3. On trouve une seconde introduction qui y fait écho, d'une autre manière encore, au chapitre 39. Celui-ci commence par un verset récapitulatif introduisant la prise de la ville après le siège:

> [1]Dans *la* neuvième *année de Sédécias, roi de Juda,* au dixième mois, *Nabuchodonosor, roi de Babel* et toute sa *force* vinrent vers *Jérusalem* et ils *assiégèrent (contre)* elle. [2]*Dans la* onzième *année de Sédécias,* au quatrième mois, le neuf du mois, une brèche fut ouverte dans la ville.

Cette introduction complète le cadre temporel ébauché jusqu'ici. Elle évoque très brièvement ce qui s'est produit avant les événements racontés en 32,1: le début du siège de Jérusalem au dixième mois de la neuvième année de Sédécias. Puis elle mentionne ce qui suit: la prise de la ville dix-huit mois plus tard, au terme du siège dont parle déjà 32,1-2. En effet, ce texte est daté de la dixième année de Sédécias alors que 39,1-2 mentionne deux dates: la neuvième et la onzième année. Le début du chapitre 39 récapitule chronologiquement l'élément décisif qui a entraîné la chute de Jérusalem: le long siège des Chaldéens. Le narrateur ne revient plus sur ce qui s'est passé à l'intérieur de la ville pendant le siège. Le but de cette introduction est en effet de faire un pas en avant dans le récit pour aborder enfin les épisodes liés à l'entrée des ennemis dans la ville: la chute de celle-ci, la tentative de fuite du roi et l'enchaînement des événements qui causent le départ du peuple en Égypte.

---

tion de cet enfermement [du peuple dans ses illusions], son ultime aboutissement. Dès lors, pour ces Judéens qui ont recréé en eux-mêmes et dans leur pays la servitude de leurs ancêtres en Égypte, il n'est d'autre solution pour eux que celle que vécurent leurs pères: la sortie».

On notera que par rapport à 32,1-2, Jérémie, YHWH et sa parole, tout comme l'emprisonnement du prophète, sont absents de l'introduction de 39. Jérémie et YHWH n'auraient-il plus rien à dire? Sans doute. Leurs avertissements répétés n'ont pas été écoutés et encore moins mis en pratique par le peuple. Il n'y a donc plus de place pour leur parole. Celle-ci est désormais couverte par le bruit – paradoxalement silencieux dans le texte – de l'occupant armé qui y met un terme, car c'est le temps désormais de son accomplissement: les faits annoncés par la parole maintes fois répétée sont maintenant en train de se dérouler sur le devant de la scène. La voix qui avait trouvé si peu d'écho auprès du peuple se tait pour laisser place aux armes annoncées et à la prise de la ville qui, d'après le narrateur, semble se passer sans aucune violence particulière de la part des envahisseurs. Cela met en évidence un aspect essentiel du récit. Si le Seigneur exerce une certaine violence envers le peuple en lui infligeant une punition – par ailleurs bien méritée –, cette violence de YHWH et de ses instruments, les Chaldéens, n'est pas débridée. Elle est contenue et ne dépasse pas une limite essentielle, celle de la mort à tout prix[110]. Cela souligne à sa manière la volonté de vie du Seigneur qui, le lecteur le sait, ne veut pas que le peuple soit entièrement détruit[111].

d. Conclusion

Ce rapide aperçu sur les introductions narratives des chapitres 32, 34 et 39 caractérisées par de nombreux échos textuels, met le doigt sur un élément étonnant du récit, auquel il a déjà été fait allusion et sur lequel il faudra revenir dans le détail: la curieuse disposition des événements dans le texte. Il permet de remarquer d'emblée que le temps raconté entre les chapitres 32 et 39 – c'est-à-dire dans la première partie de la section en prose – est celui de la deuxième partie du siège de la ville, soit quelques mois au cours des dixième et onzième années de Sédécias[112].

Ces courtes introductions narratives des chapitres 32, 34 et 39 sont donc essentielles pour situer l'action, et leur concision a au moins deux effets: d'une part, elle suffit à suggérer l'évolution de l'action autour de la ville, et d'autre part, elle indique en creux que, pour le narrateur, peu importent les détails du siège, puisqu'il ne s'y attarde pas pour

110 Le roi sera châtié plus durement, cf. 39,6-7, cf. *infra*, p. 222.

111 Cela contraste fortement d'une part avec les scènes de violence racontées en 40,13–41,9 et d'autre part avec l'entêtement du peuple à se rendre en Égypte.

112 On peut voir là un indice supplémentaire d'unité de la première partie de la section.

s'attacher plutôt à d'autres épisodes, essentiels pour lui car nécessaires à la compréhension de ce qui se joue.

Outre le cadre temporel et spatial, le début du chapitre 32 annonce également une scène récurrente présente dans la première partie du récit. Il s'agit de la rencontre entre Jérémie et le roi. Étant donné que ces scènes fournissent de nombreux éléments de caractérisation des personnages, elles seront reprises lors de l'étude de celle-ci[113]. Qu'il suffise ici de noter la présence de ces scènes de rencontre en 32, suggérée par les versets 2-5, en 34,6, en 37,17-21 et 38,14-26, à quoi il faut ajouter une autre, «indirecte», au chapitre 36. Ces différentes scènes de rencontre entre le roi et le prophète scandent la première partie du récit et montrent différentes facettes du rapport complexe qui se noue entre ces deux personnages. Ainsi, outre la détermination du cadre temporel et spatial en 32,1-2, le début du récit (32,3-5) constitue une «annonce du sujet» décrivant d'emblée les relations tendues entre le prophète et le roi et plus globalement les responsables Judéens[114]. Le narrateur y présente les personnages ainsi que l'enjeu de leurs rencontres, un des thèmes importants du récit de 32–39.

Si Jr 32 annonce 33–39, et même 40,10.12 et 42,10, il n'annonce guère la fin de la section en prose (chap. 40–44), c'est-à-dire ce qui devrait tourner autour de la restauration consécutive à la prise de la ville et à la déportation. En effet, la restauration, qui a effectivement débuté en 39,10, ne se poursuit pas à cause du peuple qui en bénéficie. Car il met en échec – dans un premier temps du moins – le projet de Dieu énoncé au chapitre 32. Dès lors, cette restauration est remplacée par l'apostasie du peuple relatée aux chapitres 43–44, une apostasie dont YHWH parle en 32,33-36[115].

3. Le récit de Jérémie: l'achat du champ, sa prière à YHWH (v. 6-25) et la réponse de YHWH (v. 26-44)

En dehors de l'introduction narrative de 32,1-5, certains éléments du récit de Jérémie sont également présents dans la suite. Le premier de ceux-ci est certainement la prise de parole en «je» du prophète (32,6-25), qui reviendra au chapitre 35 où Jérémie raconte lui-même l'épisode des

113 Cf. *infra*, le 2e chapitre de la troisième partie de ce travail.

114 Cette tension se reproduira plus loin avec les chefs du peuple, cf. 37,15; 38,1-6 et 42,1–43,6.

115 Cf. *infra*, pp. 223-227.

Récabites[116]. À côté de ce premier élément, il en est d'autres qui relèvent du contenu du récit et de ses thématiques. Des mots récurrents servent à annoncer le bonheur et le malheur, et des motifs tels que l'écriture ou les témoins sont repris plusieurs fois dans la suite du récit.

a. La parole prophétique et les témoins[117]

Un thème important du chapitre 32 est, sans surprise, celui de la parole prophétique. Il y a cependant à ce propos une insistance surprenante sur l'écrit qui devra témoigner de la réalité de cette parole (32,10-14.44). Voilà qui anticipe clairement un autre épisode de la section en prose, le chapitre 36. Cet épisode, chronologiquement antérieur à celui de 32 (voir 36,1 et 32,1), est néanmoins rapporté après lui. L'inversion est intéressante pour deux raisons au moins. Tout d'abord, la première écriture annonce la restauration et exprime donc une parole positive, tandis que la seconde enregistre la parole concernant le châtiment. Il faut noter également que, dans les deux cas, il est question de deux copies, l'une publique (32,11b et 36,2-3) et l'autre cachée (32,11a et 36,28.32). Cette dernière est nécessaire afin d'assurer la conservation de l'écrit dans le cas où la copie publique serait endommagée, détruite ou se perdrait. Par ailleurs, le contexte fortement juridique de 32,10-12 insiste sur la validité de l'écrit et de la parole qui la garantit, ainsi que sur la présence de Baruch. Dès lors, si la parole écrite peut être détruite (chap. 36), son contenu demeure valide et sera écrit à nouveau par Baruch, présent aussi en 36 en tant que secrétaire et notaire de Jérémie.

Ainsi, la parole prophétique proclamée et écrite va de pair avec la figure du témoin. Si on ne sait pas combien de personnes sont présentes à la signature de l'acte d'achat en 32,10, parmi eux se trouve Baruch, témoin essentiel pour la suite: il est celui à qui Jérémie confie quelque chose d'important, le livre, et à qui le prophète donne un ordre que Baruch s'empresse d'exécuter fidèlement. Tout cela se répétera au chapitre 36.

b. Bienfaits de Dieu lors de l'exode et apostasie du peuple

La prière de Jérémie se déroule en deux temps: le premier évoque les actions de YHWH pour son peuple, depuis la création jusqu'à la libéra-

116 Cet aspect sera repris *infra* dans un paragraphe consacré à Jérémie comme narrateur intradiégétique, cf. pp. 272-276.

117 Je ne m'attarderai guère sur cette question, d'une part parce qu'elle a déjà été amplement traitée par PARDO IZAL, *Pasión*, pp. 287-294, et d'autre part parce que je reviendrai sur la question des témoins lorsque je me pencherai sur l'emplacement du chap. 45 et sur le rôle de Baruch, cf. *infra*, pp. 185-189.

tion d'Égypte (32,17-22). L'évocation de la sortie d'Égypte, dans un contexte de récapitulation de l'histoire du peuple depuis la création jusqu'à l'établissement dans la terre promise, est fort intéressante au début de cette section. L'Égypte y est décrite comme le pays dans lequel YHWH se révèle et établit sa renommée avant d'en faire sortir le peuple pour le rendre libre (32,20-21). Dans l'histoire qui va suivre, l'Égypte représentera le pays vers lequel une partie du peuple veut retourner pour échapper aux Chaldéens, volonté manifestée déjà dans le récit de l'exode (42,11–43,7, voir par ex. Ex 14,11-12; Nb 14,1-4). Mais c'est un pays où la sécurité est illusoire, car celle-ci se trouve uniquement dans la confiance en YHWH, comme le suggère la fin du discours divin en 32,37-44.

Dans son discours, YHWH (32,27-44) parle en premier lieu d'une des causes de sa colère contre le peuple: son apostasie (v. 29-35). Celle-ci a vu le jour dans la ville où «ils ont tourné vers moi le dos et non les faces» (v. 33). Cette affirmation de YHWH peut être lue comme une annonce des chapitres 42–44, où le peuple se détournera de Dieu, en prenant la route de l'Égypte[118]. Quant à l'apostasie du peuple, elle fera l'objet, au chapitre 44, de la dispute entre YHWH et Jérémie, d'une part, et le peuple, d'autre part. Elle sera reprise dans les paroles de YHWH rapportées par Jérémie en 44,2-14, dans la réponse du peuple à cet oracle en 44,16-19 et encore dans la réponse personnelle de Jérémie au peuple qui revendique son refus d'écouter ses paroles, et donc celles de YHWH, et qui évoque la belle vie menée alors qu'ils vénéraient la Reine du Ciel (v. 21-30).

Mais YHWH ne s'arrête pas au constat de l'échec. Malgré tout, après la déportation du peuple, dont le récit sera fait dans la suite (chap. 39), malgré les sacrifices et les libations offertes à d'autres dieux (chap. 44), YHWH fait part à Jérémie de son désir de bonheur pour son peuple: il sera reconduit sur sa terre et il sera le peuple dont YHWH sera le seul et unique Dieu. La vie du peuple sera sauvée, tout comme certains personnages en reçoivent la promesse: 'Ebed-Melek (39,15-18), quelques témoins rescapés (44,28) et Baruch (chap. 45).

118 Il est intéressant de remarquer l'insistance sur les racines שוב et ישב dans la section en prose, et surtout à la fin de celle-ci, dernier appel au peuple pour qu'il revienne sur ses pas au sens propre comme au sens figuré et qu'il s'installe dans le pays donné par Dieu (שוב: 32,37.40.44; 33,7.11.26; 34,11[2x].15.16[2x].22; 35,15; 36,3.7.28; 37,7.8.20; 38,26; 40,5.12; 41,14.16[2x]; 42,10.12; 43,5; 44,5.14[3x].28; ישב: 32,12; 33,17; 35,7.9.10.11.15; 36,12.15.22.30; 37,16.21; 38,2.7.13.28; 39,3.14; 40,5.6.9.10[2x]; 41,17; 42,10.13.14; 43,4; 44,1[2x].14.15.26).

Enfin, de manière indirecte, la faute du peuple est évoquée aussi dans l'épisode de la libération des esclaves au chapitre 34[119]. Le peuple y est invité à renoncer aux esclaves en vue d'un agir juste. En effet, quelles que soient les circonstances de cette libération – conjoncturelle ou due à l'année sabbatique[120] –, celle-ci rappelle la libération du peuple d'Israël de l'esclavage égyptien comme l'attestent les lois de libération des esclaves (voir Lv 25,39-43; Dt 15,12-15). Par cet affranchissement, Israël devient à son tour libérateur, se détournant de l'Égypte et permettant la vie. Mais le lecteur de Jr 34 se rend bien vite compte que cet affranchissement n'était motivé que par l'opportunisme et non par le souci d'un agir juste (34,16; voir 37,5). Ainsi, l'annulation de l'édit d'affranchissement en 34,16 annonce-t-elle de manière voilée le retour en Égypte des chapitres 43–44.

119 Les chap. 32 et 34 peuvent être rapprochés par un autre élément, à savoir la Loi. En effet, les deux institutions (*goel* et libération des esclaves) sont prévues par le Lévitique (Lv 25,23-31 et Lv 25,39-43). À ces deux épisodes, on peut également ajouter celui du chap. 35, où les Récabites suivent fidèlement la loi de leur père. Cf. à ce propos les intéressantes remarques de CAZEAUX, *Histoire, utopie, mystique*, pp. 133-137.

120 Les commentateurs relient cette libération à l'observance de la Loi telle qu'elle est mentionnée en Ex 21, Dt 15, Lv 25 et rappellent aussi Gn 15. Cependant, ils ne s'accordent pas sur les raisons de fond qui motivent cette libération. Pour certains, cet affranchissement servirait à invoquer la pitié de YHWH, ainsi, par ex., BOADT, *Jeremiah 26–52*, p. 75; d'autres estiment qu'elle est liée à la nécessité d'avoir des hommes supplémentaires pour défendre la ville, par ex. CONDAMIN, *Jérémie*, p. 255; RUDOLPH, *Jeremia*, pp. 223-224; THOMPSON, *Jeremiah*, p. 610; FEINBERG, *Jeremiah*, p. 241. Certains, comme par ex. DUHM, *Jeremia*, p. 280 et VOLZ, *Jeremia*, p. 318, estiment qu'il s'agit d'une mesure destinée à ne pas devoir alimenter les esclaves; certains, comme par ex. FREEDMAN, *Jeremiah*, p. 231 et WEISER, *Jeremia 25,15–52,34*, p. 312, estiment qu'elle est motivée par la repentance. Enfin, un plus grand nombre de commentateurs expliquent cette libération d'esclaves par l'année sabbatique, cf. par ex. STEINMANN, *Jérémie*, p. 226; HOLLADAY, *Jeremiah* 2, p. 239; BRUEGGEMANN, *Exile and Homecoming*, pp. 325-326. ABREGO DE LACY, «Jeremías», p. 141, estime pour sa part qu'il s'agit d'un jubilé spécial qui avait pour but de «conjurar el peligro de la sumisión». Parmi les chercheurs qui penchent en faveur de l'année sabbatique, certains tentent de dater l'année en question, ainsi N. SARNA, «Zedekiah's Emancipation of Slaves and the Sabbatical Year», in: H.A. Jr. HOFFNER (ed.), *Orient and Occident. Essays presented to Cyrus H. Gordon on the Occasion of his Sixty-fifth Birthday*, AOAT 22, Kevelaer – Neukirchen-Vluyn, 1973, pp. 143-149, en particulier p. 149, la situe en 588/587, tandis que I. CARDELLINI, *Die biblischen »Sklaven«-Gesetze im Lichte des keilschfiftlichen Sklavenrechts Ein Beitrag zur Tradition, Überlieferung and Redaktion der alttestamentlichen Rechtstexte*, BBB 55, Bonn, 1981, p. 322, estime qu'elle a eu lieu en 590/589.

c. Entre péché et promesse: le sort de la ville

Dans les chapitres 32–33

Après avoir évoqué l'apostasie du peuple, le Seigneur évoque longuement le sort de la ville (v. 36-44) que Jérémie avait déjà mentionné (v. 24). Ces versets amorcent le début du chapitre 33, en particulier les versets 4-11[121]. À l'horizon des deux passages, se trouve le sort du peuple, et au centre, celui de la ville, évoqué de part et d'autre d'abord négativement – elle sera détruite et vouée à l'épée –, ensuite positivement – la ville sera restaurée. Cependant, la restauration est évoquée à travers des comparaisons différentes. Au chapitre 32, l'image du rachat est reprise sur base de l'action prophétique que Jérémie raconte aux versets 6-15. YHWH dit qu'après le retour dans le pays, il sera à nouveau possible d'acheter des terres, chose essentielle pour un peuple sédentaire. L'image utilisée pour le retour au chapitre 33 est un peu différente. Aux versets 4-11, YHWH parle des chants festifs et joyeux qui se feront entendre à nouveau. Les deux images indiquent, chacune à leur manière, la joie du retour et de la reconstruction, bien que le passage du chapitre 33, comme le souligne Ferry, ait des accents cultuels plus nets en présentant la restauration en termes de guérison, de purification et de pardon[122].

La punition

La thématique du refus d'écouter qui, pour Jérémie et pour Dieu, constitue la faute essentielle du peuple, celle qui conduit à toutes les autres (voir 32,23.33), est très présente dans la suite du récit, surtout en lien avec la désobéissance du peuple et avec sa punition. C'est donc tout naturellement que le vocabulaire lié à l'écoute[123] est utilisé dans le chapitre 32, mais aussi dans la suite du récit.

---

121 Pour une mise en parallèle des deux passages, voir FERRY, «"Je restaurerai"», pp. 71-72. Il en ressort que, dans chacun des deux passages, on trouve des éléments communs: une formule du messager (32,36 et 33,4), qui sera reprise plus loin (32,42 et 33,10); la catastrophe (32,36 et 33,4-5); l'annonce du salut (32,37-41 et 33,6-9); la description de la situation future (32,42-44 et 33,10-11) et enfin une conclusion affirmant la restauration par le Seigneur (32,44 et 33,11).

122 Cf. FERRY, «"Je restaurerai"», p. 75.

123 Sauf erreur, sur les 189 usages de la racine שמע dans Jr, près d'un tiers (54) se trouvent dans les chap. 32–45. Parmi ceux-ci, certains font spécifiquement le lien entre la non-écoute et le péché ou l'obstination du peuple. Voir, par ex., 32,23.33-35; 35,15; 40,3; 44,5, mais aussi 3,13-14.25; 5,21-22; 7,24-28; 9,12-13; 11,8; 13,10; 17,23; 25,7.

À côté de cette thématique, la punition est évoquée au chapitre 32 par des verbes, des expressions et des substantifs. Parmi les verbes qui annoncent le châtiment, on trouve massivement les verbes «prendre»[124], surtout dans le sens de «prendre (לכד) la ville» (32,3.24.28; 34,22; 37,8; 38,3.28[2x]) et «donner»[125], surtout dans l'expression «donner dans la main de»[126]. Dans le cas précis, il s'agit de la main des Chaldéens ou de Nabuchodonosor, et l'expression vise la défaite du peuple et donc son châtiment (voir 32,3.24.28-29a.36.43). Parmi les verbes qui indiquent le châtiment, il faut encore citer le verbe «brûler»[127], absent dans la parole

---

124 La racine לקח se trouve, sauf erreur, 65 fois dans Jr dont 31 dans les chap. 32–45. Mais ce verbe, utilisé de manière assez large en Jr (essentiellement, il s'agit de prendre un objet [par ex. 13,4.6.7; 25,15.17.28; 28,10; *32,11.14; 36,2.14*{2x}.*21*{2x}.*28.32; 43,9. 10*; 49,29; 51,26; 52,18.19]; une personne pour l'emmener d'un lieu à un autre [*35,3; 37,17; 38,6.10.11.14; 39,5.14*; 52,24.25.26]; prendre soin de quelqu'un [15,15; *39,12; 40,1.2; 41,16; 43,5; 44,12*]) ne connote pas particulièrement la punition, comme c'est le cas pour la racine לכד, si ce n'est peut-être dans le cas où il invite à «prendre une leçon» (2,30; 5,3; 7,28; 17,23; *32,33; 35,13*).

125 Sauf erreur, sur les 145 usages de la racine נתן dans Jr, 47 se trouvent dans les chap. 32–45. À côté de l'usage commun, donner quelque chose à quelqu'un (cf. *32,12. 16; 35,5; 36,32; 40,5*; 52,34), ce verbe recouvre de nombreuses significations. C'est le verbe qui indique que Jérémie est établi comme prophète (cf. 1,5); on peut donner de la voix (cf. 2,15; 4,16; 12,8; 22,20; 25,30; 48,34), donner la rétribution (cf. 17,10; *32,19*). L'utilisation la plus fréquente est celle de «donner» au sens de «livrer» – ce qui connote le châtiment – une personne – le plus souvent le roi ou Jérémie – (cf. 20,2; 21,7; *32,4; 34,3.18.20.21; 37,4.15 17.18.21; 38,7.19.20; 43,3; 44,30*[2x]; 46,26; 52,11), la ville, le peuple ou une nation aux ennemis (cf. 8,13; 12,7; 20,4.5; 21,10; 22,25; 27,6; *32,3.24.25. 28.36.43; 34,2.22; 38,3.18* pour la ville, le pays ou le peuple; 30,16; 46,24 pour d'autres peuples), à la famine, à l'épée, à la peste ou au pillage (15,9.13; 17,3; 18,21; 19,7; 24,10; 25,31; 29,17; *34,17*). En ce qui concerne le sens propre de ce verbe, «donner», le don peut être positif, par ex.: la terre (cf. 3,19; 7,7; 11,5; 16,15; 25,5; 30,3; *32,22*[2x]; *35,15; 39,10*), la ville (cf. 23,39), des paroles, des enseignements ou des décrets (cf. 1,9; 9,12; 26,4.15; 31,33; *44,10*), la prospérité (cf. 14,13; 13,20; 17,4; 22,13), l'intelligence (cf. 24,7), un avenir, la vie ou une alliance (cf. 29,11; *32,29.40; 38,16; 45,5*), ou négatif, par ex.: un acte de divorce (cf. 3,8), des obstacles (cf. 6,21). Enfin, le peuple peut être «donné» comme exemple de malédiction (cf. 15,4; 24,9; 25,18; 26,6; 29,18). Cette liste ne se veut pas exhaustive mais représentative des différents usages du verbe dans Jr.

126 Cette expression se retrouve en 20,4.5; 21,7.10; 22,25; 27,6; 29,21; *32,3.4.24.25.28.36.43; 34,2.3.20.21; 37,17; 38,3.18.19; 39,17; 44,30*. Son utilisation dans le récit est donc significative.

127 Dans Jr, le verbe שרף apparaît 23 fois, dont 17 occurrences sont accompagnées du substantif אש (voir *infra*, n. 129). Dans les chap. 32–45, שרף se trouve 17 fois, dont 14 avec «feu». Sédécias est sujet du verbe en 38,23; les Chaldéens en sont 6 fois sujets (32,29; 34,22; 37,8.10; 38,18; 39,8) et Nabuchodonosor en 34,2 et, par l'intermédiaire de YHWH, en 43,12.13. La ville, quant à elle est 8 fois l'objet du verbe (32,29; 34,2.22; 37,8.10; 38,17.18.23); les maisons de la ville en sont l'objet ici et en 39,8; enfin, les temples des dieux de l'Égypte en son l'objet en 43,12.13. Le même verbe שרף se retrouve massivement à la fin du chap. 36 (v. 25.27.28.29.32) avec Joaqim comme sujet et le rouleau comme objet. Dans les chap. 32–45 le peuple est 11 fois sujet du verbe קטר (32,29; 44,3.5.8.15.17.18.19.21.23.25), utilisé 21 fois en Jr. Il se retrouve également

de Jérémie du chapitre 32, mais que l'on rencontre plus loin dans le même chapitre, dans le discours de YHWH (v. 29).

À côté des verbes, on trouve également des expressions ou des substantifs. Ainsi, l'expression «faire venir le malheur (רעה)» (v. 42) indique la volonté de Dieu de punir son peuple. La punition est encore évoquée par les trois éléments liés au châtiment que sont l'«épée», la «famine» et la «peste». Ces trois éléments mortifères, on l'a vu, se trouvent massivement dans la section étudiée[128], et ce n'est guère étonnant puisque cette partie raconte la réalisation de la «promesse» faite au peuple impénitent (voir 32,24.36; 34,17; 38,2; 42,17.22; 44,13).

Fort présent dès le chapitre 32, ce vocabulaire du châtiment se retrouve massivement dans la suite. Ainsi, l'écoute ou la non-écoute feront l'objet des chapitres 34, 35 et 36. L'expression «donner dans la main de» annoncera la punition et en montrera la réalisation (voir 34,18.20-22; 39,1-9). «Faire venir le malheur» sera repris lors de la mise en évidence de l'espoir déçu de Dieu en 36,31, mais également en 39,16 et 40,2-3. Le fait que la ville sera incendiée est souligné dans tous les chapitres du bloc en prose, excepté 33 et 35[129].

Il faut enfin noter que, en finale, après la rappel de la punition de Jérusalem (44,20, voir 32,23-24.33-35 et chap. 39), le châtiment est confirmé pour ceux qui, en Égypte, persisteront dans leur refus d'écouter (43,9-13; 44,27-30).

La restauration

L'élément autour duquel tourne le récit de Jérémie au chapitre 32 est le champ situé à Anatôt, en Benjamin. Il s'agit là du pays d'origine du prophète, et, plus loin dans le récit, il cherchera à s'y rendre. En 37,12, en effet, Jérémie est arrêté alors qu'il sort de Jérusalem pour aller en Benjamin, «pour participer à un partage au milieu du peuple». Cette démarche est-elle liée à l'achat de la parcelle familiale? Le narrateur n'en dit rien, mais il indique que le départ de Jérémie en 37,12 est lié à un partage familial alors que, en 32, il ne doit pas se déplacer pour

en 33,18 où, contrairement au peuple qui fait brûler des offrandes à Baal dans les passages mentionnés, ce sont les prêtres qui brûlent des offrandes à YHWH. L'entêtement du peuple, qui continue à brûler les offrandes aux dieux étrangers malgré la punition du feu, entraînera la destruction par le feu des temples des dieux de l'Égypte où le peuple croira trouver refuge (43,12.13 et 44,26-30).

128 Pour les occurrences de ces trois substantifs ensemble en Jr, cf. *supra*, n. 64, p. 68.

129 L'expression שרף באש se trouve en 7,31; 19,5; 21,10; *32,29*; *34,2.22*; *36,32*; *37,8.10*; *38,17.18.23*; *39,8*; *43,13*; 51,32; 52,13. Les 10 occurrences dont les références sont en *italique* se trouvent dans la section étudiée; à 8 reprises, références *soulignées*, il s'agit de la ville de Jérusalem.

acheter le champ de son cousin, ce dernier venant le voir dans la cour de la garde[130].

Dans la dynamique de l'épisode initial, ce champ d'Anatôt représente le bonheur du retour après l'exil, explicité pour la première fois en 32,15, et repris ensuite par YHWH à la fin de sa réponse au prophète (v. 42-44). Le verset 15 exprime l'espoir de retour et de restauration: «Car ainsi dit YHWH Sabaoth Dieu d'Israël: "Encore seront achetés des maisons et des champs et des vignes dans ce pays"». La série significative maison, champ et vignes, est reprise clairement en 35,7 et 9 pour souligner l'obeissance des Récabites:

> [7]Et *maison* vous ne bâtirez pas et semence vous ne sèmerez pas et *vigne* vous ne planterez pas et il n'y (en) aura pas pour vous, car dans des tentes vous habiterez tous vos jours, afin que vous viviez des jours nombreux sur la face de la terre où vous résiderez. [...] [9]en ne bâtissant pas de *maisons* pour que nous habitions, et *vigne* et *champ* et semence (qu')il n'y (en ait) aura pas pour nous.

Un élément frappe dans ce rapprochement. Les Récabites sont invités à ne pas posséder de terre, et c'est cela qui leur vaut la vie. Par contre, pour Israël, la promesse de vie est signifiée par le rachat d'un lopin de terre, symbole de la restauration, du retour. La paix d'Israël et des fils de Récab se concrétise dans deux modes de vie opposés, à savoir la sédentarité et le nomadisme. Cependant, elle se réalise par le même moyen: l'écoute d'une parole autorisée. Et tandis que les Récabites se caractérisent par une fidélité à toute épreuve, même lorsque, contraints et forcés, ils s'installent à Jérusalem (35,10-11), la non-écoute de la parole aboutit pour Israël à la déportation, sorte de nomadisme forcé, puisqu'elle implique la déportation du peuple vers un autre lieu que celui où se trouvent ses maisons. À cela, il faut ajouter que le scénario de non-écoute qui a lieu avec le roi se reproduit ensuite avec le peuple (chap. 42–44), bien que des signes clairs de restauration lui aient été donnés après la prise de la ville comme l'indiquent, en 39,10, le don de

130 Pour certains commentateurs, ce voyage de Jérémie en Benjamin est en lien avec la transaction du chap. 32. Voir par ex. VOLZ, *Jeremia*, p. 333; RUDOLPH, *Jeremia*, p. 203; WEISER, *Jeremia 25,15–52,34*, p. 333 et n. 4, pour qui ce voyage se rapporte à une transaction qui prépare celle de 32; HOLLADAY, *Jeremiah* 2, pp. 287-288; BRUEGGEMANN, *Exile and Homecoming*, p. 357. Pour sa part, BRIGHT, *Jeremiah*, p. 233, estime qu'il s'agit d'une reprise de cet achat. CARROLL, *Jeremiah*, p. 675, dit que les raisons du voyage ne sont pas claires mais qu'elles pourraient être l'achat du champ. L'ambiguïté du verbe לחלק ne permet pas de trancher la question de savoir s'il s'agit d'une division de terrain dans un cadre privé comme l'estime, par ex., DUHM, *Jeremia*, p. 299, ou d'une transaction publique, voir par ex. F. GIESEBRECHT, *Das Buch Jeremia*, HK III/2, Göttingen, 1907, pp. 202-203. Il y a enfin ceux qui excluent tout rapport entre les deux épisodes, étant donné que Jérémie est emprisonné en 32 et libre en 37. Ainsi, par ex. NICHOLSON, *Jeremiah 26–52*, p. 116.

vergers et de champs, et en 40,12, la récolte abondante de vin et de fruits.

Les analyses qui précèdent montrent comment le chapitre 32 annonce plusieurs thématiques et enjeux de la suite du récit. Cela confirme son caractère d'en-tête de la section en prose 32–45. Dans ce sens, s'il est la porte d'entrée du récit qu'il introduit, il devrait également proposer au lecteur un «contrat de lecture». C'est à l'exploration de cette question qu'il faut s'intéresser à présent.

IV. Jr 32 comme «contrat de lecture»

1. Introduction: qu'est-ce qu'un «contrat de lecture»

On l'a vu, tout en étant dans une certaine continuité avec ce qui précède, le chapitre 32 se distingue du «livret de la consolation». Trois éléments soulignent la distance: la formule conclusive de 31,40, le passage à la prose et l'introduction narrative des versets 1-5, qui fournit les données essentielles pour situer la nouvelle histoire qui commence. Or, si une nouvelle histoire commence, il faut se poser la question du «contrat de lecture» que le narrateur instaure: quels sont la position et le rôle qu'il assigne au lecteur dans ce récit en introduisant les événements tournant autour de la prise de la ville, de l'exil et de la fuite en Égypte. En effet, lorsqu'un récit commence, un contrat tacite s'établit entre celui qui raconte et celui qui écoute le récit ou le lit[131].

Dans ce paragraphe seront mis en valeur certains éléments qui ont fait surface tout au long de la lecture du chapitre 32: l'enchaînement des trois paroles; la place occupée par le narrateur; l'interaction de Jérémie avec le narrateur et le lecteur, mais aussi avec les personnages du récit; la position et le rôle du lecteur. La reprise de ces éléments aidera à dégager le contrat de lecture préparant le lecteur à aborder la suite du récit. Mais avant cela, il est utile d'expliquer brièvement ce qu'on entend par «contrat de lecture» en analyse narrative.

Le contrat de lecture est une règle tacite mais fondamentale qui s'établit entre le narrateur et le lecteur. Dans une conférence donnée à Harvard, Umberto Eco explique que

131 Y. Amit, *Reading Biblical Narratives. Literary Criticism and the Hebrew Bible*, Minneapolis, 2001, p. 38, qui souligne en suivant Amos Oz que «any beginning of a story is always a kind of contract between writer and reader».

> «la règle fondamentale pour aborder un texte narratif, c'est que le lecteur accepte, tacitement, un *pacte fictionnel* avec l'auteur, ce que Coleridge appelait "la suspension de l'incrédulité". Le lecteur doit savoir que ce qui lui est raconté est une histoire imaginaire, sans pour autant penser que l'auteur dit un mensonge. Simplement, comme l'a dit Searle, l'auteur *fait semblant* de faire une affirmation vraie. Nous acceptons le pacte fictionnel et nous faisons semblant que ce qui nous est raconté s'est réellement passé»[132].

Si Eco ne s'intéresse ici qu'à des histoires de fiction, ses remarques peuvent également s'appliquer à des récits qui ne sont pas de la fiction. Ainsi, elles sont pertinentes aussi pour l'historiographie qui comporte une part de «mise en scène» que le lecteur doit accepter. On complétera, en disant avec Jean Louis Ska que ce contrat, où le narrateur indique les conventions nécessaires à la compréhension de son récit, prend souvent forme dans l'exposition[133].

Le «contrat de lecture» plus spécifiquement biblique est explicité par Yairah Amit[134]. À la suite du romancier israélien Amos Oz, elle répertorie quatre types de «contrats de lecture» que l'on retrouve dans la Bible, parfois de manière combinée. Il y a tout d'abord le contrat secret entre le narrateur et le lecteur, qui s'établit à l'insu du protagoniste. Elle en donne comme exemple le récit de l'apparition à Mamré (Gn 18,1-16), où, au verset 1, le narrateur précise pour le lecteur que ce qu'il va lire est un récit de révélation divine alors que le personnage ne le sait pas[135]. En deuxième lieu, il y a le contrat «piège» pour le lecteur. Par exemple, l'histoire d'Amnon et Tamar (2 S 13,1-29) commence comme une banale histoire d'amour, qui se complique puisque les deux personnages sont frère et sœur (v. 1-2). Mais en fait il s'agit d'une histoire de viol, à laquelle le lecteur ne s'attend pas du tout. Il est donc piégé par le début de l'histoire qui oriente son attente de manière à le surprendre ensuite[136]. Dans le troisième type de «contrat de lecture», qu'elle appelle «dur» (*harsh*), le lecteur est averti de la dureté de ce qu'il va lire[137]. C'est le cas pour le récit de l'annonce de la mort d'Absalom à

---

132 U. ECO, *Sei passeggiate nei boschi narrativi. Harvard University, Norton Lectures 1992-1993*, Tascabili Bompiani. Saggi 59, Milano, 2000, pp. 91-92. Je traduis. En soulignant cela, je ne prétends pas que tout est faux ou imaginaire dans le récit biblique qui nous occupe. J'entends seulement souligner que tout texte, narratif ou autre, comporte un «contrat de lecture» auquel peut s'appliquer cette définition de Eco et qu'il faut l'assumer afin que le récit fasse sens.

133 Cf. SKA, *«Our Fathers Have Told Us»*, pp. 21-22.

134 AMIT, *Reading Biblical Narratives*, pp. 38-45.

135 AMIT, *Reading Biblical Narratives*, pp. 38-39.

136 AMIT, *Reading Biblical Narratives*, pp. 39-40.

137 AMIT, *Reading Biblical Narratives*, p. 40, citant A. Oz: «Sometimes we are confronted with a harsh opening contract, almost forbidding, which warns the reader right from

David (2 S 18,18–19,1), où la joie d'Ahimaaç pour la victoire sur celui qu'il croit être le grand ennemi de David fait attendre le pire au lecteur qui connaît l'attachement de David pour son fils Absalom[138]. Enfin, il y a le «contrat philosophique» qui consiste en une réflexion du narrateur sur le «monde» qu'il va raconter. Ainsi, le chapitre 2 de la Genèse offre une réflexion sur l'existence humaine qui sert de contrat de lecture pour la suite du drame de l'Éden (Gn 3)[139].

Le «contrat» qui s'établit entre narrateur et lecteur au chapitre 32, est un mélange du premier type et du quatrième. Voyons comment.

2. L'enchaînement des paroles: le contrat secret entre narrateur et lecteur

Le contenu n'est pas l'unique élément qui donne sens à un récit. La forme que le narrateur lui donne est aussi importante, sinon plus. Pour faire rire avec une histoire amusante, il faut être un bon narrateur, sous peine de laisser son auditoire de marbre. Aussi, le narrateur, pour être efficace, doit-il déployer une stratégie en vue de produire un effet. Un récit interrogera donc le lecteur tant par le contenu que par la forme qui lui est donnée. C'est le cas en Jr 32, un chapitre qui pose question au lecteur avant tout au niveau de l'enchaînement des trois paroles qui le composent – celle du roi, celle de Jérémie et celle de YHWH –, enchaînement qui, on l'a vu, semble illogique si l'on aborde les choses d'un point de vue chronologique, mais aussi si l'on envisage, au niveau narratif, les réponses données aux questions posées. Quel est donc l'effet produit par un tel agencement des trois paroles?

On l'a vu, dès le départ, deux difficultés majeures se posent au lecteur. Il y a tout d'abord le problème évident du récit de Jérémie qui n'a apparemment rien à voir avec la question du roi à laquelle il semble répondre[140]. Il y a ensuite un problème caché, d'ordre chronologique cette fois, la parole du roi étant en réalité postérieure à celle de Jérémie.

Ainsi, une énigme est lancée d'emblée au lecteur: celui-ci est visé en premier lieu et doit à son tour questionner pour comprendre. En acco-

---

the outset: Tickets are very expensive here. If you feel you cannot afford a tough advance payment, you'd better not even try to get in. No concessions and no discounts are to be expected».

138 AMIT, *Reading Biblical Narratives*, pp. 39-41.

139 AMIT, *Reading Biblical Narratives*, pp. 41-45.

140 Sauf à croire que les cinq premiers versets du chap. 32 ne sont que l'introduction au récit de Jérémie. C'est ce que pensent nombre de commentateurs (cf. *supra*, n. 7, p. 41-42) qui, dès lors, ne s'intéressent pas à l'effet produit sur le lecteur par l'accolement de ces deux paroles.

lant ces deux paroles, le narrateur envoie un message paradoxal à son lecteur, comme s'il voulait l'avertir au moment où il entre dans le récit[141]. L'énigme posée par l'enchaînement des versets 1-5 et 6-15 pourrait faire partie du contrat de lecture implicite, un contrat du premier type, passé à l'insu des personnages et par lequel le narrateur invite indirectement le lecteur à s'interroger sur la façon de lire le récit qui commence. Ce contrat tacite peut être explicité de la sorte: «Attends-toi à lire un récit déroutant, où les éléments ne sont pas forcément présentés dans l'ordre attendu et qui donc te pousseront à t'interroger pour aller au-delà des curiosités – notamment chronologiques – du récit».

Cependant, si le récit de Jérémie ne répond pas vraiment à la question du roi, on a vu qu'il le fait d'une autre manière. Contrairement au roi, en effet, Jérémie ne parle pas du tout de la punition dans son histoire. À la question-reproche du roi concernant l'oracle annonçant la punition, le prophète oppose une histoire qui annonce mystérieusement un au-delà de la punition. Jérémie ne répond donc pas mais déplace la prophétie. Ce n'est qu'à la fin de la prière, en particulier au verset 23, qui résume la faute du peuple, qu'il justifie en quelque sorte les oracles de malheur prononcés contre le peuple lui-même. Mais l'étonnement du prophète relance la dynamique, car la parole de YHWH n'y répond pas d'emblée, mais seulement en finale.

Ainsi, au fil de sa lecture, le lecteur est confronté à deux déplacements de perspective: entre la première parole et la deuxième, puis entre la deuxième et la troisième. À travers ces déplacements, le récit le fait passer par paliers de la non connaissance à la connaissance, dans un processus d'*anagnorisis*: il assume d'abord la position[142] du roi qui

---

141 Comme le montre ECO, *Sei passeggiate*, p. 54 à propos du *Sylvie* de Gérard de Nerval, il n'est pas nécessaire que l'auteur réel sache «di aver costruito questo meccanismo narrativo prodigioso. Ma le leggi di quel meccanismo sono nel testo, davanti ai nostri occhi». Dans le même sens, PELLETIER, *D'âge en âge*, p. 57: «le sens d'un texte dépasse toujours ce que ses mots disent ou ce que son auteur a voulu dire: "[...] *par le fait même de comprendre*, on comprend autrement", affirme Gadamer». Toujours en suivant Gadamer, que Pelletier cite à la même page, n. 14, l'auteur affirme que «Le sens d'un texte dépasse son auteur, non pas occasionnellement, mais toujours. C'est pourquoi la compréhension est une attitude non pas uniquement reproductive, mais aussi et toujours productive». Il revient donc au lecteur d'explorer le mécanisme présent dans le texte afin qu'il ne demeure pas lettre morte mais produise du sens.

142 Le lecteur peut se trouver dans trois positions, qui dépendent des informations qu'il détient sur le récit. Il peut en savoir plus que le(s) personnage(s), dans le cas où le narrateur lui fournit une série d'éléments que le personnage ne connaît pas encore. Il peut en savoir moins que le(s) personnage(s), lorsque le narrateur lui fait découvrir pas à pas des éléments que le personnage connaît déjà, ce qui donne le plus souvent un sentiment de frustration au lecteur. Enfin le lecteur et le(s) personnage(s) peuvent être sur le même plan et recevoir en même temps les clés nécessaires à la compré-

attend une réponse explicative de Jérémie, puis celle de ce dernier qui s'adresse à YHWH pour qu'il éclaire ses étonnements[143]. Enfin, il entend, comme Jérémie, le point de vue du Seigneur qui vient donner la clef du mystère.

Ce changement de position du lecteur au fil du récit donne d'autres éléments du «contrat». À l'intérieur même du récit, en effet, le lecteur a un guide fiable: le narrateur lui-même qui, tout en lui imposant des déplacements étonnants, le mène pas à pas, mais jusqu'au bout, dans la compréhension du mystère. En ce sens, le verset 26 introduisant la parole de YHWH est intéressant. Ici, en effet, le narrateur reprend le fil de la narration pour rendre la parole au Seigneur, qui va expliciter lui-même les aspects cachés de son ordre à Jérémie. Contrairement à ce que pensent certains, la parole de YHWH est donc la bienvenue à cet endroit[144]. Ici, la comparaison avec la LXX est intéressante pour mettre en évidence une des caractéristiques du TM[145]. En gardant la première personne du récit autobiographique pour introduire la réponse divine (πρός με pour אל־ירמיה), la LXX choisit explicitement de prolonger le récit de Jérémie, en sorte que le(s) auditeur(s) de ce récit, les personnages intradiégétiques, est (sont) rendu(s) témoin(s) par le prophète de la

hension. À ce propos, cf. SKA, «*Our Fathers Have Told Us*», pp. 54-56. Voir aussi SKA, SONNET, WÉNIN, *L'analyse narrative*, p. 22.

143 La position de Jérémie et du lecteur évoluent dans le récit. Le seul qui semble ne pas bouger est le roi. Dès lors, un des enjeux de la suite ne serait-il pas de savoir si le roi évoluera, s'il acceptera ou non la parole de YHWH annoncée par le prophète et s'il invitera le peuple à faire de même?

144 Ce n'est pas l'avis de CONDAMIN, *Jérémie*, pp. 249-250, qui estime à propos des v. 17-23, que «l'ensemble forme un discours qui n'est guère en situation». De même, à propos des v. 28-35, il s'appuie sur Peake pour affirmer que «ce morceau, en grande partie, répond mal à la situation. Il annonce que Iahvé a l'intention de détruire Jérusalem, à cause des péchés du peuple commis dès l'origine. Mais c'était là depuis longtemps le thème de la prédication de Jérémie… Comment, en réponse à une demande d'explication sur l'achat du champ, Iahvé communique-t-il au prophète ce que celui-ci avait coutume de dire depuis bien des années, et encore dans les mêmes termes?»

145 Je ne m'intéresse ici qu'à l'introduction de la parole de YHWH pour souligner la portée différente d'une telle introduction dans les deux éditions de Jr et son importance d'un point de vue narratif. Pour une étude comparative complète de ce chap. dans la version de la LXX et dans celle du TM, voir P.-M. BOGAERT, «Les documents placés dans une jarre: texte court et texte long de Jer 32 (LXX 39)», in: G. DORIVAL, O. MUNNICH (eds), *ΚΑΤΑ ΤΟΥΣ Ο'*: *Selon les Septante. Trente études sur la Bible grecque des Septante. En hommage à Marguerite Harl*, Paris, 1995, pp. 53-77. Voir aussi la thèse récente de A.G. SHEAD, *The Open Book and the Sealed Book. Jeremiah 32 in its Hebrew and Greek Recensions*, JSOTS 347; The Hebrew Bible and its Versions 3, Sheffield, 2002, et l'article qui en a été tiré, publié quelques années plus tôt, ID., «Jeremiah 32 in Its Hebrew and Greek Recensions», *TynB* 50 (1999), pp. 318-320.

parole qu'il a reçue[146]. Par contre, le TM introduit une coupure dans le récit de Jérémie, le narrateur reprenant le récit pour introduire lui-même la parole de YHWH[147]. De la sorte, le lecteur entend avec Jérémie quel est le projet de Dieu, et ils sont les seuls dans le cas, à l'exclusion des autres personnages du récit. Le lecteur aborde donc la suite avec une longueur d'avance par rapport à ces personnages qui ne savent pas que la punition imminente prélude à une restauration future.

Cette différence n'est pas sans incidence sur un plan narratif. En effet, au verset 6, le narrateur fiable et omniscient laisse la parole à Jérémie pour qu'il puisse raconter lui-même un épisode qu'il a vécu et qui l'a surpris. Le narrateur installe ainsi le prophète à sa propre place, celle du narrateur fiable[148]. De la sorte, il invite implicitement le lecteur à faire confiance à ce que Jérémie va lui raconter. Dans ce sens, la reprise du récit par le narrateur qui introduit le discours de YHWH au verset 26TM indique clairement que, si Jérémie en sait plus que le lecteur par rapport à sa propre histoire, à ce qu'il peut lui-même constater, à sa propre expérience, il n'est pourtant pas omniscient. Il ne l'est pas, en tout cas, par rapport à l'action et aux motivations de YHWH. Cela n'a rien d'étonnant. Qui peut connaître, en effet, la pensée de YHWH? De plus, dans le récit biblique, seul le narrateur omniscient sait ce que le «personnage YHWH» va dire ou faire dans son histoire.

Ainsi, dans le contrat secret passé entre narrateur et lecteur, Jérémie apparaît comme un guide fiable qui reste pourtant proche du lecteur. Dieu, quant à lui, est celui qui connaît le fin mot de l'histoire: s'il punit

---

146 Cette observation augmente le contraste entre TM et LXX à cet endroit. Ces deux versions deviennent donc incompatibles sur ce point, puisque dans la LXX, Jérémie englobe dans son récit la réponse qu'il reçoit du Seigneur, ce qui signifie que le roi – s'il est le seul auditeur – ou tout ceux qui se trouvent dans la cour de la garde sont mis au courant du projet de YHWH pour l'avenir. Dans le TM, par contre, seuls Jérémie et le lecteur ont accès au projet de Dieu.

147 Malheureusement, les commentaires classiques gomment cette différence en corrigeant la leçon du TM par celle de la LXX. C'est le cas, par ex., de DUHM, *Jeremia*, p. 291; CONDAMIN, *Jérémie*, p. 243; VOLZ, *Jeremia*, p. 300; RUDOLPH, *Jeremia*, p. 210; STEINMANN, *Jérémie*, p. 232; BRIGHT, *Jeremiah*, p. 289; WEISER, *Jeremia 25,15–52,34*, p. 291; HOLLADAY, *Jeremiah 2*, p. 205. D'autres ne changent pas, comme par ex. FREEDMAN, *Jeremiah*, p. 220; NICHOLSON, *Jeremiah 26–52*, p. 80; ALONSO SCHÖKEL, SICRE DIAZ, «Jeremías», p. 567; THOMPSON, *Jeremiah*, p. 592; FEINBERG, *Jeremiah*, p. 229; CARROLL, *Jeremiah*, p. 629; KEOWN, SCALISE, SMOTHERS, *Jeremiah 26–52*, p. 142; MCKANE, *Jeremiah* 2, p. 846. Entre les deux positions, certains ne corrigent pas le texte dans leur traduction, mais englobent les v. 26-44 dans la prière de Jérémie. C'est le cas, par ex. de BOADT. *Jeremiah 26–52*, pp. 63-66.

148 S'il est fiable, Jérémie n'est pas pour autant omniscient. Le récit souligne cela par l'incompréhension que le prophète vit. Je reviendrai sur les récits que fait Jérémie en tant que narrateur intradiégétique, cf. *infra*, pp. 272-276.

le peuple comme tout bon pédagogue le ferait, cela ne signifie pas qu'il cesse d'aimer Israël[149].

3. Le champ d'Anatôt et les paroles d'espérance: le contrat «philosophique»

Le récit de Jérémie concerne une parole de YHWH à propos de l'achat d'un lopin de terre. En faisant raconter par Jérémie sa propre histoire, le narrateur se sert de lui pour détourner l'attention du lecteur, de manière insolite et inattendue, de la question qui vient d'être posée vers d'autres éléments qui s'éloignent manifestement de la question du roi (v. 4-5)[150]. Mais le récit pose de nombreuses questions au lecteur. Que signifie cet achat, alors que les Chaldéens sont là, qu'Anatôt est certainement déjà envahi par l'ennemi[151] et que le prophète annonce exil et destruction? Que signifie acheter un champ dans un village qui a été maudit avec ses habitants au chapitre 11 suite à la volonté de ceux-ci de mettre à mort Jérémie[152], d'autant que ce champ deviendra le signe de l'espoir?

C'est ici qu'entre en jeu l'aspect «philosophique» du contrat de lecture. Il semble en effet que l'idéal pour le narrateur ne soit pas que le peuple vive en exil mais dans la terre que YHWH a donnée à ses pères. C'est probablement la raison pour laquelle le champ d'Anatôt prend tellement d'importance dans ce récit, la raison aussi pour laquelle le récit et la prière de Jérémie sont prolongés par une parole de YHWH qui, après avoir parlé du châtiment, annonce la restauration du peuple en

149 C'est ce que dit aussi le chap. 33.

150 Certes, Sédécias évoque aussi le sort de la ville, mais cela est pratiquement éclipsé par l'ampleur que prend l'évocation de son propre sort (deux versets sur les trois de sa question). Sur la signification de cette visite et son interprétation par les commentateurs, voir le point de la question qu'en fait BEGG, «Yahwe's "visitation"».

151 Cf. *supra*, n. 28, p. 49.

152 Cette question, qui interpelle pourtant le lecteur, n'intéresse guère les chercheurs. CARROLL, *Jeremiah*, p. 621, rapproche les deux épisodes et se demande «If it had not been amicably solved, what likelihood was there that Jeremiah could ever make use of his piece of land among people who wished to kill him?» Cependant on peut raisonnablement se demander si le texte vise réellement l'utilisation de ce champ par le prophète. KEOWN, SCALISE, SMOTHERS, *Jeremiah 26–52*, p. 152, estiment qu'il s'agit ici pour Jérémie de rétablir la normalité dans les rapports familiaux, qu'il avait interrompus suite à l'épisode du chap. 11 et à l'ordre de Dieu du chap. 16, pour signifier la brisure des rapports entre le Seigneur et son peuple. Ils ajoutent: «If the redemption purchase of his cousin's field is seen as one step toward his restoration to normal family life then Jeremiah is again "living ahead of time," experiencing in advance what is in store for God's people».

insistant sur la présence des témoins qui, aux quatre coins de l'horizon, en annonceront la possibilité.

Le champ et les paroles de YHWH sont donc essentiels pour le lecteur. En effet, grâce à l'acte accompli par Jérémie et aux paroles de YHWH qui l'accompagnent, le lecteur peut aborder la suite avec un certain regard. Il connaît le projet de Dieu et ne se laissera pas enfermer dans le désarroi, voire le désespoir, où pourrait le plonger la suite du récit. Cette suite est noire, en effet, car le peuple, loin d'échapper à la punition, s'y enfoncera toujours plus. Pourtant, grâce à ce chapitre initial de la section en prose, le lecteur peut continuer à espérer, et pourra donc relativiser la tragédie à laquelle il va assister; de plus, ce recul lui donnera également l'occasion d'en retirer certains enseignements. Données à lire sur l'arrière-fond de la promesse de restauration et de retour, la fin de Jérusalem et la déportation du peuple sont pour ainsi dire redimensionnées.

Ce chapitre, qui ouvre le récit de la prise de Jérusalem et de sa destruction, mais aussi des causes de celles-ci, déploie donc une intrigue, comme tous les récits. Il s'agit cependant d'une intrigue un peu particulière, on l'a vu, celle d'une trame de révélation, tant pour Jérémie, le personnage principal, que pour le lecteur. Et il semble important pour le narrateur que ce récit intervienne avant celui des malheurs qui vont toucher le peuple, comme s'il fallait que le lecteur ait une vision claire des motivations profondes du Seigneur et qu'il sache ce qui se joue en profondeur dans l'histoire qu'il va lire: le malheur et la punition sont ordonnés en fin de compte à la restauration et au bonheur.

Il faut enfin ajouter à cela que, dans toute cette démarche, le narrateur ne laisse pas le lecteur seul, mais le flanque d'un guide fidèle et fiable, à qui dès le début il laisse raconter son histoire: il s'agit de Jérémie.

On l'a vu: au verset 6, le narrateur laisse la parole au prophète pour qu'il raconte lui-même ce qu'il a vécu[153]. Ainsi deux questions se posent. La première est de savoir pourquoi le narrateur laisse ainsi la parole à l'un des personnages de son histoire, et donc quelle stratégie narrative il met ainsi en œuvre dans son récit. La seconde est de savoir pourquoi cela arrive dès le début du nouveau récit. Car si le narrateur le fait dès le début du nouveau récit, c'est que, sans doute, c'est important pour le lecteur. Le narrateur considère-t-il Jérémie comme fiable au point de lui laisser la parole dès le début? C'est plausible. En tout cas, cela induit chez le lecteur le sentiment de la fiabilité de ce prophète, qui raconte une aventure qui lui est arrivée selon la parole que YHWH lui

153 Dans le bloc de chapitres analysés, cela arrivera une autre fois, au chap. 35.

avait communiquée. S'il en va ainsi pour cet épisode, le reste de sa prophétie est destiné à se réaliser de la même manière. Ainsi, en commençant son grand récit, le narrateur rappelle à sa manière ce que le début du livre affirmait d'emblée (voir 1,4-19), et déjà dans un récit en «je»: Jérémie est un vrai prophète. Jérémie est donc un personnage fiable, quoi qu'il en soit des critiques du roi et de son statut de prisonnier au début du récit[154].

4. Conclusion: Jr 32, exergue du récit

Le lecteur du chapitre 32 n'est pas mis en présence de trois discours juxtaposés; il est confronté à l'enchaînement de «deux "dialogues" paradoxaux où les réparties sont décalées par rapport à la parole et à la question à laquelle elles répondent»[155]. De plus, de manière implicite, le narrateur indique quel sera le contrat de lecture de l'ensemble. Il compte trois éléments importants.

Tout d'abord, le narrateur prévient d'emblée le lecteur de ce que son récit peut prendre une configuration étrange. Dérouté par l'organisation du premier chapitre, le lecteur apprend à accepter la forme particulière que pourra prendre l'histoire qu'il s'apprête à lire. Ce qu'il cherche ne se trouve pas nécessairement à l'endroit où il l'attend[156]. Il doit savoir prendre patience et attendre la fin du récit pour que les pièces du puzzle prennent place et fassent sens. On peut reprendre ici la remarque d'Amos Oz qui s'avère pertinente aussi pour Jérémie: «d'emblée le préambule nous invite à admettre l'incohérence comme inhérente aux composantes du récit»[157].

Deuxième élément, il faut noter que, dans ce chapitre 32, l'accent est mis sur la promesse de restauration. De la sorte, le narrateur invite le lecteur à replacer la suite du récit sur l'horizon plus large du salut annoncé. De ce fait, le lecteur – avec Jérémie – a une longueur d'avance

154 Nous reviendrons sur cet aspect lors de l'étude du personnage du prophète, cf. *infra*, pp. 272-276.

155 DI PEDE, «Jr 32, exergue du récit», p. 571.

156 Pour A. TABUCCHI, *Si sta facendo sempre più tardi. Romanzo in forma di lettere*, I Narratori, Milano, 2001, p. 226, la littérature a quelque chose de surprenant. Elle est inattendue comme «un fleuve karstique» qui disparaît sous terre, et dont on ne peut deviner le cours en observant seulement la surface.

157 A. OZ, *L'histoire commence*, Paris, 2002, p. 53 dit cela à propos de la nouvelle de Gogol, *Le nez*, mais elle peut tout aussi bien être appliquée à d'autres récits, comme par ex. à l'histoire de Samson, voir à ce propos J.-P. SONNET, «Samson, le "dernier" des juges. Une lecture narrative de Juges 13–16», *Graphé* 13 (2004), pp. 35-51, en particulier p. 39, et aussi, me semble-t-il, à Jr.

sur les personnages qui peuplent le récit[158]. Grâce à cette position particulière, il va pouvoir aborder la lecture de la suite avec un certain espoir quant à l'issue du drame, car il sait que YHWH désire la vie pour le peuple. En effet, malgré la catastrophe qui se prépare en vue d'éradiquer le péché, le retour est bien présent dans le dessein du Seigneur. Cet élément capital est souligné d'emblée, avant même que ne soit raconté le malheur qui va s'abattre sur Jérusalem et ses habitants. Pour le lecteur, cela change radicalement la perspective.

Le troisième et dernier aspect du contrat est tout aussi décisif pour le lecteur. Celui-ci en effet ne sera pas livré à lui-même au cours de sa lecture. En effet – comme dit Daniel Marguerat – «le narrateur, s'il veut être compris, va favoriser et guider ce travail du lecteur sans lequel le texte reste mort»[159]. Dans notre récit, dès les premières lignes, le narrateur flanque le lecteur d'un guide, le prophète Jérémie en personne. Très proche du lecteur, ce personnage l'aidera, par son action et ses paroles, à pénétrer l'agir paradoxal de son Dieu.

Au terme de sa lecture de Jr 32, le lecteur comprend qu'il est important de ne pas s'arrêter à la forme déroutante du récit, et donc de ne pas surestimer les problèmes que posent les décalages et la chronologie chaotique du récit. Ainsi, pour que la lecture devienne féconde, il y a des conditions: que le lecteur comprenne que le récit qu'il entame n'est pas aussi simple qu'il pourrait le croire ou l'espérer, et qu'il soit prêt dès lors à ne pas se laisser enfermer dans ses *a priori* vis-à-vis du texte. Car s'il peut poser ses questions au texte, il doit aussi se laisser questionner par ses paradoxes, ses surprises. Il faut donc qu'il cherche, au-delà des barrières formelles, le sens qui ressort de l'agencement donné aux événements par le narrateur. Cette leçon de lecture n'est certainement pas inutile en exergue d'un long récit dont on va voir combien il est complexe.

158 La position du lecteur est analogue à celle du prophète, mais n'est pas identique. Les décalages auxquels le lecteur est confronté, ces réponses inattendues, sont probablement une manière d'élargir la perspective de celui qui vient de parler – et du lecteur –, mais aussi de le mettre face à une énigme, dont le but premier est sans doute de détourner son attention du détail qui la focalise («*pourquoi prophétises-tu?*» v. 3; «*pourquoi acheter le champ?*» v. 25) tout en la centrant sur ce qui est réellement important et fondamental dans la parole et l'action du prophète et de YHWH. Le détail est significatif seulement sur l'arrière-plan global, chose valable également pour la suite. Au-delà de la guerre et du siège de la ville, fruits des fautes multiples du peuple, c'est le retour qui est annoncé, et la permanence de l'alliance et de l'amour de YHWH pour son peuple.

159 MARGUERAT, «Entrer dans le monde du récit», p. 10.

V. Conclusion – synthèse: l'importance du chapitre 32

Ce long détour par le chapitre 32 montre l'importance de celui-ci pour l'ensemble de la section en prose (chap. 32–45). Mais avant d'en percevoir toute la richesse, le lecteur est d'abord dérouté par ce qu'il lit, par l'agencement même du chapitre.

La première difficulté se situe au niveau du dialogue paradoxal entre les trois personnages du récit, Sédécias, Jérémie et YHWH. En effet, suite à la question du roi qui interroge Jérémie sur le pourquoi de sa prophétie, l'homme de Dieu enchaîne avec un récit inattendu, ne répondant pas directement à l'interrogation du roi. Dans sa manière de raconter, Jérémie est énigmatique. Cela augmente l'étonnement du lecteur qui ne comprend le sens de l'achat du champ qu'à la fin du récit de Jérémie (v. 14-15). Cet étonnement est relancé par la prière inattendue du prophète, suite à laquelle YHWH prend la parole pour dévoiler peu à peu le mystère. Ainsi, le lecteur peut comprendre la teneur du plan du Seigneur pour le futur du peuple. Loin de l'enfermer dans un présent apparemment sans issue, YHWH ouvre les horizons de ses auditeurs, les invitant ainsi à espérer en un futur de paix. C'est donc en arrivant à la fin du chapitre que le lecteur comprend le plan qui motive l'ordre de Dieu à Jérémie, mais cette compréhension se fait par étapes.

Le chapitre 32 s'avère donc construit de manière complexe. C'est cette complexité qui pousse le lecteur à se demander si le chapitre présente une unité et autour de quoi elle se noue. De plus, il s'interroge aussi sur le but d'une composition aussi complexe, question où se joue un aspect essentiel de la lecture: le contrat qui se noue entre le narrateur et le lecteur en vue de la pleine compréhension du récit. Ainsi, aussi disparate qu'il semble être à première vue, le chapitre 32 n'en présente pas moins une très forte unité nouée autour de deux éléments en tension: le malheur présent et la restauration future. De la sorte, l'unité du chapitre met en évidence un élément essentiel du contrat de lecture de l'ensemble du récit des chapitres 32–45: le paradoxe. Celui-ci touche tant l'agir de YHWH que l'agencement même des trois paroles du récit du chapitre 32. C'est la raison pour laquelle le lecteur est également invité à s'interroger sur la portée, pour le contrat de lecture, d'un agencement des faits aussi curieux.

Un deuxième élément de ce contrat découle de la position des personnages dans le texte. Ceux-ci, en effet, YHWH excepté, sont aux prises avec le présent dramatique qu'ils vivent, n'y voyant aucune échappatoire. Cependant, parmi eux, Jérémie a une position privilégiée, car YHWH lui donne tous les éléments nécessaires pour voir plus loin. Cette position est peu à peu partagée par le lecteur qui, prenant Jérémie comme guide, peut évoluer dans sa compréhension du récit par paliers successifs. Ainsi, il comprend progressivement qu'il ne s'agit pas seulement d'une transaction foncière dans une famille, mais que l'acte posé par Jérémie concerne l'histoire du salut, et que la punition présente n'est que le point de départ d'une nouvelle histoire d'alliance.

Enfin, il faut ajouter que, en tant qu'ouverture de la section, ce chapitre anticipe nombre d'éléments que le lecteur retrouvera dans la suite[160] et qui l'introduisent à quelques accents importants du récit: relation prophète – roi, parole prophétique, non-écoute et apostasie du peuple, sort tragique de la ville, action de Dieu dans l'histoire.

Ainsi, le chapitre 32 donne d'emblée au lecteur des clés de lecture nécessaires à la compréhension de la section en prose, mais il ne les dévoile que peu à peu et au prix de la collaboration active du lecteur lui-même.

160 Les éléments récurrents pointés ci-dessus se trouvent également ailleurs en Jr. Par ex., la question de l'idolâtrie est traitée au chap. 10, celle du rappel de l'histoire du peuple au chap. 11, celle de l'écriture au chap. 29 et celle de l'alliance au chap. 31. Une mention particulière doit être réservée au chap. 1, en lien avec le chap. 32, mais surtout avec le chap. 39. Cf. *infra,* la conclusion de cette étude, en particulier pp. 338-343.

Conclusion

Le pari initial de ce travail est celui de lire comme une unité une section du livre de Jr qui n'est ordinairement pas lue comme un tout cohérent par les exégètes étudiant ce livre. La première tâche consistait à discuter le choix du découpage préféré aux césures traditionnelles qui, pour l'essentiel, morcellent la section 32–45, en s'appuyant essentiellement sur la complexe histoire rédactionnelle du livre. Si le découpage traditionnel honore cette histoire, il laisse dans l'ombre l'un des aspects fondamentaux d'un écrit, aspect auquel on est probablement davantage attentif aujourd'hui, c'est-à-dire son aspect littéraire.

Loin de nier la complexité de l'histoire rédactionnelle du texte, la démarche mise en œuvre ici tient compte des liens littéraires à l'intérieur du livre en essayant de voir comment celui-ci se compose et s'articule. C'est ainsi que sont pris en compte le genre littéraire, la répétition de thèmes, de scènes et de phrases récurrents, afin de proposer un découpage qui réponde au mieux aux indices textuels présents dans le récit lui-même. Le chapitre 1 se penche sur cette question et discute le découpage proposé face à l'exégèse traditionnelle. Il apparaît ainsi que, mieux que les considérations d'ordre historique, les éléments textuels aident à comprendre l'agencement de cette partie du livre et son message.

Une fois établi le découpage du texte et après avoir constaté qu'il se tient d'un point de vue littéraire, il était nécessaire de se pencher attentivement sur le chapitre initial de la section ainsi délimitée pour vérifier son statut d'ouverture d'un récit (chapitre 2).

La lecture approfondie de ce chapitre en fait percevoir toute la richesse à différents niveaux. Au niveau du contenu, il se présente comme une reprise des éléments essentiels de ce qui précède et comme amorce de la suite du récit. Au niveau du rapport entre les personnages, il montre quelque chose de la complexité des relations entre le prophète et Dieu, mais aussi de la tension croissante entre Jérémie et ses contemporains, ce qui ne fera que s'amplifier dans la suite du récit.

Le chapitre 32 est également riche en paradoxes, dont le principal est certainement celui de l'agencement des éléments dans le récit. Celui-ci invite le lecteur à s'interroger sur le contrat implicite de lecture. En commençant le récit des malheurs de Jérusalem, le chapitre 32 invite le lecteur à prendre distance et à espérer. Mais la prise de distance concerne aussi le récit de 32–45 lui-même. En effet, le paradoxe du chapitre initial invite le lecteur à ne se laisser enfermer ni dans le tragique des malheurs qu'il va lire, ni par la forme même du récit. Ce qu'il va découvrir ensuite ne se présentera probablement pas selon ses attentes. Peut-être le récit ne prendra-t-il tout son sens qu'au bout de la lecture, à la fin du chapitre 45, comme c'est le cas au chapitre 32.

Deuxième partie
La temporalité en Jr 32–45 et la logique du récit

Introduction

Le parcours effectué dans la partie précédente, en particulier l'étude du chapitre 32, a montré comment celui-ci marque le début d'une nouvelle histoire et contient un contrat de lecture proposé au lecteur. Entre autres choses, ce contrat le prépare d'entrée de jeu à une chronologie quelque peu chahutée[1]. C'est cette particularité du texte que je me propose d'analyser à présent, sans doute l'élément qui perturbe le plus en surface l'unité de 32–45.

Comme d'autres livres de la Bible, Jr évoque un moment donné de l'histoire d'Israël. Cette histoire, celle du peuple élu, l'englobe, car elle ne commence ni ne se termine dans ce livre qui relate seulement quelques épisodes du partenariat entre YHWH et son peuple dans l'Alliance. Comme d'autres livres bibliques, celui qui porte le nom de Jérémie s'ouvre et se referme avec des événements appropriés à l'histoire qu'il raconte et reliés à sa propre chronologie[2]. Ici, c'est la présentation du prophète, que le début du livre situe par rapport aux rois de Juda sous lesquels il exerce son ministère, mais aussi par rapport à la fin du royaume de Juda (1,1-3). Cette annonce de l'exil signale, par manière d'inclusion, la fin du livre où la déportation à Babylone est racontée avec force détails (chap. 52).

Parfois aussi, le début d'un livre mentionne l'un ou l'autre repère géographique. C'est le cas en Jr, où le narrateur précise le lieu de provenance du prophète (1,1) et le territoire gouverné par les rois, Juda et Jérusalem (1,2-3). Ainsi donc, ce livre prophétique est situé d'emblée à deux niveaux de l'histoire humaine: l'histoire du peuple, à laquelle le relient les dates des rois de Jérusalem (1,2-3), et l'histoire d'un homme particulier, Jérémie, dont le chapitre 1 signale la provenance (1,1) avant d'évoquer sa naissance (1,5). Ce ne sont pas là les deux seuls niveaux de l'histoire pris en compte par le livre, car bien vite le lecteur croise l'histoire «universelle». Dès le chapitre 1, en effet, YHWH annonce la venue des clans des royaumes du nord qui placeront leurs trônes aux

1 Voir ce qui a été dit à propos de l'enchaînement entre la parole de Sédécias (v. 3b-5) et celle de Jérémie (v. 6 et suivants), *supra* pp. 46-47.

2 Cf. M. STERNBERG, «Time and Space in Biblical (Hi)story Telling: The Grand Chronology», in: R.M. SCHWARTZ (ed.), *The Book and the Text. The Bible and Literary Theory*, Cambridge – Oxford, 1990, pp. 81-145.

portes de Jérusalem (1,15; voir aussi, 2,36; 5,15)[3]. Les trois niveaux de l'histoire – individuel, national et universel – sont de la sorte présents dès les premières lignes du livre.

Entre le début et la fin de ce livre, l'histoire s'écrit sous deux formes: des oracles d'une part, des récits d'autre part. Le plus long de ceux-ci est constitué par la section couvrant les chapitres 32–45. Comme le livre dans son ensemble, cette longue partie narrative se situe aux trois niveaux de l'histoire, comme l'indique le début du chapitre 32, qui commence par déterminer le moment historique et annonce les différents acteurs en les positionnant les uns par rapport aux autres (v. 1-3a):

> [1]La parole qui fut à Jérémie de la part de YHWH dans la dixième année de Sédécias roi de Juda *[histoire nationale]*, cette année était la dix-huitième année de Nabuchodonosor *[histoire universelle]*. [2]Alors la force du roi de Babel assiégeait (contre) Jérusalem *[histoire nationale]*, et Jérémie le prophète était retenu dans la cour de la garde qui est dans la maison du roi de Juda, [3a]où l'avait retenu Sédécias roi de Juda *[histoire individuelle]*.

Cependant, à l'intérieur du livre dans son ensemble et dans ce bloc narratif en particulier, les événements ne se succèdent pas selon l'ordre que l'historien retiendrait, l'ordre chronologique. Ce fait est très étonnant et il est de nature à désorienter le lecteur. Par exemple, au milieu des années 1950, dans son commentaire du livre, Giuseppe Vittonatto[4] relève

> «la série des indications chronologiques qui nous sont données par le livre, qui illustrent à elles seules le désordre rencontré dans le texte: 3,6: "...*aux jours de Josias*" (638-609). 21,1: "...*lorsque le roi Sédécias envoya chez lui Pasheur*...", c'est-à-dire au début du siège (588). 25,1: "...*dans la quatrième année de Joaqim, fils de Josias, roi de Juda*" (605). 26,1: "*Au début du règne de Joaqim*..." (608). 27,1: "*Au début du règne de Sédécias*" (598-597). 28,1: "*Au début du règne de Sédécias... la quatrième année, le cinquième mois*" (597). 29,2: "*Après qu'ils avaient laissé Jérusalem, le roi Joaqin*..." (598). 32,1: "...*la dixième année de Sédécias*..." (588). 33,1: "...*pendant que Jérémie était encore enfermé dans la cour de la prison*" (587). 34,1: "...*pendant que Nabuchodonosor... avec toute son armée... combattait contre Jérusalem*" (début du siège 588). 35,1: "...*aux jours de Joaqim*..." (608-698). 36,9: "...*la cinquième année de Joaqim*..." (605). 36,9: "...*la cinquième année de Joaqim, le neuvième mois*" (604). 37,5: "*L'armée de Pharaon était sortie et les Chaldéens... s'étaient éloignés de Jérusalem*" (587). 39,1: "*La neuvième année de Sédécias*..." (589). 39,2: "*La onzième année de Sédécias*..." (587). 40,1: "...*après que Nabuzardan... l'avait renvoyé de Rama*" (587). 45,1: "...*la quatrième année de Joaqim*..." (605). 46,2: "...*la qua-*

---

3 Pour des dates plus précises, le lecteur devra cependant attendre 25,1 où le narrateur situe son histoire par rapport au roi de Babylone, Nabuchodonosor.

4 G. VITTONATTO, *La Sacra Bibbia tradotta dai testi originali. Vecchio Testamento. Il libro di Geremia*, Torino, 1955.

trième année de Joaqim..." (605). 49,34: "*...au début du règne de Sédécias...*" (598-597)»[5].

La raison d'un tel agencement des faits pourrait être cherchée au niveau de l'histoire de la rédaction du texte, le désordre s'expliquant par le manque de coordination des différentes rédactions, et en particulier par la négligence du rédacteur final qui aurait bâclé son ouvrage, atteignant même des sommets d'inefficacité littéraire et théologique[6]. Mais ce n'est pas à ce niveau que cette recherche se situe, même si, dans une étude rédactionnelle, il serait utile de se demander pourquoi l'ultime rédacteur aurait agi de la sorte.

Dans cette partie, je vais donc me pencher sur le problème du temps et de l'agencement des événements dans le récit des chapitres 32–45 de Jr. Ce problème est spécifique à ce livre biblique et il faut essayer de le résoudre afin de pouvoir, par la suite, lire l'ensemble avec le «fil rouge» approprié. Le récit, en effet, tourne autour de trois personnages: YHWH, le prophète, la ville et le peuple avec ses chefs. Comment les faits sont-ils disposés autour de ces personnages? La réponse à cette question pourrait aider à vérifier l'hypothèse suivante dans le récit «final» de la version massorétique. [1] À un premier niveau, une telle manière d'ordonner le matériau pourrait servir à inscrire dans le récit lui-même la confusion et le chaos qui caractérisent les faits racontés. Elle constituerait une façon de faire éprouver quelque peu au lecteur le désarroi et le trouble de l'époque évoquée[7]. [2] Le «désordre» serait pour le lecteur une énigme à résoudre, une sorte de défi que le narrateur lui lance en «déchronologisant» son récit, comme pour l'inviter à

5 VITTONATTO, *La Sacra Bibbia. Geremia*, pp. 62-63, je traduis. Voir aussi pp. 70-71, où l'auteur reprend ses observations chronologiques et établit l'ordre suivant pour ce qui est des chap. 32–45: 36; 45; (18; 19; 20; 15,10-21; 12,7-17 et peut-être 48–49); 35; ([avec des hésitations: 14,1–15,9 et 23,9-40]; 13,18-19; 22,20-30; 24; 27–28; 29; 51,59-64; 49,34-39; 23,1-8); 37–38; (21,1-10); 34,1-7; 34,8-22; 32,1–33,13; 39; 40–41; (30–31; 3,14-18; 5,18-19; 16,14-15; 19–20); 42,1–43,7; 43,8–44,30.

6 Dans cet esprit, on peut citer, par ex. les travaux de R.P. CARROLL. On peut mentionner par ex. l'introduction de son commentaire, son petit livre *Jeremiah*, Old Testament Guides, Sheffield, 1989, réimpr. 1997 et son article «Halfway through a Dark Wood: Reflections on Jeremiah 25», in: A.R.P. DIAMOND, K.M. O'CONNOR, L. STULMAN (eds), *Troubling Jeremiah*, JSOTS 260, Sheffield, 1999, pp. 72-86, où il définit Jr comme une «*selva oscura*» au sens utilisé par Dante au début de la Divine Comédie (cf. p. 75).

7 C'est ce que suggère également C. COMBET-GALLAND, «Jérémie 28 et le risque de la vérité», *Foi et Vie* 83 (1984), pp. 70-77: Jr est «un livre prophétique à la structure complexe, où le désordre de la composition semble refléter celui d'une période de crise politique et religieuse» (p. 70). Une intuition semblable est suggérée également par G. FISCHER, dans la préface de son petit ouvrage *Il libro di Geremia*, Guide spirituali all'Antico Testamento, Roma, 1995, p. 5. Il faudra voir si elle se confirme dans la section étudiée.

tenter de découvrir la logique propre de la présentation des faits. [3] La raison d'être de celle-ci est peut-être à chercher dans l'intention théologique du récit; quoi qu'il en soit, il faudra tenter de mettre en lumière l'effet littéraire et théologique de la disposition des événements. Si celle-ci relève bien de l'intention théologique globale du texte, elle pourrait viser à mettre en évidence où s'enracine le péché du peuple et de ses chefs, qui ne reconnaissent pas YHWH et son prophète. En les refusant, ce peuple s'enferme dans le rejet de la Parole, la rupture de l'Alliance et l'entêtement qu'il oppose à son Dieu.

Pour vérifier l'hypothèse énoncée, je m'attacherai, dans un premier chapitre, à observer le récit afin de repérer les problèmes qu'il pose au niveau de la gestion du temps. Cela servira de base objective pour analyser, dans un deuxième chapitre, les solutions de type historique proposées par quelques commentateurs de Jr. Enfin, dans un troisième chapitre, je reprendrai la question à partir de la théorie narrative, afin de voir si une explication de type littéraire ne serait pas envisageable, peut-être davantage porteuse de sens que les solutions historiques.

CHAPITRE 1
Problèmes chronologiques dans le récit: repérage

I. Introduction

On l'a vu avec Vittonatto: le lecteur de Jr ne peut qu'être dérouté en abordant le récit des chapitres 32–45. À première lecture, le texte donne l'impression de raconter une histoire simple, mais sans logique, pratiquement illisible telle quelle à cause des nombreux bonds en avant et retours en arrière qu'elle présente. C'est que l'ordre de présentation des faits ne tient pratiquement pas compte de leur enchaînement chronologique. Ainsi, par exemple, pourquoi revenir à deux épisodes de l'époque de Joaqim – les Récabites (chap. 35) et la triple lecture du rouleau (chap. 36) – alors que, depuis le chapitre 32 et de nouveau à partir du chapitre 37, le récit raconte des événements du temps du roi Sédécias, demi-frère et, selon le récit du livre de Jérémie, successeur de Joaqim[1] (voir 37,1)?

Dans cette première étape, je voudrais parcourir le récit, le mettre à plat pour ainsi dire, afin de pointer les incohérences d'ordre temporel, analepses et prolepses. Le relevé qui va suivre se base donc uniquement sur les données du texte massorétique lui-même. Il servira à proposer une hypothèse d'ordre chronologique, utile avant d'aborder celles que les commentateurs du livre ont imaginées.

II. Relevé des incohérences chronologiques

En arrivant au chapitre 32 de Jr – nous sommes en la dixième année du règne de Sédécias, en plein siège de la ville par les armées de Nabuchodonosor (v. 1-2) – le lecteur apprend que le prophète est emprisonné (v. 2-5). Certes, il a déjà été question d'une arrestation de Jérémie au chapitre 26 (v. 8); mais, ici, nous retrouvons notre héros emprisonné dans un lieu bien précis, la cour de la garde[2]. Le lecteur apprend de la

1 Je reviendrai plus loin sur la question du successeur de Joaqim cf. *infra*, p. 127.

2 Comme on l'a vu, il s'agit ici de la première mention de l'expression חצר המטרה en Jr, cf. *supra*, n. 12, p. 23.

bouche de Sédécias les raisons de l'emprisonnement du prophète, mais aucune indication n'est donnée par le narrateur sur la fiabilité des paroles du roi incriminant Jérémie. Pour en savoir davantage, le lecteur devra attendre le début du chapitre 34 où est rapporté l'oracle cité, et où il est précisé dans quelles circonstances il a été rendu.

La suite du chapitre 32, relate dans un récit de Jérémie lui-même (v. 6), un épisode postérieur, qui a eu lieu au moment où Jérémie se trouve dans la cour de la garde[3]. Au verset 26, le narrateur reprend alors le récit pour introduire et citer la réponse de YHWH à la prière de Jérémie (v. 27-44), réponse qui se poursuit au chapitre 33 après que le narrateur a rappelé le lieu où se trouve Jérémie (v. 1). Dans cet échange entre le prophète et son Dieu, Jérémie remémore l'histoire d'Israël (32,17-23a), en commençant par la création, pour ensuite rappeler le don fondateur, la sortie d'Égypte, et le don de la terre. Pour sa part, YHWH, après avoir insisté sur la faute du peuple (32,30-35 et 33,4-5), parle d'un avenir de paix et de stabilité, en raison de sa fidélité indéfectible à David et à Israël (32,36-44 et 33,6-26). Ces deux discours situent ainsi toute l'histoire de 32–45 sur un arrière-plan beaucoup plus large: de la création du monde et d'Israël à la restauration à venir.

Au début du chapitre 34, le narrateur reprend la narration des événements touchant Jérémie et Jérusalem. Le lecteur y est rapidement renvoyé au début du chapitre 32, puisqu'il y retrouve les mêmes personnages, tout en glanant quelques informations supplémentaires. Ainsi, il entend «en direct» de la bouche de YHWH la parole à laquelle Sédécias faisait allusion pour justifier l'emprisonnement de Jérémie (34,2-5, voir 32,3-5); cette parole divine, Jérémie l'a rapportée au roi telle qu'il l'a entendue (34,6). La logique veut que le prophète ait reçu cette parole avant d'être retenu dans la cour de la garde. L'épisode du chapitre 34 s'est donc passé avant ce que le narrateur nous raconte au début du chapitre 32, au moment où Nabuchodonosor attaque Jérusalem et ses filiales (34,1), sans doute peu avant le siège évoqué en 32,2[4].

Sans lien apparent avec ce qui précède, la suite du chapitre 34 (v. 8-22) raconte l'épisode d'une libération d'esclaves promue par le roi Sédécias mais rapidement avortée[5]. Aucune indication temporelle précise

---

3 Cf. ce qui a été dit à ce propos, *supra*, pp. 46-47.

4 À ce propos cf. *supra*, p. 92.

5 La plupart des commentateurs consultés estiment qu'il s'agit là d'un épisode indépendant par rapport au début du chap. 34. Voir, par ex., NICHOLSON, *Jeremiah 26–52*, p. 90; THOMPSON, *Jeremiah*, p. 609; BOADT, *Jeremiah 26–52*, p. 75; HOLLADAY, *Jeremiah* 2, pp. 236-245; KEOWN, SCALISE, SMOTHERS, *Jeremiah 26–52*, pp. 182-190. Certains commentateurs en attribuent la rédaction à Baruch, par ex. BRIGHT, *Jeremiah*, p. 223, et WEISER, *Jeremia 25,15–52,34*, p. 311, ou encore à des rédacteurs postérieurs, J.P. HYATT, S.R. HOPPER, «The Book of Jeremiah. Exegesis», in: G.A. BUTTRICK et al.

n'est donnée par le narrateur, qui permette de situer d'emblée cet épisode par rapport au début du récit. Un seul indice peut y aider quelque peu, mais il n'intervient qu'à la fin du chapitre. Aux versets 21-22, en effet, en concluant son discours contre le peuple qui a repris les esclaves, YHWH dit ceci:

> [21]Quant à Sédécias roi de Juda et ses princes, je [les] donnerai dans la main de leurs ennemis et dans la main de ceux qui recherchent leur vie, et dans la main de *l'armée du roi de Babel qui monte(nt) de contre eux*. [22]Voici j'ordonne – oracle de YHWH – et *je les ferai revenir vers cette ville* et ils combattront contre elle et ils la prendront et ils la brûleront par le feu, et les villes de Juda j'en ferai une désolation sans habitant.

Il ressort de ce passage que Nabuchodonosor a levé le siège, mais YHWH annonce que ce répit est temporaire[6]. Ainsi, on peut penser que le début du siège a été un moment de remise en question, en tout cas pour le roi (v. 8) qui proclame un édit d'affranchissement des esclaves, édit suivi par tous dans un premier temps. Mais le siège est levé et Nabuchodonosor part avec son armée. Les habitants de Jérusalem s'empressent alors d'asservir à nouveau leurs esclaves. Cette hypothèse concernant les différentes phases du siège sera confirmée par les versets 5-9 du chapitre 37[7].

(eds), *The Interpreter's Bible*, New York – Nashville, 1956, vol. V, pp. 775-1142, en particulier p. 1056; W. THIEL, *Die deuteronomistische Redaktion von Jeremia 26–45. Mit einer Gesamtbeurteilung der deuteronomistischen Redaktion des Buches Jeremia*, WMANT 52, Neukirchen-Vluyn, 1981, pp. 42-43; E.W. NICHOLSON, *Preaching to the Exiles. A Study of the Prose Tradition in the Book of Jeremiah*, Oxford, 1970, pp. 63-65; ID., *Jeremiah 26–52*, pp. 94-95. Pour une étude approfondie sur la structure et l'histoire de la rédaction de cet épisode, en comparaison avec son correspondant dans la LXX, voir S.L.G. WIJESINGHE, «Tracing the Shorter Version Behind the Short Text (LXX). A New Approach to the Redaction of Jeremiah 34,8-22», *Le Muséon* 110 (1997), pp. 293-328; ID., «Jeremiah 34,8-22. Structure and Redactional History of the Masoretic Text and of the Septuagint Hebrew Vorlage», *Logos* 37 (1999).

6 En général, les commentateurs se servent des v. 21-22 pour situer, voire pour dater l'événement, ainsi CLEMENTS, *Jeremiah*, pp. 205-207 situe l'événement en 588-587; voir aussi THOMPSON, *Jeremiah*, p. 609. D'autres, par contre, ne datent pas l'épisode mais le situent malgré tout lors d'une levée du siège par les Babyloniens, ainsi, par ex., BOADT, *Jeremiah 26–52*, p. 75; FEINBERG, *Jeremiah*, p. 241; CARROLL, *Jeremiah*, p. 646; JONES, *Jeremiah*, p. 428; WEISER, *Jeremia 25,15–52,34*, p. 311, estime que cet épisode «bezieht sich auf ein Vorkommnis aus der Zeit der Belagerung Jerusalems und gehört nach V. 21 chronologisch hinter 34,1-7». D'autres encore mettent explicitement ce passage en relation avec la montée des Égyptiens mentionnée en 37,5, par ex. FREEDMAN, *Jeremiah*, pp. 231-232 et 235; KEOWN, SCALISE, SMOTHERS, *Jeremiah 26–52*, pp. 186-187. Enfin, NICHOLSON, *Jeremiah 26–52*, cf. p. 94, propose deux moments possibles et aussi deux dates pour cette libération, soit lors de la révolte contre les Babyloniens en 589, soit, en se basant sur le v. 21, lors de la montée des troupes égyptiennes en 588.

7 Voir, par ex., FREEDMAN, *Jeremiah*, pp. 231-232 et 235; THOMPSON, *Jeremiah*, p. 632; BOADT, *Jeremiah 26–52*, p. 93; FEINBERG, *Jeremiah*, p. 254; CARROLL, *Jeremiah*, pp. 672-

Le chapitre 35 nous ramène quelques années en arrière, dix ans au moins (voir 32,1), sous le règne de Joaqim[8]. Lorsque le demi-frère de Sédécias régnait, eut lieu un épisode étrange, qui servit d'occasion à YHWH pour donner une leçon à son peuple, et que le narrateur nous raconte ici: la «tentation des Récabites». L'affaire se passe au temple, sur ordre de YHWH, entre Jérémie et les membres de la tribu nomade des Récabites. Une indication de temps est donnée au verset 1, qui situe l'épisode dans *les jours de Joaqim*. À elle seule, l'indication est vague, mais une autre, pas très explicite toutefois, permet de préciser un peu. Elle intervient au verset 11, dans les paroles des Récabites:

> Et il arriva, *lorsque monta Nabuchodonosor roi de Babel vers le pays,* nous avons dit: «Entrez, que nous entrions à Jérusalem, loin de la face de l'armée des Chaldéens et loin de la face de l'armée d'Aram.» Et nous avons habité en Jérusalem.

Si l'on en croit leurs paroles, les Récabites décident de se réfugier à Jérusalem pour fuir l'arrivée de Nabuchodonosor, vraisemblablement la première campagne du nouveau roi de Babel (voir 2 R 24,2[9]). Recoupée avec le texte de 2 Rois, cette indication permet non seulement de dater l'événement vers la fin du règne de Joaqim[10], mais aussi de le

673; HOLLADAY, *Jeremiah* 2, p. 287; JONES, *Jeremiah*, p. 457; MCCONVILLE, *Judgement and Promise*, p. 113; KEOWN, SCALISE, SMOTHERS, *Jeremiah 26–52*, pp. 186-187. C'est aussi le rapprochement que fait WEISER, *Jeremia 25,15–52,34*, p. 313.

8 Comme le suivant, le chap. 35 pose problème aux commentateurs, à cause du retour au règne de Joaqim; par ex. FEINBERG, *Jeremiah*, p. 243, estime que «chapters 35–36 interrupt the narrative flow of chapters 32–44». Quant à WEISER, *Jeremia 25,15–52,34*, pp. 316-317, il considère ce chapitre comme un récit autonome, inséré là seulement parce qu'il est daté du règne de Joaqim, ce qui le rapproche du chap. 36. Pour d'autres, l'épisode des Récabites à cet endroit du livre va de pair avec le chap. 34, pour montrer comment la fidélité de ces marginaux contraste avec celle du peuple de YHWH. En ce sens, par ex., NICHOLSON, *Jeremiah 26–52*, p. 99; THOMPSON, *Jeremiah*, pp. 615-616; BOADT, *Jeremiah 26–52*, p. 73; CARROLL, *Jeremiah*, pp. 653-654; JONES, *Jeremiah*, pp. 430-431; KEOWN, SCALISE, SMOTHERS, *Jeremiah 26–52*, p. 193.

9 2 R 24,1-3a: «Durant ses jours, Nabuchodonosor, roi de Babylone, se mit en campagne; Yoyaqim lui fut assujetti pendant trois ans, puis il fit volte-face et se révolta contre lui. Le SEIGNEUR envoya contre Yoyaqim des bandes de Chaldéens, des bandes d'Araméens, des bandes de Moabites et des bandes de fils d'Ammon; il les envoya contre Juda pour l'anéantir, selon la parole que le Seigneur (*sic*) avait dite par l'intermédiaire de ses serviteurs les prophètes. C'est uniquement sur l'ordre du SEIGNEUR que tout cela arriva à Juda, pour qu'il fût écarté loin de sa présence» (Trad. de la TOB).

10 Le v. 11 sert à bon nombre de commentateurs pour situer, voire dater, la venue des Récabites à Jérusalem et leur rencontre avec Jérémie. Ainsi, CONDAMIN, *Jérémie*, p. 258, place ce chapitre «tout à la fin du règne» de Joaqim; WEISER, *Jeremia 25,15–52,34*, cf. p. 317, n. 4 et p. 319, pense que l'épisode des Récabites s'est déroulé dès que les troupes ennemies, Chaldéens et Araméens, envahirent le pays. KEOWN, SCALISE, SMOTHERS, *Jeremiah 26–52*, p. 196, ne datent pas l'épisode, mais le situent par rapport aux diverses incursions ennemies subies par la Palestine et qui auraient poussé les

situer par rapport au chapitre 36[11], daté quant à lui de la quatrième année de Joaqim, qui correspond à la première année de Nabuchodonosor (v. 1). Ce chapitre 36 rapporte la triple lecture du rouleau des paroles de Jérémie, sa destruction par le roi et sa réécriture sur ordre de YHWH. Dans ce chapitre 36, quelques mois dont on ne sait rien se passent entre la mise par écrit du rouleau et sa première lecture face au peuple par Baruch (voir v. 9.10). Dans ce cas, nous sommes face à un blanc du texte, blanc encore souligné par la succession rapide des trois lectures racontées ensuite.

La fin du chapitre 36 annonce le triste sort de Joaqim (voir v. 30-31), et le début de 37 est en quelque sorte la suite logique de cet oracle. Il enregistre la montée sur le trône de Sédécias *à la place de Konyahû fils de Joaqim* (37,1), qui n'aurait donc pas régné[12]. En effet, le chapitre 37 escamote le règne de Konyahû et ne mentionne que celui de Sédécias.

Récabites à se réfugier à Jérusalem; dans ce sens, voir aussi THOMPSON, *Jeremiah*, pp. 615 et 618, et FEINBERG, *Jeremiah*, p. 245. BOADT, *Jeremiah 26–52*, p. 78, date la rencontre de Jérémie avec les Récabites de 598; MCKANE, *Jeremiah* 2, p. 891, autour de 600 (cf. aussi pp. 897-898); enfin, JONES, *Jeremiah*, p. 434, propose ces deux dernières dates comme possibles. Par ailleurs, excepté la mention du même roi régnant à l'époque, les commentateurs ne font guère de lien entre les chap. 35 et 36.

11 Pour un *Status quæstionis* concernant le chap. 36, voir E. DI PEDE, *«Prends pour toi un rouleau de livre et écris dessus...» Trois lectures de Jr 36 (43LXX)*, Mémoire de DEA en Théologie, Louvain-la-Neuve, 1999-2000, sous la direction de A. WÉNIN, chap. 3, pp. 57-93.

12 Selon 2 R 23,36–25,30, récit parallèle au nôtre, la succession des rois de Jérusalem est la suivante: Joaqim, Joakin (Konyahû) – déporté à Babylone et plus tard gracié par Éwil-Mérodak, successeur de Nabuchodonosor –, Sédécias et enfin Godolias, le gouverneur mis en place par Nabuchodonosor. Il faudrait s'interroger sur la portée narrative du silence à cet endroit et ailleurs en Jr (cf. 22,24 avec 13,18 et 24,1) concernant le règne de Konyahû et la première prise de Jérusalem qui a eu lieu à son époque. Il faudrait aussi confronter ce silence avec la fin du chap. 52, où les v. 31-34 racontent que Joakin, roi de Juda, est pris en grâce par le successeur de Nabuchodonosor qui lui confère un statut particulier parmi les autres captifs. – La manière dont l'accession au trône de Sédécias à la suite de Konyahû est racontée est assez ambiguë, à cause de la préposition תחת «à la place de», qui peut être interprétée de deux manières. La première est d'entendre que Konyahû a bel et bien régné, mais qu'il a été destitué par Nabuchodonosor; la seconde est de comprendre qu'il n'a pas régné, Nabuchodonosor lui préférant son oncle Sédécias qu'il place sur le trône. Cette seconde lecture offre une transition narrativement lisse avec la fin du chap. 36, où un oracle de YHWH annonce que Joaqim n'aura pas de successeur sur le trône (36,30). ABREGO DE LACY, «Jeremías», p. 144, tente pour sa part d'interpréter le silence sur Joakin comme accomplissement de la menace faite à son père. Dans les deux cas, néanmoins, c'est l'instrument de la punition divine, Nabuchodonosor, qui établit Sédécias sur le trône de Juda. Les commentateurs réagissent diversement face à cette curiosité du texte. Certains ne la relèvent pas, comme WEISER, *Jeremia 25,15–52,34*; BOADT, *Jeremiah 26–52* et MCCONVILLE, *Judgement and Promise*. D'autres contournent la difficulté et considèrent que le règne de Joakin ne fut que virtuel, car il ne dura que trois mois. C'est le cas, par ex., de CONDAMIN, *Jérémie*, p. 263; FREEDMAN, *Jere-*

Au moment où l'histoire reprend au chapitre 37, Jérémie a pleine liberté de mouvement, car il n'a pas encore été mis en prison (v. 4). Il faut noter, cependant, qu'il n'est pas question ici de cour de la garde (חצר המטרה), mais de maison du détenu (בית הכליא). Étant donné que les termes utilisés ne sont pas les mêmes, on peut se demander si la détention annoncée par le verset 4 est bien celle dont on a déjà parlé en 32,2.8, ou s'il s'agit d'une autre, plus dure. Dans ce cas, Jérémie aurait subi deux détentions successives[13].

À partir de 37,1, les événements semblent se succéder dans l'ordre chronologique. Il y a néanmoins quelques particularités à relever. La première est la levée du siège babylonien motivée par l'arrivée des

miah, p. 248; KEOWN, SCALISE, SMOTHERS, *Jeremiah 26–52*, p. 216; dans le même ordre d'idées, FEINBERG, *Jeremiah*, p. 254, ajoute que «This verse [37,1] shows the fulfillment of the judgment Jeremiah pronounced against the godless Jehoiakim in 36:30». Certains postulent une erreur du rédacteur ou du copiste, comme par ex. BRIGHT, *Jeremiah*, p. 199, n. 1, qui ne traduit pas le v. 1 (cf. p. 195), absent de la LXX et donc «certainly not original»; MCKANE, *Jeremiah* 2, p. 923, invite à corriger la dittographie sur מלך en suivant la LXX, à l'inverse de CARROLL, *Jeremiah*, p. 670, qui estime que ce doublon ne doit probablement pas être corrigé, car il a pour effet de montrer la réalisation de 36,30. Pour sa part, NICHOLSON, *Jeremiah 26–52*, p. 113, résout la difficulté en traduisant תחת par «*in succession to*». D'autres encore, sans se pencher sur la curiosité du texte, font des v. 1-2 une introduction assurant la transition avec ce qui précède: cf. THOMPSON, *Jeremiah*, p. 631 et JONES, *Jeremiah*, p. 451, pour qui le v. 1 est un sommaire de 2 R 24,17 qui «furnishes a preface to two versions of Jeremiah's imprisonment (chapters 38, 39)».

13 Il faut distinguer ici, me semble-t-il, une détention au sens fort de la semi-liberté dont Jérémie jouit apparemment lorsqu'il se trouve dans la cour de la garde. En effet il semble avoir une grande liberté de parole et d'action lors de l'achat du champ de son cousin (32,7-15): il parle librement, dispose d'une certaine quantité d'argent, en tout cas assez pour payer un champ, et il peut établir un acte notarié avec tous les témoins requis. Concernant l'arrestation de Jérémie, les auteurs ne sont pas d'accord: y en a-t-il eu une ou deux? Pour certains, il s'agit de deux arrestations différentes étant donné que les raisons évoquées dans le texte sont différentes: ainsi, par ex., CARROLL, *Jeremiah*, p. 619, pour qui l'épisode rapporté en 37,11-14 est le récit d'un autre emprisonnement de Jérémie; dans le même sens, FREEDMAN, *Jeremiah*, p. 215 et MCKANE, *Jeremiah* 2, p. 837. CONDAMIN, *Jérémie*, p. 276, fait quant à lui l'hypothèse suivante: le prophète est d'abord arrêté pour désertion et enfermé dans le souterrain de la maison de Jonathan (37,11-16); il en est tiré par ordre du roi qui veut s'entretenir avec lui: il est ensuite placé dans la cour de la garde (37,17-21) où il peut encore s'adresser au peuple. Il est ensuite jeté dans la citerne d'où il sera libéré par 'Ebed-Melek (38,1-13; 39,13-14). Jérémie se retrouve dans la cour de la garde et Sédécias l'y interpelle une nouvelle fois (38,14-28). Pour sa part, WEISER, *Jeremia 25,15–52,34*, p. 333, situe cette arrestation de Jérémie entre les faits du chap. 34 et ceux de 37,1-10. D'autres font simplement le rapprochement entre les deux récits, comme FEINBERG, *Jeremiah*, p. 224; MCCONVILLE, *Judgement and Promise*, p. 99 et KEOWN, SCALISE, SMOTHERS, *Jeremiah 26–52*, p. 151. Enfin, une série de commentateurs estiment que 32,2-5 n'est qu'un sommaire rédactionnel des circonstances de l'arrestation de Jérémie au chap. 37: par ex. THOMPSON, *Jeremiah*, p. 587; BOADT, *Jeremiah 26–52*, p. 61; JONES, *Jeremiah*, pp. 406-407.

Égyptiens (v. 5). Si l'épisode est à placer avant la mise sous surveillance de Jérémie, on peut le rapprocher du chapitre 34, dont les faits se passent lorsque Jérémie est encore libre. Mais on se souvient que, dans ce chapitre, il était question d'une levée de siège qui dura peu de temps. Faut-il dès lors rapprocher les deux épisodes? Une seconde curiosité se trouve aux versets 12-13, qui relatent une tentative de voyage de Jérémie vers Benjamin, son pays natal, pour une affaire de succession dans la famille. Cela rappelle l'achat du champ que le prophète raconte au chapitre 32. Alors, un déplacement de Jérémie n'avait pas été nécessaire. Il n'est d'ailleurs pas mentionné, et l'achat semble avoir eu lieu dans la cour de la garde (32,12). Pourquoi, dès lors, parler maintenant d'un voyage, et qu'est-ce que *le partage au milieu du peuple* dont il est question au verset 12? En rapprochant les deux épisodes, il est permis d'imaginer que le cousin vient rendre visite à Jérémie dans la cour de la garde parce que ce dernier n'a pas pu se rendre en Benjamin. Si c'est le cas, pourquoi en faire mention seulement maintenant[14]? La tentative de sortie de Jérémie, dont il est question au verset 12, est suivie de son emprisonnement ferme dans la בית הכליא (v. 13-15).

Le verset 21 peut servir à éclairer quelque peu ces mystères. On y apprend, en effet, qu'après avoir supplié le roi à la suite de ses mauvaises conditions de détention, Jérémie est assigné par le souverain dans la cour de la garde. Sur la séquence des événements, on peut, dès lors, faire l'hypothèse suivante: au verset 4, Jérémie est libre et décide de se rendre dans son pays (v. 12), mais il est arrêté et emprisonné (v. 15-16). Après avoir plaidé sa cause auprès du roi, celui-ci accorde au prophète la semi-liberté dans la cour de la garde (v. 21). Cet épisode pourrait donc être antérieur au récit de l'achat du champ au chapitre 32[15].

---

14 Une majorité de commentateurs estiment que le voyage et l'arrestation de Jérémie en 37,12-13 ont quelque chose à voir avec l'épisode raconté en 32,1-15: Jérémie sort de Jérusalem pour aller acheter le champ mais il est emprisonné: voir, par ex., FREEDMAN, *Jeremiah*, p. 250; NICHOLSON, *Jeremiah 26–52*, p. 116; BOADT, *Jeremiah 26–52*, pp. 94-95; CARROLL, *Jeremiah*, p. 675; CLEMENTS, *Jeremiah*, p. 219; HOLLADAY, *Jeremiah* 2, p. 283; JONES, *Jeremiah*, p. 457; KEOWN, SCALISE, SMOTHERS, *Jeremiah 26–52*, p. 217. FEINBERG, *Jeremiah*, p. 256, estime pour sa part que ce rapprochement n'est pas si évident, car «this is chronogically impossible because that purchase had not yet taken place». Quant à THOMPSON, *Jeremiah*, cf. pp. 633-634, il estime que le rapport entre l'arrestation de Jérémie et le chap. 32 n'est pas clair et que l'interprétation dépend de la compréhension de 32,2 concernant le siège par Nabuchodonosor. Il faut noter, cependant, que ces commentateurs ne se posent pas la question de savoir pourquoi cet épisode est raconté à cet endroit, mais font l'hypothèse de deux sources différentes utilisées par le rédacteur.

15 C'est ce que semblent suggérer les commentateurs consultés. Entre autres, WEISER, *Jeremia 25,15–52,34*, pp. 331-332 et 336-337, situe le début du chap. 37 à l'époque de l'achat du champ; quant à l'envoi de l'ambassade chez Jérémie (37,3) à la suite de la

En reprenant l'ensemble des chapitres 32 à 37, on pourrait, en s'appuyant sur les éléments du texte, faire l'hypothèse suivante concernant la séquence des événements: après les chapitres 36 et 35, situés dans cet ordre sous Joaqim, viennent des épisodes du temps de Sédécias – essentiellement situés pendant le siège de Jérusalem – qui renvoient les uns aux autres, sans doute dans l'ordre suivant: 37,1-4 raconte les débuts de Sédécias; en 34,1-7, Nabuchodonosor envahit Juda, et YHWH confie à Jérémie un oracle pour le roi de Juda. Les Chaldéens mettent ensuite le siège devant Jérusalem; c'est à ce moment que l'on peut situer les chapitres 32 et 33 (voir les introductions du narrateur en 32,1-3a et 33,1): Jérémie est alors retenu dans la cour de la garde, et c'est pendant cette détention qu'a lieu l'achat du champ d'Anatôt[16] avec le dialogue qui s'ensuit entre Jérémie et YHWH. Ensuite, en lien avec une levée temporaire du siège de la ville, interviennent l'épisode de la libération des esclaves (34,8-22) et celui de l'arrestation de Jérémie qui cherche à se rendre à Anatôt alors qu'il est encore libre (37,5-21). Le moment exact de ces deux épisodes ne peut être déterminé avec précision.

Le chapitre 38 introduit de nouveaux personnages: Shephatyâh fils de Mattân, Gedalyâhû fils de Pashehûr, Yûkal fils de Shelemyâhû et Pashehûr fils de Malkiâh – ce dernier déjà présent en 21,1. Le lecteur est en droit de se poser au moins deux questions: d'une part, qui sont ces fonctionnaires (שׂרים) et, d'autre part, quand Jérémie a-t-il répété à qui voulait les entendre les paroles qu'ils écoutent et pour lesquelles ils l'accusent? C'est en 21,8-9 que l'on retrouve un oracle semblable à celui de 38,2:

> [8]*Quant à ce peuple, tu leur diras*: «Ainsi parle YHWH: *Voici, je vais mettre devant vos faces le chemin de la vie et le chemin de la mort*. [9]Celui qui habite dans cette ville mourra par l'épée, la famine et la peste, mais celui qui sort *et tombe* aux Chaldéens *qui vous assiègent* vivra et il aura sa vie pour butin. [...]»[17]

Toujours est-il que ces hommes insistent auprès du roi pour mettre à mort le prophète. Mais ils ne réussissent qu'à le faire emprisonner, cette fois, dans une citerne située dans la cour de la garde, la citerne de Malkiyâh d'où 'Ebed-Melek le Kushite le sortira (38,7-12). Faut-il mettre 37 et 38 en séquence et comprendre que Jérémie a d'abord été jeté en prison (37,15-16), puis placé en liberté surveillée (37,21), avant d'être em-

violation de l'édit d'affranchissement des esclaves, il le situe peu avant l'histoire de la transaction au chap. 32.

16 Cf. *supra*, p. 46.

17 En *italique*, les éléments semblables entre les deux passages.

prisonné à nouveau, dans la citerne cette fois (38,6), et de se retrouver finalement dans la cour de la garde (38,13)[18]?

Après l'intervention d''Ebed-Melek qui tire Jérémie de la citerne (38,11-14), le narrateur rapporte l'entrevue entre Sédécias et Jérémie, qui se termine par les instructions données par le roi pour que le prophète ne révèle pas aux princes la teneur exacte de leur entrevue. Jérémie s'exécute (38,24-27), ce qui lui vaut de rester dans la cour de la garde jusqu'à la prise de la ville mentionnée en 38,29. Les deux épisodes du chapitre 38 semblent se suivre, et en tout cas, le verset 14 ne donne pas d'indication en sens contraire[19].

Le chapitre 39 débute par une nouvelle date qui opère un flashback par rapport à la prise de Jérusalem dont il vient d'être question[20]. Nous voilà ramenés au dixième mois de la neuvième année de Sédécias, au début du siège de la ville (39,1), soit avant la date mentionnée en 32,1. Mais sans transition, le verset 2 nous conduit 18 mois plus tard,

---

18 Les commentateurs soulignent le rapport étroit entre les chap. 37 et 38, mais ne les mettent pas nécessairement en séquence, soulignant la présence de deux sources ou de deux récits semblables, où seuls les noms de quelques personnages varient, et jonglant avec les versets pour arranger les événements. Par ex., MCKANE, *Jeremiah* 2, pp. 968-971, explore la relation étroite entre les chap. 37 et 38 en montrant qu'il y a, entre les deux, un mouvement non pas progressif mais circulaire, les épisodes renvoyant les uns aux autres Dans sa reconstruction des événements, CONDAMIN, *Jérémie*, p. 276, va dans le sens offert par l'hypothèse proposée ici. D'autres cherchent à savoir laquelle des deux versions du récit de l'arrestation de Jérémie a réellement eu lieu, sans pour autant pouvoir trancher. Par ex. NICHOLSON, *Jeremiah 26–52*, p. 119, estime que les différences entre les deux narrations sont «irreconciliable and any attempt to "harmonize" them is futile. Nor is it possible to determine which of the two descriptions of the prophet's arrest here recorded is historically authentic, since either is perfectly plausible» – Pour un *status quaestionis* approfondi de ces deux chapitres, voir MCKANE, *Jeremiah* 2, pp. 922-971. Sur ces chapitres, voir également les travaux de Boyle cités *supra*, n. 25, p. 8.

19 À ce propos, les commentateurs sont partagés. Certains estiment que les événements se suivent: ainsi par ex. CARROLL, *Jeremiah*, cf. pp. 685-686, qui indique cependant que 38,14-23 est un doublet de 37,17-21. CONDAMIN, *Jérémie*, p. 276, ne sépare pas les deux épisodes du chap. 38, mais rapproche les deux libérations de Jérémie, tiré de la citerne et puis élargi par Nebuzar'adân. Par contre, WEISER, *Jeremia 25,15–52,34*, p. 340, pense qu'il n'y a aucun lien entre ce qui précède le v. 14 et ce qui suit. D'autres encore lient 38,14-23 à 37,17-21, soit pour dire que le premier est un doublet du second, comme par ex. JONES, *Jeremiah*, p. 461; soit pour les distinguer comme le fait FEINBERG, *Jeremiah*, pp. 262-263, qui remarque la différence de circonstances entre les deux épisodes.

20 À propos du chap. 39, les commentateurs consultés remarquent en général l'absence des v. 1-13 dans la LXX, absence liée au fait que ces versets sont considérés comme une reprise des faits racontés au chap. 52. Ils cherchent à réarranger le texte, ou estiment qu'il s'agit d'un ajout postérieur, par ex. WEISER, *Jeremia 25,15–52,34*, p. 346. Pour un état détaillé de la question, cf. MCKANE, *Jeremiah* 2, pp. 972-992, qui fait également le point sur les théories rédactionnelles concernant ce chapitre et ceux qui suivent, pp. 989-992.

le neuf du quatrième mois de la onzième année de Sédécias, lors de la prise de la ville. Que s'est-il passé entre-temps? Le texte demeure silencieux, même si le récit qui précède nous permet de savoir que bien des événements ont eu lieu (voir 34,8-22; 37,5; 38,1-28; 37,11-21; 32,2-15). Apparemment, ce qui intéresse ici le narrateur, c'est de raconter l'entrée des princes chaldéens dans la ville, la fuite du roi et des siens, la poursuite et la capture des fugitifs, puis leur transfert à Ribla devant Nabuchodonosor qui les punit personnellement avant de les emmener à Babel (39,3-7). Suit le sort réservé à la ville et aux pauvres: Jérusalem est détruite et brûlée (v. 8), et les petites gens peuvent rester dans le pays où ils reçoivent des vignes et des champs (v. 9-10). Quant à Jérémie, le texte nous apprend qu'il est libéré de la cour de la garde et confié à Godolias, puis qu'il demeure au milieu du peuple (v. 13-14). Jusqu'ici, les événements racontés se suivent sans aucune difficulté d'ordre chronologique. Cependant, le verset 15 nous ramène à un moment indéterminé, lorsque Jérémie était encore dans la cour de la garde. C'est alors que YHWH avait adressé au prophète une parole promettant la vie sauve à 'Ebed-Melek qui avait tiré Jérémie hors de la citerne pleine de boue (voir 38,11-13). Pourquoi donc placer cette parole à cet endroit et pas immédiatement après la libération de Jérémie[21]?

Le chapitre 40 commence de manière assez étonnante par un nouveau récit de la libération de Jérémie[22]. Cette fois, cependant, le pro-

---

21 Les commentateurs s'accordent pour la plupart à dire que cet oracle a été déplacé de son emplacement originaire (à la suite de 38,13). Cependant ils expliquent ce déplacement diversement. Par ex., WEISER, *Jeremia 25,15–52,34*, p. 349, pense que la transformation vient peut-être de Baruch lui-même, qui aurait estimé que c'est avec la chute de la ville que cette promesse devint effective, hypothèse qui, selon l'auteur, est confirmée par le v. 16, où 'Ebed-Melek voit de ses yeux la catastrophe qui touche la ville sans pour autant être inquiété; NICHOLSON, *Jeremiah 26–52*, p. 129, pense que l'oracle a été placé ici pour indiquer que le Kushite a survécu à la prise de Jérusalem. HOLLADAY, *Jeremiah* 2, pp. 290 et 293, estime, quant à lui, que cet oracle doit se lire à la suite de 38,27. Pour d'autres, il s'agissait de ne pas casser l'enchaînement des événements de 38,14–39,14: voir par ex. FREEDMAN, *Jeremiah*, p. 263 et FEINBERG, *Jeremiah*, p. 268. Enfin, selon CARROLL, *Jeremiah*, p. 696, ce passage, tout comme le chap. 45, est «virtually a midrash [...]. The way these are put together suggests a late source developping the tradition by means of concrete examples which demonstrate the truth of Jeremiah's preaching».

22 Ce récit fait crochet avec 39,11-14. Cf. *infra*, pp. 181, 189-190 et 262-263. Les auteurs expliquent cette reprise de différentes manières. Pour certains, les deux récits ne se contredisent pas, bien qu'ils ne soient pas complètement en accord l'un avec l'autre, voir par ex. BRIGHT, *Jeremiah*, pp. 245-246; CLEMENTS, *Jeremiah*, p. 229; THOMPSON, *Jeremiah*, pp. 651-652. D'autres penchent plutôt pour deux libérations du prophète, comme par ex., WEISER, *Jeremia 25,15–52,34*, pp. 349-350. Tout en estimant que la mention de Godolias en 39,14 est historiquement invraisemblable, il pense qu'il y a bel et bien eu deux libérations du prophète, et qu'un mois environ s'est écoulé entre les deux épisodes. Il explique la chose par la confusion régnant lors de l'occupation

phète n'est pas libéré de la cour de la garde, comme en 39,14. Au début du chapitre 40 (v. 1), Jérémie fait partie des déportés en route vers Babel, menotté. C'est de ce groupe qu'il est libéré cette fois, et par le chef de la garde du roi de Babel, Nebuzar'ᵃdân. Jérémie a le choix de faire ce qui lui semble bon: accompagner les exilés ou rester sur place. D'après le verset 5a, Jérémie semble hésiter. Nebuzar'ᵃdân le renvoie alors vers Godolias et le peuple resté dans le pays (v. 5b-6). Pourquoi cette version différente qui contredit ce qui a été relaté en 39,11-14? S'agit-il du même fait présenté autrement ou de deux événements différents et successifs?

Il faut chercher à résoudre cette difficulté. Les circonstances rapportées par les deux récits semblent être différentes. Dans le premier, au chapitre 39, Nebuzar'ᵃdân trouve Jérémie détenu dans la cour de la garde et, sur l'ordre exprès de Nabuchodonosor, il le libère pour le confier à Godolias. Dans cette première libération, aucun choix n'est laissé au prophète qui reste alors «au milieu du peuple» (v. 14). Au début du chapitre 40, Nebuzar'ᵃdân trouve Jérémie menotté parmi ceux que les Chaldéens s'apprêtent à déporter à Babylone; il le libère de ses entraves et lui propose une alternative: l'accompagner à Babylone ou rester dans le pays, en retournant, s'il le veut, auprès de Godolias.

Étant donné ces différences, on peut supposer qu'une fois libéré de la cour de la garde, Jérémie, resté au milieu du peuple, a fini par se retrouver dans le groupe des exilés. Le voyant parmi eux, Nebuzar'ᵃdân peut se demander si le fait qu'il soit enchaîné correspond ou non à un choix délibéré de sa part. Et, dans la mesure où Nabuchodonosor lui a donné l'ordre de respecter les souhaits du prophète (voir 39,12), Nebuzar'ᵃdân le libère à nouveau et lui offre de choisir ce qu'il

---

ennemie et par le changement politique: rien d'étonnant que Jérémie ait été fait prisonnier à nouveau sans que les chefs babyloniens s'en aperçoivent. Dans le même ordre d'idée, bien qu'il ne tranche pas pour une ou deux libérations, BRUEGGEMANN, *Exile and Homecoming*, p. 375, n. 49, remarque que dans les deux récits de libération, bien qu'ils soient un peu différents, Jérémie, qui est soumis aux mêmes aléas que les exilés, se trouve confié à un membre de la famille qui l'a longtemps défendu. Selon d'autres, il y a une grande confusion dans ces versets, due probablement à la main des rédacteurs postérieurs; ainsi, CARROLL, *Jeremiah*, p. 694, ajoute, p. 699, qu'il n'est pas nécessaire d'harmoniser les deux récits car ils sont contradictoires, surtout à cause de la scène du «sermon» de Nebuzar'ᵃdân (40,2b-3), qu'il considère comme une «absurd picture» dans l'état actuel du TM. Ce récit ne pose guère de problème à CONDAMIN, *Jérémie*, p. 288; par contre, selon FEINBERG, *Jeremiah*, p. 269, il est une «amplification of 39:11-14», alors que pour DUHM, *Jeremia*, pp. 313-314, le récit de 40,1-5 constitue une légende. Il faut noter enfin que certains auteurs accolent les deux récits de libération par-dessus l'oracle de vie sauve à 'Ebed-Melek. Voir par ex. HOLLADAY, *Jeremiah*, p. 293.

veut faire[23]. Mais peut-on affirmer narrativement qu'il y ait eu deux libérations du prophète? Ou est-ce alors une seule et même libération qui est racontée deux fois pour faire crochet entre les deux parties? Nous y reviendrons[24].

La suite et la fin des événements sont racontées selon l'ordre chronologique, et cela jusqu'à la fin du chapitre 44. Mais le chapitre 45 revient au temps de la mise par écrit du rouleau et de sa lecture, racontées au chapitre 36. La question est évidemment de savoir pourquoi le narrateur rapporte seulement ici la parole que YHWH adresse à Jérémie pour Baruch[25]. En effet, l'écart entre cette promesse de vie sauve et l'épisode auquel elle se rapporte est bien plus grand que celui que l'on constate entre la libération de Jérémie de la citerne et la parole promettant la vie sauve à son sauveur 'Ebed-Melek.

---

23 Les positions de Weiser et de Brueggemann, citées à la n. précédente, sont intéressantes dans ce contexte.

24 Cf. à ce propos, *infra*, pp. 189-190 et 262-263.

25 Bien évidemment, ce chapitre est rapproché du chap. 36 par tous les commentateurs en raison du v. 1, qui situe cet oracle à l'époque de l'écriture et de la lecture du rouleau. Certains le rapprochent également de 39,15-18, l'oracle de vie sauve pour 'Ebed-Melek. Pour nombre de commentateurs, le chap. 45 ne pouvait se trouver originairement qu'à la suite du chap. 36; il aurait été ensuite déplacé, probablement par Baruch lui-même, qui, extrêmement modeste, ne pouvait laisser un épisode le concernant parmi des récits concernant le prophète. Ainsi, par ex. CONDAMIN, *Jérémie*, pp. 294-295; FREEDMAN, *Jeremiah*, p. 290. Pour sa part, WEISER, analyse le problème de l'emplacement du chap. 45 dans un article, «Das Gotteswort für Baruch. Jer 45 und die sogenannte Baruchbiographie», in: ID., *Glaube und Geschichte im Alten Testament und andere ausgewählte Schriften*, Göttingen, 1961, pp. 321-329, et dans son commentaire *Jeremia 25,15–52,34*, pp. 375-378. Il met cet oracle personnel pour Baruch en relation avec l'oracle pour 'Ebed-Melek. Si cette seconde parole se trouve à un endroit où son accomplissement devient possible, il est probable que l'oracle pour Baruch ait été placé au chap. 45 pour les mêmes raisons: Baruch revit les circonstances vécues avec Jérémie, qui sont pour lui source de souffrance, et il retrouve une parole qui est bonne pour lui. Par ailleurs, ce chapitre pourrait être une signature de Baruch, qui vient comme affirmer que la seule vérité dans la désolation ambiante (cf. 44,26-29) est celle de Dieu. Voir également l'article de M.A. TAYLOR, «Jeremiah 45: The Problem of Placement», *JSOT* 37 (1987), pp. 79-98. Elle expose d'abord l'état actuel de la recherche sur l'emplacement du chap. 45 groupant les chercheurs selon trois positions principales: 1) ceux qui estiment que l'emplacement du chapitre est purement accidentel (comme par ex. Bright); 2) ceux qui gomment toute référence historique faite dans le chapitre pour le lire dans le contexte dans lequel il se trouve (comme par ex. Duhm et ses disciples Hyatt, Skinner et Erbt); 3) ceux qui ne retiennent que la signification théologique du chapitre (comme par ex. Rudolph et Weiser). Après cela, elle propose un nouvel éclairage, qu'elle appelle contextuel, pour résoudre le problème de l'emplacement de ce chapitre. Je reprendrai plus loin sa contribution et le nouvel éclairage qu'elle apporte, cf. *infra*, pp. 185-186.

III. Conclusion

Après ce rapide survol du texte, il est indéniable que, dans sa manière de raconter l'histoire, le narrateur de Jr 32–45 déchronologise son récit, utilisant fréquemment la technique de l'analepse pour livrer au lecteur des éléments qu'il n'avait pas communiqués en évoquant les faits une première fois. Vu leur caractère systématique, pour les chapitres 32–39 et 45 en tout cas, il est fort probable que ces nombreux sauts chronologiques correspondent à une stratégie narrative qu'il faudra tenter de mettre en lumière.

Mais avant cela, il ne sera pas inutile d'exposer une solution considérée comme classique pour résoudre le problème ainsi posé, solution qui consiste à proposer au lecteur de lire le récit selon un ordre différent de celui que le narrateur lui donne, à savoir l'ordre chronologique. Ces solutions aident-elles à mieux comprendre le texte? Et que devient le récit, avec le message qu'il véhicule, lorsqu'il se trouve réarrangé de la sorte? Tel est l'objet du chapitre qui suit.

CHAPITRE 2
Solutions «classiques» au problème chronologique

I. Introduction: le choix des commentateurs

Le lecteur moderne n'est pas le premier à se confronter aux nombreuses dyschronies de Jérémie 32–45, une difficulté spécifique à ce livre dans la Bible. Saint Jérôme s'en étonnait déjà dans son commentaire. Il explique ce phénomène d'une manière simple et appropriée:

> «*Non enim curæ erat, ut jam ante dixi, prophetiæ tempora conservare, quæ historiæ leges desiderant, sed scribere, utcumque audientibus atque lecturis utile noverant* [...]»[1].

Selon Jérôme, les prophètes en général – et Jérémie en particulier – n'ont pas le souci de préserver la chronologie de la prophétie afin de suivre les lois de l'histoire, mais ils disposent leurs oracles selon ce qu'ils savent être utile pour les auditeurs et les lecteurs. Cette observation peut être rapprochée du droit du narrateur de disposer sa matière comme il l'entend[2]. On pourrait même dire que ce que Jérôme pressentait, sans pouvoir le développer, bien sûr, c'est le droit de réserve du narrateur, qui se permet de livrer au fur et à mesure à son lecteur les éléments nécessaires à la compréhension de son récit – une façon de respecter, en le stimulant, le lecteur et son intelligence.

Malheureusement, la piste indiquée par Jérôme n'a pas été suivie par les commentateurs modernes intéressés à l'histoire de Jérémie et de son livre. Par exemple, en 1955, Vittonatto écrit dans son commentaire à l'usage du clergé et des séminaristes que Jr se présente sous forme de «recueil d'écrits assemblés sans ordre précis, ni logique ni chronologique». S'ensuit un manque flagrant d'unité, qui mène tout naturellement à la question de la formation du livre. Selon cet auteur, le défaut d'ordre chronologique est encore plus voyant dans Jr que dans les autres recueils prophétiques. Il y «prend des proportions inhabituelles», à

---

1 JÉRÔME, *Commentaire sur Jérémie*, Livre V,3,2. Cf. *Corpus Christianorum*, Series Latina LXXIV, Turnhout, 1960, pp. 236-237.

2 Cf. l'introduction du recueil de nouvelles de A. TABUCCHI, *Il gioco del rovescio*, Universale Economica 1174, Milano, 1991, p. 5; en parlant de nouvelles qui découlent de récits qui lui ont été racontés, l'auteur dit ceci: «Di mio c'è il modo di raccontarli, che fa sì che questi racconti siano questi racconti e non altri».

tel point que l'explication fournie par Jérôme est trop simpliste pour Vittonatto, qui ne s'explique pas pourquoi, par exemple, le récit formant le cadre de l'oracle du chapitre 7 ne se trouve qu'au chapitre 26. L'auteur expose ensuite les données chronologiques du livre «qui montrent à elles seules la confusion que l'on constate dans le texte»[3].

Ce désordre apparent du livre influence les commentateurs qui, pour la plupart, considèrent le texte péricope par péricope, éventuellement en cherchant à les situer chronologiquement les unes par rapport aux autres, mais sans se préoccuper de la logique d'ensemble ni même se demander s'il peut y en avoir une. Cela aboutit souvent à une atomisation du texte, qui ne permet pas de rendre compte de la cohésion de l'ensemble[4].

Avant de chercher si une quelconque logique préside à l'ordre apparemment désordonné de la narration, il ne faut pas négliger, sans l'avoir préalablement analysé, le travail de ceux qui recomposent ce qu'ils estiment être «le bon ordre du texte», c'est-à-dire l'ordre chronologique, apparemment le seul possible pour eux[5]. Ce type de travail

---

3 Cf. VITTONATTO, *La Sacra Bibbia. Geremia*, pp. 62-63: «Il libro presenta l'aspetto di una raccolta di scritti messi insieme senza un preciso ordine sia logico che cronologico. [...] Non si può perciò parlare di unità del libro [...]. I discorsi e i racconti storici non si seguono nell'ordine di tempo in cui ebbero luogo. Lo avevano già osservato gli antichi, e S. Girolamo, facendone un caso generale per tutti i profeti, ne attribuiva la causa ai profeti stessi [l'auteur introduit ici le passage de saint Jérôme cité plus haut]. Ma in Geremia – continue Vittonatto – la mancanza di ordine cronologico assume proporzioni inusitate e non basta una ragione così semplice a spiegarle; quale ragione di utilità potrebbe spiegare che Geremia riporti un oracolo al c. 7 e tramandi al c. 26 il racconto delle circostanze che accompagnarono la promulgazione dello stesso oracolo?»

4 Dans sa thèse, publiée en 1989, Ch.R. SEITZ, *Theology in Conflict. Redaction to the Exile in the Book of Jeremiah*, BZAW 176, Berlin – New York, explique le désordre chronologique du point de vue historique du travail du rédacteur final, sans se pencher pour autant sur le sens du texte ainsi disposé, pp. 225-228.

5 La tendance à ne lire un texte que selon une logique de type chronologique, et donc à n'en trouver aucune dans le livre de Jr, est aussi relativement fréquente dans des ouvrages de vulgarisation. Voir, par ex. C. WESTERMANN, *Jeremia*, Stuttgart, 2e éd. 1972; G. BOGGIO, *Geremia. La testimonianza di un martire*, LoB 1.20, Brescia, 2e éd. 1997. Selon lui, par rapport aux autres livres du premier Testament, le livre de Jr présente des difficultés particulières qui dérivent «da una mancanza di ordine e di legame logico tra i vari racconti» (p. 9). Plus loin, il concède au lecteur moderne le droit de se sentir perdu face à cette manière de procéder qui ne respecte pas les canons de notre logique et qui semble même n'en avoir aucune. De plus, une lecture rapide du livre donne l'impression que l'on se trouve face à un travail de plusieurs auteurs dont le résultat n'a pas été coordonné correctement par le réviseur final (cf. p. 10). Boggio reconnaît, certes, une certaine unité au livre, même si celle-ci concerne davantage les petites sections que l'ensemble (p. 10). Il ajoute: «Voler scoprire ad ogni costo un legame tra di loro è una pretesa assurda e fuorviante» (p. 13). Il se livre alors à une remise en ordre chronologique des différents épisodes du livre en ne retenant que ce

n'est certainement pas inutile d'un point de vue historique, et il peut probablement aider à comprendre l'histoire de la composition de ce livre prophétique. D'un point de vue littéraire, par contre, c'est l'ordre selon lequel le narrateur raconte l'histoire à son lecteur qui doit attirer et retenir l'attention. Il reste, et c'est important pour une étude narrative, que reconstruire l'ordre chronologique des faits rapportés permet de mieux prendre la mesure du traitement narratif imposé au matériau brut[6].

II. Exemple de trois commentateurs classiques

1. Introduction: pourquoi «reconstruire» le texte

Le désordre chronologique auquel le lecteur de Jr est confronté préoccupe au moins en partie les commentateurs et exégètes de ce livre. Qui parcourt les ouvrages et les commentaires classiques[7] rencontre souvent, dès lors, des remarques d'ordre chronologique. Tout en respectant l'ordre du texte, certains exégètes soulignent volontiers, j'y faisais allusion, que tel ou tel passage n'est pas à la bonne place, qu'il serait beaucoup plus «logique» de le trouver à un autre endroit du livre[8]. Mais ils ne franchissent pas la barrière de la «réorganisation du texte». Certains, par contre, n'hésitent pas à céder à la tentation, comme les trois auteurs retenus pour illustrer le propos: Carl Heinrich Cornill, Jean Steinmann et John Bright[9]. Ceux-ci inscrivent dans la disposition

---

qui concerne la vie du prophète (p. 41). Dans le même sens, voir aussi D. DAY, *Jérémie: témoin de Dieu en un temps de crise*, Mulhouse, 1992. Au terme d'un bref commentaire actualisé du livre, dans lequel il dispose les actes de la vie du prophète selon leur séquence chronologique, l'auteur ajoute, p. 120: «Pour terminer, nous voudrions vous encourager à lire le texte biblique!» Mais soulignant combien l'ordre des chapitres est déroutant, il propose un arrangement du texte qui «donnera une histoire cohérente, et permettra de bien progresser dans la lecture de ce livre. [...] Mais ce n'est qu'une possibilité parmi beaucoup d'autres». Reste qu'en suivant cet ordre reconstitué, le lecteur risque de perdre de vue l'ensemble du livre de Jr, et de s'interdire de percevoir quoi que ce soit de sa logique propre.

6 Je reviendrai sur ce dernier aspect dans le 3e chap. de cette deuxième partie.

7 Pour ne pas dresser ici une liste fastidieuse, je renvoie à la liste des commentaires cités dans la bibliographie, cf. *infra*, en particulier pp. 363-365.

8 Cf. *supra* chap. 1 de cette deuxième partie, *passim*, pour les exemples.

9 C.H. CORNILL, *The Book of the Prophet Jeremiah. Critical Edition of the Hebrew Text arranged in Chronological Order with Notes*, The Sacred Books of the Old Testament 11, Leipzig, 1895; ID., *Das Buch Jeremia*, Leipzig, 1905; STEINMANN, *Jérémie*; BRIGHT, *Jere-*

même de leur ouvrage l'ordre qu'ils estiment être le bon pour lire le livre du prophète d'Anatôt. Parmi eux, Cornill propose, en plus de son commentaire, une nouvelle édition du texte hébreu, remis en ordre selon la chronologie historique, où sont reléguées en notes les parties du texte considérées comme des extrapolations[10]. Certes, ces auteurs mettent le doigt sur un élément frappant du livre; mais plutôt que de chercher à comprendre le pourquoi du «désordre», ils préfèrent réordonner le tout selon leur propre logique.

Pour prendre la mesure de cette manière de procéder, je voudrais maintenant montrer comment les trois auteurs retenus retracent le fil des événements en confrontant leurs choix avec le texte de Jérémie tel qu'il se présente à nous – tel qu'il a été reçu et lu pendant des siècles. Pour cela, il faudra avoir à l'esprit le travail effectué dans le chapitre 1, où les ruptures temporelles dans le récit ont été repérées grâce à des indices à même le texte.

Dans la reconstruction du texte que Cornill publie à nouveaux frais, les divers passages sont présentés selon deux critères: le premier est celui des différentes phases de la composition du livre, Cornill reconstruisant d'abord ce qu'il considère comme le texte le plus original, puis ajoutant les relectures postérieures; le second, à l'intérieur de la première répartition du texte, est celui de l'ordre chronologique des événements dans chaque section. Sa nouvelle édition critique de Jr est ainsi subdivisée en trois parties: la première reprend les textes écrits du vivant du prophète, rédigés tout au long de sa carrière, depuis ses débuts, puis sous les règnes de Joaqim, Joakin et Sédécias, et enfin après la destruction de Jérusalem. C'est dans cette section que Cornill place

---

miah. Sans exagérer, on peut affirmer que l'entreprise de «re-chronologiser» le livre a largement mobilisé les forces des exégètes. En tout cas, tous se sont confrontés au problème, même si les solutions apportées ont été différentes. J'en veux pour preuve que les trois auteurs repris ici sont issus de trois horizons linguistiques différents. Voir aussi, par ex., G. FOHRER, *Die Propheten des Alten Testaments*, 7 vols, Gütersloh, 1974 –1977, en particulier les vol. 2 (*Die Propheten des 7. Jahrhunderts*, 1974) et 7 (*Propheten-erzählungen*, 1977). Dans cet ouvrage, Fohrer retrace l'évolution des écrits prophétiques selon une ligne chronologique. Le livre de Jr se trouve ainsi écartelé entre le deuxième volume et le septième. Cette entreprise se manifeste aussi sous forme de «biographies du prophète», ouvrages qui, sans commenter le livre, se proposent de retracer la vie du prophète à partir du livre et de ce qu'il raconte de Jérémie. Cela passe nécessairement par une remise en ordre chronologique. Voir, par ex., A. GELIN, *Jérémie*, Témoins de Dieu 13, Paris, 1952; VITTONATTO, *La Sacra Bibbia. Geremia*, pp. 9-40; C. MESTERS, *O profeta Jeremias. Boca de Deus, boca do povo. Una introdução à leitura do livro do profeta Jeremias*, Por trás palavras, São Paulo, 1992. Il faut enfin noter que certaines traductions modernes du texte biblique vont dans le sens de la réorganisation chronologique de Jr. C'est le cas par ex. de la Bible de Jérusalem, dans sa première édition du livre de Jr qui date de 1951.

10 Cf. CORNILL, *The Book of the Prophet Jeremiah. Critical Edition.*

les chapitres 32, 33 et 35, qui se présentent comme des récits autobiographiques. La deuxième partie reprend la collection de récits biographiques rédigés, de toute évidence, après la mort de Jérémie. Dans cette partie, Cornill situe, tout en réorganisant les événements, les chapitres 34, 36, 37, 38, 41, 42, 43, 44, 45 et, en partie, les chapitres 39 et 40. Enfin, la troisième partie reprend les textes qui n'ont été écrits ni par Jérémie ni par les auteurs de la collection biographique, mais par des rédacteurs et relecteurs postérieurs. C'est ici que l'on retrouve le reste des chapitres 39 et 40. Ces choix sont expliqués au cas par cas dans les notes qui accompagnent le texte. Par ailleurs, aucune explication globale concernant la démarche qui sous-tend le travail n'est donnée dans cet ouvrage. Cela dit, dans son commentaire de Jr, Cornill suit l'ordre des événements donné par le narrateur.

Steinmann, quant à lui, justifie sa démarche dans l'*avertissement* de son ouvrage[11]. Il y explique qu'il présente la «traduction de l'œuvre du prophète insérée dans un récit suivi de la vie de celui-ci et de l'histoire du temps»[12]. Ce commentaire de Jérémie faisant suite à un commentaire du livre d'Isaïe, Steinmann remarque dans le livre du prophète d'Anatôt un «désordre [...] encore plus grand que celui du *livre d'Isaïe*». Aussi estime-t-il utile de rattacher les œuvres des écrivains inspirés à leur milieu vivant pour rendre leurs écrits «lisibles et accessibles»[13]. Il s'agit donc bien de mettre de l'ordre dans les événements racontés pour aider à les lire et à les comprendre.

Les motivations de Bright ressemblent fortement à celles de Steinmann. En effet, dans la ligne de la série où son ouvrage est publié, il ne se propose pas de donner un commentaire complet du livre biblique, mais d'en livrer une nouvelle traduction avec quelques notes afin que le lecteur puisse «aller au texte lui-même avec intelligence»[14]. Avant cela, il situe la carrière de Jérémie dans son cadre historique, puis s'attache à la structure et à la composition du livre. Le texte biblique est ensuite réparti en sections brièvement commentées. Dans cet ouvrage, l'auteur explique, entre autres choses, pourquoi il place tel passage à tel endroit. Son but avoué est de ne pas plonger le lecteur dans la confusion, de manière à ne pas le laisser dans l'incompréhension. C'est donc à nouveau le désir de guider le lecteur qui pousse à arranger le livre de la sorte, afin que la parole prophétique puisse parler aujourd'hui par-

11 STEINMANN, *Jérémie*, pp. 7-8.

12 STEINMANN, *Jérémie*, p. 7.

13 STEINMANN, *Jérémie*, p. 7.

14 BRIGHT, *Jeremiah*, p. V: «[...] to enable the reader to proceed intelligently to the text itself».

delà l'espace, les années et la langue[15]. Le plaisir du lecteur et sa compréhension des paroles de Jérémie passent donc, selon Bright, par une réorganisation chronologique.

C'est donc le souhait de faciliter la tâche du lecteur, de lui mâcher la besogne, en quelque sorte, qui anime ces trois auteurs dans leur démarche de réorganisation du livre.

2. Tableau comparatif des reconstructions chronologiques du texte

Pour rendre visible le travail de rechronologisation des trois auteurs choisis, je le présente dans un tableau où sont résumées les reconstructions chronologiques qu'ils proposent. On pourra ainsi prendre la mesure des diverses réorganisations et repérer quelques points communs. Par la suite, le récit reconstitué par chacun sera évoqué en détail.

Quelques mots d'explication d'abord. La première colonne sert à numéroter les lignes dans le but de faciliter la lecture du tableau. Dans la deuxième colonne, sont repris en caractères différents les événements dans l'ordre où ils se trouvent dans Jr, à partir du chapitre 32 jusqu'au chapitre 45. Lorsque les auteurs déplacent un événement issu du bloc 32–45, celui-ci est noté en *italique souligné* avec, en exposant, un chiffre renvoyant à la ligne en gras où l'événement figure. En caractères *italiques*, les épisodes provenant d'autres endroits du livre et que les auteurs intercalent dans le bloc narratif. Dans les trois autres colonnes, est rapporté l'ordre proposé par chacun des auteurs retenus. Lorsque l'un de ceux-ci ne situe pas un passage à la même place que les autres, un chiffre renvoie à la ligne correspondant au passage en question. Dans ces trois colonnes, les références des passages du bloc 32–45 figurent en plus grand caractère.

	Épisodes de Jr 32–45	Cornill	Steinmann	Bright
1	Le champ d'Anatôt, la prière de Jérémie, réponse de Yhwh (32)	*ligne 14*	*lignes 52, 80 et 84*	*lignes 58 et 80*
2	Suite de la réponse de Yhwh (33)	*ligne 15*	*ligne 85*	*ligne 85*
3	Sort réservé à Sédécias (34,1-7)	*ligne 42*	*ligne 42*	*ligne 42*
4	La libération provisoire des esclaves et réaction de Yhwh (34,8-22)	*ligne 47*	*ligne 44*	*ligne 44*
5	Les Récabites (35)	35,1-14. *15-16**.17-19	*ligne 30*	*ligne 30*
6	La mauvaise ceinture, la cruche de vin, menaces diverses (13)	13	*lignes 27 et 32*	- -

15 BRIGHT, *Jeremiah*, p. V.

7	Les bonnes et les mauvaises figues (24)	24	*ligne 39*	*ligne 35*
8	*Lettre aux exilés* (29)	29,1.3-15. 21-22a.31b.32	*ligne 38*	*ligne 38*
9	*Oracle contre Élam* (49,34-39)	49,34-39	- -	- -
10	Oracles concernant la maison royale et les rois (22)	22	*ligne 31*	- -
11	*Le roi de l'avenir et les faux prophètes* (23)	23,1-6.9-18. 21-40	*ligne 34*	- -
12	*Rencontre entre Jérémie et les envoyés de Sédécias* (21)	21,1-10.13.14	*lignes 43 et 53*	*ligne 41*
13	*"Maudit le jour où je suis né"; "Tu m'as séduit YHWH"* (20)	20,14-18.7-12	*ligne 25*	- -
14	[1] *Le champ d'Anatôt, la prière de Jérémie, réponse de YHWH* (32)	32,1a.1b*.2a. 2b-5*.6-15. 16-23*.24-44	*lignes 52 et 84*	*ligne 58*
15	[2] *Suite de la réponse de YHWH* (33)	33,1.2-3*. 4-13.14-26*	*ligne 85*	*ligne 85*
16	*Le nouvel exode* (23,7-8)	23,7.8 (= 16,14.15)	- -	- -
17	*Livret de Consolation* (30–31)	30,1-9.13-21	*ligne 67*	*ligne 79*
18		31,1.2-9. 15-34.38-40	*ligne 68*	
19	*Invasion de l'Égypte* (46,13-26)	46,13-26	- -	- -
20	*Altercation avec Pashehur* (19,1–20,6)	19,1–20,6	- -	- -
21	*Jérémie passe un «mauvais quart d'heure»* (26)	26,1-19.24.20-23	- -	- -
22	Ordre de mise par écrit des oracles sur un rouleau (36,1-4)	36	36,1-4	36
23	*Rappel du contenu des paroles de YHWH* (25,1-13)		25,1-13	
24	Les trois lectures du rouleau (36,5-32)		36,9.5-8.10-30.32	
25	*"J'entendais les calomnies de beaucoup"; "Maudit le jour où je suis né"; "Tu m'as séduit YHWH"* (20)	*ligne 13*	20,10-11. 14-18.7-9	- -
26	[86] *Promesse de vie sauve à Baruch* (45)	45	45	45
27	*Contre Jérusalem* (13,20-27)	*ligne 6*	13,20-22.25-27	- -
28	*Plaintes de YHWH sur son héritage envahi* (12,7-13)	- -	12,7-13	- -
29	*Plaintes de YHWH sur Jérusalem détruite par la guerre* (15,5-9)	- -	15,5-9	- -
30	[5] *Les Récabites* (35)	*ligne 5*	35	35
31	*Oracle contre Jérusalem et Konyahû (Joakin)* (22,24-30)	*ligne 10*	22,20-30	- -
32	*Menaces d'exil et paroles contre Konyahû (Joakin)* (13,17-19)	*ligne 6*	13,17-19	- -
33	*Appel aux pleureuses pour entonner la lamentation* (9,9-21)	- -	9,9.16-21	- -
34	*Le roi de l'avenir et les faux prophètes* (23)	*ligne 11*	23,1-6.9-17. 21-32	- -
35	*Les bonnes et les mauvaises figues* (24)	*ligne 7*	*ligne 39*	24

36	*Le joug* (27)	28,1a; 27,1-6.	27,2-16.18-20.22	27
37	*Altercation avec Hananya* (28)	8-22; 8,1b-17	28	28
38	*Lettre aux exilés* (29)	*ligne 8*	29,1.3-7.10-15.21-23	29,1-15.21-23. 16-20.24-32
39	*Les bonnes et les mauvaises figues* (24)	*ligne 7*	24,1-4.6-10	*ligne 35*
40	*Partie de l'oracle contre Babylone* (51)	51,59.60a.61.63. 64	- -	51,59-64b
41	*Rencontre entre Jérémie et les envoyés de Sédécias* (21,1-10)	*ligne 12*	*lignes 43 et 53*	21,1-10
42	[3] *Sort réservé à Sédécias* (34,1-7)	34,1-7	34,1-7	34,1-22
43	*Rencontre entre Jérémie et les envoyés de Sédécias* (21,1-10.13-14)	*ligne 12*	21,1-7.13-14	
44	[4] *La libération provisoire des esclaves et réponse de YHWH* (34,8-22)	*ligne 47*	34,8-13.15-22	
45	Reprise: non écoute de l'ensemble du peuple (37,1-2)	- -	37	37
46	Rencontre entre Jérémie et les envoyés de Sédécias (37,3-10)	37,5.3.6-10		
47	[4] *La libération provisoire des esclaves et réponse de YHWH* (34,8-22)	34,8-22		
48	Arrestation de Jérémie (37,11-21)	37,*1-2**. 11.4.12-21		
49	Jérémie dans la citerne est libéré par 'Ebed-Melek (38,1-13)	38,1-28a	*ligne 54*	38,1-28a
50	Entretien entre Sédécias et Jérémie (38,14-23)		*ligne 59*	
51	Sédécias suggère à Jérémie une réponse pour les princes (38,24-28)		38,24-28	
52	[1] *Le champ d'Anatôt, la prière de Jérémie, réponse de YHWH* (32)	*ligne 14*	32,1.6-17. 24-29.42-44	*lignes 58 et 80*
53	*Le chemin de la vie et le chemin de la mort* (21,8-10)	*ligne 12*	21,8-10	*ligne 41*
54	[49] *Jérémie dans la citerne est libéré par 'Ebed-Melek* (38,1-13)	*ligne 49*	38,1-13	*ligne 49*
55	Jérémie en prison lors de la prise de la ville (38,28b)	*ligne 61*	*ligne 61*	*ligne 61*
56	Prise de Jérusalem, fuite de Sédécias, déportation et sort de Jérémie (39,1-15)	*lignes 62 et 81*	*lignes 60 et 65*	*lignes 60 et 62*
57	Promesse de vie sauve à 'Ebed-Melek (39,15-18)	39,15-18	39,15-18	39,15-18
58	[1] *Le champ d'Anatôt* (32,1-15)	*ligne 14*	*lignes 52 et 84*	32,1-15[16]

16 Ce passage est repris deux fois par BRIGHT dans son commentaire: pp. 235-239 dans la section qui concerne les événements de la vie de Jérémie, et pp. 288-298 dans la section concernant le «livret de la consolation». La raison de son choix est assez simple, p. 238: «The passage treated in this section is of the greatest importance for the light that it casts on the hope that Jeremiah held for the future. It has, for obvious reasons, been transmitted as a part of the so-called "Book of Consolation" (chs. xxx-xxxiii), and we shall return to it in that connection below. But it must, for completeness' sake, be included here also».

59	[50] *Entretien entre Sédécias et Jérémie* (38,14-22)	*ligne 50*	38,14-20.22	*ligne 50*
60	[56] *Prise de Jérusalem, fuite de Sédécias, déportation et sort de Jérémie* (39,1-10)	*lignes 62 et 81*	39,1-2.4-7	39,1-2.4-10
61	[55] *Jérémie en prison lors de la prise de la ville* (38,28b)	38,28b	38,28b	38,28b
62	[56] *Les princes chaldéens entrent en ville; libération de Jérémie* (39,1-3.11-14)	39,3.14	*ligne 69*	39,3.14.11-13
63	[56] *Mission à Nebuzar'adan de libérer Jérémie; déportation* (39,8-10.13-14)	*lignes 62 et 81*	39,13-14.8-10	*lignes 60 et 72*
64	*Le sort réservé au Temple et déportation de notables* (52,17-27)	- -	52,17-27	- -
65	[56] *Parole de Nabuchodonosor sur Jérémie* (39,11-12)	*lignes 62 et 81*	39,11-12	*lignes 60 et 62*
66	Jérémie a le choix: partir à Babylone ou rester dans le pays (40,1-6)	*ligne 82*	40,1-5	40,1-6
67	*Livret de consolation* (30–31)	*ligne 17*	30,1-7.10-15.18-20	*ligne 79*
68		*ligne 18*	31,2-6.9.7-8.10-13.15-16.18-22.27.31-37	
69	*Nombre des déportés* (52,28-30)	- -	52,28-30	- -
70	Godolias gouverneur, un complot se prépare (40,[6]7-16)	40,6-16	40,7-16	40,7-16
71	Assassinat de Godolias (41)	41	41	41
72	Décision des pro-égyptiens de se réfugier en Égypte (42,1-18)	42	42,1-18	42,1-18
73	[75] *Baruch accusé d'influencer Jérémie contre l'Égypte* (43,1-3)		43,1-3	43,1-3
74	Jérémie insiste pour que le peuple ne soit pas emmené en Égypte (42,19-22)		42,19-22	42,19-22
75	Départ pour l'Égypte (43)	43	43,4-10.12	43,4-13
76	En Égypte: altercation entre le peuple et le prophète (44)[17]	44,1-28.*29-30**	44,1-2.7-8.15-22.24-30[18]	44
77	*Idoles et vrai Dieu* (10,1-16)	10,1-4.9.5-8.10.12-16	- -	- -
78	*A propos du sabbat* (17,19-27)	17,19-27	17,19-27	- -
79	*Livret de Consolation* (30–31)	*lignes 17-18*	*lignes 67-68*	30–31
80	[1] *Le champ d'Anatôt, la prière de Jérémie, réponse de* YHWH (32)	*ligne 14*	32,2-5.17-23.30-35	32,1-17a.24-27.36-44.17b-23.28-35
81	[56] *Chute de Jérusalem; fuite de Sédécias; déportation et sort de Jérémie* (39,1-13)	39,1-2.4-12.*13**	*lignes 60 et 65*	*ligne 49 et 60*

17 Ici s'arrêtent, selon ces auteurs, les écrits de Jérémie.

18 Selon STEINMANN, *Jérémie*, ici s'arrêtent ce qu'il appelle les «*Ultima Verba*» du prophète. Selon ce commentateur, la suite est l'œuvre de continuateurs et de commentateurs de Jérémie. Dans cette partie de son commentaire, l'auteur classe les passages selon leur genre littéraire, cf. p. 298.

82	66 *Jérémie a le choix: partir à Babylone ou rester dans le pays* (40,1-5)	40,1-5	*ligne 66*	*ligne 66*
83	76 *En Égypte: altercation entre le peuple et le prophète* (44)	*ligne 76*	44,3-6.9-14	- -
84	1. 2 *Réponse de YHWH à la prière de Jérémie* (32,36–33,26)	*ligne 14*	32,36-41	- -
85		*ligne 15*	33	33
86	Promesse de vie sauve à Baruch (45)	*ligne 26*	*ligne 26*	*ligne 26*

Plusieurs éléments sautent aux yeux à la vue de ce tableau. Le plus flagrant est, bien sûr, qu'aucun de ces trois auteurs ne suit l'ordre du récit tel qu'il se trouve dans Jr. On remarquera, en outre: [1] la forte ressemblance entre les ordonnancements proposés par Steinmann et Bright; [2] dans les trois reconstructions, les chapitres 36 et 45 (autour du livre brûlé et de Baruch), 34 et 37 (relation de Jérémie avec Sédécias jusqu'à l'arrestation du prophète), et en partie 38 et 39 (de l'enfermement de Jérémie dans la citerne à la prise de Jérusalem) se retrouvent ensemble, par paires; [3] la série des chapitres 40–44 est respectée chez les trois auteurs, ce qui n'est pas étonnant étant donné qu'elle se présente selon l'ordre chronologique dans le texte de Jr; [4] il y a de grandes hésitations pour ce qui est des faits relatés au chapitre 39 autour de la prise de Jérusalem.

3. Reconstruction de chaque récit

Pour rendre plus parlant le tableau ci-dessus, je voudrais à présent retracer le récit tel que chacun des auteurs choisis le reconstruit. Il faut souligner d'emblée que, à l'exception de Cornill qui propose dans un premier temps un texte hébreu sans commentaire, ces auteurs ne disposent pas leur texte pour permettre au lecteur d'en faire aisément une lecture suivie. En effet, un commentaire présente le texte biblique de manière assez fragmentée – une façon de faire liée au genre littéraire de ce type d'ouvrage –, sans chercher à donner au lecteur, dans un premier temps, le loisir de lire l'ensemble du texte.

Dans les récits reconstitués, je me limite aux péricopes des chapitres 32–45, en signalant, le cas échéant, les quelques textes que les auteurs intercalent en provenance d'autres endroits du livre, essentiellement des oracles. On verra que ces exégètes proposent de lire Jr selon un nouveau récit, différent de celui que le narrateur propose, et qui ne délivre donc probablement pas le même message global.

a. Cornill

L'histoire commence sous Joaqim, par la tentation des Récabites (chap. 35). Rien de plus «normal», étant donné que ce roi précède Sédécias sur le trône. Suivent des épisodes extraits d'autres endroits du livre: le chapitre 13, qui relate l'action prophétique de la ceinture pourrie (v. 1-11), les cruches de vin entrechoquées (v. 12-14), la perspective de l'exil et des menaces pour le roi et pour Jérusalem (v. 18-27). Viennent ensuite la vision des deux paniers de figues (chap. 24), la lettre aux exilés (chap. 29), l'oracle contre Élam (46,34-39), des oracles contre celui qui siège sur le trône de Juda (chap. 22), la réponse que Jérémie adresse aux envoyés de Sédécias et une parole contre la maison royale (chap. 21), et, enfin, une plainte de Jérémie à YHWH concernant le sort qui lui est réservé à cause de sa mission (20,7-18).

Cornill revient alors à la longue section en prose qui nous occupe. Il est étonnant de voir qu'il place ici l'achat du champ, la prière de Jérémie qui le suit et la réponse de YHWH, soit des chapitres que le texte biblique situe sous Sédécias (chap. 32–33). Avant de revenir au règne de Joaqim avec les chapitres 36 et 45[19] (le récit de la mise par écrit du rouleau et de sa lecture, et la parole de vie sauve adressée à Baruch à cette occasion), Cornill insère l'oracle du nouvel exode (23,7-8), le «livret de la consolation» (chap. 30–31), une partie de l'oracle contre l'Égypte concernant son invasion (46,13-26), l'altercation avec le prêtre Pashehûr (19,1–20,6), le jugement de mort pour Jérémie à l'initiative des prêtres et des prophètes (chap. 26).

Après la promesse à Baruch (chap. 45), vient une série d'épisodes: l'histoire du joug (chap. 28), l'altercation avec le faux prophète Hananya (chap. 27) et le message jeté dans l'Euphrate qui clôture l'oracle contre Babylone (51,59-64). Puis Cornill retrouve des faits rapportés par notre section. Après les paroles annonçant le sort du roi Sédécias lors du siège de Jérusalem par les Chaldéens (34,1-7), les Égyptiens arrivent et les Chaldéens lèvent le siège de la ville (37,5). Le roi décide alors d'envoyer une ambassade auprès de Jérémie pour qu'il interroge YHWH de sa part (37,3.6-10). Une fois reçue la réponse divine, le roi décide de proclamer l'affranchissement des esclaves. Le souverain est suivi dans un premier temps par le peuple et ses princes, mais cela ne dure guère (34,8-11), et cette marche arrière entraînera la punition promise par YHWH et maintes fois répétée par le prophète (34,12-22).

19 Le choix de CORNILL est d'autant plus étonnant que, dans sa reconstruction du texte, il garde les dates rapportées par le TM. Sa reconstruction se révèle donc non chronologique à cet endroit. Cf. *The Book of the Prophet Jeremiah. Critical Edition*, pp. 21 et 28.

Jérémie entreprend alors d'aller dans son pays, Benjamin, mais il est arrêté par un chef de la garde qui l'accuse de trahison (37,13). Le prophète se retrouve en prison sur décision des princes. Il est tiré provisoirement d'affaire par le roi qui veut lui parler, puis décide de ne pas le renvoyer en prison, mais de le mettre en garde à vue dans la cour de la garde (37,15-21). Les princes ne semblent pas contents de cette décision: ils incitent le roi à mettre à mort le prophète. Le roi leur laisse alors quartier libre, et Jérémie se retrouve dans la citerne, d'où il sera libéré, non par le roi cette fois, mais par 'Ebed-Melek (chap. 38). Ainsi sauvé, Jérémie adresse une promesse de vie sauve à ce Kushite humain et courageux (39,15-18).

Jérémie se trouve donc dans la cour de la garde (38,28b) lorsque les princes chaldéens entrent dans les murs de Jérusalem et libèrent le prophète (39,3.14). Les conquérants mettent en place un gouverneur, Godolias, mais un complot se prépare contre lui (40,6-16) afin de l'assassiner (chap. 41). Une fois le meurtre accompli, les assassins du gouverneur sont poursuivis par des Judéens pro-Égyptiens. Ceux-ci les rattrapent et libèrent le peuple qui, sous la contrainte des rebelles, les avait suivis. Tout ce petit monde prend alors la direction de l'Égypte, malgré l'insistance de Jérémie pour que le peuple demeure dans le pays (chap. 42). Mais l'appel du prophète n'est pas écouté: c'est le chemin de l'Égypte que le peuple et ses chefs empruntent (chap. 43). Une fois arrivé, Jérémie s'opposera au peuple à propos des idoles (chap. 44).

L'histoire ainsi reconstituée n'est pas tout à fait celle que racontent les chapitres 32–45 de Jérémie, mais une adaptation, qui ajoute et enlève des épisodes. On remarquera aisément, en effet, que quelques textes ont été escamotés dans ce récit, comme par exemple la fuite de Sédécias et la déportation (39,4-10), un épisode considéré comme de rédaction plus tardive, ou encore la libération de Jérémie en 40,1-6. En revanche, d'autres, provenant d'autres endroits du livre, ont été ajoutés.

b. Steinmann

La séquence reconstituée par Steinmann débute avec l'ordre que YHWH donne à son prophète de mettre par écrit toutes les paroles qu'il a adressées au peuple sous Joaqim (36,1-4). Interrompant le récit biblique qui continue avec la mise par écrit du rouleau par Baruch et sa lecture, Steinmann intercale ici une parole de Jérémie (25,1-13) rappellant qu'il reçoit la parole de YHWH depuis vingt-trois ans et que, depuis ce moment-là, il parle au peuple sans se lasser, tout comme YHWH lui-même ne se lasse pas d'envoyer ses serviteurs les prophètes. Malgré cela, le peuple n'écoute pas. Dès lors, l'exil est inévitable, mais le retour est prévu soixante-dix ans plus tard. Steinmann revient alors au chapitre 36 pour raconter la suite, jusqu'à la seconde mise par écrit, après que le roi a brûlé le premier rouleau. Ensuite, Jérémie se plaint (20,7-18) du tort que lui occasionne la proclamation de la parole de YHWH. Baruch se plaint également, mais nous ne l'entendons qu'à travers les paroles de réconfort de YHWH lui promettant la vie sauve (chap. 45). Suivent une admonestation contre Jérusalem (13,20-27) et la plainte de YHWH sur son héritage envahi (12,7-13) et sur les malheurs de la guerre qui frappent Jérusalem (15,5-9).

C'est alors que Steinmann situe la tentation des Récabites, épisode daté du règne de Joaqim (chap. 35). Suivent une série d'oracles contre Konyahû, contre les pasteurs qui dispersent le peuple et contre les faux prophètes, puis l'action prophétique du joug (chap. 27), l'altercation avec Hananya (chap. 28), la lettre aux exilés (chap. 29) et la vision des deux corbeilles de figues (chap. 24).

Sédécias devenu roi, Jérémie reçoit une parole concernant le sort futur du souverain (34,1-7). Le roi envoie alors une ambassade à Jérémie (chap. 21), et, suite à sa réponse, décide la libération des esclaves qui connaît l'échec que l'on sait, à cause de la non-écoute du peuple et de ses chefs (34,8-22). Ce thème de la non-écoute (37,1-2) assure une transition parfaite avec la rencontre entre Jérémie et les envoyés du roi (37,3-10) et l'emprisonnement de Jérémie alors qu'il veut se rendre en Benjamin (37,11-21). Le roi suggère au prophète une réponse toute faite pour les princes qui pourraient l'interroger (38,24-28). C'est alors qu'intervient l'achat du champ, avec la prière de Jérémie et la réponse de YHWH (chap. 32), un épisode fortement remanié par Steinmann.

Vient ensuite l'oracle proposant au peuple, de la part de YHWH, le choix entre un chemin de vie et un chemin de mort (21,8-10). Jérémie est alors accusé par les princes de décourager les hommes de guerre, puis descendu sans ménagement dans une citerne dont l'extrait 'Ebed-Melek (38,1-13) qui reçoit en retour une parole de vie sauve (39,15-18). Le roi convoque alors le prophète pour savoir s'il y a pour lui une parole de YHWH (38,14-20.22).

Jérusalem prise, Sédécias s'enfuit et est rattrapé par les hommes de Nabuchodonosor (39,1-2.4-7). À ce moment-là, Jérémie se trouve dans la cour de la garde (38,28b), d'où il est libéré sur ordre de Nabuchodonosor lui-même, qui lui permet de choisir où se rendre (39,13-14.8-12). Les notables du peuple, quant à eux, sont déportés, et le temple est détruit après qu'on en a emporté les vases sacrés (52,17-27). Pour sa part, Jérémie décide de rester au milieu du peuple à la tête duquel Nabuchodonosor met un gouverneur, Godolias (40,1-6). C'est alors que le prophète annonce la restauration d'Israël et de Juda (chap. 30–31). Ensuite, avant de revenir sur le complot qui se prépare contre Godolias (40,7-16), Steinmann insère le décompte des déportés (52,28-30).

Le nouveau gouverneur imposé par Nabuchodonosor est assassiné (chap. 41) et les pro-Égyptiens décident de partir vers l'Égypte (42,1-18), en entraînant Jérémie, mais aussi Baruch, que l'on accuse d'influencer le prophète dans ses options pro-babyloniennes (43,1-3). Jérémie insiste afin que le peuple reste dans le pays (42,19-22) mais rien n'y fait: les princes emmènent le peuple en Égypte (43,4-10.12), où Jérémie conteste son idolâtrie (chap. 44).

De nouveau, cette reconstruction est une adaptation du récit biblique, adaptation différente de celle que propose Cornill. Ici aussi des passages sont escamotés, mais ce ne sont pas les mêmes. Le plus frappant est l'absence de la deuxième partie de la réponse de YHWH à Jérémie après l'achat du champ (chap. 33), mais aussi au chapitre 32, les versets 36-41 qui annoncent le retour et le rétablissement du peuple dans la paix, ou encore 44,3-6.9-14 qui rappelle l'idolâtrie et le péché du peuple. Ces textes sont attribués à des relectures postérieures.

c. Bright

Si l'on ne considère que le bloc des chapitres 32–45, la reconstruction de Bright est très semblable à celle que propose Steinmann. Cependant, les passages provenant d'autres endroits du livre qu'il intercale dans sa propre reconstruction du récit ne sont pas toujours les mêmes, et n'interviennent pas aux mêmes moments. Cela ne pourrait-il signifier que Bright s'inspire de Steinmann sans pour autant le suivre dans les moindres détails? Voici les quelques endroits où des variations interviennent.

Bright fait débuter son récit par la séquence des chapitres 36, 45 et 35, tous trois situés pendant le règne de Joaqim. Il ne les entrecoupe pas d'autres textes ou oracles.

Après l'épisode des Récabites, Jérémie reçoit la vision des deux corbeilles de figues (chap. 24), il se promène en ville avec un joug (chap. 27), se dispute avec Hananya (chap. 28) et envoie une lettre aux exilés (chap. 29). Viennent ensuite l'ordre de jeter un oracle dans l'Euphrate (51,59-64) et l'arrivée de l'ambassade du roi Sédécias (21,1-10). Suite à la réponse du prophète, le roi décide la libération des esclaves (34,8-22), puis une nouvelle rencontre a lieu entre Jérémie et les envoyés du roi (37,1-10). Jérémie est alors arrêté, au moment où il se rend en Benjamin (37,11-21), jeté dans la citerne et sauvé par 'Ebed-

Melek (chap. 38), qui se voit promettre la vie sauve (39,15-18). Le prophète se retrouve alors dans la cour de la garde et raconte la visite qu'il a reçue de son cousin, ainsi que l'achat du champ d'Anatôt (32,1-15).

À ces quelques éléments, on peut voir que ce récit est proche de celui de Steinmann. Pour ce qui suit la chute de Jérusalem, les différences sont vraiment minimes. Ainsi, selon Bright, une fois le roi fait prisonnier, une partie du peuple est déportée et Jérémie est libéré de la cour de la garde (39,1-14). Après quoi, il décide de rester au milieu du peuple, avec le nouveau gouverneur (40,1-6). À la différence de Steinmann, Bright n'intercale rien entre 40,6 et 40,7. Ensuite, à partir de 40,7, la reconstruction de Bright – jusqu'à l'altercation entre le prophète et le peuple en Égypte (chap. 44) – est identique à celle de Steinmann, ce qui n'est guère étonnant puisque les chapitres 40–44 suivent l'ordre chronologique dans le TM.

III. Conclusion

1. Principales différences et ressemblances dans «les ordres chronologiques» proposés

Logiquement, Steinmann et Bright font commencer la section par le chapitre 36 qui relate la mise par écrit du rouleau et les trois lectures successives de celui-ci. Ces épisodes sont situés, en effet, sous le règne de Joaqim, prédécesseur de Sédécias, roi concerné par les trois premiers chapitres de notre section en prose. Cornill, par contre, fait commencer l'histoire par l'épisode des Récabites, le chapitre 35, qui se situe lui aussi sous le règne de Joaqim. Mais nous avons vu que ce choix ne peut se justifier à partir du texte, car le verset 11 situe cet épisode vers la fin du règne de Joaqim[20], tandis que les chapitres 36 et 45 sont datés de la quatrième année de Joaqim (voir 36,1 et 45,1).

Plus étonnant, par contre, étant donné qu'il maintient les dates proposées par le TM, est le choix de Cornill de placer l'épisode de l'achat du champ (chap. 32), et une partie de la réponse de YHWH à la prière de Jérémie (chap. 33), avant le chapitre 36. En effet, les chapitres 32 et 33, fortement liés entre eux, sont situés sous le règne de Sédécias.

20 Cf. *supra*, chap. 1 de cette deuxième partie, en particulier pp. 126-127.

Les trois auteurs reviennent alors au chapitre 34, et à quelques passages près, leurs reconstructions sont plutôt semblables. Cela n'a rien d'étonnant, dès lors que le texte donne des éléments assez clairs sur le déroulement chronologique des différents épisodes. Cependant, le texte biblique ne les raconte pas à la suite l'un de l'autre, il faut y insister, raison pour laquelle ces reconstructions chronologiques ont été tentées.

2. Peut-on envisager une autre solution au problème?

Les recherches des commentateurs classiques pour reconstituer l'ordre chronologique des faits relatés dans les chapitres 32–45 de Jr aboutissent à des résultats relativement contrastés. L'explication des différences est sans doute à chercher en partie dans le fait que ces auteurs divergent quant au texte qu'ils considèrent comme original, dans la mesure où ils ne s'accordent pas, d'une part, sur les passages qui appartiennent à l'œuvre reflétant la carrière du prophète et, d'autre part, sur ceux qui sont dus à la plume de rédacteurs postérieurs. Il reste que ces reconstructions ont au moins l'avantage de montrer combien le texte actuel de Jérémie présente une curieuse gestion de la temporalité. Mais plutôt que de penser, comme le font ces auteurs, que seul l'ordre chronologique peut donner du sens, ne faut-il pas accorder plus de confiance au rédacteur final? Pourquoi, en effet, avoir laissé le récit dans cet ordre? Pourquoi le texte a-t-il été reçu comme tel, s'il n'a guère de sens comme tel? Est-on contraint, pour comprendre, ou bien de reconstituer l'ordre des faits, ou bien de supposer que seuls les épisodes singuliers ont du sens? Ne faut-il pas au moins tenter de saisir la logique du texte final?

À l'appui de ceci, on peut invoquer la réflexion de W.J. Martin[21] concernant la conception différente de l'histoire chez les Indo-Européens et dans le monde sémitique, différence liée à des appréhensions divergentes du temps et donc à une façon différente de raconter une histoire. En effet, les langues indo-européennes possèdent trois catégories de temps: passé, présent et futur. Elles se représentent donc le temps comme une ligne continue qui va du passé au futur en passant par le présent. De leur côté, les langues sémitiques n'ont que deux catégories (accompli et inaccompli) et représentent le temps et l'histoire comme des fragments juxtaposés en séquences dont l'ordre est celui de l'importance des événements et non pas forcément la chronologie

21 W.J. MARTIN, «"Dischronologized" Narrative in the Old Testament», in: *Congress Volume Rome 1968*, VTS 17, Leiden, 1969, pp. 179-186.

stricte[22]. Ceci n'efface pas le constat global de Meir Sternberg, à savoir que le «désordre» ne va pas jusqu'à raconter la mort de quelqu'un avant de raconter sa naissance: l'ordre global qui va d'un début à une fin est donc maintenu. Mais il reste que vouloir couler un récit dans un moule ou dans un modèle[23] préalablement construit non seulement efface l'art littéraire à l'œuvre dans le texte[24], mais menace sans doute aussi la différence culturelle que celui-ci met en œuvre et qui est à respecter.

Dès lors, celui qui s'attache à lire un livre dans son ensemble comme unité littéraire est en droit de se demander comment, quoi qu'il en soit de l'histoire du texte, la forme finale de l'œuvre fait sens et développe sa saveur propre. Le lecteur de la *Divina Commedia* doit-il, pour apprécier l'œuvre et la comprendre, se demander dans quel ordre Dante a écrit son œuvre en vue de mettre les différents chants dans le «bon ordre» – celui selon lequel ils ont été rédigés? Doit-il se demander quelles retouches de style ou quels ajouts il y a apportés postérieurement, pour les gommer avant de lire le poème?

Au demeurant, en ce qui concerne Jr, cette démarche de réorganiser le texte se heurte à une difficulté supplémentaire. En effet, pour les

22 Dans son article «"Dischronologized" Narrative», MARTIN explique, p. 180: «In order to provide a proper chronological frame-work for any narrative, it must be assumed that a language has at its disposal the means of distinguishing the various time-phases common to human experience. In Indo-European, time seems to be regarded as a linear continuum, with three characteristics, that of pastness, presentness, and futurity. According to this system an event particle is considered as getting less and less remotely future, then entering the present, and then becoming more and more remotely past. [...] While in Indo-European the "punctual" tenses seem to predominate, in Semitic time seems to be considered more in sections or segments, with two main divisions, one of which is perfective, thus —|, and the other non-perfective |—».

23 MARTIN, «"Dischronologized" Narrative», donne de nombreux exemples pour montrer que la déchronologisation de l'histoire est fréquente, non seulement dans la Bible, mais aussi ailleurs dans le monde sémitique. Une fois cette constatation faite, il se refuse à proposer un modèle qui pourrait s'appliquer à tous les cas de déchronologisation et les expliquer. Il écrit ceci, p. 186: «It would be hazardous indeed to attempt to explain the motives for "dischronologization". The words of Coleridge, the greatest of all literary critics, are perhaps not irrelevant here: "The ultimate end of criticism is much more to establish the principle of writing than to furnish rules how to pass judgement on what has been written by others". No element in language is more subjective than that of style. The forms it may take are unpredictable and even where there is abundant extraneous documentary material on a writer's background, it defies mechanical analysis, for it lies beyond the proper limits of objective research».

24 MARTIN, «Dischronologized" Narrative», p. 186: «A writer, on the other hand, might wish to subordinate and arrange incidents according to their relative importance. The major consideration with any writer of literary talent would be to present his material so organized as to stimulate attention and to communicate it effectively».

chapitres 32–45 TM, la LXX présente le même ordre des péricopes (chap. 32–45 TM = chap. 39–51 LXX), même si l'ensemble est situé à un autre endroit du livre, après les oracles contre les Nations, alors qu'il se trouve avant ces mêmes oracles dans le TM. Par ailleurs, il y a des variantes dans ce bloc de texte entre la LXX et le TM. Certaines sont minimes, mais d'autres plus importantes, comme par exemple l'absence de 33,14-26 TM et 39,4-13 TM dans la LXX. Cela signifie que les rédacteurs du TM, qui semblent ne pas avoir hésité à réorganiser l'ordonnancement d'un écrit antérieur (la *Vorlage* de la LXX?), ont néanmoins conservé l'ordre bizarre de la section en prose tout en procédant à deux ajouts importants (chap. 33,14-26TM et 39,4-13TM). Le désordre chronologique ne semble donc pas les avoir dérangés.

Ainsi, nous sommes face à un récit déroutant par sa «déchronologisation», mais qui n'est pas forcément illogique. Simplement, dans ce récit, ce n'est pas la logique chronologique qui s'impose. Les éléments sont livrés par le narrateur au compte-gouttes et sans ordre évident. Mais cela peut faire partie de son art de conteur.

> «Pour prétendre au titre d'art – dit Sternberg –, la chronologie doit subir une déformation de telle sorte qu'elle doive être graduellement reformée et reconstruite dans la lecture, sur le modèle de l'essai et de l'erreur, avec des retards et des détours appropriés ainsi que des surprises en cours de route, quand ce ne sont pas des zones d'obscurité et d'ambiguïté subsistant jusqu'à la fin»[25].

Il y a donc là un défi pour le lecteur: trouver la ou les logique(s) propre(s) à cette narration particulière qui est faite d'une histoire. L'étape de la reconstruction chronologique par le lecteur est donc utile, mais doit rester secondaire: si cet ordre avait été indispensable pour comprendre ce que le narrateur entend communiquer, c'est en le suivant qu'il nous raconterait son histoire. En effet, comme l'a bien souligné Jérôme[26], ce n'est pas le souci de la chronologie qui prime ici, mais ce qui est utile pour les lecteurs et les auditeurs.

---

25 STERNBERG, «Time and Space in Biblical (Hi)story Telling», p. 82: «To qualify for art, chronology needs to undergo such deformation in the telling as to be only gradually reformed or reconstructed in the reading, trial-and-error fashion, with appropriate delays and twists and surprises en route, if not pockets of darkness and ambiguity to the end». Je traduis.

26 Cf. *supra*, p. 137.

CHAPITRE 3
Une autre manière d'aborder le texte: à partir des approches synchroniques

I. Introduction

Après avoir exposé dans le chapitre 2 le travail de trois commentateurs classiques qui se sont attachés à mettre de l'ordre dans le «désordre» du livre, je vais proposer ici une autre approche du texte, en me servant de repères mis en évidence dans le premier chapitre de cette partie. En effet, nous l'avons vu, l'organisation des chapitres 32–45 est déroutante, et les solutions historiques examinées jusqu'à présent n'aident pas le lecteur dans sa compréhension du texte actuel. Pour comprendre ce texte déroutant, le lecteur doit, certes, arriver à se représenter l'ordre chronologique des événements, ce que les formalistes russes ont appelé la *fabula*[1]. Mais ce n'est pas le tout de la démarche à accomplir. La question qui importe, en effet, est de savoir pourquoi les événements s'enchaînent de cette manière et pas autrement.

N'est-il pas, dans un domaine probablement plus familier aujourd'hui comme le cinéma[2], des films avec des retours en arrière et des sauts en avant continuels, des films qu'il faut parfois voir et revoir pour bien les comprendre? Les exemples sont nombreux. Souvent il s'agit de films dits d'essai ou d'auteur, comme, par exemple, *In the Mood for Love*[3]. L'histoire se déroule sous forme de tableaux juxtaposés, technique qui ne donne pas l'impression d'une histoire suivie; pourtant le film en raconte bien une. Il s'agit de la rencontre entre un homme et une femme, voisins de palier et tous deux mariés, qui sont amenés à se rapprocher l'un de l'autre suite à l'absence répétée de leurs conjoints respectifs. Le récit nous apprendra plus loin que ceux-ci sont amants, d'où leurs absences aux mêmes moments. Mais c'est au spectateur de

1 Cf. SKA, SONNET, WÉNIN, *L'analyse narrative*, p. 27.

2 L'exemple du cinéma n'est pas anodin, car il est une forme de narration, comme le souligne J.-M. ADAM, *Le récit*, Que sais-je? 2149, Paris, 6e éd. 1999, pp. 9-10: «la narrativité ne dépend pas du support figuratif. Une séquence d'images (fixes ou mobiles), un mélange images-texte (bande dessinée, publicité), un texte écrit ou encore un message oral inséré dans une conversation peuvent également raconter».

3 Un film de Wong Kar-Wai, Hong-Kong – France, 2000.

remettre les scènes en ordre pour reconstituer l'histoire qu'elles forment. Les exemples sont nombreux également parmi les films plus connus, comme *Toto le héros*[4], *Le Patient Anglais*[5], où un personnage se souvient d'épisodes passés et les raconte, ou encore *La Mauvaise Éducation*[6], où la vie d'un réalisateur se mélange au scénario du film sur son enfance qu'il est en train de tourner. Dans les trois cas, le récit comprend de nombreux retours en arrière qui ne sont pas disposés dans l'ordre chronologique. À ces exemples, on peut en ajouter un autre qui colle peut-être mieux au déroulement de l'histoire de Jr 32–45: *The Hours*[7]. Il s'agit de trois histoires de femmes qui s'entremêlent dans un même récit autour d'un livre de Virginia Woolf: il y a tout d'abord cet auteur qui écrit *Mrs Dalloway* au début des années vingt. Vient ensuite Laura, qui lit ce livre en 1951, et enfin, en 2001, Clarissa, surnommée Mrs Dalloway[8] par un ami poète, Richard[9], qui, à la fin du film, s'avérera être le fils de Laura. Chacune de ces femmes essaie de se débrouiller comme elle peut avec sa vie. *Virginia* se bat avec ses démons, ce qui la mènera au suicide. *Laura* mène une vie qui, de l'extérieur, peut sembler idéale: mariée avec un homme qui l'adore, elle a un petit garçon et est enceinte. Mais elle se sent étouffer dans cette vie parfaite. Et la lecture qu'elle est en train de faire la pousse à changer radicalement de vie. Ainsi, elle cherche une solution pour se sortir de cette prison: aimer une femme, se suicider ou encore quitter sa famille pour retrouver son équilibre – ce qu'elle fera effectivement, bien que le spectateur

4 Un film de Jaco Van Dormael, Belgique – France, 1991. Il raconte l'histoire de Thomas. Ce vieil homme habitant dans un hospice est persuadé qu'Alfred lui a volé sa vie. Ses souvenirs défilent et hantent Thomas, au point qu'il décide de retrouver son vieil ennemi pour le tuer. Finalement, il changera d'avis mais se fera passer pour lui auprès de certains tueurs qui en veulent à sa vie. C'est ainsi que Thomas se venge de la vie qu'Alfred lui a prise en lui volant sa mort.

5 Un film de Anthony Minghella, USA – Grande-Bretagne, 1996. D'après un roman de M. Ondaatje paru en 1992. Le film se déroule pendant la deuxième guerre mondiale et raconte l'histoire d'une infirmière qui se consacre à un seul patient – serait-il anglais? – amnésique et méconnaissable à cause de ses blessures qui le mèneront lentement à la mort. Au fil des jours passés ensemble, les souvenirs de l'homme resurgissent et montrent jusqu'au bout un homme ambigu, dont l'honneur est mis en doute. Ce n'est qu'à la fin qu'un autre personnage de l'histoire lèvera le voile sur cet homme mystérieux.

6 Un film de Pedro Almodovar, Espagne, 2004. En manque d'inspiration, Enrique, jeune réalisateur reçoit d'Ignacio, un de ses anciens camarades de collège, une nouvelle qu'il a écrite et qui se base largement sur des souvenirs de leur enfance. Enrique décide d'adapter le récit pour le cinéma, ce qui lui permet aussi de découvrir peu à peu la véritable identité d'Ignacio et la descente aux enfers qu'il a vécue.

7 Un film de Stephen Daldry, USA, 2001. D'après le roman de M. Cunningham.

8 Ce personnage de V. Woolf se nomme également Clarissa.

9 Comme le mari de Clarissa Dalloway dans le roman de V. Woolf.

ne l'apprendra qu'à la fin du film. *Clarissa* cherche son épanouissement en s'occupant d'un écrivain sidéen qu'elle aime profondément, au-delà du fait que l'un comme l'autre sont homosexuels. L'homme doit recevoir un prix pour son œuvre et elle décide de préparer (comme la «vraie» Mrs Dalloway) une fête à laquelle elle sait que le poète ne viendra probablement pas. Il est nécessaire de revenir maintenant à l'histoire de Virginia et à l'écriture de son livre, du moins dans le film. Dans l'intrigue du roman, en effet, un personnage doit se suicider. Longtemps, Virginia imagine qu'il s'agira de la protagoniste mais, au dernier moment, elle change d'avis et le personnage qui se suicide ne sera pas Mrs Dalloway mais le poète[10]. C'est aussi ce qui se passe en 2001: Richard, le poète, l'homme abandonné par sa mère alors qu'il n'était qu'un enfant, se suicide sous les yeux de Clarissa. Suite à ce drame, Clarissa contacte Laura dont les coordonnées se trouvaient dans l'agenda du poète. Les deux femmes se rencontrent alors et ce n'est que lorsqu'elles mettent des mots sur ce qu'elles ont vécu qu'elles acceptent leurs vies respectives et arrivent à se pardonner. L'intrigue du film est d'autant plus complexe qu'elle ne suit pas l'ordre chronologique mais saute continuellement d'une vie à l'autre.

Toutes proportions gardées, le parallèle avec Jr est assez frappant. En Jr 32–45, tout tourne autour d'un livre. Chronologiquement, il y a d'abord [1] le moment où le livre est écrit et lu, annonce de malheurs appelant à une conversion encore possible; mais le refus de revenir à Dieu entraîne la condamnation sans appel (36,31). Vient ensuite [2] le moment où les Chaldéens sont là et où la ville est sur le point d'être prise: les malheurs annoncés par le livre (36,3.29b) et confirmés dans la seconde édition (36,31b) sont imminents (chap. 34–35; chap. 37–38). L'espoir ne semble plus possible, ce que les faits confirment, y compris lorsque le peuple retourne en Égypte et qu'il s'y voit annoncer de nouveaux châtiments pour son infidélité persistante (chap. 43–44). Un second écrit a néanmoins été enregistré entre-temps, attestant que la catastrophe laissera place à [3] une restauration (chap. 32 et 33). Aussi, en fin de parcours (chap. 45), les écrits sont là pour attester que c'est bien le malheur annoncé qui s'est réalisé, mais qu'il n'est pas le mot de la fin puisque, «*dans ce pays, on achètera encore des maisons, ...*» (32,15b). Quant au notaire chargé de la conservation de ces écrits, il est le vivant témoin de ce que, si le mal a eu lieu, la restauration aura lieu elle aussi. Ainsi, dans Jr comme dans *The Hours*, les différents moments de l'histoire, surtout les deux premiers, sont étroitement imbriqués, ce qui requiert un effort de compréhension de la part du lecteur comme du spectateur.

10 Ce qui n'arrive cependant pas dans le livre de V. Woolf.

Si cette technique est relativement courante au cinéma, elle se retrouve aussi dans le roman moderne mais n'est certainement pas inconnue de l'antiquité classique[11]. Devant de telles œuvres, dira-t-on que le metteur en scène ou l'auteur ne savent pas raconter leur histoire, qu'ils ne savent pas proposer un message, ou qu'il n'y a aucun sens dans leur récit? N'essaiera-t-on pas plutôt de comprendre le film ou le roman? Il en va probablement de même pour le récit auquel le lecteur est confronté lorsqu'il lit les «aventures de Jérémie». Le narrateur, tel un metteur en scène, veut sans doute qu'il fasse preuve d'intelligence pour comprendre son récit et le message qu'il véhicule dans sa forme même[12].

À cet effet, deux analyses complémentaires peuvent être utiles. Aussi, ce troisième chapitre commencera par un bref exposé des grandes lignes de la théorie narrative concernant l'ordre de présentation des événements et l'organisation temporelle du récit, ainsi que les paramètres essentiels de l'analyse rhétorique, également utile pour comprendre l'organisation du texte, sa structure. Ensuite, les difficultés temporelles de Jr 32–45 seront examinées en vue de proposer une nouvelle lecture basée essentiellement sur ces méthodes littéraires.

---

11 Voir par ex. le *Satiricon* de Pétrone ou les *Métamorphoses* d'Apulée, mais aussi, dans le monde grec, l'*Odyssée*, qui, à certains égards, a une chronologie chaotique, puisqu'on mêle l'aventure de Télémaque, le départ d'Ulysse de chez Calypso, puis des aventures, puis un retour en arrière chez Alkinoos, auquel Ulysse raconte ses aventures passées… On peut également citer dans cette même perspective Hérodote et le roman d'Héliodore. – Je remercie Monsieur le professeur P.-A. Deproost et Madame le professeur M. Mund-Dopchie pour leurs informations à ce sujet.

12 Dans son ouvrage *Temps et récit*, 1. *L'intrigue et le récit historique*, Points essais 227, Paris, 1983, P. RICŒUR, pp. 41-65, explique l'intention et la distension du temps dans le récit, leur enracinement dans l'éternité du temps, mais aussi la dialectique qu'il y a entre les deux et les apories qu'elle engendre. Cela sert à réfléchir sur le temps et à hiérarchiser les expériences temporelles, donc non pas à «abolir la temporalité, mais à l'approfondir. […] La pente majeure de la théorie moderne du récit – tant en historiographie qu'en narratologie – est de "déchronologiser" le récit, la lutte contre la représentation linéaire du temps n'a pas nécessairement pour seule issue de "logiciser" le récit, mais bien d'en approfondir la temporalité. La chronologie – ou la chronographie – n'a pas un unique contraire, l'achronie des lois et des modèles. Son vrai contraire, c'est la temporalité elle-même. Sans doute fallait-il confesser l'autre du temps pour être en état de rendre pleine justice à la temporalité humaine et pour se proposer non de l'abolir mais de l'approfondir, de la hiérarchiser, de la déployer selon des niveaux de temporalisation toujours moins "distendus" et toujours plus "tendus"», p. 65.

1. Grandes lignes de la théorie narrative concernant l'ordre de présentation du récit

En racontant son histoire, un narrateur a le droit de disposer sa matière comme il l'entend[13]. Ce «pouvoir» d'organisation lui vient de sa liberté de poète qui raconte quelque chose pour communiquer un message[14]. Pour cela, ce dernier a le droit de ménager ses effets à sa guise, d'une manière qu'il estime efficace pour servir son but. Un bon narrateur usera pleinement de cette possibilité qui lui est offerte et, si le lecteur ne comprend pas, il devra d'abord se demander s'il n'est pas mauvais lecteur avant de mettre en cause la compétence du narrateur.

Comme le montre Sternberg, au niveau global, le récit biblique suit l'ordre logique qui va du commencement à la fin, de la naissance à la mort[15]. Cependant, dans chacun des récits, la stratégie du narrateur peut être différente, afin «de solliciter, à diverses fins, la capacité d'inférence du lecteur»[16]. Pour ce faire, le narrateur dispose de différentes ressources pour arranger son matériau brut. Avant d'en dire un mot, il faut exposer brièvement la distinction importante entre temps racontant et temps raconté.

a. Temps racontant et temps raconté

Le temps racontant est le temps qu'il faut au narrateur pour raconter son histoire. Il est «donc l'effet d'une stratégie textuelle qui interagit

---

13 Étant donné le grand nombre de manuels concernant l'analyse narrative dans la Bible, je me limiterai dans ce paragraphe à une synthèse des notions les plus importantes pour ce propos. Pour plus de détails voir les ouvrages suivants: R. ALTER, *The Art of Biblical Narrative,* London – Sydney, 1981, pp. 155-177; trad. française: *L'art du récit biblique,* Le livre et le rouleau 4, Bruxelles, 1999, pp. 211-240; S. BAR-EFRAT, *Narrative Art in the Bible,* JSOTS 70; BLS 17, Sheffield, 2e éd. 1984, pp. 13-45; SKA, *«Our Fathers Have Told Us»*, pp. 39-54; J.P. FOKKELMAN, *Comment lire le récit biblique. Une introduction pratique,* Le livre et le rouleau 13, Bruxelles, 2002, pp. 57-75; MARGUERAT, BOURQUIN, *La Bible se raconte*, pp. 25-37; SKA, SONNET, WÉNIN, *L'analyse narrative*, pp. 27-28.

14 Le récit biblique n'est pas le seul écrit ancien où l'on retrouve cette «liberté». Par ex., «dans *l'Iliade,* le narrateur ouvre son récit sur la querelle entre Achille et Agamemnon et revient aussitôt une dizaine de jours en arrière pour en évoquer la cause. Lire le récit suppose nécessairement que l'on reconstitue par l'imagination la séquence chronologique des événements et leurs liens de cause à effet», SKA, SONNET, WÉNIN, *L'analyse narrative*, p. 27.

15 Cf. STERNBERG, «Time and Space in Biblical (Hi)story Telling». Voir aussi les considérations faites dans l'introduction de cette deuxième partie, pp. 120-121.

16 SKA, SONNET, WÉNIN, *L'analyse narrative*, p. 27. Voir aussi MARTIN, «"Dischronologized" Narrative».

avec la réponse du lecteur et lui impose un temps de lecture»[17]. Généralement, le temps racontant est beaucoup plus bref que le temps raconté, qui coïncide pour sa part avec la durée des événements que l'histoire relate. Le narrateur peut jouer à sa guise du rapport entre ces deux temps différents. Nous avons un bel exemple de cela en 42,1-7:

> [1]Et tous les princes des forces et Yohanân fils de Qâreah et Yzanyâh fils de Hôsha'yâh et tout le peuple du petit jusqu'au grand s'approchèrent [2]et dirent à Jérémie le prophète: «*Que notre supplication tombe devant ta face: prie en notre faveur vers* YHWH *ton Dieu, en faveur de tout ce reste, car nous sommes restés peu de beaucoup, comme tes yeux nous voient.* [3]*Et que* YHWH *ton Dieu nous communique le chemin sur lequel nous devons aller et la chose qui doit être faite.*» [4]Et Jérémie le prophète leur dit: «*J'ai entendu; voici que je vais prier* YHWH *votre Dieu selon vos paroles. Et toute la parole que vous répondra* YHWH, *je vous [la] communiquerai, et je ne retiendrai pas loin de vous une parole.*» [5]Et ceux-ci dirent à Jérémie: «*Que* YHWH *soit contre nous comme témoin fidèle et fiable, si nous ne faisons pas ainsi, selon toute la parole que* YHWH *ton Dieu t'enverra pour nous.* [6]*Soit en bien soit en mal, nous écouterons la voix de* YHWH *notre Dieu vers lequel nous t'envoyons, afin que ce soit bien pour nous car nous écouterons la voix de* YHWH *notre Dieu.*» [7]ET AU BOUT DE DIX JOURS, la parole de YHWH fut à Jérémie. [8]Et il appela Yohanân fils de Qâreah…

Dans le récit du narrateur, après le dialogue des versets 2-6 où le temps racontant équivaut plus ou moins au temps raconté, les dix jours d'attente avant que Jérémie reçoive la parole de YHWH ne durent que deux secondes, quatre mots, ce qui a pour effet d'accélérer le temps et de rapprocher la réponse de YHWH au peuple (v. 9-22) au plus près de la sollicitation qui en est faite, mais aussi de suggérer que rien ne se passe pendant ce temps.

Le narrateur peut ainsi jouer librement avec le temps de son récit afin d'en accélérer la narration, comme c'est le cas ici, ou de la ralentir. De la sorte, il peut créer un suspense et tenir son lecteur en haleine. Ainsi, lorsqu'il introduit les chapitres 35 et 36 ramenant le lecteur au règne de Joaqim, alors qu'il est en plein récit du siège sous Sédécias, le narrateur ménage au moins deux effets: d'une part, il amène des éléments nouveaux dans le récit, permettant de mieux comprendre les raisons de la situation dramatique qu'il raconte; d'autre part, en freinant le rythme de la narration, il crée un certain suspense concernant les circonstances de la chute attendue de Jérusalem. En quelque sorte, il fait ressentir au lecteur la longueur du siège de la ville, avant d'en raconter le terme dramatique. Par ailleurs, ces chapitres servent également à faire monter la tension en ce qui concerne le sort de Jérémie:

17 ECO, *Sei passeggiate*, p. 72: «Il tempo del discorso è dunque l'effetto di una strategia testuale che interagisce con la risposta del lettore e gli impone un tempo di lettura». Je traduis.

qu'adviendra-t-il de lui qui est incarcéré suite à l'oracle de 34,2-5 (voir 32,2-5), et qui a miraculeusement échappé aux poursuites de Joaqim, alors qu'il ne faisait qu'annoncer ce qui maintenant se réalise (voir 36,26)?

b. Ellipse, analepse et prolepse

En développant son récit, le narrateur peut donc jouer sur le temps. Il le fait à l'aide de plusieurs techniques. L'ellipse lui permet de passer sous silence certains événements, ce qui y introduit des blancs. Quant à l'analepse et à la prolepse, «deux cas d'anachronie»[18], elles offrent la possibilité de déplacer certains éléments du récit.

L'ellipse consiste à ignorer dans le récit un moment plus ou moins long[19]. Elle accélère à l'extrême le temps de la narration, comme c'est le cas pour l'exemple de 42,7 cité plus haut, où rien n'est dit de ce qui s'est passé pendant les dix jours d'attente: cela n'est pas nécessaire au récit, et le narrateur le néglige donc. Parfois, l'omission est provisoire. Dans ce cas, il s'agit d'une omission ou paralepse. Nos chapitres en offrent de beaux cas. Ainsi, que pense Baruch lorsqu'il reçoit l'ordre de mettre les oracles de Jérémie par écrit au chapitre 36? Le narrateur n'en dit rien, mais l'omission sera comblée par analepse au chapitre 45. Ce jeu est assez courant dans les chapitres 32–45. Il commence dès le début du chapitre 32, où le lecteur entend Sédécias réagir à un oracle de Jérémie qu'il n'a pas encore entendu. Plus loin, le début du chapitre 34 (v. 2-5) vient combler cette omission. À côté de ces omissions «réparées» à un endroit ou l'autre du récit, les «blancs» correspondent à des informations que le lecteur serait en droit d'attendre, mais qui ne sont pas données. En 32–45 il en est un fort interpellant pour le lecteur. Il s'agit du sort final de Jérémie dont on ne saura rien[20].

---

18 C'est la terminologie de MARGUERAT, BOURQUIN, *La Bible se raconte*, p. 115.

19 Cf. SKA, *«Our Fathers Have Told Us»*, p. 12 et suivantes.

20 Le sort final de Jérémie pose question au lecteur beaucoup plus que le sort final d'autres prophètes bibliques. La raison en est très simple. Le livre de Jr est, en effet, très prolixe en détails concernant son protagoniste, à tel point qu'il est fait allusion à sa naissance, et même à sa vie intra-utérine (1,5). Ensuite, de nombreux épisodes de sa vie sont évoqués. Malgré tous ces détails, sa mort n'est pas racontée. Et c'est cela qui étonne le lecteur. Cela dit, des apocryphes ont cherché à combler ce blanc. Par ex., dans les *Vies des Prophètes*, dont certains passages sont présentés par H. COUSIN, *Vies d'Adam et Ève, des patriarches et des prophètes. Textes juifs autour de l'ère chrétienne*, *CE* Suppl. 32, Paris, 1980, p. 54, il ressort que Jérémie est mort suite à une lapidation opérée par ses concitoyens. D'autre part, en 2 M 2,1-9, on attribue à Jérémie le salut de l'arche d'alliance. Cependant, le fait que des écrits postérieurs évoquent le sort de Jérémie n'est pas particulièrement pertinent, puisque pratiquement tous les prophètes sont concernés par ce phénomène.

L'analepse et la prolepse provoquent, quant à elles, une certaine discordance, car elles introduisent des sauts en arrière ou en avant dans le présent du récit. Dans l'histoire qui nous occupe, nous trouvons de nombreux retours en arrière ou *flash-back*, comme les chapitres 35 et 36, mais aussi 45, pour ne citer que les analepses les plus flagrantes. Le lecteur rencontre également de nombreuses prolepses, dont les plus claires sont les annonces de bonheur futur dans les paroles de YHWH à Jérémie, en particulier en 32,36-41 et 33,6-26.

De toutes ces figures[21], le narrateur use de manière à rendre son récit efficace et signifiant. Il le dispose en fonction d'une stratégie précise, que le lecteur est invité à découvrir pour bien le suivre et le comprendre. En effet, comme le souligne U. Eco, le lecteur doit faire sa part de travail dans l'élaboration du sens[22], afin que le récit soit parlant et vivant pour lui.

Si cela est vrai, on peut supposer que le narrateur de la section en prose de Jr 32–45 a lui aussi une stratégie qu'il faut essayer d'approcher. Cela permettra peut-être de découvrir quelque cohérence à l'étrange disposition des événements dans le récit. En ce sens, il ne sera pas inutile de jeter un regard sur la structure d'ensemble de 32–45 en recourant à une approche synchronique qui s'intéresse à l'organisation formelle du texte: la rhétorique sémitique.

2. Éléments sommaires de rhétorique sémitique[23]

La méthode rhétorique s'intéresse «au texte tel qu'il est organisé dans sa rédaction canonique»[24]. Elle cherche donc, en se basant sur l'observation du texte lui-même, à voir comment celui-ci est construit, com-

---

21 À côté des figures proprement temporelles que nous venons de passer en revue rapidement, il faut également souligner la fonction temporelle des répétitions qui ralentissent le rythme de la narration. Voir par ex. les nombreuses répétitions dans les chap. 32 et 33.

22 U. ECO, *Lector in fabula. La cooperazione interpretativa nei testi narrativi*, Tascabili Bompiani. Saggi 27, Milano, 2000, p. 204: «Il testo, meccanismo assai pigro, ha lasciato che il lettore compisse parte del suo lavoro – e manifesta la massima convinzione che il lettore abbia fatto quel che doveva fare. Anche perché molti testi, a livello discorsivo, non pongono gli eventi in successione temporale ordinata, anticipano, ritardano, e il lettore deve riempire i vuoti». Cf. ID., *Sei passeggiate*, pp. 3 et 61.

23 Voir R. MEYNET, *L'analyse rhétorique, une nouvelle méthode pour comprendre la Bible. Textes fondateurs et exposé systématique*, Initiations, Paris, 1989 et ID., *Lire la Bible*, 2e éd. augmentée, Paris, 2003.

24 MEYNET, *Lire la Bible*, p. 64.

ment il est organisé et comment il fonctionne comme ensemble littéraire.

L'observation du texte permet, en effet, de repérer des répétitions et des oppositions qui, une fois rapprochées les unes des autres, aident à dégager une structure du texte lui-même. Ces répétitions et oppositions sont repérables à différents niveaux: morphologique, lexical, syntaxique, scénique et conceptuel. Elles peuvent aussi reprendre les mêmes mots ou les mêmes phrases, ou encore utiliser des synonymes pour exprimer des idées semblables ou opposées. Dans la Bible, la structure dégagée à partir de ces rapprochements est souvent parallèle ou concentrique.

Cette démarche de structuration du texte est un premier pas vers l'interprétation. En effet, bien qu'une structure soit en général assez statique, son observation permet de déceler une évolution dans la pensée ou dans le récit, et donne ainsi des pistes d'interprétation. Ainsi, si la structure se base sur l'observation des répétitions, celles-ci s'enchaînent souvent les unes aux autres avec de petites variations qui trahissent, pour le lecteur attentif, un travail sur le sens.

II. Observations globales

Le phénomène constaté lors de la lecture du texte et de la mise à plat du récit dans le chapitre 1 de cette partie – les nombreux sauts temporels du récit – est déjà étonnant, dans le cadre biblique du moins. Cependant, il est un autre élément qui peut étonner davantage. La déchronologisation, on l'a vu, ne touche pas tout le bloc narratif étudié, mais seulement sa première partie, à savoir les chapitres 32–39 qui concernent le siège de la ville jusqu'à sa chute. Par contre, le récit des chapitres 40–44 suit un ordre parfaitement chronologique prolongeant les événements relatés en 39, jusqu'au verset 14. Voilà qui souligne au moins que le narrateur sait raconter de manière chronologique. Dès lors, il doit y avoir une raison pour que, dans la première partie (chap. 32–39), le matériau narratif soit disposé de manière tellement désordonnée. Une des raisons, on l'a dit, pourrait être d'imiter, dans le récit lui-même, le chaos ambiant qui règne dans cette courte période de l'histoire qu'il rapporte, et d'y faire pour ainsi dire participer le lecteur.

C'est ce qu'a senti A. Neher lorsqu'il écrit:

> «La lecture du Livre de Jérémie [...] nous invite à ne pas limiter au destin personnel de Jérémie et de Baruch les causes qui ont agi pour désorganiser le Livre. C'est l'univers entier qui était alors en crise. Israël se trouvant acculé, par le reniement de l'Alliance, à la disparition totale, l'univers, dont la

> consolidation est garantie par elle, menaçait de basculer vers un nouveau chaos. Les soubresauts de ce chaos grandissant frémissent dans le Livre, en même temps que se pose l'angoissante question: une nouvelle Genèse sera-t-elle possible? La Lumière surgira-t-elle de ce chaos, comme autrefois?»[25]

Après le récit chronologique de 40–44, intervient un dernier *flash-back* à la fin du bloc narratif. Le chapitre 45 se rapporte, en effet, aux événements racontés en 36, événements les plus reculés dans le temps par rapport au présent du récit. Ce fait étonnant suggère d'ailleurs une piste à suivre pour tenter d'entrer dans la logique de la narration. Elle consiste à se demander pourquoi les deux oracles de vie sauve adressés à un personnage précis dans ce récit ('Ebed-Melek en 39,15-18 et Baruch en 45,1-5) se trouvent hors chronologie.

III. Les chapitres 32–39: le récit déchronologisé

1. Structure rhétorique globale des chapitres 32–39

Si ces huit chapitres sont curieux quant à leur organisation, en établir la structure rhétorique pourra sans doute faire ressortir certains éléments qui aideront à répondre à la question de savoir pourquoi le narrateur a construit son texte de cette façon[26].

a. Annonce d'un futur meilleur (32,1–34,7)

Cette partie est assez facilement isolable: elle commence et se termine par deux sections très semblables composées d'une introduction (32,1-3a et 34,1-2a.6-7) et d'une parole de YHWH pour Sédécias, que l'on entend deux fois: d'abord dans la bouche du roi (32,3b-5), et ensuite telle qu'elle est adressée par YHWH à Jérémie (34,2b-5). Un tableau aidera à mieux visualiser ces deux paroles:

---

25 NEHER, *Jérémie*, p. 13.

26 Dans sa thèse, ABREGO DE LACY a déjà tenté l'entreprise de structurer une partie de ces chapitres, cf. *Jeremías y el final del reino*; voir aussi ID., «El texto hebreo estructurado», pp. 1-49. Étant donné que cet auteur ne s'attache nullement aux chap. 32–35, il n'est pas inutile de reprendre ici à nouveaux frais cette structure. En effet, ces 4 chapitres sont essentiels, me semble-t-il, pour la compréhension de tout le bloc en prose.

32	1 La parole qui fut à *Jérémie* de la part de YHWH	1 La parole qui fut à *Jérémie* de la part de YHWH	34
	dans la 10e année de Sédécias roi de Juda,		
	18e année de NABUCHODONOSOR.	tandis que NABUCHODONOSOR	
	2 Alors la force du ROI DE BABEL	ROI DE BABEL, et toute sa force	
		et tous les royaumes du pays (...)	
	Assiégeait	étaient combattants	
	contre **Jérusalem**,	contre **Jérusalem**	
		et contre toutes ses villes,	
	et *Jérémie* le prophète		
	était retenu dans la cour de la garde (CdG) (...),		
		en disant:	
		2 «Ainsi parle YHWH DIEU D'ISRAËL:	
	3 où l'avait retenu Sédécias roi de Juda	"Va et dis à Sédécias roi de Juda,	
	en disant.		
	«Pourquoi toi prophétises-tu en disant:	et tu lui diras:	
	"Ainsi dit YHWH:	"Ainsi dit YHWH:	
	'Voici que je donne cette **ville**	'Voici que je donne cette **ville**	
	dans la main du ROI DE BABEL	dans la main du ROI DE BABEL	
	et il la prendra,	et il la **brûlera** par le feu.	
	4 et Sédécias roi de Juda	3 Et toi,	
	ne s'échappera pas	tu n'échapperas pas	
	de la main des CHALDÉENS,	de sa main	
	car donné il sera donné	car saisi tu seras saisi	
	dans la main	et dans sa main tu seras donné.	
	du ROI DE BABEL	Et tes yeux verront les yeux	
	et sa bouche parlera avec (עם)	du ROI DE BABEL	
	sa bouche		
	et ses yeux verront ses yeux.	et sa bouche avec (עם)	
		ta bouche parlera	
	5 Et à BABEL il fera aller	et à BABEL tu entreras".	
		4 Seulement écoute la parole de YHWH,	
	Sédécias	Sédécias roi de Juda.	
		Ainsi parle YHWH à ton propos:	
	et là il sera jusqu'à ce que je le visite – oracle de YHWH – car [si] vous combattez les CHALDÉENS vous ne réussirez pas' "?»	"Tu ne mourras pas par l'épée.	
		5 En paix tu mourras...	
		6 Et *Jérémie* le prophète parla à Sédécias, roi de Juda toutes ces paroles, en **Jérusalem**.	
		7 Tandis que la force du ROI DE BABEL	
		combattait contre **Jérusalem**	
		et contre toutes les villes de Juda	
		restantes (...) des villes fortifiées.	
33	1 Et la parole de YHWH fut à Jérémie une seconde fois et lui était encore retenu dans la CdG		

La grande similitude entre ces deux parties est sans doute l'indice d'un rapport structurel. Il s'agit probablement d'une inclusion, la reprise de 34,1-7 ayant un caractère de conclusion, d'autant plus que 34,8 constitue une nouvelle introduction narrative. Entre ces deux paroles est inséré le récit de l'acte prophétique de l'achat du champ (32,6-15) qui donne lieu à la prière de Jérémie à YHWH (32,16-25), prière à laquelle YHWH répond longuement (32,26–33,26) en annonçant un temps où il rétablira le peuple dans sa terre, un avenir de paix et de stabilité où la vie sera à nouveau possible. Cette réponse de YHWH se fait en deux temps. Après l'annonce du retour en 32,36-44, elle reprend au chapitre 33 à la suite d'une incise du narrateur (v. 1) rappelant l'introduction initiale du passage (32,1) et celle de la conclusion (34,1).

b. Le centre: l'écoute et la non-écoute de la parole (34,8–36,32)

Au centre de la section 32–39, se trouvent trois récits qui ne sont «indépendants» qu'en apparence (34,8-22, 35 et 36). Deux d'entre eux, les chapitres 35 et 36, sont tellement éloignés de l'aujourd'hui du récit entamé en 32,1-3 qu'ils sont souvent considérés comme placés là par hasard[27]. Tous trois commencent par une introduction que l'on peut rapprocher (34,8; 35,1 et 36,1), car Nabuchodonosor n'y est pas mentionné, élément qui les différencie des introductions analogues utilisées en 32,1 et 34,1 (mais aussi de 33,1). Les trois récits sont des *flash-back*, mais ils ne sont pas disposés au hasard: les indices[28] montrent que le narrateur procède en reculant dans le temps. Le premier récit se passe sous Sédécias (34,8-22), le deuxième, à la fin du règne de Joaqim (chap. 35) et le troisième, la quatrième année de Joaqim (chap. 36). Ce n'est donc pas sans logique! De plus, en y regardant de plus près, ces trois récits ont un autre point commun, un fil rouge qui les relie: une logique d'enfoncement dans le mal, décrite par le biais d'un sens bien particulier, l'écoute. Ces trois récits, en effet, illustrent chacun à sa manière la requête d'écoute de la part de YHWH et de son prophète, et le refus du peuple qui s'obstine dans la non-écoute de la parole sans cesse proclamée.

Ce thème n'est pas nouveau pour le lecteur du livre[29]. Annoncé mais peu exploité dans la première section (32,1–34,7)[30], il revient massivement dans ces trois épisodes, avec une insistance particulière au

---

27 Voir *supra*, n. 8, p. 126.

28 Voir à ce propos le 1er chap. de cette seconde partie, en particulier pp. 124-129.

29 À propos de שמע, cf. *supra*, n. 49, p. 36 et n. 123, p. 98, ainsi que n. 30 et 31, *infra*.

30 La racine שמע est utilisée 4 fois dans ces chapitres: 32,23.33 et 33,9.10. À ces quatre occurrences, il faut en ajouter une autre au début du chap. 34, au v. 4.

chapitre 36, où le verbe שמע est doublé d'une insistance sur l'organe de l'ouïe, à savoir les oreilles[31].

c. La prise de la ville, le sort de Jérémie et du peuple (37,1–39,14)[32]

Dans cette partie, le récit est moins déchronologisé que dans les chapitres 32–36. Ici, en effet, le fil chronologique est plus apparent. Néanmoins, certains éléments viennent perturber l'ordre des événements. Il y a d'abord la double entrevue entre Jérémie et le roi, suivie d'un double emprisonnement du prophète dans une citerne, dont on ne voit pas clairement à première lecture s'il s'agit de deux événements différents ou, au contraire, d'un seul dont le récit est répété deux fois. Par ailleurs, l'oracle de vie sauve pour 'Ebed-Melek n'est pas à sa place chronologique en 39,15-18.

Après avoir montré que le châtiment est un «moindre mal», destiné à rendre à nouveau possible la vie du peuple (32,1–34,7), après avoir dénoncé la racine du mal qui ronge le peuple de l'intérieur – ne pas écouter la Parole – (34,8–36,32), le narrateur rapporte les derniers moments de la ville et de ses habitants, dont le sort est évoqué à plusieurs reprises (37,5.11, 38,28; 39,1-4). Mais on s'intéresse également à ce que devient Jérémie, dont le lecteur est «sans nouvelle» depuis 32,2 (voir 33,1), où il était enfermé dans la cour de la garde tout en y jouissant d'une semi-liberté.

Ces deux intérêts parallèles sont mis en évidence dans la structure de la page suivante, et qui illustre l'unité de cette troisième section. C'est la structure proposée par Abrego de Lacy qui est reprise[33], avec des aménagements[34].

Ce tableau montre comment, de part et d'autre du centre de cette section, l'épisode de la citerne (D), des parallèles se dessinent clairement. A et A' servent de transition avec ce qui précède et ce qui suit, avec, en A, la fin de la dynastie de celui qui n'a pas écouté le prophète

31 La racine שמע est utilisée 20 fois en 34,8–36,32 (34,10[2x].14.17; 35,8.10.13.14[2x].15.16.17.18; 36,3.11.13.16.24.25.31); le substantif אזן se trouve 13 fois dans le livre de Jr dont 8 au chap. 36 (v. 6[2x].10.13.14.15.20.21).

32 Pour une structure précise de cette partie, cf. ABREGO DE LACY, *Jeremías y el final del reino*, pp. 65-87; ID., «El texto hebreo estructurado», pp. 8-15.37.

33 ABREGO DE LACY, *Jeremías y el final del reino*, p. 87 = ID., «El texto hebreo estructurado», p. 37.

34 Dans ce tableau, le sort de Jérémie est en caractères romans, le sort de la ville en *italique*, les résumés et les titres en PETITES CAPITALES.

et a voulu le mettre à mort, et, en A', l'annonce de vie sauve pour l'étranger qui a reconnu le prophète et lui a sauvé la vie[35].

A	37,1-2	TRANSITION AVEC LES 2 *FLASH-BACK* PRÉCÉDENTS: RÉALISATION DE L'ORACLE CONTRE JOAQIM ET SOMMAIRE SUR LA NON-ÉCOUTE (v. 2)
B	37,3-4	Jérémie peut aller et venir au milieu du peuple.
	37,5-11	*L'expédition des Égyptiens a éloigné les Chaldéens pendant quelque temps.*
	37,12-16	Jérémie veut aller en Benjamin mais il est arrêté par Yri'iâh, accusé de vouloir se rendre aux Chaldéens, frappé et emprisonné par des ministres.
C	37,17-21	Entretien de Jérémie avec le roi. Le prophète intercède pour son propre sort, ce qui lui vaut d'être transféré dans la cour de la garde.
D	38,1-13	Jérémie est jeté sans ménagement dans une citerne. Il en est libéré par un étranger qui le reconnaît comme prophète.
C'	38,14-28	Entretien de Jérémie avec le roi à propos du sort du roi *avec une allusion au sort de la ville.* Le roi demande au prophète de garder le silence; en échange il est à nouveau transféré dans la cour de la garde jusqu'à *la prise de la ville.*
B'	39,1-10	*Entrée des Chaldéens dans la ville, fuite du roi et sort qui lui est réservé par Nabuchodonosor. Incendie de la ville, déportation d'une partie du peuple.*
	39,11-14	Dispositions de Nabuchodonosor concernant Jérémie: il est libéré par Nebuzar'ªdân, accompagné d'autres chefs de Nabuchodonosor. Le prophète retrouve sa place au milieu du peuple.
A'	39,15-18	TRANSITION: LA VIE SAUVE POUR CELUI QUI A CONFIANCE, L'ÉTRANGER 'EBED-MELEK

À cela, on peut ajouter une (très légère) inclusion en contraste entre 37,2 et 39,[15-]18:

37,2	*personne* n'écoute les paroles de YHWH par Jérémie: ni le roi, ni les ministres, ni les notables	A
39,18	*un* étranger sera sauvé parce qu'il a fait confiance à YHWH	A'

En B et B', le sort de la ville et celui de Jérémie s'entrecroisent de manière paradoxale. En effet, lorsque la ville semble libérée grâce au départ de ses assiégeants, Jérémie est arrêté, malmené et jeté sans ménagement dans une citerne (B). Par contre, il retrouve sa liberté une fois la ville prise par les Chaldéens (B'). Dans ces deux parties (B et B') le lien est fait, d'une part, entre le bref répit de la ville et l'emprisonnement de Jérémie (B) et, d'autre part, entre la prise de la ville et la libération du prophète (B'). Les Chaldéens, instrument de

35 Ces quelques remarques se trouvent aussi de manière globale chez ABREGO DE LACY, *Jeremías y el final del reino*, p. 85.

YHWH, sont nécessaires afin que le prophète puisse continuer sa mission. En B et B', on retrouve également deux personnages, entourés d'un groupe de gens proches du pouvoir, qui agissent de manière opposée vis-à-vis du prophète: le premier est Yri'îyâh, qui l'arrête et le livre à des fonctionnaires (שרים) qui le battent et l'emprisonnent. Le second est Nebuzar'^{a}dân, un étranger, un haut fonctionnaire de Nabuchodonosor, entouré d'autres chefs babyloniens (רב). Ceux-ci libèrent Jérémie définitivement, en lui rendant la place qui est la sienne: au milieu du peuple[36]. Entre les deux, au centre (D), un autre étranger, 'Ebed-Melek, le seul à reconnaître en Jérémie l'homme et le prophète[37], est également entouré d'un groupe de figurants, probablement des Judéens[38]; il tire Jérémie de la citerne où il était voué à la mort, rendant ainsi possible sa libération définitive en B'. Il est intéressant de noter que ce groupe central est composé de gens peu importants (אנשים), guidés par un simple fonctionnaire (סרים), alors que les groupes présentés en B et B' sont composés d'officiers et de gens de la cour. En C et C', enfin, c'est surtout le sort de Jérémie qui est évoqué par le biais

36 En tant que telle, en Jr, l'expression בְּתוֹךְ הָעָם ne concerne que Jérémie et ne se retrouve que en 37,4.12; 39,14; 40,5.6. On la retrouve avec un léger changement en 12,16 (בתוך עַמִּי) où elle concerne les nations, qui trouveront une place au milieu du peuple de YHWH si elle le reconnaissent comme Dieu, et en 29,32 (בְּתוֹךְ־הָעָם הַזֶּה), où elle concerne Shemaya le Néhlamite qui n'aura pas de place, tout comme ses descendants, au milieu du peuple.

37 Dans l'épisode où il apparaît, 'Ebed-Melek est le seul à reconnaître en Jérémie un prophète (38,9). En 38,1-13, le narrateur appelle le prophète par son nom, Jérémie, sans autre qualification (v. 1.6[3x].7.11.12[2x].13[2x]). Les fonctionnaires qui veulent le mettre à mort l'appellent «cet homme» (v. 4[2x]), et le roi leur répond sans même citer son nom (v. 5 «il»). Ce n'est que face à 'Ebed-Melek, et après l'avoir entendu dire sans ambiguïté que Jérémie est «prophète» (v. 9), que le roi l'appelle à son tour «le prophète Jérémie» (v. 10).

38 Cela est vraisemblable, car il s'agit de trente hommes que Sédécias ordonne à 'Ebed-Melek de prendre avec lui. Le passage entre le groupe de B, composé uniquement de Judéens, et celui de B', composé uniquement d'étrangers, semble donc se faire par un groupe mixte. Le nombre de 30 peut paraître exorbitant. Certains corrigent, et ne font mention que de trois hommes accompagnant 'Ebed-Melek. C'est le cas, par ex., de DUHM, *Jeremia*, p. 304; CONDAMIN, *Jérémie*, p. 270; VOLZ, *Jeremia*, p. 337; RUDOLPH, *Jeremia*, p. 240; STEINMANN, *Jérémie*, p. 235; BRIGHT, *Jeremiah*, p. 227; WEISER, *Jeremia 25,15–52,34*, p. 337; NICHOLSON, *Jeremiah 26–52*, p. 120; CARROLL, *Jeremiah*, p. 861; HOLLADAY, *Jeremiah* 2, p. 267; JONES, *Jeremiah*, p. 461; KEOWN, SCALISE, SMOTHERS, *Jeremiah 26–52*, p. 219; MCKANE, *Jeremiah* 2, p. 946. Cette correction, qui suit une leçon présentée par un manuscrit hébreu, se retrouve également dans certaines traductions courantes de la Bible, cf. TOB, Osty, RSV (1966), Nueva Biblia Española (1977). Une telle correction annule l'ironie qui ressort de la disproportion entre deux attitudes de Sédécias: d'une part, il ne s'oppose pas aux princes qui veulent mettre Jérémie à mort, mais d'autre part, il abonde dans le sens de l'Éthiopien lorsqu'il s'agit de le remonter de la citerne.

d'entretiens entre lui et Sédécias[39]. Ce résumé montre bien que les sorts du roi et de la ville, d'une part, et celui de Jérémie, d'autre part, sont intimement liés dans cette section. Mais on pourrait dire qu'ils le sont de manière inversée, puisque le roi s'enfonce dans la déchéance, alors que Jérémie est réhabilité – dans la mesure où la prise et la destruction de la ville lui permettent de retrouver sa liberté de mouvement et de parole.

'Ebed-Melek et Nebuzar'ᵃdân, on le voit, sont clairement construits en opposition par rapport à Yri'îyâh en ce qui concerne leur attitude face à Jérémie. Cette opposition est marquée également par un élément qui les rapproche: tous trois sont accompagnés, on l'a souligné, d'un groupe de personnes. Yri'îyâh livre Jérémie à un groupe de princes, 'Ebed-Melek prend avec lui trente hommes pour tirer le prophète du puits. Nebuzar'ᵃdân est entouré d'autres fonctionnaires de Nabuchodonosor quand il libère Jérémie. Ces trois groupes d'hommes ne parlent pas – même si le narrateur nous informe que les premiers se fâchent (37,15). Cependant, tout comme l'homme qu'ils épaulent, les groupes agissent en sens contraire: le premier est composé d'hommes qui frappent Jérémie avant de le jeter dans une citerne – ce n'est pas celle dont le tirera 'Ebed-Melek, mais elle l'annonce[40] –, dans l'espoir qu'il y meure[41]; les trente hommes du second groupe, quant à eux, tirent le prophète hors du lieu de mort où il avait été plongé, une citerne sans eau mais pleine de boue. Enfin, en prolongeant cette action en faveur du prophète, Nebuzar'ᵃdân et ses hommes lui permettent de recouvrer sa liberté, et de reprendre ainsi sa mission au milieu du peuple.

d. Observations sur la structure des chapitres 32–39

Jusqu'ici, le récit se compose de trois sections, dont le centre reprend trois épisodes, qui sont des *flash-back* par rapport au présent du récit du siège. Celui-ci constitue d'ailleurs le cadre du drame, il est toujours à l'horizon du lecteur qui se demande quelle en sera l'issue. Celle-ci est relatée à la fin de cette première partie de la section en prose, avec la prise de la ville au chapitre 39. Siège et prise de la ville sont les marqueurs temporels principaux de cette première partie (chap. 32–39, voir 32,1-3 et 39,1-2). Mais ce ne sont pas les deux seuls éléments qui rap-

---

39 Voir à ce propos *infra*, pp. 281-282.

40 Les deux lieux d'emprisonnement ne sont, en effet, pas nommés de la même manière. Dans le premier cas, en 37,16 il s'agit de אל־בית הבור ואל־החנות, probablement une cave voûtée; en 38,6 il est question simplement de אל הבור, une véritable citerne.

41 C'est en tout cas comme cela que Jérémie perçoit la chose, cf. 37,20.

prochent les chapitres 32 et 39. Ceux-ci forment, en effet, une sorte d'inclusion:

Jérémie enfermé par le roi Sédécias dans la ville assiégée (32,3)		
1. annonce négative	32,3-5.24.28-29a	se réalise en 39,3-9
2. promesse	32,15.42-44	se réalise en 39,10: don de la terre pour ceux qui n'ont rien + 39,11-14 et 15-18: salut pour le petit peuple et pour ceux qui se sont fiés à YHWH (Jérémie et 'Ebed-Melek)
Jérémie libéré par le roi Nabuchodonosor qui s'empare de la ville (chap. 39)		

Ainsi, on le voit, les annonces, aussi bien négatives que positives, explicitées au chapitre 32 se réalisent à la fin de cette première partie (chap. 39). Le châtiment de la ville – des gens qui comptent? – et du roi permet l'accomplissement de la promesse pour le petit peuple par le même instrument: les Chaldéens. Après la prise de la ville par l'armée Chaldéenne, c'est un de leurs chefs, Nebuzar'[a]dân qui donne la terre aux déshérités restés dans le pays «*en ce jour*» (39,10). C'est, dans le présent, un gage du monde futur annoncé par YHWH au début du récit. Les Chaldéens, instrument de la punition de YHWH, sont aussi le premier instrument de l'accomplissement de la promesse[42].

Il est encore intéressant de regarder les divers oracles de salut qui balisent cette section. Ainsi, le récit s'ouvre sur une promesse de restauration pour le peuple tout entier (32,14-15.36-44), même pour ses chefs et ses prêtres (33,14-26). Mais par la suite, l'horizon de salut se restreint. Dans un premier temps, les Récabites, des nomades marginaux qui savent écouter et mettre en pratique la parole de leur père, se voient promettre une forme de salut (35,18-19). Mais à la fin de la section, au moment de la catastrophe, un seul homme semble encore concerné par la promesse, l'étranger 'Ebed-Melek (39,15-18), un Kushite dont la couleur de peau fait ironiquement écho à ce que Jérémie avait dit du peuple impénitent en 13,23 (voir 38,7.10 et 39,16).

On le voit, la promesse du salut se restreint de plus en plus: si, dans un premier temps, elle concerne le peuple tout entier, elle ne concerne plus, ensuite, qu'un clan capable d'écoute et de fidélité, pour enfin se

42 Lorsqu'il est question du don de la terre en Jr, YHWH est toujours sujet du verbe נתן, et cela, aussi bien lorsqu'il évoque lui-même ce don que lorsque Jérémie en parle (cf. 7,7.14; 8,10; 11,5; 16,15; 24,10; 25,5; 27,5; 30,3 et 32,22). Le seul cas où il est question d'un tel don sans que YHWH en soit le sujet, c'est en 39,10, où ce sont les Chaldéens qui donnent. Rien de plus normal, étant donné que les Chaldéens sont l'instrument de la réalisation de la volonté du Seigneur.

centrer sur une seule personne qui s'est montrée attentive et humaine vis-à-vis du prophète. Toutefois, tout espoir n'est pas perdu pour le peuple lui-même comme le montre 39,10, mais cela reste une «affaire à suivre». En effet, si la terre est donnée aux pauvres et s'ils peuvent reprendre immédiatement la vie dans le pays, la question se pose de savoir comment ils accueilleront ce don.

Il semble donc y avoir, autour de la partie centrale (34,8–36,32), une certaine symétrie thématique entre deux parties où le récit se concentre sur le sort de Jérémie et sur celui de la ville et du roi. Le traitement de cette thématique est assez bref en 32,1–34,7, ce qui laisse de l'espace pour les oracles de YHWH concernant la restauration. En revanche, elle est traitée longuement et avec force détails dans les chapitres 37–39, ce qui ne laisse que très peu de place à des paroles de réconfort et de restauration. Cette dernière, néanmoins, est déjà à l'œuvre dans l'aujourd'hui du récit, à travers le don des vignes et des champs par les Chaldéens aux pauvres du pays, et à travers la libération du prophète et l'oracle de vie sauve à 'Ebed-Melek.

Mise en évidence grâce aux outils de l'analyse rhétorique, la structure du texte apporte donc, on le voit, un certain éclairage sur la disposition curieuse du récit. Contrairement à ce que l'on pourrait croire après une rapide lecture, les chapitres 32–39 sont très construits, et cette construction est soignée dans les détails. Ils présentent en effet une structure concentrique, qui permet au lecteur de comprendre plusieurs éléments à la fois. Autour du centre se déploient des récits concernant Jérémie, le siège de la ville ne faisant pas l'objet d'un récit à proprement parler. Il est le cadre dramatique des annonces positives et surprenantes qui se réaliseront après la catastrophe. Ce moment tragique qu'est en train de vivre le peuple trouve ses racines profondes dans le passé de celui-ci. C'est son écoute biaisée qui est mise en cause, racine et fondement du comportement perverti des Israélites par rapport à l'Alliance. La surdité du peuple l'amène à ne pas écouter le prophète envoyé par YHWH, élément souligné par les sorts inversés que subissent Jérémie et la ville. Enfin, une telle disposition des événements permet au lecteur de ressentir quelque chose du chaos et de la longueur du siège.

2. Les temps racontés en 32–39

Dans ces quelques pages de récit, différents «moments» de temps raconté sont introduits, qui permettent de donner du champ et de l'ampleur au temps raconté «principal», celui du siège de la ville, cadre du drame. À côté de ce cadre, en effet, le narrateur lui-même renvoie à des moments du passé (chap. 34–36). Il donne également la parole à des personnages qui évoquent toute l'histoire depuis la création, élargissant ainsi le temps raconté à une durée beaucoup plus vaste où prennent place l'histoire d'Israël et celle des autres peuples.

a. Le temps raconté «principal»: le siège de Jérusalem, le cadre du drame

Le cadre du drame raconté dans ces pages, c'est le siège de Jérusalem. Cet événement enserre aussi l'ensemble du récit de manière temporelle (32,1-2; 39,1-2). En ce sens, on peut le définir comme temps raconté principal, dans lequel d'autres temps viennent s'insérer. Pendant le siège, en effet, le narrateur raconte d'autres épisodes, sans lien apparent avec le récit principal. L'évolution du siège le ramène au fil des événements principaux, jusqu'à ce que les ennemis réussissent à ouvrir des brèches dans les murs de la ville.

Si l'on regarde les deux extrémités du texte, le début du chapitre 32 qui ouvre cette partie et le début du chapitre 39 qui la clôt, on trouve deux marqueurs chronologiques, que l'on peut appeler «externes» étant donné leur position. Tous deux évoquent le siège[43].

> 32 [1]*La parole qui fut à Jérémie de la part de Yhwh* DANS LA DIXIÈME ANNÉE DE SÉDÉCIAS *roi de Juda, cette année était* LA DIX-HUITIÈME ANNÉE DE NABUCHODONOSOR. [2a]*Alors la force du roi de Babel* <u>assiégeait (contre) Jérusalem</u>.

> 39 [1]Dans LA NEUVIÈME ANNÉE DE SÉDÉCIAS, *roi de Juda,* AU DIXIÈME MOIS, *vint Nabuchodonosor, roi de Babel et toute sa force [vinrent] vers* <u>Jérusalem</u> et *ils* <u>assiégèrent (contre) elle</u>. [2]*Dans* LA ONZIÈME ANNÉE DE SÉDÉCIAS, AU QUATRIÈME MOIS, LE NEUF DU MOIS, *la ville fut ouverte.* [3]*Et tous les princes du roi de Babel entrèrent et siégèrent à la porte du milieu.*

32,1 et 39,2 indiquent que le temps raconté qui englobe le récit de cette partie est relativement court, au maximum seize mois, étant donné que le début du chapitre 32 ne donne pas d'indication précise concernant le mois de l'année. Le temps raconté dans cette partie du récit concerne donc la deuxième partie du siège de Jérusalem, commencé plus tôt, jusqu'à la prise de la ville par les Chaldéens. D'après 39,1, le début du siège ne fait pas partie du temps raconté tel qu'il est situé en 32,1.

Mais, on l'a vu, le narrateur se sert de ce marqueur temporel pour encadrer une série d'autres événements qui, d'une part, fournissent des informations au lecteur et, d'autre part, ont pour effet de ralentir le

---

43 À propos de ces deux introductions narratives, voir aussi *supra*, pp. 89 et 92-93.

temps du récit, mais aussi de le dilater. En effet, le narrateur aurait très bien pu raconter son histoire autrement: par exemple, la condenser en quelques mots, comme il le fait dans son résumé de 39,1-3a cité ci-dessus, où il se contente tout au plus d'évoquer le siège. En outre, de la période qui précède, le narrateur évoque rapidement la guerre et la présence d'autres villes résistant à côté de Jérusalem (34,1.7). Du siège lui-même, il relate la levée temporaire, quand arrivent les Égyptiens (34,21; 37,7-11). Il signale aussi comment Jérémie décourage les défenseurs de la ville (34,4) parce qu'il leur propose de se rendre (38,2-3 et 17-18), et il fait allusion au manque de pain en 37,21, information confirmée par 38,9[44]. Mais ces quelques versets renseignant le lecteur sur le siège lui-même sont bien peu de chose en comparaison de toutes les informations que le narrateur donne au fil de son récit, et qui n'ont rien à voir avec un récit de siège. Or, comme le montrent d'autres ouvrages anciens qui racontent le même genre d'histoire, l'Iliade par exemple, il peut y avoir beaucoup de choses à raconter sur le siège d'une ville. Lisant Homère, le lecteur apprend un grand nombre de faits de guerre qui ont lieu au cours du siège de Troie. Pourquoi, dès lors, le narrateur de Jr 32–45 ne s'intéresse-t-il pas vraiment à celui de Jérusalem? Est-ce parce qu'il estime que cela serait ennuyeux, que cela lasserait son lecteur? Sans doute pas. Ce que l'on constate, en effet, c'est qu'il préfère montrer d'où vient la situation actuelle dans laquelle se trouvent la ville et ses habitants, comme le montrent les trois retours en arrière centraux (34,8-22; chap. 35 et 36), et annoncer comment tout cela finira, la ruine de la ville n'étant que la première étape du châtiment de YHWH, qui doit déboucher sur la restauration finale (voir chap. 32–33). Il s'intéresse aussi au sort du prophète et à son rejet de plus en plus ferme par les autorités (37,11-16; 38,1-6), car cet endurcissement dans le refus de la parole est une des raisons de l'issue tragique des événements (voir 34,14b-16; 36,29-31). Bref, le narrateur ne s'intéresse pas vraiment au siège. Pour lui, c'est seulement la réalisation du châtiment divin qui compte. Lorsqu'il reprendra le fil des événements, ce sera pour en raconter la deuxième étape: le départ en exil après la prise de la ville, mais aussi la possibilité donnée aux pauvres du pays de recommencer l'histoire sans retard.

Cela dit, si le siège en tant que tel ne retient guère l'attention du narrateur, il reste qu'il dure quelque temps. N'est-ce pas aussi ce laps

44 Il est intéressant de remarquer que 37,1-2 est une transition sur le plan temporel. En effet, le chap. 36 est daté de la quatrième année de Joaqim (604) alors que 37,1 fait allusion au début du règne de Sédécias (596). Une période de neuf ans s'est écoulée entre les deux épisodes. Ensuite, 37,5 mentionne la dixième année de Sédécias (588), soit de nouveau neuf ans plus tard.

de temps que le narrateur veut faire ressentir au lecteur? Il meuble donc son récit de deux manières: il raconte, d'une part, des épisodes antérieurs au siège (chap. 35 et 36), montrant des façons opposées de se rapporter à une parole et de lui donner suite; et il relate, d'autre part, des faits contemporains du siège de Jérusalem (34,7-22; 37,5-10)[45], relatifs à la brève période de la levée du siège, prenant le temps également d'évoquer le sort du prophète pendant cette période, dans la mesure où ce sort est symptomatique de ce qui cause la ruine de Juda (32,3-5; 37,11-21; 38,1-21). Le narrateur, on le voit, préfère se concentrer sur d'autres événements que la guerre, jusqu'au moment où la prise de la ville et ses conséquences retiennent toute son attention (chap. 39–44).

b. Les temps racontés «secondaires»: le déploiement dans le passé et le futur

Durant le temps du siège, le narrateur fournit donc d'autres informations au lecteur. Il le fait en utilisant des analepses et des prolepses qui lui permettent de distendre le temps de son récit à partir du présent du siège de la ville. Il emmène ainsi son lecteur tant dans le passé que dans le futur.

Le déploiement vers le passé se fait par le biais du discours direct, des «dialogues» entre Jérémie et YHWH, mais aussi par le récit. Il s'agit alors de rapporter des actions déjà accomplies par Jérémie et les réactions de leurs destinataires (en particulier 34,8-22; chap. 35 et 36). Ces épisodes renvoient à divers temps racontés relativement brefs, et se centrent sur un aspect précis de l'acceptation de la Parole: l'écoute sans lendemain (chap. 34), la fidélité (chap. 35) et le refus (chap. 36).

À côté de ces épisodes, sur lesquels on s'est déjà attardé, les discours de certains personnages dilatent encore le temps évoqué, allant jusqu'à récapituler l'ensemble de l'histoire du peuple, passé, présent et futur. C'est le cas de l'oracle des chapitres 32–33, qui embrasse en deux temps l'histoire d'Israël. Dans un premier moment, en 32, Jérémie fait mémoire de l'histoire depuis la création (32,17) jusqu'à aujourd'hui (32,24), en passant par la sortie d'Égypte (32,20-21), le don de la terre (32,22) et le péché du peuple (32,23). Débouchant sur l'annonce de la punition inéluctable, la prise de la ville et l'exil, ce péché permet de rejoindre le présent de l'histoire. Cependant, ce présent sans issue ap-

45 C'est clair en ce qui concerne l'épisode du chap. 37, mais de nombreux auteurs estiment que l'épisode de la libération des esclaves du chap. 34 se rapporte également à cette courte période. Si c'est le cas, le chap. 37 viendrait confirmer, en quelque sorte, que l'édit de libération des esclaves n'avait été promulgué que par calcul; car une fois le siège levé, il est cassé et les esclaves repris. Cf. *supra*, pp.124-125.

parente n'est pas le dernier mot. C'est dans ce présent, en effet, que commence un deuxième temps de l'histoire d'Israël. Car sur ce présent de ténèbre et de mort, YHWH greffe l'annonce d'un futur meilleur (32,31-44 et 33,1-26): le retour du peuple et sa restauration dans la terre promise et donnée aux pères.

On le voit: ainsi construit, le récit reprend dès le début l'ensemble du temps d'Israël, comme pour situer les événements «présents» sur cet arrière-plan plus large. Mais il y a plus; car, à travers Israël, l'histoire «universelle» est touchée. L'histoire d'Israël, en effet, concerne également celle des peuples avoisinants, en particulier les grandes puissances. C'est d'abord l'Égypte qui entre en ligne de compte. Cette nation joue un rôle important dans le passé du peuple et incarne, en quelque sorte, l'opposition à l'alliance et le refus de la Parole de YHWH (voir 32,20-21; voir aussi les chap. 42–44, en particulier le dialogue entre Jérémie et le peuple en 44). Cette nation aurait dû rester cantonnée dans le passé, si seulement Israël et ses chefs avaient écouté leur Dieu; elle est maintenant à nouveau présente à l'horizon, faisant figure de sauveur aux yeux du peuple dans son présent dramatique. Mais ce n'est qu'un leurre: le peuple ne sera pas sauvé par les Égyptiens, comme l'affirme YHWH lui-même (37,5-10). Au contraire, s'il retourne en Égypte, le peuple s'autodétruira en effectuant le chemin inverse à celui de l'exode, ce que montrera le récit des chapitres 41–44.

Si l'Égypte se profile à l'horizon, une autre puissance est, pour sa part, bien présente. C'est Babylone. Cette nation occupe l'aujourd'hui de manière on ne peut plus envahissante à travers le siège de la ville. Mais elle occupe aussi le futur de la vie du peuple. C'est là, en effet, que, bon gré, mal gré, le peuple devra se rendre pour continuer à vivre, avant de pouvoir, un jour, revenir sur la terre de la promesse[46].

Ainsi donc, à travers l'histoire d'Israël rapportée ici, et plus particulièrement à travers le siège toujours en filigrane mais nulle part raconté, c'est de l'histoire «universelle» dont il est question. Comme si le choix du peuple d'écouter ou non la voix du Seigneur conditionnait, en quelque sorte, le déroulement de cette histoire. Dans l'optique du récit, en effet, quel besoin auraient les Chaldéens – instrument de la punition du Seigneur – d'assiéger la ville et d'emmener le peuple en exil, si celui-ci avait écouté la Parole et s'était montré fidèle à l'alliance de YHWH?

46 Cette thématique se trouve de nombreuses fois dans nos pages: 32,28-44; 33; 34,2-6; 37,7-10; 38,17-18; 40,9-10; 42,9-22; 43,9-13; 44,11-14.26-30.

3. Conclusion: les effets de la gestion du temps en 32–39

a. Bref rappel de la structure

On l'a vu, le narrateur arrange son récit de façon à donner un certain nombre d'informations qu'il estime nécessaires pour que le lecteur comprenne la situation du peuple et de la ville. Pour ce faire, il renonce à raconter le déroulement du siège et préfère utiliser le temps du récit pour refléter quelque chose de la longueur du siège par des *flash-back* de deux types. Il y a, tout d'abord, le rappel d'événements peu éloignés dans le temps par rapport à l'aujourd'hui du récit. Ces *flash-back* «courts» renvoient au début du siège (34,1-7) et à sa levée provisoire lors de l'expédition égyptienne (34,8-22, sans doute; 37,5-21). Par ailleurs, on trouve des retours en arrière plus éloignés du présent du récit. Ces *flash-back* «longs» rapportent des épisodes qui ont eu lieu sous Joaqim, et qui représentent le modèle et l'anti-modèle de l'écoute de la Parole et de ses conséquences (chap. 35 et 36). Le tout est jalonné par l'expression «cour de la garde». Le tableau qui suit aidera à visualiser l'arrangement de ces deux types de *flash-back*:

32,1-2	Présent du récit	situation des personnages principaux
32,3–33,26	Temps indéterminé – Sédécias	sort du roi, de la ville et de Jérémie – récit + récapitulation globale du temps par Jérémie (passé) et Dieu (passé et futur)
34	*Flash-back* court – Sédécias	libération des esclaves pendant la levée du siège
35	*Flash-back* long – Joaqim	épisode des Récabites = écoute
36	*Flash-back* long – Joaqim	le rouleau et ses trois lectures = non-écoute
37	*Flash-back* court – Sédécias	pendant la levée du siège, arrestation de Jérémie
38	Temps indéterminé – Sédécias	sort du roi, de la ville et de Jérémie – récit
39	Présent du récit	prise de la ville

Comme le montre ce tableau récapitulatif, après le début de l'histoire, de 34 à 37, deux *flash-back* courts (chap. 34 et 37) entourent deux *flash-back* longs, dont l'ordre chronologique est inversé (chap. 35 et 36). Ensuite, on revient en 38 au récit principal, qui relate le sort de la ville et du prophète. Bien que situé sous Sédécias, cet épisode n'est cependant pas clairement situé dans le temps. Toutefois, des indications présentes dans le discours suggèrent que cela se passe pendant le siège: l'opposition entre «rester dans la ville» (v. 2) et «sortir vers les Chaldéens» (v. 17-18.22) ainsi que le manque de pain en ville (v. 9 et 28) le donnent à penser. Cet épisode, dont le moment précis est indéterminé mais qui se passe certainement pendant le siège de la ville, répond à la première évocation du siège à propos de Jérémie, dont le moment est également indéterminé: l'achat du champ par Jérémie. Le narrateur profite de cet événement pour laisser la parole à Jérémie, puis à Dieu, pour une ouverture du temps du récit au passé (Jérémie et YHWH) et au futur (YHWH). On voit bien, de la sorte, que cette partie est bien équilibrée dans l'organisation globale de la temporalité.

Il faut maintenant réfléchir à l'effet sur le lecteur des prolepses et des analepses.

b. Effets produits par les analepses

Si le temps raconté du récit principal est relativement bref, quelques mois tout au plus, l'utilisation de prolepses et d'analepses ralentit le temps de l'action. Ces nombreux sauts temporels, tant dans le passé que dans le futur, finissent par créer l'impression d'un temps assez long. Voilà qui augmente la tension narrative, en plaçant le lecteur dans une situation d'attente par rapport aux événements «principaux», à savoir: quel sera le sort de la ville, du peuple et du roi, de Jérémie? Ce que celui-ci ne cesse de répéter se produira-t-il enfin? Et qu'en sera-t-il de lui, enfermé dans la cour de la garde? Mais, en même temps, le lecteur a tout le temps d'entrer dans la compréhension du message du prophète, et de *prendre une leçon*[47] de ses paroles et des événements, chose que le peuple, lui, ne fait pas, ce qui le conduit à la ruine.

En effet, les épisodes et les *flash-back* que le narrateur choisit semblent répondre à une visée bien précise: raconter des événements en lien avec la situation de la ville assiégée, comme s'il voulait montrer que ce qui est en train de se passer dans le présent du récit s'explique par des événements qui ont eu lieu dans le passé et qui se prolongent dans le présent, comme on le voit au traitement infligé au prophète. Ces épisodes mettent en scène principalement deux acteurs du récit: la parole de YHWH, et le prophète chargé de la proclamer. Ce qui semble intéresser le narrateur, ce sur quoi il centre l'attention, c'est l'opposition croissante du peuple et de ses chefs à ces deux intermédiaires de YHWH, opposition qui remplace, dans son récit, les affaires de la guerre et du siège, jusqu'à la prise de la ville, quand il reprend le fil chronologique du récit. Il délaisse alors, momentanément, la Parole et son prophète, pour raconter l'entrée des princes «des clans des royaumes du Nord, qui placent leurs trônes à l'entrée des portes de Jérusalem», réali-

47 Dans l'ensemble étudié, cette expression se trouve en 32,33 et 35,13. On la retrouve également ailleurs dans le livre, cf. 2,30; 5,3; 6,8; 7,28; 17,23.

sant ainsi ce que YHWH avait annoncé dès le chapitre 1 (voir 1,15 et 39,1-3)[48].

Enfin, troisième effet, l'agencement du matériau souligne que le moment est très confus pour les habitants de la ville, pour ses gouvernants et davantage encore pour le prophète. En proposant un récit à la chronologie chaotique, le narrateur fait ressentir quelque chose de cette confusion au lecteur qui peut dès lors se sentir perdu, n'y comprenant rien ou pas grand-chose. Seul un intense effort d'écoute et d'intelligence de ce qui est écrit peut l'aider à voir clair, en effet. Voilà qui le rapproche des gens de Jérusalem dont il entend l'histoire, des gens certainement perdus devant les événements tragiquement chaotiques qu'ils sont en train de vivre parce qu'ils n'écoutent pas la Parole.

c. Effets produits par les prolepses

Les prolepses contenues pour l'essentiel dans les paroles de restauration prononcées par le Seigneur, annoncent tantôt le futur proche, tantôt le futur lointain. Le futur proche est bien noir, car les nombreuses annonces qui le concernent parlent de la prise de la ville et du sort du roi et de la population (32,3-5.24.28-29; 33,4-5; 34,2-5.17-22; 35,17; 37,17; 38,2-3.17-18.20-23). Le futur lointain, quant à lui, présage d'un monde meilleur où le peuple et ses responsables bénéficieront de la fidélité de Dieu à son alliance (32,37-44; chap. 33). Le lecteur peut le voir poindre dès 39,10, ce qui relance son intérêt en vue de la suite du récit: ce début prometteur va-t-il être confirmé?

Ce type de prolepse place le lecteur dans une position particulière par rapport aux personnages. Comme le prophète, et comme le peuple qui en reçoit la proclamation, il connaît les annonces de la prise de la ville et ses suites immédiates (32,28-29; 34,17-20.22; 35,17; 37,7-10). Avec le roi, il sait même quel sera le sort de celui-ci (32,4-5; 34,2-5.21; 36,29-31; 37,17; 38,17-18.20-23). Mais ces annonces sont toujours à dominante négative: ce ne sont que châtiment et catastrophe, excepté pour les Récabites et pour 'Ebed-Melek. Avec Jérémie, alors, mais à l'insu du peuple, le lecteur bénéficie du message positif à long terme, celui de la restauration future qui suivra la débâcle que le peuple est en train de vivre (32,26–33,26). Mieux, il «entend» ce message avant même de lire les épisodes noirs qui suivent. Le narrateur joue donc sur ces prolepses à l'intention du lecteur. Quel en sera donc l'effet sur lui[49]?

Certes, je l'ai dit, à côté des analepses, les prolepses participent à leur manière, à rendre chaotique la gestion du temps. Mais, étant donné

48 Cf. *infra*, p. 339.

49 Voir à ce propos la première partie de ce travail, en particulier pp. 104-110.

leur caractère essentiellement consolateur, celles des chapitres 32 et 33 ont également un effet apaisant pour le lecteur qui sait que, au-delà de la crise annoncée où le récit le plonge, YHWH assurera le retour à son peuple, le mènera à nouveau sur la terre de la promesse, et là, l'aimera (32,44 et 33,26). Ainsi, le recours à la prolepse prépare le lecteur à lire la suite du récit, suite beaucoup moins réjouissante, et apparemment sans issue, pour qui est au cœur des événements. En cela, le lecteur – comme le prophète – a une longueur d'avance sur le peuple. Il sait que la catastrophe voulue par Dieu n'est ni son dernier mot ni la fin de l'histoire. C'est seulement la fin d'une histoire d'infidélité et de refus d'écouter. Car s'il avait écouté, le peuple n'en serait pas où il est, et il va devoir traverser le châtiment qui signe la fin de son histoire de péché. En donnant à entendre cette histoire, on l'a dit, le narrateur invite le lecteur à *prendre une leçon*. YHWH restaurera son peuple, refera alliance avec lui; au lecteur de l'écouter, cette fois, pour que l'histoire ne se répète pas, pour qu'il n'inflige pas un autre échec à son Dieu et à sa parole.

IV. Les chapitres 40–44 [45]: le récit chronologique

Étant donné que les événements de cette partie du récit se suivent de manière chronologique, la question se pose de savoir s'il est utile d'en parler ici, étant donné la gestion linéaire de son temps. Cependant, comme cette partie «chronologique» précède et se clôture par le dernier *flash-back* de la section en prose, le chapitre 45, il est certainement utile de se pencher, non pas sur la structure même du texte[50], mais sur la succession des épisodes, pour voir ce que le narrateur retient, sur quoi il met l'accent, ou encore quels sont ses silences. Cela permettra sans doute de mettre à jour des éléments qui aideront à comprendre l'emplacement du chapitre 45, question qui fera l'objet du paragraphe suivant.

50 Le travail de structuration de cette partie a déjà été réalisé par ABREGO DE LACY, *Jeremías y el final del reino*, pp. 89-140; et «El texto hebreo estructurado», pp. 15-24 et 38-48. L'auteur relève essentiellement des parallèles dans la section 40,1–43,13, où il met en évidence certaines correspondances. Tout d'abord, il y a la parole de YHWH qui s'adresse à Jérémie dans le pays (40,1-6) et à Taphnes (43,8-13), lieu dont la mention fait crochet entre ce passage ses voisins, 43,5-7 et 40,7–41,8. De part et d'autre il y a un premier moment d'écoute qui est ensuite renié: l'allégeance, en tout cas apparente, à Godolias qui amène la paix, suivi de la fuite en Égypte par peur des Chaldéens (40,7–41,19); la requête d'une parole de YHWH avec le serment d'écoute et ensuite l'affirmation de non-écoute (42,1–43,7). Un autre élément commun aux deux parties est la mention du mensonge (cf. 40,16 et 43,1-4).

Entre les deux parties, 39,11-14 fait crochet avec 40,2-6[51]: le récit n'est pas fini avec l'oracle de vie sauve à 'Ebed-Melek. Il continue en reprenant le sort de Jérémie et du peuple qui se rend aux Chaldéens. De plus, 40,10b.12 vient confirmer le don de la terre en 39,10: les Hébreux reviennent des endroits où ils ont été dispersés, vivent en paix dans le pays, qui donne beaucoup de fruits. Cela souligne on ne peut plus clairement que la réalisation de la promesse de Dieu a commencé.

Tout comme dans la première partie du récit, le narrateur sélectionne les faits qu'il raconte, mais il les dispose de manière chronologique, cette fois.

1. Les accents du récit

Dans cette partie chronologique, le narrateur sélectionne quelques événements qu'il raconte. Tout d'abord, il reprend la libération de Jérémie (40,1-6), bref épisode qui lui permet de raccrocher cette deuxième partie à la première qui s'était terminée, on s'en souvient, par la libération du prophète, juste avant l'oracle de vie sauve pour 'Ebed-Melek (39,11-14). Cette reprise permet aussi d'amorcer la suite du récit, puisque Jérémie ira auprès de Godolias, le gouverneur mis en place par les Chaldéens.

Quelques événements autour de Godolias retiennent ensuite l'attention du narrateur (40,7–41,18). Tout d'abord c'est l'allégeance générale qui est racontée, avec le retour à la paix (40,7-12). Ensuite Godolias est informé de la menace qui pèse sur lui, sans pour autant la prendre au sérieux (40,13-16), ce qui lui coûtera la vie, ainsi que celle des hommes qui étaient avec lui (41,1-3). Mais il ne s'agit pas là de la seule tuerie racontée, car à l'assassinat de Godolias succède celui d'un grand nombre de pèlerins (41,4-9); vient ensuite le récit du sort du peuple suite à ces massacres (41,10-18). C'est alors que le peuple décide de prendre la route de l'Égypte, tout en faisant une halte pour demander l'intervention du prophète, halte qui ne durera que très peu de temps, puisque le peuple se remet en route (42,1–43,7). Suite à cela, Jérémie livrera ses derniers oracles qui seront, eux aussi, refusés (43,8–44,30). Dans cette partie, on le voit, la violence physique prend, pour ainsi dire, le relais de la violence faite à YHWH et à sa parole dans la première partie, quand le peuple n'écoutait pas la parole de vie de son Dieu, causant ainsi son propre malheur. Cette violence contre YHWH et sa parole, que l'on pourrait qualifier de «morale», réapparaît, du reste, à la fin de cette seconde partie.

---

51 Voir les refrains en 39,14b et 40,6b.

Ainsi, le narrateur prend le temps de raconter ce qu'il estime important pour son récit. C'est, tout d'abord, le nouveau statut de Jérémie au sein du peuple. Expressément invité par les Chaldéens à se rendre auprès de Godolias, le gouverneur qu'ils ont mis en place, le prophète peut donner, à partir de ce moment, la claire impression à ses contemporains qu'il est un collaborateur... Ensuite, le narrateur prend le temps de raconter les violences internes au peuple, une fois le prophète et YHWH laissés de côté; et enfin il insiste, surtout en 42–44, sur le refus sans appel de la parole et du prophète. Il s'agit là d'éléments qu'il faudra reprendre lors de l'étude de l'intrigue du récit[52].

On le voit, le narrateur ne raconte donc pas tout ce qui s'est passé après la prise de la ville. Il fait un tri, ne retenant que ce qui lui semble important. Il laisse, en effet, dans l'ombre une série de choses que le lecteur aurait pu souhaiter connaître. Par exemple, les raisons pour lesquelles l'assassin de Godolias est mandaté par le roi d'Ammon, ou encore le voyage des déportés et leur établissement à Babylone.

L'histoire ainsi racontée a un rythme, un tempo, qu'il faut maintenant analyser.

2. Le *tempo* du récit

Le tableau de la page suivante reprend l'ensemble des chapitres 40–44 du point de vue du *tempo* des scènes qui s'y succèdent.

Dans ces chapitres, le récit est très rythmé et les scènes se succèdent rapidement. Deux éléments frappent dans cette section, et ils méritent d'être soulignés: la quasi absence de YHWH et de sa parole, et l'apparition de scènes de déportation, d'assassinat et de massacres. Au fond, cela n'est pas si étonnant. En effet, le narrateur ne fait que relater ici l'échec de la Parole suite à la non-écoute du peuple. Cette parole n'a donc plus de raison d'être répercutée, puisqu'elle a été rejetée et que ce sont les effets de ce rejet qui sont racontés ici. Rien d'étonnant donc que cette parole ne soit plus présente, jusqu'au moment où elle sera sollicitée à nouveau par le peuple lui-même (42,1-6).

On peut, en effet, subdiviser ce récit en deux sections. Dans la première, 40,7–41,18, le peuple est l'otage d'un combat entre chefs et ne fait rien de sa propre initiative, sauf rejoindre Yohanân pour fuir Yishmaël (41,14). Ensuite, dans les chapitres 42–44, où les scènes s'allongent et où le *tempo* se ralentit, le peuple est solidaire de ses chefs dans l'apostasie (42,10-8; 43,4; 44,15.20.24). Ainsi, le peuple, qui semble indécis dans un

52 Cf. *infra*, pp. 223-233.

premier temps, embrasse la logique de peur qui anime ses responsables et s'enfonce à nouveau dans son refus, déjà mis en évidence au centre de la première partie du récit (34,8–36,32).

40,2-6[53]	reprise [crochet]	Libération de Jérémie, qui se rend chez Godolias
40,7-10	scène	Allégeance des chefs des troupes à Godolias
40,11-12	sommaire	Retour des Judéens dispersés, vendanges et récoltes
40,13-16	scène	Entrevue entre Yohanân et Godolias: le danger représenté par Yishmaël
41,1a	repère temporel pour situer la mort de Godolias	7e mois
41,1b-3	scène	Assassinat de Godolias et saut de deux jours
41,4-10	scène	On tue ceux qui se convertissent à YHWH, venant du Nord
41,11-12	scène	Rassemblement des troupes et saut indéterminé de jours
41,12-17	scène	Poursuite du traître et libération du peuple
41,18	sommaire	Rappel des événements
42	scène	Consultation de Jérémie et réponse: avec un délai de 10 jours (v. 7)
43,1-6	scène dialoguée	Refus d'écouter Jérémie
43,7	sommaire	Voyage vers l'Égypte
43,8-13	oracle	Annonce de la venue de Nabuchodonosor en Égypte
44	scène dialoguée	Refus d'écouter Jérémie – annonce de la venue de Nabuchodonosor – pas de réponse du peuple

Le peuple, en suivant ses dirigeants d'abord, puis de manière indépendante, s'entête dans le refus de la parole de vie qui lui est proposée, exerçant ainsi une violence contre YHWH, contre son prophète et même contre Baruch, accusé d'influencer Jérémie (43,3). Mais YHWH ne s'arrête pas à ce refus répété. Car, si le peuple s'entête de la sorte, son Dieu s'obstine à le mener à la vie, ce que le chapitre 45 montre en allant rechercher un épisode éloigné dans le passé, et qui fait rebondir le récit de manière inattendue, alors que tout semble avoir été dit au chapitre 44. Le paragraphe suivant mettra en lumière le rôle spécifique de l'oracle de vie sauve à Baruch à cet endroit du récit. Cela permettra de donner un autre éclairage sur la disposition du récit de Jr 32–45.

53 L'introduction de 40,1 est curieuse. Elle a l'air d'introduire une parole de YHWH qui ne viendra jamais. Est-ce à dire que, malgré le silence de la parole (et de Jérémie) entre 40,1 et 42,7, Dieu continue à parler au prophète (par ex. pour confirmer l'initiative de Nebuzar'adân d'aller à Miçpa auprès de Godolias), même si le narrateur ne rapporte pas ces paroles «privées»?

Ce bref aperçu met en évidence le rôle tenu par les différents personnages dans la violence qu'ils subissent ou qu'ils exercent suite à la prise de Jérusalem. Cependant, une question demeure. Pourquoi, en effet, s'attarder sur le récit de massacres qui ne concernent pas directement – sauf peut-être celui de Godolias[54] – la problématique de la Parole et de son écoute? Probablement, le narrateur veut-il montrer par là les conséquences extrêmement négatives du refus de la parole: lorsque celle-ci est définitivement refusée, la place est largement ouverte pour la violence sans limite, si ce n'est celle du gain (41,8). Cela dit, le narrateur doit aussi expliquer comment Jérémie, qui a été libéré au début du chapitre 40 (v. 1-6), se retrouve sur le chemin de l'Égypte. C'est donc aussi la question du sort de Jérémie qui se prolonge ici, lorsqu'il reste solidaire du peuple malgré son choix de se réfugier en Égypte. Si tel est le cas, le récit de ces épisodes sert l'économie narrative et est nécessaire pour expliquer pourquoi Jérémie et Baruch se retrouvent à Daphné, au milieu d'un peuple qui a refusé d'écouter la voix de YHWH (43,6-7) et qui va sombrer dans l'apostasie[55].

Il faut souligner, enfin, le blanc à la fin de cette partie. En effet, le narrateur ne dit pas si les annonces de Jérémie en 42–44 se réalisent, et ce malgré leurs insistances et leurs répétitions nombreuses[56]. Est-il possible d'inférer, à partir de ce blanc, que ces paroles ne se réalisent pas? Probablement pas. Car tous les oracles à court terme de la première partie (chap. 32–39) se sont réalisés, comme le confirme le récit du narrateur au chapitre 39[57]. On peut donc se demander si cette confirmation de la réalisation des oracles de la première partie n'est pas extensible aussi à la seconde partie du bloc en prose. Car deux éléments doivent être mentionnés. D'une part, si jusqu'en 39 les oracles proclamés par Jérémie se sont réalisés, celui-ci apparaît comme un personnage fiable dont la parole – qui n'est autre que celle de YHWH – se réalise. On voit mal, dès lors, comment ses oracles des chapitres 42–44 ne s'accompliraient pas. D'autre part, le chapitre 45, qui clôture la seconde partie en ramenant à l'avant de la scène la figure du témoin, pourrait bien être le signe de la réalisation des paroles prononcées par Jérémie dans ces chapitres. C'est à développer cet aspect qu'est consacré le paragraphe qui suit, ce qui permettra également de synthétiser les principaux élé-

54 Godolias, en effet, ne croit pas la parole de Yohanân concernant le traître qui veut le tuer (40,16). On y reviendra.

55 Il faudra reprendre cette question lors de l'étude de l'intrigue. Cf. *infra*, pp. 228-229.

56 Comme cela a déjà été montré, cf. *supra*, pp. 30-32, les chap. 43–44 sont repris en écho dans le chap. 46 (crochet avec les oracles contre les Nations).

57 À ce propos, cf. *infra*, pp. 338-343.

ments mis en place jusqu'ici et de mettre à nouveau en évidence l'intérêt narratif d'une chronologie bouleversée.

3. La place et le rôle du chapitre 45[58]

L'emplacement du chapitre 45 pose indiscutablement question aux commentateurs[59]. Certains d'entre eux, pourtant, Rudolph par exemple, estiment que Baruch a intentionnellement placé cet oracle le concernant en dehors de la chronologie afin de construire un parallèle avec l'oracle de vie sauve à 'Ebed-Melek (39,15-18), situé lui aussi en dehors de la chronologie, en vue de montrer l'accomplissement des oracles de Jérémie concernant la ville[60]. M.A. Taylor, quant à elle, propose un autre éclairage, qu'elle appelle «contextuel», resituant les éléments du chapitre 45 dans la perspective globale de Jr, montrant à quel point ce chapitre se situe parfaitement dans cette perspective globale. Ainsi, elle souligne que la date de 36,1, la quatrième année de Joaqim, se trouve également en 25,1, au début d'une récapitulation de la prédication du prophète, qui contient aussi l'oracle de la coupe, et en 46,2, au début de l'oracle contre l'Égypte, en particulier contre Nékao et son armée. De la sorte, pour Taylor, cette date serait un symbole: année de la bataille de Karkemish[61], ce repère temporel aurait dans le livre la fonction d'un code qui évoque le jugement. Elle souligne ensuite que quatre verbes utilisés en 45,4 (בנה «bâtir», הרס «démolir», נטע «planter» et נתש «déraciner»)[62] sont connus du lecteur de Jr qui les a déjà rencontrés en 1,10; 12,14-17; 18,7.9; 24,6; 31,28.38.40 et 42,10. Mais 45,4 a en propre que les verbes ont un sens passé: YHWH a démoli ce qu'il a bâti et il a arraché ce qu'il a planté. Le châtiment a bien eu lieu, comme le récit des chapitres précédents le montre[63]. Cela dit, Taylor laisse dans l'ombre un aspect essentiel: si le châtiment s'est réalisé, il reste à savoir si la restauration,

58 Ce paragraphe a fait l'objet d'une contribution proposée à Lausanne lors du Colloque international d'analyse narrative des textes de la Bible organisé par l'Institut Romand des Sciences Bibliques dans le cadre du RRENAB (Réseau de recherche en analyse narrative des textes bibliques), du 7 au 9 mars 2002. Cette contribution a été publiée sous le titre «Jérusalem, 'Ebed-Melek et Baruch. Enquête narrative sur le déplacement chronologique de Jr 45», voir n. 10, p. 23. Je résume ici cette publication et y renvoie pour de plus amples détails.

59 Voir TAYLOR, «Jeremiah 45», et *supra* n. 25, p. 134 pour la position des commentateurs à ce sujet.

60 RUDOLPH, *Jeremia*, pp. 243-245.

61 On peut ajouter à cela que cette date est également la première de Nabuchodonosor (cf. 25,1), serviteur de YHWH (25,9; 27,6; 43,10) et instrument de sa punition.

62 TAYLOR, «Jeremiah 45», pp. 88-91.

63 Et donc sans doute aussi celui des Judéens en Égypte.

que le peuple et le lecteur qui en a eu l'annonce attendent, se réalisera également. Pour chercher à résoudre cette question il faut se pencher sur la présence du personnage de Baruch dans le récit, un aspect dont M.A. Taylor ne tient pas compte[64].

On le sait, Baruch n'intervient que très peu dans Jr, et uniquement dans le bloc narratif 32–45[65]. Le narrateur ne le présente pas explicitement, disant simplement de lui qu'il est fils de Nériah, fils de Mahséya (32,12), et laissant parler sa manière d'agir.

Le lecteur rencontre Baruch pour la première fois en 32,12, lors de la mise par écrit de l'acte d'achat par Jérémie d'un champ familial situé à Anatôt. Baruch y est témoin et notaire de l'acte d'achat conclu par Jérémie (voir 32,12.14). Cela souligne à quel point Jérémie fait confiance à cet homme dont le lecteur ne sait pas grand-chose. Ensuite, Baruch intervient au chapitre 36, où il doit écrire sur un rouleau les paroles de Jérémie, non pas pour les garder discrètement, cette fois, mais pour les lire au peuple en vue de le faire réagir à son propre péché et de le faire revenir de sa voie mauvaise (36,3.5-7). Cet épisode est chronologiquement antérieur, on l'a vu, à celui du chapitre 32. Ainsi, Baruch est d'abord le témoin des annonces du malheur qui se produira s'il n'y a pas de conversion (chap. 36), avant d'être celui des paroles de restauration (chap. 32). De la sorte, sur l'arrière-plan de la restauration, les annonces de malheur n'ont plus tout à fait la même portée, pour le lecteur du moins. Il faut noter ici que Baruch, au chapitre 36, apparaît comme fidèle et obéissant, faisant ce qu'on lui demande point par point et sans rechigner, alors que la tâche n'est pas légère et qu'elle compromet ses projets, comme on l'apprendra plus tard (voir 45,3-4). Dans cet épisode,

---

64 Le rôle de Baruch a été analysé par P.-M. BOGAERT, «Le nom de Baruch», où il cherche à déterminer à partir de quand le nom de Baruch a été utilisé comme pseudonyme littéraire, et où il montre, à travers l'étude de la tradition manuscrite grecque et latine, comment la conscience de l'existence d'un livre de Baruch dans le monde grec et latin voit le jour très progressivement. «Non seulement Baruch est cité anciennement sous le nom de Jérémie, mais encore [...] son contenu a fait partie intégrante du livre de Jérémie avant que la comparaison avec la Bible hébraïque ne fasse apparaître son caractère d'appendice et n'invite à en faire un livre indépendant auquel il fallait dès lors trouver un titre», p. 63. Voir également, du même auteur, «Le personnage de Baruch». Dans cet article, Bogaert cherche à montrer du point de vue de l'histoire du texte que le livre de Baruch était à l'origine un appendice du livre de Jr. Pour une argumentation littéraire de cette thèse, voir WÉNIN, «Y a-t-il un "livre de Baruch"?». Pour ma part, je pense que l'analyse du rôle du personnage Baruch dans le livre de Jr pourrait contribuer à montrer comment l'appendice baruchien est la suite «naturelle» du livre de Jr (voir *infra*, n. 71). Cela dit, même s'il n'y a pas lieu ici d'entrer dans le débat concernant le livre de Baruch, les trois articles cités dans cette note peuvent éventuellement nourrir le débat.

65 Cf. BOGAERT, «Le personnage de Baruch», qui fait lui aussi le relevé des interventions de Baruch dans le livre de Jr.

où Baruch apparaît pour la dernière fois dans le récit, le lecteur apprend après coup qu'à l'occasion de l'écriture des prophéties de Jérémie (voir chap. 36), Baruch s'était plaint de sa situation inconfortable (45,3), l'oracle de vie sauve venant le conforter dans sa fidélité au prophète et à sa parole[66]. L'oracle de vie sauve destiné à Baruch s'adresse donc à un homme qui, pour la Parole, a renoncé à l'accomplissement de ses désirs et a consenti au risque de perdre sa propre vie. On comprend donc les raisons pour lesquelles Jérémie a pu lui faire une aussi grande confiance et pourquoi il lui a remis l'acte de l'achat du champ, puisqu'il aura la vie sauve par-delà l'accomplissement du malheur promis[67].

À ces remarques concernant le personnage de Baruch, il faut ajouter celles qui ont été faites sur la disposition du matériau par le narrateur. Nous avons vu que la première partie du bloc (chap. 32–39) est largement déchronologisée, ce qui souligne la confusion du moment. Au comble de cette dyschronie, les chapitres 35 et 36 relatent deux épisodes montrant que la chute de Jérusalem sera le résultat, attendu depuis longtemps, de l'infidélité du peuple et du roi de Juda. Mais au début et à la fin de cette première partie, il est question de restauration, bien que de l'un à l'autre, l'horizon se rétrécisse singulièrement. Au début (chap. 32), la restauration annoncée concerne tout Juda (32,42-44 et chap. 33), alors qu'à la fin de la partie, c'est du salut d'un seul homme, un étranger, dont il est explicitement question[68], le seul dans le récit qui ait reconnu en Jérémie le véritable prophète[69] et qui lui soit venu en aide. Pour son intervention pleine d'humanité, ce fonctionnaire éthiopien reçoit un oracle de salut qui est rapporté au plus noir de la débâcle, juste après la prise de la ville (39,15-18).

---

66 Pour plus de détails sur la manière selon laquelle le narrateur caractérise le personnage de Baruch dans son récit, voir DI PEDE, «Jérusalem, 'Ebed-Melek et Baruch», pp. 74-75.

67 Le narrateur construit très finement le personnage. Si l'on se limite aux chap. 32 et 36, Baruch apparaît comme un personnage unidimensionnel, construit autour d'une seule qualité: la fidélité. Ensuite, le narrateur ajoute peu à peu des éléments à cette qualité de base. Il montre tout d'abord que la fidélité de Baruch se double d'une certaine capacité de répartie (36,17-18). Puis, en fin de parcours, par un autre *flashback*, il apprend au lecteur que cette fidélité n'a pas été sans mal pour Baruch qui, lors de la mise par écrit du rouleau, se trouvait dans une situation plus qu'inconfortable. De la sorte, par un dernier retour en arrière, le narrateur montre que si la fidélité de Baruch est inébranlable, elle est aussi complexe, car pour la Parole, cet homme a renoncé à l'accomplissement de ses désirs et a consenti au risque de perdre sa propre vie.

68 Pour une mise en parallèle du chap. 32 avec 39,15-18 et le chap. 45, voir DI PEDE, «Jérusalem, 'Ebed-Melek et Baruch», pp. 70-72.

69 Cf. *supra*, n. 37, p. 169.

Dans la seconde partie, les événements s'enchaînent de manière chronologique à la suite de 39,1-14. Ici, tout devient clair: la ville est prise et l'avenir est tracé: sans soumission aux Babyloniens, c'est-à-dire sans acceptation du jugement de YHWH, le châtiment poursuivra le peuple rebelle jusqu'au lieu où il tentera de trouver refuge (43,9-13 et 44,26-30). Le chapitre 45 vient clôturer cette seconde partie, ramenant l'attention du lecteur sur la restauration du peuple dont il était question dès le chapitre 32. Si l'horizon s'était fortement restreint entre 32 et 39 à cause de l'infidélité du peuple, au terme de la seconde partie du récit, l'oracle de vie sauve à Baruch, homme fidèle, témoin de la Parole et membre du peuple, ouvre à nouveau une perspective d'avenir positif. Malgré l'absence du prophète[70], sa parole pourra encore circuler et appeler le peuple à la conversion. Même s'il est ténu, l'espoir demeure que la débâcle ne soit effectivement pas le mot de la fin, le témoin pouvant témoigner, en effet, de la vérité des paroles du prophète, celles de malheur, certes, mais aussi celles de bonheur[71]. Pour souligner cet as-

70 Juste avant ce retour en arrière, Jérémie vient de prononcer ses dernières paroles. Ensuite, il se tait, et le narrateur ne dira pas ce qu'il devient dans son exil forcé en Égypte avec Baruch. Mais le silence de l'homme-prophète n'est pas forcément celui de sa parole qui a été consignée par écrit par un témoin autorisé.

71 Malheureusement, le récit tel qu'il se présente dans la Bible hébraïque ne dira rien de ce que fera Baruch. À ce propos, la différence entre le TM et la LXX pourrait être significative, puisque celle-ci connaît un livre qui porte le nom du témoin. Pour cette raison, il serait intéressant, sur un plan littéraire et canonique, de se pencher sur la question du lien entre Jr et Ba. Toutefois, sans vouloir entrer dans les détails du débat, ce qui risquerait de nous emmener trop loin, si l'on se tourne un instant vers le livre de Baruch, on voit aisément que celui-ci témoigne de la restauration. À Babylone, Baruch a à nouveau exécuté l'ordre reçu au chap. 36: il proclame au roi et au peuple les paroles de Jérémie qu'il a écrites (Ba 1,1.3-4 [voir WÉNIN, «Y a-t-il un "livre de Baruch"?», p. 232. Voir aussi la bibliographie citée par BOGAERT, «Le personnage de Baruch» aux n. 1 et 3, p. 232]), de sorte qu'ils se convertissent (Ba 1,5–3,8) et s'ouvrent ainsi à la restauration que Dieu offre et que Baruch annonce (Ba 4,5–5,9). Baruch est donc bien devenu le gardien et le témoin des paroles de restauration parce que lui-même a été sauvé. Ainsi, on pourrait lire Jr 45 comme un pont entre l'Égypte, où l'on perd la trace de Jérémie et de Baruch, et Babylone, la ville où l'on retrouvera le personnage Baruch dans le livre qui porte son nom. C'est aussi un pont entre le chemin de la mort (l'Égypte) et celui de la vie (Babylone) (voir 21,8-9 et 38,2) Ce pont passe par la ville de Jérusalem, le lieu où ont été écrits et lus les oracles de Jérémie (chap. 36), et donc aussi lieu de la parole en faveur de Baruch rapportée au chap. 45. Cet oracle ne cite pourtant pas la ville explicitement. Est-ce parce qu'à ce moment du récit, celle-ci est anéantie? Il n'en reste pas moins que ce texte nous ramène implicitement à Jérusalem. Ainsi, lorsque tout semble fini, c'est à Jérusalem que la vie est promise au témoin privilégié de l'achat du champ et des prophéties de Jérémie en général (chap. 32 et 36). À ce moment précis de l'histoire, le témoin peut attester que le malheur a eu lieu. Il peut alors ressortir l'acte d'achat du champ, signe que la restauration de la ville et du temple sont proches. C'est ce que laisse entrevoir ce que nous appelons le livre de Baruch. Mais, bien évidemment, la rigueur veut que l'on applique ces observations uniquement au canon de la LXX.

pect des choses, en tout cas pour le lecteur, le témoin n'est pas seul, car les oracles contre les Nations viennent rappeler indirectement le message de salut du prophète, alors que celui-ci s'est tu en Égypte.

V. Structure globale et signification

En guise de conclusion à ce chapitre qui tente de comprendre l'agencement des événements à l'aide des méthodes synchroniques, il peut être utile de reprendre certains éléments de ce qui précède, afin de montrer comment les deux parties du récit évoluent, certes, chacune à sa manière, mais également de façon parallèle autour d'une charnière, ce qui permettra d'ébaucher quelques pistes d'interprétation.

Le parcours littéraire permis par l'approche rhétorique a montré que la section en prose (chap. 32–45) s'organise en deux parties, l'une déchronologisée et l'autre qui suit l'ordre chronologique des événements. On peut schématiser l'ensemble comme suit:

1ère partie	32,1–34,7	*Arrestation de Jérémie* – achat du champ (BARUCH) – Prière de Jérémie – Réponses de YHWH (RESTAURATION) – Parole pour le roi
	34,8-22	exemple négatif: libération avortée des esclaves
	35	exemple positif: l'écoute des Récabites
	36	exemple négatif: lecture et destruction du rouleau
	37,1–39,14	Non-écoute du roi – brève levée du siège – arrestation de Jérémie – épisode de la citerne – prise de la ville et du roi – *libération de Jérémie*
charnière	39,15-18	ORACLE DE VIE SAUVE POUR 'EBED-MELEK
2e partie	40–41	*Libération de Jérémie* – meurtre de Godolias et des pèlerins – fuite vers l'Égypte
	42–44	Sollicitation de la parole de YHWH – refus de l'écouter – départ pour l'Égypte – Parole de YHWH et refus du peuple
conclusion	45	ORACLE DE VIE SAUVE POUR BARUCH

L'ensemble apparaît ordonné et sa structure est cohérente; la première partie a une structure rhétorique significative; la seconde suit davantage le fil narratif au gré des événements qui s'enchaînent. On verra plus loin, du reste, combien la transition d'une partie à l'autre est soignée, comme l'indique en première approximation le fait que la libération de Jérémie soit évoquée à la fin de la première partie et au début de la seconde[72], selon le procédé bien connu du crochet[73].

Les deux parties qui composent ce bloc narratif, nous l'avons vu, s'articulent autour de l'oracle de vie sauve pour 'Ebed-Melek et ont un fonctionnement assez différent en ce qui concerne la gestion du temps et l'organisation des événements, comme l'indique la structure ci-dessus. Cependant, de part et d'autre de cette charnière, le récit se déploie vers un paroxysme, toujours à cause du refus obstiné d'écouter la Parole: dans la première partie, il mène à la destruction de la ville royale et du Temple; dans la seconde, il va jusqu'à la négation de l'exode fondateur d'Israël en tant que peuple de l'Alliance. Ainsi, une fois la ville détruite à cause du rejet de la Parole, les chefs ont une attitude semblable à celle des Judéens lors de la libération des esclaves (voir 34,8-22). En effet, dans un premier temps, ils se soumettent à Godolias, revenant ainsi en quelque sorte à la parole de YHWH (voir 40,9-10). Mais, après le meurtre du gouverneur, ils sont pris de peur et fuient vers l'Égypte, contrairement à la parole de YHWH. Ainsi, ils mènent le peuple jusqu'à sa destruction, en allant à rebours de l'histoire, pour en revenir au stade où Israël n'était pas encore un peuple.

La déconstruction progressive, mais inéluctable, de l'histoire du salut rappelée au début (voir 32,17-22) semble donc constituer un élément essentiel de ce récit, au point que ses deux étapes principales, la prise et la destruction de la ville et le retour en Égypte, sont l'aboutissement de chacune des deux parties, effaçant, l'une, toute l'histoire royale, et l'autre, le don de la terre et l'Exode (voir 32,20-22)[74]. Mais cette thématique, essentielle s'il en est, n'est pas le seul élément qui fait de ce bloc de chapitres un tout qui débute et se termine sur une annonce de salut (chap. 32 et 45).

Le parallélisme entre les deux parties est renforcé par la demande, faite de part et d'autre à Jérémie, de solliciter une parole de YHWH (38,14-23 et 42,1–43,4), comme le montre le tableau à la page suivante.

De part et d'autre, on retrouve dans le même ordre des éléments identiques, mais d'une scène à l'autre, la réaction des personnages a changé, et cette transformation trahit une évolution. La première demande, celle du chapitre 38, est formulée par Sédécias qui, en secret, demande à Jérémie une parole. La réponse ne se fait pas attendre: elle invite le roi à se rendre aux Chaldéens, ce que le roi s'abstient de faire.

72 Pour la position des commentateurs à propos de ces deux récits de la libération de Jérémie, cf. *supra*, n. 22, pp. 132-133.

73 Sur ce procédé, voir MEYNET, *L'analyse rhétorique*, pp. 199-231, en particulier p. 221.

74 Ces éléments sont repris dans la synthèse globale de l'intrigue, cf. *infra*, pp. 235-238.

	38,14-23 (Sédécias)	42,1–43,4 (chefs Judéens)
demande	v. 14	42,2-3
réponse de Jérémie	v. 15 réticence	v. 4 accord
engagement de l'interlocuteur	v. 16 serment (שׁבע)	v. 4-6 affirmation (serment)
		attente (10 jours)
oracle	v. 17-23	v. 9-22
réception par l'interlocuteur	v. 24-26 demande de secret [et non exécution implicite]	43,1-4 refus de l'oracle

Au chapitre 42, le roi n'est plus, ni le gouverneur mis en place par Nabuchodonosor, d'ailleurs. Reste un groupe de chefs qui, sur le chemin de l'Égypte, demandent à Jérémie une parole de la part de YHWH (42,2-3). Le prophète accepte la requête et les chefs réagissent par un serment solennel prenant YHWH à témoin:

> «Que YHWH soit contre nous comme témoin fidèle et fiable, si nous n'agissons pas (ainsi), selon toute la parole que YHWH ton Dieu t'enverra pour nous. Soit en bien et soit en mal, nous écouterons la voix de YHWH notre Dieu vers lequel nous t'envoyons, afin que ce soit bien pour nous car nous écouterons la voix de YHWH notre Dieu.» (42,5-6)

Lorsque YHWH communique sa réponse et que Jérémie la transmet, les princes violent leur serment, prétextant que la parole de Jérémie n'est pas celle de YHWH, mais qu'elle lui a été inspirée par son instigateur politique: Baruch (voir 43,2-3).

Le parallélisme entre 32–39 et 40–45 se renforce si l'on regarde où YHWH adresse la parole au prophète dans cette longue section. En effet, dans la première partie, elle est omniprésente entre 32 et 37,8, puis elle disparaît[75]. Dans la deuxième partie, par contre, cette parole est absente au début (40–41), et à nouveau présente ensuite (42–44). Pour prendre la mesure de ce phénomène, il est utile de relever les formules qui introduisent une parole de YHWH au prophète.

Un simple tableau (voir page suivante) permet de constater un trou important entre 37 et 42, exception faite pour le *flash-back* de 39,15-19 (la parole pour 'Ebed-Melek), qui se trouve au centre du bloc, à la charnière des deux parties, et pour les moments où Jérémie livre au roi une parole de YHWH, dont le narrateur ne dit pas qu'il la reçoit à ce moment-là, et dont le contenu donne à penser qu'il peut l'avoir reçue précédemment (37,17 et 38,17-18).

75 En 38,17-23, Jérémie semble parler de sa propre initiative, sans mission explicite de YHWH.

היה דבר־יהוה אל־ירמיהו	הדבר אשר־היה אל־ירמיהו מאת יהוה	כה אמר יהוה
32,6 (אלי).26;	32,1;	32,3.14.15.28.36.42;
33,1.19.23;		33,2.4.10.12.17.20.25;
34,12;	34,1.8; 35,1;	34,2.4.13.17;
35,12;		35,13.17.18.19;
36,27;		36,29.30;
37,6;		37,7.9;
		38,2.3.17; [+ 20];
39,15;		39,16;
	40,1;	
42,7; 43,8		42,9.15.18;
		43,10;
	44,1	44,2.7.11.25.30; [+ 24];
		45,2.4

Cela dit, cette observation fait ressortir un autre élément frappant. En effet, là où la parole divine est absente, la violence se déchaîne entre les hommes. Voyons dès lors comment les éléments s'articulent autour de la «charnière» grâce à un autre tableau[76]:

37,11-16 38,1-6	violence faite à Jérémie, en crescendo d'un épisode à l'autre
38,24-27	violence faite à la parole: le prophète est contraint de mentir
39,1-9	violence de la prise de la ville et du châtiment du roi
39,10	RESTAURATION: don des terres aux pauvres du pays
39,11-14	*1e libération de Jérémie*
39,15-18	oracle de salut pour 'Ebed-Melek
40,1-6	*2e libération de Jérémie*
40,7-12	RESTAURATION: union autour de Godolias et récoltes abondantes
40,13–41,3	violence: assassinat de Godolias
40,4-9	violence: assassinat des pèlerins
41,10	violence faite au peuple emmené en Ammon
43,2-3	violence faite à la parole accusée d'être fausse

On pourrait ajouter que violence est faite à la parole prophétique lorsque le peuple refuse d'écouter le message transmis par Jérémie (42,1–43,3).

76 On pourrait s'étonner du fait que la violence exercée par les Chaldéens sur les membres du peuple lors de la déportation ne soit pas mentionnée dans ce tableau. Mais cette violence, pour réelle qu'elle ait dû être dans la situation historique, n'est en rien évoquée par le narrateur.

On le voit, autour de l'oracle de vie sauve pour 'Ebed-Melek, les éléments s'articulent de manière très équilibrée, ce qui tend à montrer à quel point la transition entre les deux parties est construite. De part et d'autre, Jérémie est libéré par les Chaldéens qui accomplissent la parole de YHWH, ce que Nebuzar'ᵃdân explicite ensuite (40,3). Cette libération du prophète est encadrée par des signes concrets du début de la restauration. Il s'agit là du centre du bloc, qui, comme on l'a vu, rappelle clairement le début (chap. 32–33) et annonce l'ouverture finale (chap. 45). Autour de ce centre, où est réaffirmé le plan positif de YHWH, la violence des hommes se déploie contre le prophète et sa parole[77], et surtout contre le peuple et ses gouvernants. Cette violence est aussi bien le fait des Chaldéens que des membres du peuple de Juda lui-même (les fonctionnaires royaux et Yishmaël).

Les deux parties semblent donc avoir des points de contact de deux types, des parallélismes et des contrastes. Il faut en ajouter un dernier. Si dans la première partie on parle d'un peuple entier réuni dans une même ville, Jérusalem, après la prise de celle-ci, le peuple est scindé en deux parties: ceux qui partent à Babylone et ceux qui restent dans le pays. Le narrateur choisit de ne raconter que l'histoire d'un seul de ces deux groupes: celui qui reste dans le pays. Ce choix n'est pas anodin. En effet, jusqu'à la prise de la ville, Jérémie n'a pas arrêté de marteler l'invitation à se rendre aux Chaldéens. Ceux qui partent à Babylone, même involontairement – forcés en quelque sorte par les envahisseurs – réalisent la parole du prophète, et il n'est donc plus nécessaire d'en parler. Le tout, maintenant, sera de voir quels choix vont faire ceux qui restent dans le pays et y reçoivent des terres, selon la parole de Dieu. Vont-ils se convertir et écouter enfin la Parole, vont-ils persévérer dans l'obstination précédant la prise de la ville? Le récit à partir de 39 est surprenant à cet égard, car il stigmatise le contraste entre ceux qui partent et ceux qui restent[78].

Dans sa manière de raconter les événements qui touchent au sort de Jérémie, de la ville, et de la réception de la parole de YHWH, en effet, le narrateur organise son récit de façon à mettre en exergue, de manière répétée, les conséquences négatives de l'entêtement du peuple et de ses gouvernants dans le refus de plus en plus obstiné de la parole de YHWH et de son prophète.

La démonstration du narrateur est forte d'exemples pris tant dans le présent du peuple que dans son passé, exemples qui montrent com-

77 On verra plus loin que Godolias ignore la présence de Jérémie à ses côtés: c'est aussi une forme de violence contre la parole. Cf. *infra*, pp. 314-315.

78 Ce contraste entre les uns et les autres n'est pas sans rappeler l'oracle des bonnes et des mauvaises figues (chap. 24).

ment ce refus obstiné va jusqu'à l'annulation des bienfaits de YHWH pour son peuple dans l'histoire du salut: la sortie d'Égypte et le don de la terre.

Mais la fidélité de YHWH dépasse l'infidélité du peuple, car il promet la vie sauve au témoin privilégié de la parole proclamée par le prophète. Cela permet de ne pas écrire le mot «fin» après la disparition du prophète en Égypte. Car le témoin pourra proclamer à son tour une parole qui reste inaccomplie malgré son annonce, parole de reconstruction et de restauration pour le peuple, au-delà de la mort. C'est dans ce contexte de renouveau que le lecteur va pouvoir mettre en pratique ce qu'il a appris dans sa lecture.

Conclusion

À une première lecture des chapitres 32–45 du livre de Jr, le lecteur ne peut qu'être dérouté par l'agencement des événements qu'il présente. Cet élément frappant du récit pose question au lecteur, dont la tâche sera de chercher à comprendre le pourquoi d'une telle succession des faits et de résoudre l'énigme qui lui est ainsi proposée par le narrateur.

Pour ce faire, le lecteur a à sa disposition tous les outils que l'exégèse, tant historique que littéraire, met à sa disposition; mais, avant cela, il ne peut faire l'impasse sur une lecture complète du texte, afin d'en pointer les difficultés majeures (chap. 1). En suivant le récit de la sorte, il s'aperçoit également que le texte lui-même fournit des éléments du puzzle permettant de le recomposer, et il peut chercher à reconstruire la succession chronologique des faits. Cette reconstruction, au moins dans les grandes lignes, de la séquence des faits et de leurs liens de cause à effet, la *fabula*, est sans doute une opération nécessaire avant de s'interroger sur les raisons pour lesquelles le narrateur présente les choses selon un ordre différent.

Mais le texte à lui seul suffit-il pour résoudre le problème que pose la disposition chaotique des faits? Un tel phénomène peut, en effet, trouver une explication au niveau de l'histoire du texte et de sa composition, par la juxtaposition de sources diverses dans un seul et unique récit. Le détour par les auteurs classiques (chap. 2) est éclairant à cet égard. Il montre, en effet, que depuis Jérôme, cette particularité du récit du livre de Jérémie pose problème aux lecteurs de ce livre biblique. Mais, si Jérôme indiquait que ce désordre est au service du message du prophète, l'exégèse historico-critique laisse de côté cet aspect des choses, tentée qu'elle est de vouloir reconstruire le «bon ordre» de l'histoire. Par le biais des trois auteurs pris comme exemples pour illustrer cette démarche de l'exégèse classique, on a pu aisément remarquer que les résultats obtenus lors d'un tel travail ne sont pas identiques, malgré leurs ressemblances. Cela dépend en grande partie de leur choix d'attribuer ou non ces passages à ce qu'il considèrent comme l'œuvre originale de Jérémie. Leur travail demeure utile, il faut le souligner: en effet, il rend attentif aux problèmes textuels, ainsi qu'à la complexité de la composition du livre. Mais est-ce la seule solution possible pour expliquer le curieux agencement des événements dans le texte? Cette démarche, en effet, tout intéressante qu'elle soit, ne peut pas satisfaire le lecteur qui cherche à comprendre le sens du texte tel qu'il se présente aujourd'hui, selon sa cohérence narrative et sa logique propres.

Cet aspect est pris en compte par les méthodes de type littéraire, en particulier les approches rhétorique et narrative. La reprise du texte grâce aux «lunettes» synchroniques (chap. 3) met en évidence les insistances du narrateur et les aspects du récit qu'il passe sous silence, comme par exemple le déroulement suivi du siège de Jérusalem. Cette démarche permet de montrer comment la stratégie du narrateur se déploie en vue de mettre en évidence une thématique bien précise, qui se noue autour du siège, mais le dépasse tant vers le passé que vers le futur: l'écoute ou le refus de la parole de YHWH transmise par le prophète, dont dépend l'avenir du peuple de l'alliance.

Le tableau est bien délimité. Si l'on suit la ligne principale du temps, on constate une très grande unité de temps, d'espace et de personnages – en tout cas en ce qui concerne les personnages principaux de l'histoire. C'est là l'indication qu'une intrigue globale se déroule, dans laquelle le narrateur insère d'autres intrigues, plus brèves et ponctuelles, comme l'histoire des esclaves (chap. 34), celle des Récabites (chap. 35) ou celle du rouleau brûlé (chap. 36). Mais ce temps est comme débordé en amont par le rappel de l'histoire du salut, et en aval par l'annonce d'une restauration au-delà du refus du peuple et de son châtiment, d'où, peut-être, les marqueurs structurels que sont les annonces de salut (chap. 32; chap. 33; 39,15-18 et chap. 45). Ainsi, grâce aux analepses, le narrateur peut montrer les rétroactes de l'opposition croissante entre le peuple élu et son Dieu. Il montre aussi, à travers les prolepses, que le futur n'est noir que dans un horizon proche, car, après la punition, le peuple exilé sera reconduit sur sa terre et pourra y vivre en paix. Analepses et prolepses servent donc clairement une stratégie narrative visant à souligner le message du récit: écouter la Parole mène à la vie, la refuser conduit à la mort qui ne sera cependant un échec que pour Israël; car, au-delà de cette mort, Dieu réalise son projet de bonheur. Cet aspect essentiel au récit n'est pas le seul véhiculé par ces deux procédés. En effet, analepses et prolepses soulignent également le chaos dans lequel l'histoire se déroule et auquel le lecteur est confronté lui aussi au cours de sa lecture.

En fonction de la thématique principale, tous les éléments prennent place dans le récit. Le narrateur prend le temps du siège pour démonter les raisons de celui-ci, et pour montrer comment le peuple et ses chefs s'obstinent dans le refus d'une parole de vie. C'est ainsi qu'il parcourt, du début à la fin, la spirale d'enfoncement dans le mal conduisant à la chute de la ville, dans un premier temps, puis à la déconstruction du peuple d'Israël en tant que peuple, dans un second temps. Ces deux temps correspondent aux deux parties de la section en prose: la première (chap. 32–39), déchronologisée, met le doigt sur les racines du mal présent, dont l'aboutissement est la prise de Jérusalem; la seconde (chap. 40–45), dont le récit est chronologiquement suivi jusqu'à la parole pour Baruch, montre comment, malgré la débâcle et la reprise de la vie, signes d'un nouveau début de l'histoire, le peuple ne tire pas de leçon de ce qu'il vient de vivre et s'entête de plus en plus à ne pas écouter, jusqu'à retourner volontairement en Égypte.

Le tableau ainsi brossé retrace le cheminement du peuple: de la vie encore possible grâce à la conversion et à l'écoute, jusqu'à la mort certaine en Égypte. Mais englobant cela, la restauration est formellement promise, puisque, annoncée dès le début en 32–33, elle transparaît de nouveau à la fin, dans la parole pour Baruch au chapitre 45, tout en étant rappelée au centre du récit, puisqu'elle commence à s'y réaliser bien que les Judéens ne semblent guère s'en apercevoir.

Reste maintenant à voir comment cela est mis en forme narrativement, et comment les personnages évoluent à l'intérieur du récit.

Troisième partie
L'intrigue et les personnages du récit

Introduction

Jusqu'à présent, cette promenade dans le texte a montré qu'il est possible de lire les chapitres 32–45 comme un ensemble cohérent, et que ses curiosités narratives – découpage, articulations avec ce qui précède et ce qui suit, articulations internes dues à une temporalité chaotique – peuvent s'expliquer si l'on accepte de regarder le texte d'un point de vue littéraire. Si l'ensemble est cohérent, on peut alors aller plus loin et voir quelle histoire il raconte.

Ce qui tient ensemble et noue un récit, c'est l'intrigue, «cette structure unifiante qui relie les diverses péripéties du récit et les organise en une histoire continue». Ainsi, «l'intrigue assure l'unité d'action et donne sens aux multiples éléments du récit». Dès lors, précisément sur le point de l'intrigue, «le récit se sépare de la chronique qui énumère simplement les faits»[1]. Si tel est le rôle de l'intrigue, essentiel dans un récit, qu'en est-il de l'intrigue en Jr 32–45? Le récit que le lecteur lit là n'est pas une chronique. Cela est assez clair si l'on définit la chronique comme une «suite, [un] recueil de faits consignés dans l'ordre de leur déroulement»[2]. Mais alors, confronté à un récit aussi déroutant, apparemment composite, et dont les différents épisodes semblent juxtaposés, le lecteur est en droit de se poser la question de savoir si une intrigue unique se noue dans cette longue section. Cette question est d'autant plus pertinente que la recherche classique a montré combien l'histoire de la composition du texte est longue et compliquée, de même que sa construction chronologique, qui a amené à conclure à l'incohérence narrative, surtout de la première partie (chap. 32–39)[3].

Le récit de 32–45 n'a pas le caractère d'une chronique. Dans ce cas, si l'on se fie à la définition à peine citée, il doit avoir une intrigue qu'il faudra chercher en explorant à nouveau le texte dans son ensemble. Parallèlement à cette question, s'en pose une autre concernant le type d'intrigue qui forme le récit. En effet, on l'a vu, la première partie est formée par divers épisodes apparemment juxtaposés. Dès lors, s'agit-il d'une intrigue thématique, nouée autour d'un thème parcourant l'en-

1 Cf. MARGUERAT, BOURQUIN, *La Bible se raconte*, citations p. 53.

2 Définition du *Petit Larousse illustré*, 1995.

3 Cf. à ce propos la deuxième partie de ce travail, en particulier les chap. 1 et 2.

semble sans que, pour autant, les différents épisodes aient entre eux un lien de cause à effet, ou d'une intrigue dramatique, événementielle, une intrigue dans laquelle les différents moments signalent une évolution dans l'action jusqu'au dénouement?

Ainsi, en suivant le fil de ce récit, il sera possible de déterminer s'il s'agit d'un texte fragmentaire[4] au sens incertain ou d'un récit unifié, avec une intrigue plus ou moins complexe, qu'il faudra explorer afin de déterminer ses différentes phases, de l'exposition jusqu'au dénouement. Cette approche fera l'objet d'un premier chapitre.

Une intrigue est peuplée de personnages qui ne peuvent en être séparés, car ce sont leurs actions qui la font. Cependant, il est souvent difficile d'étudier ensemble, en une même démarche, le déroulement de l'intrigue et l'évolution des personnages, leur «caractérisation»[5]. C'est pour cette raison qu'après cette première démarche, il faudra reprendre le texte en s'attachant à l'étude des personnages au fil du récit. Mais suivre chacun des personnages n'aurait guère de sens, et comporterait le risque de nombreuses redites, dans la mesure où tous interagissent d'une manière où d'une autre avec Jérémie – de plus, le rôle de certains d'entre eux a déjà été étudié[6]. Pour cette raison, dans un deuxième chapitre, c'est le personnage de Jérémie qui sera analysé prioritairement, les autres étant abordés si cela s'avère nécessaire pour une meilleure compréhension de la construction littéraire du personnage du prophète.

Le choix de se centrer sur Jérémie n'est pas anodin, et ce, pour trois raisons essentielles. Premièrement, mis à part YHWH, le prophète est le seul personnage qui apparaît de bout en bout dans le récit, du chapitre 32 où il entre en scène au chapitre 45 où il prononce la parole de vie sauve pour Baruch. Deuxièmement, Jérémie est un personnage-clé, parce qu'il est le médiateur entre les deux partenaires d'une alliance problématique. Il est le porte-parole de YHWH, dont le peuple, avec son roi et ses chefs, refuse d'écouter la parole et les mises en garde. Ainsi, les autres personnages ont, d'une manière ou d'une autre, maille à partir avec lui. Le suivre permet donc de balayer l'ensemble du récit du point de vue des personnages et de leurs réactions par rapport au prophète et à la parole qu'il proclame et répercute. Enfin, un troisième

---

4 Cf. ce qui a été dit *supra*, pp. 20-21 à propos d'un texte fragmentaire.

5 En analyse narrative, le terme caractérisation est un anglicisme désignant la construction narrative d'un personnage. Cela n'a donc rien à voir avec le «caractère» de celui-ci.

6 C'est le cas pour Baruch, voir *supra*, pp. 187 et mon article, «Jérusalem, 'Ebed-Melek et Baruch», en particulier pp. 74-75.

élément montre l'importance de ce personnage, un aspect déjà souligné[7]. D'emblée, en effet, le narrateur met le prophète dans la position de guide privilégié pour le lecteur. De la sorte, en comprenant le rôle et l'évolution de ce personnage dans le récit, le lecteur comprendra peut-être mieux les enjeux des rapports entre les différents acteurs, mais aussi les enjeux du récit dans son ensemble.

Lorsque Jérémie est présent dans le récit, on l'a dit, les autres acteurs entrent en relation avec lui; et ce qui importe essentiellement au narrateur, c'est de voir comment celui-ci et sa parole sont accueillis. Mais, dans l'ensemble étudié, deux épisodes se déroulent quasiment en l'absence du prophète. Il s'agit du chapitre 36, l'épisode du livre brûlé, et de 40,7–41,18 où sont racontés les événements autour de Godolias et de son assassinat. Le prophète absent, les autres personnages agissent indépendamment de lui. Ainsi, ces deux micro-récits peuvent être importants pour comprendre ce qui se joue entre les différents acteurs lorsqu'ils croient ne devoir rendre de compte à personne. Pour cette raison, leur étude est utile, car ils montrent comment, de manière indépendante, le roi, les chefs et le peuple continuent malgré tout à prendre position par rapport à la parole proclamée par le prophète. Ces deux épisodes donnent donc un bon aperçu de la caractérisation des autres personnages «humains» du récit. Ce parcours fera l'objet d'un troisième chapitre.

7 Cf. *supra*, pp. 105-109.

CHAPITRE 1
L'intrigue: l'histoire d'un multiple refus[1]

I. Reprise en guise d'introduction

On l'a dit, ce qui noue une histoire, c'est l'intrigue[2]. Celle-ci se déroule à partir d'une crise jusqu'à sa résolution, son dénouement qui peut être positif ou négatif. Ainsi, il est capital de savoir si crise il y a, si elle se résout, et comment. D'aucuns objecteront que le récit présenté par l'ensemble des chapitres 32–45 est trop long, voire exclusivement épisodique. Pour cette raison, il serait impossible de déceler une intrigue d'ensemble. Sans doute, le phénomène de l'intrigue est observable d'abord au niveau des micro-récits qui composent l'ensemble. Mais peut-on affirmer cela *a priori*, sans avoir exploré le récit pour voir s'il se déploie ou non en développant une intrigue? Probablement pas. C'est à cette exploration qu'est consacrée cette étape du travail. Si, au terme de ce parcours, on aura montré que le récit se noue autour d'une intrigue, il faudra alors tâcher de comprendre de quel type d'intrigue il s'agit, intrigue thématique ou événementielle, voire les deux ensemble, et si celle-ci est ouverte ou fermée[3]. Il faudra voir également comment elle se structure jusqu'à son dénouement. Le parcours accompli jusqu'à présent a déjà livré quelques indications laissant supposer la présence effective d'une intrigue. Il faudra reprendre tout d'abord l'hypothèse élaborée au début de cette étude, car le chapitre 32, en tant que porte d'entrée de la section, donne des indications quant à l'exposition globale du récit. À cela s'ajoutent les éléments relevés lors de l'étude de la

---

1 Ce chapitre a fait l'objet d'un remaniement en vue d'une communication intitulée «Le refus et l'espoir. L'intrigue de Jr 32–45», lors du colloque organisé dans le cadre du RRENAB, *La Bible en récits II*, qui a eu lieu à Louvain-la-Neuve du 15 au 17 avril 2004. Cette contribution a été publiée dans *ETL* 80 (2004), pp. 373-401. Je remercie le directeur de la revue d'avoir accepté qu'elle soit reprise ici dans une forme adaptée.

2 Pour une explicitation conceptuelle de la mise en intrigue, voir RICŒUR, *Temps et récit* 1, pp. 66-104.

3 Une intrigue ouverte ne clôture pas le récit mais donne assez d'éléments au lecteur pour imaginer une fin qui concorde avec l'ensemble. Il s'agit d'un type d'intrigue qui laisse, en finale, une grande place au lecteur et à son imagination. Au contraire, une intrigue fermée est celle dans laquelle le narrateur termine lui-même son histoire.

temporalité. Ce parcours a déjà servi à baliser le texte dans sa logique, tel qu'il se présente au lecteur d'aujourd'hui, et les quelques éléments mis alors en évidence peuvent contribuer à la recherche de l'intrigue[4].

Dans l'hypothèse qui sous-tend cette recherche, on l'a vu, le chapitre 32 occupe une place de choix. En effet, il campe la situation initiale, présente les différents personnages et pose de nombreuses questions au lecteur tout en lui proposant un contrat de lecture. De plus, il contient de manière concentrée, comme en un noyau, les éléments qui seront développés dans la suite du récit. Dès lors, le chapitre 32 ne ferait-il pas figure d'exposition globale de l'ensemble? Mais quel est alors le rôle du chapitre 33 où l'action ne commence pas encore? C'est là une question qu'il faudra résoudre.

Dans la deuxième partie de cette étude, le travail sur la chronologie a également mis en évidence certains éléments donnant des indications utiles pour déceler l'intrigue. La structure globale du récit du point de vue de la temporalité montre que celui-ci est composé de deux parties, dans lesquelles la gestion du temps est complètement différente. Dans la première partie (chap. 32–39), la chronologie est «chaotiquement logique», les trois retours en arrière centraux allant de l'épisode plus récent au plus ancien. Dans la deuxième partie (chap. 40–44[45]), par contre, la séquence respecte la chronologie jusqu'à la dernière parole prononcée par Jérémie en Égypte (44,24-30). Entre les deux parties, l'oracle pour 'Ebed-Melek (39,15-18) est une charnière qui annonce la fin du bloc, l'oracle pour Baruch (chap. 45). On rappellera encore que la première partie comporte une structure concentrique, au centre de laquelle se trouvent les épisodes les plus éloignés par rapport au présent du récit. Le centre est encadré par les chapitres 32–33 et 37–39, où le prophète a une grande présence: en 32–33 il raconte, agit et reçoit de nombreux oracles; en 37–39, c'est son sort qui occupe l'essentiel du récit.

Ces quelques observations tirées de ce qui précède donnent déjà de précieuses indications quant à l'évolution du récit. Reste maintenant à voir comment tout cela s'agence et s'organise d'un point de vue narratif, et donc voir comment se noue l'intrigue, s'il y en a une. On pourra vérifier de la sorte l'affirmation que Paul Ricœur fait à propos de l'enchaînement des épisodes, suivant Aristote:

> «Ce qu'il [Aristote] proscrit, ce sont, non les épisodes, mais la texture épisodique, l'intrigue où les épisodes se suivent au hasard. Les épisodes, con-

4 Il faut souligner, comme le fait RICŒUR, *Temps et récit* 1, p. 308, que «la notion d'intrigue n'est pas liée à l'histoire événementielle, qu'il y a intrigue également dans l'histoire structurelle; ainsi élargie, la compréhension de l'intrigue non seulement ne contredit pas, mais appelle le progrès dans la conceptualisation».

trôlés par l'intrigue, sont ce qui donne de l'ampleur à l'œuvre et par là même une "étendue"»[5].

II. L'intrigue de Jr 32–45

1. L'exposition du récit (chap. 32–33)

a. L'articulation des chapitres 32 et 33

Selon l'hypothèse élaborée jusqu'à présent, on vient de le rappeler, le chapitre 32 fait office de porte d'entrée de la longue section en prose. Ainsi, lorsqu'on aborde l'étude de l'intrigue, on est en droit de se poser la question de savoir si ce chapitre ne constitue pas l'exposition globale du récit. Mais, après ce premier chapitre, le récit ne commence toujours pas. En effet, le chapitre 33 reprend et amplifie la thématique de la restauration déjà abordée au chapitre 32. Ainsi, il fait clairement bloc avec le précédent, on l'a vu[6]. De la sorte, si le chapitre 32 est l'exposition du récit global, il faut faire l'hypothèse que 33 en est le prolongement. Si c'est le cas, cette longue exposition permet au narrateur d'insister fortement, dès le départ, sur les promesses de Dieu.

Avant d'aller plus loin, il faut montrer comment les trois paroles de YHWH au chapitre 33 amplifient et complètent le chapitre 32. Un tableau aidera à bien visualiser ces éléments (voir page suivante), en commençant par les deux premières paroles divines (32,26-44 et 33,1-13[14-18][7]).

Le tableau le montre, ces deux paroles de YHWH (32,26-44 et 33,1-13) ont une thématique commune: elles tournent autour du thème de la restauration du peuple après la punition de l'exil en utilisant des termes semblables, voire identiques. Il faut ajouter à cela les images complémentaires à la fin des deux paroles divines: 32,43-44 annonce l'achat de champs en vue de l'agriculture, tandis que 33,10.12-13 proclame la

---

5 RICŒUR, *Temps et récit* 1, p. 87.

6 Cf. *supra*, pp. 26-27.

7 Ces versets sont mis entre crochets car, s'ils font partie de la première parole du chap. 33, d'un point de vue rhétorique, ils apparaissent comme une transition avec les deux paroles suivantes. Ces versets, ainsi que la suite du chap. 33 (les deux raisonnements par l'absurde: v. 19-22.23-26), sont absents de la LXX. Cela pourrait expliquer la présence d'une transition dans la première parole de YHWH du chap. 33 dans le TM, afin d'introduire justement la fin du chapitre qui insiste sur la dynastie et le culte.

	32,26-44	33,1-13	
26	Et la parole de YHWH fut à Jérémie [prisonnier dans la cour de la garde (cf. 32,2)] en disant:	Et la parole de YHWH fut à Jérémie *une seconde fois* et lui était *encore* retenu dans la cour de la garde, en disant:	1
27	RIEN N'EST IMPOSSIBLE POUR YHWH	YHWH ANNONCE DES CHOSES GRANDES ET INACCESSIBLES	2-3
28	C'est pourquoi ainsi dit YHWH: [...]	Car ainsi dit YHWH Dieu d'Israël [...] les maisons de cette *ville* [...]	4
29	Et ils entreront les Chaldéens qui combattent contre *cette ville* et ils incendieront cette *ville* [...]	entrant pour combattre les Chaldéens	5
31	car contre mon nez et contre mon ardeur était pour moi cette *ville*, [...]	et pour les remplir des cadavres d'humains que j'ai frappés dans mon nez et dans mon ardeur	
32	à cause de tout le mal des fils d'Israël et des fils de Juda qu'ils ont fait pour m'offenser [...]	car j'ai caché ma face de cette *ville* à cause de toute leur méchanceté.	
36	Et maintenant c'est pourquoi ainsi dit YHWH Dieu d'Israël vers cette *ville* [...]:		
37-41	*Voici* RESTAURATION (10 actions positives de YHWH dans le présent et le futur et 1 négative dans le passé)	*Voici* RESTAURATION (8 actions positives de YHWH dans le présent et le futur et 3 négatives du peuple dans le passé)	6-9
42	Car ainsi dit YHWH [...]	Ainsi dit YHWH:	10
43	Et le champ sera acheté dans ce pays dont vous dites: 'C'est une désolation, sans humain ni animal, il sera donné dans la main des Chaldéens'.	"*Encore* on entendra dans ce lieu dont vous dites: 'C'est une désolation, sans hommes et sans animal'. [...]	
		une voix de joie et une voix d'allégresse [...]	11
44	Des champs avec l'argent ils achèteront et ils écriront dans le livre et ils scelleront et ils feront témoigner des témoins	pâturage de bergers faisant se coucher du bétail.	12
	dans le pays de Benjamin et dans les environs de *Jérusalem* et dans les *villes* de Juda et dans les *villes* de la montagne et dans les *villes* du bas pays et dans les *villes* du Néguev, car je ferai revenir leurs captifs – oracle de YHWH.	Dans les *villes* de la montagne, dans les *villes* du bas pays et dans les *villes* du Néguev et dans le pays de Benjamin et dans les environs de *Jérusalem* et dans les *villes* de Juda, *encore* le bétail traversera sur les mains de quelqu'un qui [le] compte, dit YHWH.	13

reprise de l'élevage. Ainsi, la vie reprend ses droits, car le renouveau de l'agriculture et de l'élevage ramène la richesse dans le pays et donc, plus largement, mariages (signe de la reprise des alliances entre les humains) et sacrifices (signe de l'alliance rétablie entre les humains et Dieu) peuvent à nouveau avoir lieu. Mais le discours du chapitre 33 ne se clôt pas par l'affirmation du retour. Le tableau qu'il dessine se prolonge par des images agricoles de fécondité qui introduisent la reconstitution de deux piliers dans la vie du peuple, à savoir la monarchie et le sacerdoce (33,14-18). Ainsi, la prophétie se montre garante des institutions. Une fois la restauration réalisée (v. 14-18), en effet, le peuple pourra bénéficier d'un roi juste et d'un culte juste. C'est ce que viennent confirmer deux autres oracles qui développent des raisonnements par l'absurde (33,19-22 et 33,23-26). Ils affirment le caractère permanent de l'alliance et se répondent de manière parallèle, après une transition qui relie la deuxième parole (33,1-13[14-18]) aux deux autres rapportées par le chapitre 33:

Transition, v. 14-18	[14]Voici des jours viennent – oracle de YHWH – et je dresserai la bonne parole que j'ai parlée vers la *maison* d'Israël et sur la *maison* de Juda. [15]Dans ces jours-là et dans ce temps-là, je ferai germer pour David un germe de justice, et il fera droit et justice dans le pays. [16]Dans ces jours-là Juda sera sauvé et *Jérusalem* demeurera en sécurité, et ceci [le nom] dont on l'appellera: "YHWH notre justice." [17]Car ainsi dit YHWH: "On ne coupera pas pour David un homme siégeant sur le trône de la *maison* d'Israël. [18]Et pour *les prêtres lévites* on ne coupera pas un homme de devant ma face faisant monter un holocauste et faisant brûler une offrande et faisant un sacrifice tous les jours".		
19	Et la parole de YHWH fut à Jérémie en disant:	Et la parole de YHWH fut à Jérémie en disant:	23
		«N'as-tu pas vu ce dont ce peuple parle(nt) en disant: "Les deux familles que YHWH avait choisies, il les a rejetées" et ils méprisent mon peuple de sorte qu'il n'est plus une nation pour leur face.	24
20	«Ainsi dit YHWH: SI vous rompez mon alliance [avec] le jour et mon alliance [avec] la nuit afin que le jour et la nuit ne soient pas dans leurs temps,	Ainsi dit YHWH: "SI mon alliance n'est pas de jour et de nuit et (si) je n'ai pas placé les décrets de cieux et terre,	25
21	AUSSI mon alliance sera rompue [avec] David mon serviteur de sorte qu'il n'y ait pas pour lui un fils régnant sur son trône, et [avec] *les lévites les prêtres qui me servent*;	AUSSI une SEMENCE de Jacob et de David mon serviteur je rejetterai, de sorte que je ne prenne pas de sa SEMENCE ceux qui gouvernent	26
22	comme l'on ne peut compter l'armée des cieux et ne peut être mesuré le sable de la mer ainsi je multiplierai la SEMENCE de David mon serviteur et *les lévites qui me servent*.»	pour la SEMENCE d'Abraham, d'Isaac et de Jacob, car je ramènerai leur captivité et les aimerai.»	

Les versets 14-18 font figure de transition entre le début et la fin du chapitre 33, étant donné qu'ils reprennent les éléments principaux de 33,1-13 et anticipent 33,19-26. Ainsi, la transition rappelle la restauration du peuple abondamment décrite dans les deux discours de Dieu qui précèdent (33,14-15, voir 32,37-44 et 33,6-13), tout en annonçant également la restauration d'un roi et d'un culte justes, thème des deux discours qui suivent (33,15-18, voir 33,21-22 et 26). De la sorte, comme le montre le premier tableau, le chapitre 33 rebondit sur 32 en le prolongeant. Les trois discours divins qui composent ce chapitre reprennent le premier (32,27-44), avec des déplacements d'accent et des insistances nettes. On peut les résumer en trois points:

1. Dans son premier discours (33,2-18), YHWH rappelle très brièvement le péché du peuple et sa situation actuelle (v. 4-5; voir 32,28-35) mais il insiste sur la réparation et la restauration du peuple (v. 6-17). Dieu est le sujet de deux actions négatives (v. 5: «j'ai frappé» et «j'ai caché»), de quatorze actions positives (v. 3: «je te répondrai» et «j'annoncerai»; v. 6: «je fais monter» et «je leur montrerai»; v. 7: «je ferai retourner» et «je les bâtirai»; v. 8: «je les purifierai» et «je pardonnerai»; v. 9: «le bien que je vais leur faire» et «le bien et la paix que je vais leur faire»; v. 11: «je ferai revenir»; v. 14 «je dresserai la bonne parole» et «que j'ai parlée»; v. 15: «je ferai germer»). Enfin, dans les deux raisonnements par l'absurde qui clôturent le chapitre 33, il est sujet de deux actions positives (v. 22: «je multiplierai»; v. 26: «je les aimerai») et d'une action négative mais dont le sens est inversé par le contexte (v. 26: «je les rejetterai»). Ainsi le chapitre 33 comporte en tout dix-sept actions positives de YHWH pour le peuple.
2. Dieu annonce un roi juste (avec le jeu sur le nom de Sédécias, dont le lecteur est en droit de se demander si c'est vraiment lui le roi juste, alors qu'il a emprisonné le prophète en 32,3, ou si c'est un autre roi qui sera fidèle à son nom); il promet aussi des prêtres qui feront monter la louange vers YHWH et restaureront le culte dévié par le peuple (voir 32,29 et 32,34-35). À cela il faut ajouter que l'annonce du roi juste permet au lecteur de mettre en perspective l'annonce faite à Sédécias au début de 32: malgré l'exil du roi de Juda (32,4), David aura un successeur juste sur le trône (33,21)[8].

8 Lorsque le lecteur arrivera au chap. 36 et lira l'épisode du rouleau brûlé par Joaqim, il pourra mettre l'oracle contre ce roi et sa descendance en perspective avec l'annonce faite ici, bien que cela reste fort ambigu, cf. la transition narrative de 37,1 et la fin du chap. 52. Voir à ce propos *supra*, n. 12, pp. 127-128.

3. Dieu affirme le caractère «inébranlable» de l'Alliance (voir déjà 32,38.40) par deux raisonnements par l'absurde (33,19-22 et 33,23-26).

Avec cela, le lecteur doit être préparé à lire la suite. L'action peut commencer. Mais avant d'aborder la complication pour voir comment se déploie l'action, synthétisons les problématiques de l'exposition.

b. L'exposition et ses problématiques

On l'a dit, une exposition se doit de présenter les éléments essentiels en vue de la compréhension du récit: les personnages, le lieu, le temps, mais aussi les problématiques. J'ai déjà abordé plus haut la question des personnages, du lieu et du temps du récit[9]. Il faut donc maintenant vérifier si, et comment, les chapitres 32 et 33 campent une problématique susceptible d'être développée par la suite.

En plus de la mise en situation, présentée par 32,1-3, trois problèmes sont exposés d'emblée: [1] la prophétie de Jérémie annonçant le châtiment de la ville assiégée et l'avenir sombre du roi – ce problème est mis en avant dans la question du roi aux versets 3 à 5; [2] le sort de Jérémie emprisonné dès le début dans la cité encerclée (v. 2), et dont le narrateur ne dit rien après la parole du roi qui l'interpelle; [3] après la question du roi, au verset 6, le récit se déplace et amorce la thématique d'une promesse, bien improbable dans la situation concrète de Jérusalem. Cette promesse est introduite en deux temps. Il y a tout d'abord une action de Jérémie, l'achat du champ d'Anatôt (v. 6-13). Ensuite, vient l'affirmation de YHWH[10] qui dit d'emblée sa volonté de donner la terre – ce que signifie l'achat du champ (v. 14-15) – et de renouveler l'alliance (v. 37-44 et chap. 33). À la fin du chapitre 33, le jour et la nuit sont comme pris à témoin de cette volonté divine dont ils deviennent pour ainsi dire les garants (33,19-26). Le peuple pourra-t-il, en effet, briser le cycle des jours et des nuits? Certes non. Le Seigneur affirme ainsi sa volonté de ne pas briser son alliance avec son peuple (voir 33,19-20, mais aussi 31,35-36 et Gn 8,22).

Cette volonté de YHWH bute cependant sur un problème, et non des moindres. Il s'agit du péché du peuple, qui, dès le départ, est mis en relation avec la promesse divine. Déjà, Jérémie a rappelé dans sa prière comment le peuple a traité le don de YHWH lors de son entrée dans la Terre promise après la sortie d'Égypte: c'est précisément cette prise de

9 Cf. *supra*, pp. 41-46.

10 Celle-ci est d'abord rapportée par le prophète (32,14-15) avant d'être reprise par YHWH lui-même dans la longue réponse à Jérémie (32,36-44 et 33,2-18.19-26).

possession sans écoute de la Parole qui, au terme d'une histoire de rébellions, a abouti au siège de la ville par les Chaldéens (32,20-25). YHWH prolonge cet aspect en rappelant longuement le péché du peuple (32,29-35), auquel il fera encore allusion plus loin (33,4-5.8). Ainsi, le lecteur peut s'interroger: si le peuple a réagi négativement au premier don du Seigneur en n'écoutant pas sa parole (32,23), comment réagira-t-il lorsque s'accomplira la restauration promise?

Dès le début du récit, l'exposition (chap. 32–33) pose donc une contradiction de taille entre, d'une part, la situation de Jérusalem et de ses habitants, y compris le roi, et l'annonce de la catastrophe liée au péché de ces derniers et, d'autre part, les annonces de restauration de plus en plus présentes et insistantes pour le peuple, la ville et le roi, au-delà du péché, annonces dont le lecteur est en droit de se demander quel accueil leur sera réservé. Au cœur de cette contradiction se tient le prophète (voir en particulier 32,25), seul à être informé en long et en large des promesses divines[11].

Ainsi donc, le problème est de savoir ce que le peuple fera [1] par rapport à la parole qui appelle à la conversion et annonce le malheur, [2] par rapport à Jérémie, le porte-parole du message de conversion, de la punition et de la promesse de restauration, mais aussi [3] par rapport à cette même promesse quand elle commencera à se réaliser. Enfin, englobant le tout, quelle sera l'attitude du peuple par rapport à YHWH lui-même, déjà impliqué indirectement dans les trois aspects qui précèdent, à savoir la menace, le prophète et la promesse? Une crise est donc bien présente dans ce texte: comment évoluera la situation de la ville et du prophète, emprisonnés dès le début chacun à sa manière[12]? Comment le peuple acceptera-t-il le don de YHWH annoncé d'emblée, et quel sera dès lors le sort de l'alliance? Tout cela s'inscrit dans un rapport entre YHWH et sa parole, d'une part, et le roi et le peuple, d'autre part, un rapport problématique au cœur duquel se tient Jérémie, le médiateur.

Les trois problèmes mis en évidence ci-dessus sont fortement liés, mais semblent recevoir par la suite des traitements particuliers et successifs, en trois temps mis en relief en partie par la structure rhétorique du texte. Ce sont les trois moments de la complication. La première phase (chap. 34, 35 et 36[13]) se centre essentiellement sur l'écoute de la parole de Dieu: la libération avortée des esclaves, l'épisode des Réca-

11 Pour plus de détails à ce propos, cf. *infra*, pp. 247-250.

12 Cf. *supra*, pp. 42-43.

13 On l'a dit, les commentateurs séparent généralement ces trois chapitres à cause de leur chronologie.

bites et le récit du rouleau brûlé par le roi. La deuxième phase (chap. 37, 38 et 39) concerne essentiellement le sort du porte-parole, tout en abordant également celui de la ville assiégée où il est emprisonné. Ensuite, la troisième phase (40,1–42,22) met en avant le refus de plus en plus net de la restauration promise, dont les premiers effets sont perceptibles. Au terme de cette longue complication, vient le dénouement (43,1-7): la décision ferme et définitive de retourner en Égypte. Cette décision règle les trois problèmes posés: le peuple refuse l'appel prophétique et sa menace de mort; il disqualifie le vrai prophète comme menteur; il renonce pour de bon à la restauration annoncée pour ce pays (32,15), dont il a pourtant bénéficié dans un premier temps (40,12). Son refus débouche sur l'épilogue (43,8–45,5): le jugement de l'Égypte et du peuple qui s'y est réfugié et où il s'est tourné vers l'idolâtrie (43,8–44,30). En guise d'ouverture, l'oracle de vie sauve pour le témoin fidèle, Baruch (chap. 45), indique au lecteur que la restauration sera proclamée malgré tout[14]. Reprenons tout ceci en détail.

2. La complication (34,1–42,22)

Comme pour répondre aux différentes problématiques de l'exposition, la complication se déroule donc en trois phases. Chacune répond à une question essentielle, tout en annonçant la suivante et en rappelant la précédente comme pour s'y accrocher.

a. Première phase de la complication (chap. 34–36) – refus de la parole invitant à la conversion

C'est en 34 que s'amorce véritablement l'intrigue du récit, par un rappel du début de l'exposition (voir 32,3-5) que le narrateur a donc prolongée pour compléter son exposition thématique, notamment par une projection vers le futur. L'oracle pour le roi (34,2-5) annonce clairement une issue dramatique pour les événements en cours (34,1.6-7). Cet oracle, qui annonce toutefois au roi un sort moins tragique, reste ici sans réponse. Cependant, il renvoie le lecteur au début du récit où le narrateur fait état de la réaction de Sédécias reprochant au prophète ses pa-

14 Bien qu'il ne s'intéresse pas au récit en tant que tel, puisque tel n'est pas son but, McCONVILLE, *Judgement and Promise,* propose un découpage fort semblable à celui qui ressort d'une étude narrative du texte. Ainsi, il lit ensemble 32 et 33 comme un bloc à part dans le «livret de la consolation» (pp. 98-102); 34–36 représentent pour lui la dernière partie de la section précédente, qui va de 26 à 36 (pp. 103-109); ensuite il lit ensemble 37–45 qu'il subdivise de la sorte: 37–39 (pp. 113-115); 40,1–43,7 (pp. 116-119); 43,8–44,30 (pp. 119-121), et enfin 45 (pp. 121-122).

roles et le mettant en garde à vue (32,2-3). Le lecteur, en entendant l'oracle tel que YHWH le communique à Jérémie, comprend que son destinataire, Sédécias, l'a refusé. Or, un tel refus de la parole prophétique n'est pas un acte isolé. Les trois épisodes qui suivent le confirment, tandis que le narrateur remonte le temps comme pour souligner qu'il y a longtemps que le ver est dans le fruit. Après l'oracle pour le roi, il rapporte un événement situé sans doute quelque temps plus tard (34,8-22), avant les deux analepses de 35 et 36[15].

L'épisode du chapitre 34 raconte une éphémère libération d'esclaves. Ce faisant, il présente une clé de lecture majeure par rapport à la thématique de la première phase, l'attitude du peuple face à la parole de Dieu, qui justifie les oracles du prophète. Cette clé se trouve aussi bien dans le récit de l'affaire par le narrateur (v. 8-11) que dans les paroles du Seigneur commentant le rapide revirement des habitants de Jérusalem (v. 12-22). Des deux côtés, en effet, le lien est clairement opéré entre l'écoute (שמע) et l'alliance (ברית) (v. 10-11; 15-16 et 17-18), en particulier celle du Sinaï (v. 13-14): ne pas écouter la parole de YHWH revient à ne pas honorer l'alliance qu'il a établie avec les pères après leur libération de la maison des esclaves (v. 13), l'Égypte (voir 32,23.33). Ainsi, si le roi n'écoute pas la parole du prophète (34,1-6, voir 32,3-5), le peuple se montre infidèle à la Loi.

Les chapitres 35 et 36, on l'a vu, représentent des retours en arrière éloignés par rapport au présent du récit, comme si le narrateur entendait montrer que le refus d'écouter n'est pas neuf à Jérusalem. Le premier relate un épisode concernant un groupe de marginaux, les Récabites venus se réfugier en ville à l'époque de Joaqim, sans doute à la fin de son règne. Sur ordre de YHWH, Jérémie les invite à boire du vin, mais ils refusent, expliquant cela par leur histoire de fidélité à la parole de leur ancêtre. En effet, celui-ci leur a ordonné, d'une part, de rester nomades, ce qui implique qu'ils n'aient ni maison ni terre à cultiver, et, d'autre part, de ne pas boire de vin. S'ils sont venus s'établir à Jérusalem, disent-ils, c'est pour échapper à un péril mortel: l'invasion des

15 Lors de l'étude de la disposition chronologique des événements, le début du chap. 34 était intégré aux chap. 32–33, qu'il clôturait en inclusion par l'oracle pour le roi (cf. *supra*, pp. 164-166). Il faut ici faire la distinction entre la structure de type rhétorique proposée alors, et une étude narrative qui tente de dégager la structure de type narratif (cf. *infra*, pp. 234-235). En effet, une étude narrative met en avant la manière dont le récit évolue dans ses enchaînements dynamiques, alors qu'une structure rhétorique a pour but de mettre en lumière l'organisation statique du texte. Dès lors, l'inclusion mise en évidence dans la structure rhétorique devient ici le rappel du début de l'exposition du récit, rappel dont le but est d'amorcer la complication, une transition, en quelque sorte, entre la longue exposition et la complication du récit qui commence. Une structure n'exclut pas l'autre, car les points de vue présidant à leur mise en évidence sont différents.

Chaldéens (35,5-12). Mais à part cela, il n'est pas question pour eux d'être infidèles à leur ancêtre et à sa parole. Cet incident donne lieu à un oracle où Jérémie reproche vertement aux Judéens de ne pas avoir écouté (v. 15) et donc de n'être pas fidèles aux ordres de YHWH, leur Dieu, alors que les Récabites ont écouté l'ordre de leur père (v. 16)[16]. Aussi ceux-ci connaîtront-ils le salut, alors que Juda et Jérusalem périront (v. 12-19). On retrouve ici, au cœur de cette première phase, un premier oracle de salut qui concerne tout ce peuple qui écoute[17] et qui, de manière solidaire – c'est en tout cas ce que semble suggérer le narrateur en les faisant répondre d'une seule voix à l'invitation de Jérémie (v. 6) –, a suivi la parole de son ancêtre, parce qu'il l'a reconnue comme porteuse de vie. De plus, cet oracle souligne la faute de Juda et de Jérusalem, tant par le contraste entre les deux peuples que par l'insistance sur le vocabulaire de l'écoute[18].

L'épisode suivant (chap. 36) se déroule également sous Joaqim, mais avant l'affaire des Récabites, plus précisément la quatrième année de son règne, qui correspond à la première année de Nabuchodonosor (voir 25,1). Jérémie y reçoit de YHWH l'ordre de mettre par écrit toutes les paroles qu'il a dites depuis le début de sa mission et d'en faire la lecture en un moment solennel, afin que le peuple se convertisse. Tel est du moins l'espoir de YHWH. Jérémie s'exécute en appelant Baruch, à qui il dicte le contenu du rouleau (v. 4). C'est aussi à Baruch qu'il confie le soin d'aller le lire au peuple (v. 6). Premier auditeur des paroles, le peuple demeure indifférent (voir v. 9-10); les princes les entendent ensuite, mais prennent peur et décident de faire rapport au roi (v. 14-19); celui-ci, une fois qu'il les entend, déchire le rouleau et le brûle (v. 21-25). Ce geste du roi montre on ne peut plus clairement son refus d'écouter la parole de YHWH et donc de se convertir. Par ailleurs, il souligne également la volonté du roi d'empêcher le peuple d'entendre à nouveau la parole du prophète, puisqu'il détruit définitivement le rouleau. Mais, ce faisant, il anéantit l'espoir de conversion de Dieu[19].

Pour bien mesurer l'effet narratif produit par la disposition des trois épisodes, il est utile d'en rétablir la chronologie. Car, si le narra-

---

16 Pour les Récabites, la parole qui mène à la vie est celle d'un homme, leur père, et non celle de Dieu. Y aurait-il ici, en filigrane, une anticipation de la mésaventure de Godolias (40,13–41,3)?

17 Le lecteur rencontrera par la suite deux autres oracles de salut, qui ne sont pas à mettre exactement sur le même plan que celui-ci, car ils sont individuels. Il s'agit des oracles de vie sauve à 'Ebed-Melek (39,15-18) et Baruch (45). Voir mon article «Jérusalem, 'Ebed-Melek et Baruch», en particulier pp. 67-72.

18 Le vocabulaire de l'écoute est prégnant dans cette phase de la complication, comme dans l'ensemble du récit. Voir à ce propos, *supra*, n. 49, p. 36 et n. 123, p. 98.

19 Le récit du chap. 36 sera repris en détail *infra*, pp. 292-308.

teur les avait racontés dans l'ordre chronologique, il aurait créé un autre effet que celui qui résulte de la disposition actuelle. Tout d'abord, le chapitre 36 relaterait l'espoir de Dieu de voir le peuple se convertir et être sauvé (v. 2-3), espoir déçu à cause de la non-écoute du peuple et de l'attitude du roi Joaqim, qui aboutiront à leur condamnation. Ensuite, plus tard sous ce même roi, l'épisode des Récabites servirait de point de départ à une menace solennelle qui, si elle produit son effet, permettra peut-être aux gens de Juda et de Jérusalem d'échapper au malheur, comme les fils de Récab (voir 35,18 opposé au v. 17). Enfin, 34,8-22 relaterait les velléités de conversion du successeur de Joaqim, Sédécias, et de son peuple, velléités sans lendemain qui déboucheront sur le châtiment inéluctable. Pris dans l'ordre chronologique, ces trois épisodes décrivent la lente déchéance du peuple qui s'éloigne de plus en plus du salut encore espéré par YHWH en 36,3. L'inversion préférée par le narrateur fait ressortir autre chose. Au départ, le roi et le peuple montrent qu'ils sont capables de se convertir à l'alliance et à ses lois (34,8-10, voir v. 13-14). Mais cette conversion est éphémère. Aussi Dieu annonce-t-il le châtiment de Juda, qui a refusé de se montrer fidèle à la loi reçue. Après cette réaction négative de YHWH, vient une nouvelle tentative de sa part de rappeler le peuple à l'ordre à travers l'exemple des Récabites, hommes fidèles à la parole de vie et à l'alliance que leur père leur a données (chap. 35). Mais cet exemple ne sert pas à grand-chose, sinon à souligner l'opposition entre les deux peuples. En effet, la suite (chap. 36) montre l'escalade dans le refus de la parole, qui, contrairement à l'espoir de Dieu (v. 3), est refusée dans sa forme écrite, cette fois (v. 11-13.16.25 et 31)[20], confirmant ainsi l'épisode des esclaves libérés et puis repris (chap. 34), et signifiant le rejet de l'exemple des Récabites (chap. 35). L'inversion chronologique permet donc un *crescendo*: écoute effective, puis déniée dans un second temps; exemple d'écoute qui conduit au salut et est censé provoquer celle du reste du peuple (35,13), mais qui reste sans réaction; écoute refusée jusqu'à la destruction de la pa-

---

20 Pour le lecteur, toutefois, l'espoir demeure dans la nouvelle écriture du rouleau qui rend à nouveau possible la lecture des paroles de YHWH confiées à Jérémie. Cela dit, il s'agit de paroles de malheur qui serviront également à montrer que Jérémie a eu raison. À cela, on peut ajouter l'intéressante remarque de N. FRYE, *Le Grand Code. La Bible et la littérature*, Collection Poétique, Paris, 1984, p. 271: «À chaque instant, le monarque, furieux, coupe un morceau du rouleau avec un canif et le jette au feu. [...] Le palais royal disparut complètement quelques années plus tard, alors que le livre de Jérémie, confié au matériau le plus fragile et le plus combustible qu'ait produit l'Antiquité [le papyrus], s'est conservé sous une forme assez bonne. La suprématie du verbal sur le monumental a quelque chose de la suprématie de la vie sur la mort. Une forme individuelle de vie peut être balayée par le moindre souffle du hasard, mais la vie prise comme un tout a un pouvoir de perdurer supérieur à celui de tout assemblage de pierres».

role prophétique consignée sur le rouleau. Une telle disposition donne l'image d'un peuple de plus en plus endurci, alors même que l'espoir de Dieu s'affirme plus clairement au fur et à mesure que le récit avance.

Le narrateur aligne ces trois épisodes pour montrer essentiellement deux choses au lecteur. D'une part, et c'est peut-être le plus crucial, il énonce de manière répétée les conséquences de l'acceptation ou du refus de la Parole et de l'Alliance: garder la vie ou être livré à la destruction et à la mort. D'autre part, et cela n'est pas sans importance pour le lecteur, il fournit des éléments qui expliquent la situation critique de Jérusalem, en montrant que le châtiment promis d'emblée au peuple (34,1-7), et qui va être raconté dans la suite immédiate (37–39), est le résultat attendu depuis longtemps déjà – au moins depuis le règne de Joaqim – de l'endurcissement dans le refus répété de la Parole de YHWH et de son prophète[21].

À cela, il faut ajouter que le début du chapitre 34 et la fin du chapitre 36 s'appellent l'un l'autre par une sorte d'inclusion formée par les deux seuls oracles qui concernent spécifiquement le roi (34,2-5 [Sédécias] et 36,29-31 [Joaqim]). Dans ces oracles, YHWH évoque d'abord la venue de Nabuchodonosor et le sort de la ville ou de la terre («Voici que je donne cette ville dans la main du roi de Babel et il la brûlera par le feu», 34,2b, et «Sûrement viendra le roi de Babel et il détruira cette terre et il fera disparaître d'elle humain et bétail», 36,29b); il passe ensuite à ce qui adviendra du roi: Sédécias reçoit l'annonce de sa déportation et d'une mort en paix (34,4b-5), tandis que, pour Joaqim, l'annonce est plus noire: il n'aura pas de successeur et son cadavre sera jeté à la merci des éléments (36,30).

Cette première phase de la complication montre donc trois manières de refuser la parole. Il faut ajouter à cela un effet d'accumulation et d'aggravation en spirale ascendante provoqué par la mise en perspective des trois épisodes. En effet, d'une part, le lecteur n'apprend qu'en dernier lieu le refus le plus radical, celui de la parole écrite; et, d'autre part, ces trois épisodes remontent dans le temps, montrant ainsi de manière on ne peut plus claire que le problème ne date pas d'hier. Dès lors, le refus de la parole est consommé: celle-ci est clairement rejetée

21 Remarquons en passant qu'il n'est peut-être pas anodin que l'épisode du chap. 36 se passe la première année de Nabuchodonosor. Comme l'a senti TAYLOR, «Jeremiah 45», pp. 79-98, cette année a une portée particulière dans l'économie du livre de Jr puisque, on l'a dit, elle sert, selon cet auteur, de code qui appelle le jugement (cf. p. 88). Mais en plus de cela, le fait qu'il s'agit de la première année de Nabuchodonosor ne suggère-t-il pas un subtil lien de cause à effet entre, d'une part, le sort réservé par le roi à la parole – un refus de se convertir (36,21-26) qui anéantit l'espoir du Seigneur (cf. 36,3) – et, d'autre part, la montée sur le trône de celui qui sera l'intermédiaire du châtiment annoncé (cf. 25,1-13)?

par le roi tant dans sa forme orale qu'écrite[22]. Suite à cela, un oracle destiné au roi, lui dénie une descendance sur le trône de David[23]. Qu'en sera-t-il dès lors de la promesse initiale d'un roi juste? D'autant que l'espoir de YHWH est déçu, car la réponse à son «peut-être» initial (voir 36,3) est un «non» catégorique exprimé par le roi.

Ainsi, dans cette première phase de la complication se concrétisent quelques éléments de l'exposition, en particulier le refus d'écouter la parole et l'enfoncement dans le péché (32,22-23.24.28-35 et 33,4-5). On se souvient que l'une des questions posées par l'exposition était de savoir comment le peuple réagirait au nouveau don de YHWH. Cette première phase de la complication met peut-être déjà le lecteur sur la piste, puisqu'elle montre clairement le refus de la parole essentiellement par les chefs d'un peuple qui, pour sa part, demeure indifférent (36,10-11). Cela laisse donc supposer que le peuple, représenté par ses chefs, pourrait également refuser, en plus de la parole de Dieu, la promesse de restauration énoncée par YHWH. Quoi qu'il en soit, cette première phase répond à la question initiale que le roi pose à Jérémie à propos de son oracle (32,3-5, voir 34,2-5): maintenant le lecteur sait pourquoi Jérémie annonce le châtiment, non seulement parce qu'il croit ce que YHWH et le prophète disent à propos du peuple (32,23.29-35), mais aussi parce que les faits rapportés par le narrateur convergent pour montrer combien le peuple et ses responsables sont fermés à la conversion.

b. Deuxième phase de la complication (chap. 37–39) – le sort du prophète et de la ville

En commençant cette nouvelle phase du récit, le narrateur ne reprend pas les choses là où il les avait laissées la dernière fois qu'il a évoqué le règne de Sédécias au chapitre 34. Il les reprend au début du règne de ce dernier, en faisant allusion à son accession au trône à l'initiative de Nabuchodonosor (37,1), une époque où Jérémie était encore libre de ses mouvements (v. 4). Mais, rapidement, le narrateur glisse vers la fin du règne de Sédécias à l'époque du siège. Cette partie raconte, en effet, les événements qui concernent la ville et ses habitants à la veille de la ca-

---

22 Ce rejet exprimé aux chap. 35–36 explique probablement pourquoi Jérémie ne prêche plus la conversion au moment du siège, mais seulement la catastrophe inéluctable.

23 Cette ambiguïté causée par le תחת «à la place de» a déjà été analysée plus haut. Cf. *supra*, n. 12, p. 127-128. À cela, il faut ajouter que la fin du chap. 52 joue aussi sur l'ambiguïté. En effet, en mettant en scène Konyahû, le narrateur ne dit pas qu'il est fils de Joaqim, mentionnant uniquement qu'il est roi de Juda (cf. 52,31-34).

pitulation[24]. Le thème de l'écoute de la parole y est encore présent, mais à la différence des trois épisodes qui précèdent, l'accueil ou le non-accueil de la parole sont envisagés en fonction de leurs répercussions directes sur la vie du peuple et de Jérémie.

À la fin de la première phase, le thème de la deuxième a été amorcé: le devenir du prophète et de la ville, deux sorts qui s'entrecroisent, le premier étant emprisonné dans la ville assiégée par les Chaldéens[25]. Ainsi, après avoir entendu le rouleau et l'avoir brûlé, Joaqim cherche à mettre à mort Jérémie, mais ne réussit pas à mettre la main sur lui à cause de l'intervention de YHWH (voir 36,26). Quant à l'action du roi, elle est ponctuée en finale par l'annonce du sort de la ville en 36,31. Ces deux points vont se trouver au centre de la deuxième phase de la complication, qui débute par une transition narrative forte (37,1-2):

> [1]Et le roi Sédécias fils de Josias régna à la place de Konyahû fils de Joaqim que Nabuchodonosor roi de Babel avait fait roi dans la terre de Juda. [2]*Et il n'écouta pas, lui [le roi] et ses serviteurs et le peuple de la terre les paroles de* YHWH, qu'il avait dites par Jérémie le prophète.

Cette introduction du chapitre 37 s'enchaîne à la prophétie finale du chapitre 36 (v. 28-31) en montrant comment elle se réalise: c'est Sédécias, demi-frère de Joaqim, qui règne à la place du fils de ce dernier (v. 1); elle résume également la thématique principale des trois chapitres qui précèdent, le refus du peuple et de ses gouvernants d'écouter la parole de Dieu proclamée par Jérémie (v. 2).

Schématiquement, cette deuxième phase se présente comme suit:

37–38	*sort de la ville* au début (et puis épars)
	surtout SORT DE JÉRÉMIE
39	surtout *sort de la ville*
	SORT DE JÉRÉMIE ensuite

Le sort du prophète va donc occuper d'abord le devant de la scène[26]. Le narrateur le réintroduit dans le récit grâce à une interpellation de fonctionnaires qui lui demandent de la part du roi de prier «YHWH notre Dieu» (v. 3)[27]. Le prophète met en garde contre les solutions faciles[28], ce

24 Cf. dans le même sens, FISCHER, *Il libro di Geremia*, p. 173.

25 Cf. *supra*, p. 43.

26 BOYLE, «Narrative as Ideology», p. 295, souligne que les chap. 37–38 présentent une intrigue unifiée autour de la mention de l'emprisonnement du prophète. On pourrait y ajouter le chap. 39 qui conclut l'intrigue du micro-récit en racontant notamment la libération de Jérémie.

27 Selon DRAÏ, *La communication prophétique* 1, p. 292, cherchant à sauver la situation fortement compromise, Sédécias aurait œuvré sur deux plans. Premièrement, il au-

qui provoque ses déboires et son rejet progressif qui culmine au chapitre 38. C'est ici que Jérémie connaît le sort auquel il a échappé au chapitre précédent (36,26). Alors, le moment de son arrestation n'était pas encore venu, YHWH intervenant pour le cacher avec Baruch. Mais en 37–38, YHWH n'intervient plus, un aspect clairement souligné par la quasi absence de paroles divines directement adressées à Jérémie dans les chapitres 37 à 39, ce qui contraste nettement avec la première phase de la complication[29].

Cette absence de paroles divines à Jérémie[30] à l'intérieur de la deuxième phase de la complication est assez frappante, d'autant que cette phase est encadrée par la mention de paroles de YHWH pour le prophète: «les paroles de YHWH, qu'il avait dites par Jérémie le prophète» (37,2, voir aussi v. 7) et «il y eut une parole de YHWH à Jérémie» (39,15). Ainsi, dans la partie du récit qui concerne essentiellement le sort du prophète, YHWH semble être absent, comme s'il l'abandonnait à son triste sort. Mais peut-être est-ce une manière de mettre en scène Jérémie seul face à ses contemporains, avec comme unique «arme» pour se défendre la parole divine reçue précédemment. Dès lors, bien qu'absent du récit, YHWH est présent en filigrane, d'autant que Jérémie – tout comme le lecteur – ne peut avoir oublié les paroles de restauration qu'il a longuement entendues au début de cette aventure, dans l'exposition[31].

En 37–38, Jérémie est définitivement rejeté par les chefs du peuple. Ceux-ci jouent avec la faiblesse du roi, dont il faut noter l'attitude plus qu'ambiguë (voir en 37,13-16 la première arrestation où il n'intervient pas, et 38,4-5). En effet, Sédécias ne prend pas clairement position pour ou contre Jérémie. D'une part, il cherche à ménager ses fonctionnaires qui veulent la mort du prophète, et il accepte que celui-ci soit jeté dans la citerne (38,4-6); d'autre part, il fait tout pour lui sauver la vie (37,21;

---

rait cherché l'intervention égyptienne contre les Chaldéens; d'autre part, grâce à cette ambassade, il demande l'intercession du prophète auprès de Dieu.

28 Comme le souligne FRYE, *Le Grand Code*, p. 187, à propos de Jérémie, de Michée (cf. 1 R 22) et Isaïe lors de ses débuts avec Achaz, «le prophète du message authentique est l'homme du message impopulaire».

29 Dans cette deuxième phase de la complication, YHWH n'intervient plus, sauf en 37,6-10 où il répond à la demande du roi en annonçant qu'il n'y a plus aucun espoir pour la ville, et en 39,15-18 où, par un retour en arrière, le lecteur entend l'oracle de vie sauve pour 'Ebed-Melek.

30 Certes, dans cette phase, Jérémie adresse au roi des paroles de YHWH concernant le sort de la ville. Cela dit, ces paroles semblent plutôt être une synthèse faite par Jérémie des différents oracles qu'il a reçus de YHWH auparavant. En tout cas, aucune mention n'est faite par le narrateur d'une intervention directe de Dieu à cet endroit.

31 Il faudra revenir sur cet aspect lors de l'étude du personnage de Jérémie. Cf. *infra*, en particulier pp. 260-261.

38,10.13.28). Dès le début (37,11-15), les fonctionnaires royaux ne font pas appel au roi dans le procès sommaire qu'ils font à Jérémie, pas plus que lorsqu'ils le maltraitent. C'est comme si celui-ci devenait le «bouc émissaire» sur lequel, impuissants face aux Chaldéens, ils se défoulent[32].

Malgré le refus des siens, Jérémie continue sa mission et appelle Sédécias à se rendre aux Chaldéens. Mais à nouveau, l'attitude du roi est ambiguë. Il n'écoute pas le prophète et, surtout, il l'invite à mentir en refusant de livrer aux fonctionnaires la teneur de leur rencontre. Ainsi, après la parole, c'est le prophète lui-même qui est rejeté et que l'on n'écoute pas. Aussi, le porte-parole se tait, s'en tenant strictement aux instructions du roi (38,27) qui le pousse à dire le faux et non le vrai[33]. Car une fois le prophète rejeté, il ne reste plus aucune chance à Jérusalem qui subit la punition annoncée. Ainsi, après les dernières paroles du prophète, débute le récit de la prise de la ville.

En réalité, le sort de la ville est décrit de deux manières dans le récit: il est évoqué par les personnages et par le narrateur. Parmi les premiers, il faut faire la distinction entre YHWH et Jérémie d'une part (37,8-9; 38,2-3.17-18 et 23), et d'autres personnages, en particulier certains fonctionnaires (38,4) et 'Ebed-Melek (38,9), d'autre part. Le sort de la ville est évoqué par YHWH dans un oracle qu'il adresse à Jérémie dès le début (37,8-9). Ces paroles seront répercutées par le prophète lorsqu'il sera interrogé par le roi. Tout au long de cette deuxième phase, les paroles de Jérémie concernant la ville demeureront fondamentalement les mêmes: «si vous ne vous rendez pas aux Chaldéens vous mourrez et la ville sera incendiée; par contre, si vous vous rendez, vous vivrez» (voir 38,17-18). Ensuite, par la bouche de certains fonctionnaires (38,4), le lecteur apprend comment ceux-ci perçoivent la prédication de Jérémie et son rôle négatif pour la ville, puisque celui-ci, disent-ils, démoralise les vaillants défenseurs de Jérusalem.

Par ailleurs, le sort de la ville est mis en récit par le narrateur (37,5.11.21; 38,28 et 39,1-3.8-9) qui tient le lecteur au courant de l'évolution de la situation du siège: les Chaldéens s'éloignent suite à la montée des Égyptiens (37,5.11); il y a encore du pain dans la ville et Jérémie en bénéficie (37,21). Par la bouche d''Ebed-Melek, il signale

32 Soulignant cet aspect, BOYLE, «Narrative as Ideology», p. 298, écrit ceci: «The narrator uses a series of verbs in verse 15 to describe their behaviour towards Jeremiah: they are enraged at Jeremiah, beat him and imprison him. We note that the verb "beat" occurs in both the first and second episodes of the story. The narrator may be suggesting that because they are unable to strike the Babylonians (37:10), the advisers now vent their rage on Jeremiah (37:15)».

33 Il sera intéressant de voir comment les commentateurs interprètent cette attitude de Jérémie lors de l'étude du personnage. Voir *infra*, n. 41, p. 260.

ensuite incidemment que les réserves sont épuisées (38,9). Puis, la ville est prise, selon la mention succincte de 38,28, développée plus amplement en 39,1-3 et 8-9. Au chapitre 39, le narrateur montre enfin que se réalise ce que Jérémie a continué à dire à propos de la ville dans cette deuxième phase de la complication. En effet, après l'entrée des Chaldéens, la ville est incendiée et le peuple est en partie déporté (v. 8-9).

Une fois réglée la question du sort de la ville, le chapitre 39 revient sur quelques personnages. Il évoque en particulier deux types d'acteurs. En premier lieu, il raconte le sort de ceux qui, jusqu'au bout, n'écoutent pas: le roi, les siens et le peuple (v. 4-10). Le roi, dont jusqu'ici l'attitude avait été extrêmement ambiguë, s'enfuit quand les Chaldéens entrent dans la ville. Avec lui, des chefs du peuple. Leur sort est rapidement arrêté: les Chaldéens les poursuivent, les rattrapent, et Nabuchodonosor en personne les punit. En 34,2-5, on s'en souvient, le roi avait reçu un oracle de déportation et de mort en paix. Ici, il est poursuivi par les hommes de Nabuchodonosor et effectivement déporté. La scène se déroule avec une violence extrême, que l'oracle du chapitre 34 ne laissait absolument pas supposer. En 38,19, le roi avait exprimé sa peur d'être livré aux Chaldéens par des Judéens passés de leur côté. Ainsi, pouvait-il imaginer que le but de Jérémie était de le faire tomber dans la main de ceux qu'il considère comme des ennemis. C'est peut-être la raison pour laquelle le roi à nouveau n'écoute pas le prophète et décide de prendre la fuite, malgré la réponse que ce dernier a opposée à sa peur (38,20-23). Ainsi, se réalise effectivement ce qu'il disait redouter en 38,19, réalisation dont il est probablement lui-même la seule et unique cause. Le peuple, quant à lui, est déporté, mais en partie seulement et sans effusion de sang racontée.

En second lieu, le narrateur se penche sur le sort des fidèles, Jérémie et 'Ebed-Melek (39,11-18). Ce dernier avait libéré Jérémie de la citerne où l'avaient jeté des princes, sans que le roi ne puisse s'y opposer (38,5). Maintenant, Jérémie est libéré de la cour de la garde par un autre étranger, un Chaldéen, sur ordre de Nabuchodonosor. Ainsi, le prophète est libre (39,11-14), tandis que le narrateur, dans un bref retour en arrière, relate l'oracle de vie sauve adressé au premier libérateur de Jérémie, 'Ebed-Melek (v. 15-18), et cela, au moment où, sans doute, cette parole se réalise[34].

34 Outre l'absence déjà soulignée de paroles directes de YHWH au prophète dans la deuxième phase de la complication, il s'agit là d'un élément supplémentaire, narratif cette fois, qui justifie l'insertion de cet oracle en dehors de la chronologie des événements.

Au terme de la deuxième phase, la situation exposée en 32,1-5 à propos de Jérusalem et du prophète est réglée, car la catastrophe annoncée en 32,24.28-29 et l'oracle de malheur de 33,4-5 se réalisent. Quant au prophète, dont le lecteur avait appris l'emprisonnement dès les premières lignes du récit (32,2-3), le voilà libre, à présent.

c. Troisième phase de la complication (40,1–42,22) – refus de la restauration promise

La troisième phase de la complication débute, tout comme la deuxième, par une transition narrative forte avec ce qui précède. Cette fois, celle-ci se fait par un crochet rappelant à la fois la première phase et la fin de la deuxième. En effet, dès les premiers versets du chapitre 40, le narrateur rappelle, par la parole de Nebuzar'ᵃdân, ce qui a occupé la deuxième phase de la complication: le sort de Jérémie (ci-dessous, *en italique*) et celui de la ville (*en italique souligné*). La fin de la ville est le signe de la punition que le peuple vient de vivre (v. 1b.2b-3a, voir 32,25.28 et 39,1-3) suite à son péché, sa non-écoute (en caractère différent), thèmes essentiels de la première phase (v. 3b, voir 32,23.29-35). Enfin, on revient à la deuxième phase en évoquant une nouvelle fois la libération de Jérémie[35]:

> [1]La parole qui s'adressa à Jérémie de la part de YHWH après que Nebuzar'ᵃdân, grand des gardes, l'eut renvoyé de Rama, *lorsqu'il le prit alors qu'il était lié de chaînes* au milieu de toute *la déportation de Jérusalem et de Juda, les déportés vers Babel*. [2]Et le grand des gardes prit Jérémie et il lui dit: «*YHWH ton Dieu a parlé ce mal pour ce lieu*. [3]*Et YHWH l'a fait venir et il a agi selon ce qu'il avait annoncé*. Parce que vous avez péché contre YHWH et que vous n'avez pas écouté sa voix, cette parole s'est réalisée pour vous. [4]Et maintenant voici: *aujourd'hui je te libère des chaînes que tu as aux mains; s'il est bon à tes yeux de venir avec moi à Babel, viens et j'aurai l'œil sur toi. Si c'est mal à tes yeux de venir avec moi à Babel, renonce. Regarde: tout le pays est face à toi, va là où c'est bien et droit à tes yeux*». [...] et Jérémie, etc... (v. 6).

On le voit: l'enchaînement est lisse, comme c'était déjà le cas entre les deux premières phases de la complication.

Le même Nebuzar'ᵃdân apprend à Jérémie – et en même temps au lecteur – qu'après avoir déporté Sédécias, Nabuchodonosor a installé un gouverneur, Godolias, comme responsable du peuple qu'il a laissé dans le pays (v. 5). Ce dernier a été introduit incidemment dans le récit en 39,14, déjà à propos de Jérémie, mais par le narrateur qui ne mentionne pas sa nomination comme gouverneur. Ainsi, en annonçant la

35 À propos des libérations de Jérémie et pour la position des auteurs, cf. *supra*, pp. 132-134.

troisième phase de la complication, le narrateur boucle la deuxième en revenant sur la libération de Jérémie, qu'il raconte donc deux fois. Il le fait une première fois de manière synthétique en 39,12, en rapportant un ordre de Nabuchodonosor à Nebuzar'ᵃdân, puis de manière plus détaillée, en 40,1-6, en racontant comment Nebuzar'ᵃdân suit l'ordre de Nabuchodonosor. Mais il annonce également la suite en introduisant le peuple qui restera en Juda sous la férule de Godolias. Ainsi, en commençant la troisième phase de la complication, le narrateur reprend le récit qu'il avait fait des événements avant l'oracle de vie sauve pour 'Ebed-Melek, pour le prolonger, avec davantage de détails cette fois.

Dans sa première intervention dans le récit, Godolias appelle les Judéens à se soumettre aux Chaldéens. Avec lui, les promesses de bonheur semblent se réaliser: le peuple et ses chefs reviennent des campagnes, les Hébreux dispersés rentrent au pays et la vie reprend son cours de manière pacifique (40,7-12). On cultive les champs donnés par les Chaldéens en 39,10, et ces champs produisent beaucoup de fruits. On pourrait dire que tout est bien qui finit bien, et que les promesses de YHWH se réalisent, après la punition du peuple, comme annoncé dès l'exposition du récit. Le lecteur se trouve ici face à un premier «dénouement»: il connaît le sort des habitants de Jérusalem (chap. 39), ainsi que celui de ceux qui sont restés ou revenus dans le pays, signe de la réalisation des paroles initiales de salut pour le peuple. Mais l'histoire continue, car une autre question se pose: maintenant que cette restauration commence à porter ses premiers fruits de prospérité et de paix, comment le peuple va-t-il l'accueillir?

Le narrateur ne s'occupe pas directement de donner réponse à cette question, augmentant ainsi le suspense. Les feux se braquent, en effet, non pas sur le peuple, mais sur Godolias, au cours d'une entrevue avec certains des chefs du peuple qui se sont présentés à lui (40,13-16, voir v. 7-10). Dans cet épisode, le narrateur montre comment Godolias refuse de faire confiance à une parole qui lui est dite. Certes, cette parole n'est ni de YHWH ni du prophète, mais d'un des princes, Yohanân (40,13-16), qui, avec d'autres princes, le met en garde contre l'un de ceux qui, comme eux, était présent lors de la première rencontre: Yishmaël (voir 40,8). Ce dernier aurait été mandaté par un roi voisin pour le tuer[36].

36 Le texte lui-même ne donne aucune indication quant aux raisons qu'aurait eues le roi d'Ammon de donner l'ordre de tuer Godolias. D'un point de vue historique, certains commentateurs ont tenté une explication. HOLLADAY, *Jeremiah* 2, p. 296, par ex., estime cette mention curieuse sans pour autant la commenter. Parmi ceux qui la commentent, on note deux explications opposées. D'une part, par ex., WEISER, *Jeremia 25,15–52,34*, pp. 354-355, se basant sur Ne 3,35, pense que, pour empêcher l'expansion d'un nouveau royaume de Juda guidé par Godolias, le roi d'Ammon se serait servi d'un ambitieux Judéen de sang royal qui estimait que le poste de Godo-

Cette mise en garde du gouverneur se fait en deux temps. Il y a d'abord l'approche collective des princes guidés par Yohanân, à laquelle Godolias oppose son silence[37] (40,13-14). Suite à ce qui ressemble à un refus, Yohanân entreprend une démarche individuelle et parle au gouverneur en secret, lui demandant la permission d'éliminer le traître. Cette fois, la position de Godolias se durcit et son refus d'écouter est explicite et justifié: il ne croit pas un mot de ce qui lui est raconté. Son attitude est louable puisqu'il refuse de tuer un homme, mais son refus d'écouter et de faire confiance va entraîner de nouveaux événements tragiques: sa mort et ses suites désastreuses. Ainsi, l'histoire est relancée à cause du nouveau «péché» de Godolias, un manque de confiance dans lequel tout le peuple s'engouffrera bien vite.

Car Godolias ne s'inquiète pas de la véracité des paroles de l'informateur – n'oublions pas que Jérémie est à ses côtés (voir 40,6): le gouverneur pourrait donc le consulter[38]. Il ne prend même aucune mesure de protection. Au contraire, il mange avec l'homme contre lequel on vient de le mettre en garde, ne montrant donc aucune méfiance envers lui. Ce repas est comme un troisième refus de la parole de Yohanân, en acte, cette fois. Ce refus coûte la vie à lui-même, aux hommes qui étaient avec lui, ainsi qu'aux Chaldéens de la garnison laissée en faction à Miçpa (40,13–41,3). C'est ici que le narrateur introduit un élément de suspense concernant le prophète. Le lecteur, en effet, sait que celui-ci a rejoint Godolias (40,6). Mais se trouve-t-il avec «tous les Judéens qui étaient avec lui» (41,3), ou fait-il partie des captifs emmenés plus tard par Yishmaël (41,11)?

En tout cas, au chapitre 41, le prophète et YHWH sont laissés complètement en retrait. Après avoir refusé Jérémie et la parole qu'il proclamait sur Jérusalem, comme le montrent les deux premières phases de la complication, les Judéens négligent à nouveau le prophète présent au milieu d'eux. Ils cherchent seuls les solutions à leurs problèmes. Ainsi livrés à eux-mêmes, ils sombrent dans une violence aveugle qui implique dissimulation et ruse, et dont la seule limite est l'appât du gain (v. 8). En effet, deux jours après l'assassinat de Godolias, alors que personne ne connaît encore le sort du gouverneur et de ses hommes

lias lui revenait. D'autre part, par ex. FEINBERG, *Jeremiah*, p. 272 pense que Yishmaël, considérant Godolias comme un traître au service des Chaldéens, était un homme de main au service de Baalis qui voulait éliminer le gouverneur de Juda, afin de pouvoir plus facilement élargir son règne vers ce pays. On reviendra sur certaines de ces considérations lors de l'étude de cet épisode, cf. *infra*, pp. 308-322.

37 C'est, du moins, ce que laisse supposer le récit du narrateur, qui n'enregistre aucune parole du gouverneur, contrairement à ce qui se passera au v. 16.

38 L'attitude adoptée ici par Godolias rappelle le comportement inverse des Récabites qui écoutaient la parole de Yonadab (35,6-11).

(v. 4), un grand nombre de pénitents se rendent à Jérusalem avec des offrandes. Ils sont attirés dans un traquenard par l'assassin de Godolias, Yishmaël, qui les égorge, à l'exception de quelques-uns qui lui promettent richesses et provisions en échange de leur vie (v. 5-9). Cette fois, contrairement à ce qui précède, la violence est interne au peuple et ne vient plus de l'extérieur. Enfin, privé de chef, le peuple amorce un autre refus: celui de la terre où la promesse avait commencé à se réaliser. Ce refus est signifié par le départ en Égypte (v. 17-18).

Le peuple semble toutefois hésiter un moment. En route vers l'Égypte, il fait étape à Kimham (41,17) où il interroge le prophète (42,1-3). Sa requête est simple: «intercède pour nous et tout ce que YHWH nous dira nous l'écouterons» (42,5-6). Auraient-ils compris? Vont-ils revenir sur leur décision de partir en Égypte? Encore une fois, le prophète proclame la parole de YHWH qui n'a pas changé: restez dans le pays, n'allez pas en Égypte et ne craignez pas les Chaldéens (42,7-22). D'emblée, Jérémie annonce que les promesses continueront à s'accom-plir pour le peuple en fuite, si seulement il renonce à son projet et demeure dans «ce pays», ce qui implique qu'il se convertisse (v. 10). Le salut annoncé suppose donc, de la part du peuple, qu'il écoute et renonce à la «sécurité égyptienne». Dans le cas contraire (v. 13-14), il connaîtra le sort auquel il a échappé jusqu'à présent, sort qu'ont déjà connu les habitants de Jérusalem (v. 17-18) et dont ils ont probablement été les témoins. Comment, dès lors, ces gens qui ont vu se réaliser aussi bien le malheur (39,1-10) que le bonheur (39,10 et 40,11-12, voir 32,15b), pourraient-ils ne pas écouter Jérémie et continuer leur chemin vers l'Égypte?

À cette parole de Dieu, Jérémie ajoute en finale sa propre parole (v. 19-22): il y rappelle que Dieu ne veut pas d'une descente en Égypte (v. 19), tout en signalant que c'est le peuple lui-même qui lui a demandé d'intercéder auprès de YHWH (v. 20). Mais le prophète renvoie aussi le peuple à son refus constant des paroles qu'il lui annonce: «vous n'avez écouté la voix de YHWH votre Dieu *en rien* de ce pourquoi il m'a envoyé vers vous» (v. 21). La conséquence en est la mort certaine (v. 22). Dans cette péroraison personnelle, on le voit, Jérémie, reprend les éléments essentiels de l'oracle qu'il vient de proclamer au peuple, comme s'il avait senti que le peuple n'allait pas changer (v. 21). Encore une fois, le prophète met en garde contre les solutions faciles. Mais l'attitude qu'il semble avoir pressentie chez le peuple se confirmera dès qu'il aura fini de parler (43,1-7).

C'est donc l'avenir de la restauration promise par YHWH au prophète dans l'exposition (chap. 32–33) qui se règle dans cette troisième phase.

Après avoir refusé la Parole et le prophète, le peuple tourne le dos à la promesse qui avait pourtant commencé à se concrétiser sous ses yeux après la ruine de la ville et la déportation d'une partie du peuple.

3. Le dénouement (43,1-7)

Lorsque Jérémie se tait, tous les chefs prennent la parole pour répondre au prophète (43,1-2). C'est là l'action transformatrice[39] qui amène le dénouement[40], qui raconte comment se termine l'histoire de ce peuple: bien que les gens aient la confirmation de la vérité des paroles de Jérémie accomplies lors de la chute de Jérusalem et la déportation du roi et d'une partie d'entre eux, mais aussi dans le don de la terre et d'abondantes récoltes, ceux qui ont bénéficié de cette restauration ne croient pas le prophète, malgré leur sollicitation expresse et leur déclaration solennelle (42,2-6), et bien qu'il ait répété encore une fois son message constant (42,9-22) comme «parole de YHWH» (42,9.11.13. 15.18.19.21). Au contraire, ils déclarent Jérémie faux prophète: il n'a pas été envoyé par Dieu, mais il n'est que le pantin de Baruch, l'agent des Chaldéens. Négation du prophète, déni de sa parole, refus de la restauration: on est bien au dénouement, les trois problèmes posés dans l'exposition étant définitivement réglés. C'est que la parole que les Judéens reçoivent n'est pas conforme à ce qu'ils auraient voulu entendre, comme le souligne l'accusation qu'ils portent contre le prophète (43,2b-3):

> «Ce que tu dis est un mensonge. YHWH notre Dieu ne t'a pas envoyé dire: "Vous n'entrerez pas en Égypte pour y résider." C'est Baruch fils de Neryâh qui t'incite contre nous, afin que tu nous donnes dans la main des Chaldéens pour nous faire mourir et pour nous déporter à Babel».

Ainsi, accusant le prophète de mentir, et donc d'être un faux prophète que YHWH n'a pas envoyé[41], le peuple prend le chemin de l'Égypte de manière décidée, accomplissant ainsi un «contre-exode»[42].

---

39 Par action transformatrice, on entend l'action qui fait basculer le récit définitivement tant au niveau cognitif que pragmatique. Cf. MARGUERAT, BOURQUIN, *La Bible se raconte*, pp. 56-58.

40 Le dénouement est le moment où se résout dans le récit la tension narrative, suite à l'action transformatrice.

41 C'est ce que notent également, par ex., WEISER, *Jeremia 25,15–52,34*, pp. 363-364, CARROLL, *Jeremiah*, p. 722, qui souligne aussi l'ironie de l'accusation et FISCHER, *Il libro di Geremia*, qui ajoute, pp. 178-179: «L'accusa va ancora oltre (v. 3): invece di riferire le parole di Dio, Geremia avrebbe ripetuto le parole del suo "segretario" Baruc [...]. Nuovamente, come in 38,4, viene presupposta un'intenzione malvagia: lo scopo

On assiste ainsi à une inversion de la libération rappelée par Jérémie en 32,21-22, suite à l'évocation de l'action salvatrice de Dieu lors de l'exode (32,20). Au fond, c'est le peuple lui-même qui, refusant Dieu et ses médiations de manière très concrète, renverse l'action salvatrice de YHWH en sa faveur.

Il faut souligner que les choses sont racontées de sorte que le lecteur n'ait aucun doute sur ce qui est en train de se passer. Tout d'abord, les termes utilisés par le narrateur pour indiquer le refus de la parole de YHWH par le peuple et ses chefs – parmi lesquels se trouve Yohanân – rappellent très clairement ceux que Godolias avait utilisés pour refuser la parole du même Yohanân:

43,2	Refus de la parole prophétique	commence par: שקר אתה מדבר
40,16	Refus de la parole humaine	(refus de Godolias) se termine par שקר אתה דבר

Ainsi, celui-là même que Godolias avait refusé de croire lorsqu'il lui disait que la mort le guettait, refuse à présent de croire le prophète, et par conséquent Dieu lui-même, qui lui révèle que la mort les guette, lui et le peuple qui le suit. Celui qui avait cherché à ouvrir les yeux de Godolias concernant le sort qui l'attendait est à présent aveugle sur son propre destin. À ce premier indice, s'ajoute un trait assez rare dans la narration biblique, à savoir un jugement négatif du narrateur qui, en introduisant la réponse de ces hommes à Jérémie, les qualifie d'insolents (זדים[43], v. 2). Il guide ainsi ouvertement le lecteur dans la compréhension qu'il doit avoir de la parole qui va suivre.

Dans ce dénouement, le lecteur assiste donc à une opposition définitive entre, d'une part, YHWH et le prophète, et, d'autre part, le peuple bien décidé à retourner en Égypte. C'est ainsi que se scelle la rupture entre

di questo discorso è di portarli alla rovina. I capi qualificano l'avvertimento di Geremia di non andare in Egitto come parola umana e non divina. Questo permette loro di non aderirvi e di non considerarsi traditori della promessa fatta in 42,5s. Tuttavia, nella loro accusa si può percepire una proiezione della loro paura».

42 J'adapte en français l'expression forgée par L. Alonso Schökel: «anti-éxodo». Voir à ce propos son article éclairant: L. ALONSO SCHÖKEL, «Jeremías como anti-Moisés», in: M. CARREZ, J. DORÉ, P. GRELOT (eds), *De la Tôrah au Messie. Études d'exégèse et d'herméneutique bibliques offertes à Henri Cazelles pour ses 25 années d'enseignement à l'Institut Catholique de Paris (octobre 1979)*, Tournai, 1981, pp. 245-254, et ALONSO SCHÖKEL, SICRE DIAZ, «Jeremías», p. 610. Il faudra revenir sur ce point dans la reprise globale de l'intrigue, cf. *infra*, pp. 235-238.

43 Cf. à ce propos *infra*, n. 54, p. 267.

les deux partenaires de l'alliance: la tension narrative retombe d'un coup, étant donné que le peuple a choisi son chemin et que plus aucune conversion n'est à attendre de sa part. Cela débouche sur un épilogue qui relate longuement un dernier dialogue de sourds, confirmation de ce que plus rien ne peut changer dans la mesure où le peuple a sciemment choisi son camp et scellé son propre sort.

4. L'épilogue (43,8–45,5)

C'est à Daphné[44], lieu où le peuple s'arrête à son arrivée en Égypte, que le Seigneur adresse à Jérémie la parole qui ouvre l'épilogue. Celui-ci reprend ainsi trois éléments sur lesquels se clôture le dénouement (Jérémie, YHWH et Daphné, 43,6-7). Le refus de la promesse, qui a occupé la troisième phase de la complication, débouche ouvertement sur un dernier refus du peuple: celui de YHWH lui-même, un ultime rejet qui vient comme sceller tous ceux qui ont précédé. L'épilogue se développe en trois moments, dont le deuxième peut à son tour être réparti en trois étapes:

- Acte prophétique des pierres, confirmation des oracles précédents et oracle contre l'Égypte (43,8-13)
- Dispute entre Jérémie et le peuple à propos du retour en Égypte et de l'idolâtrie (44,1-30)
    * parole de Jérémie sur ordre de YHWH (v. 2-14)
    * réplique du peuple qui refuse YHWH et sa parole, et réponse de Jérémie (v. 16-23)
    * condamnation du peuple et de l'Égypte par Jérémie sans ordre de YHWH (v. 24-30)
- Parole de vie sauve pour Baruch (chap. 45)

À ce stade du récit, aucun appel n'est plus possible. Tout ce qui se passe ici ne fait que confirmer au lecteur que le peuple ira jusqu'au bout du chemin qu'il s'est choisi, tournant le dos aux invitations de Dieu et du prophète. Le peuple ayant délibérément refusé le don de

44 Ce lieu n'est pas neutre pour le lecteur de Jr. Il est même de triste mémoire. Le lecteur a eu vent de son rôle négatif pour Israël en 2,16, où cette ville est associée à Memphis comme ce sera le cas en 44,1. Dans l'oracle du chap. 2, le Seigneur décrit le comportement du peuple et son abandon des sources vives au profit des dieux qui ne le connaissent pas, à savoir les idoles. Dans sa naïveté, Israël veut suivre l'Égypte ou l'Assyrie et non le Seigneur. Il devient ainsi la proie facile de ses ennemis, croyant trouver refuge auprès d'eux. C'est ce que souligne l'affirmation du v. 16: les gens de Daphné et Memphis feront du mal à Israël ou le briseront (selon que l'on comprend יִרְעוּךְ comme construit sur la racine רעע I ou II). Ainsi, dès le début du livre, le lecteur sait de manière claire qu'il n'y a aucun salut pour le peuple en Égypte, que du contraire.

YHWH, ce dernier ordonne un nouvel acte prophétique à Jérémie (43,8-13). Cet ordre comporte, comme en 32,6-13 lors de l'achat du champ, la présence de témoins. Ainsi, «le récit insiste sur le caractère public et interpellateur de l'acte prophétique»[45] destiné à souligner le mauvais choix du peuple. Par la suite, celui-ci revendiquera ce choix en affirmant sa volonté d'être idolâtre (44,15-19)[46]. Suite à cela, Jérémie prend la parole une dernière fois dans la terre du refus de YHWH, et proclame un oracle sans avoir reçu d'ordre explicite (44,20-23.24-30). Cet oracle n'est que la conséquence des refus répétés du peuple: ce n'est pas parce que l'on refuse d'entendre la Parole qu'elle ne se réalisera pas. Au contraire. Et ceux qui ont cru trouver refuge en Égypte l'apprendront encore une fois à leurs dépens, tout en provoquant le malheur de ceux chez qui ils ont cherché refuge (44,27-30).

Pour montrer à quel point les deux premiers moments de l'épilogue (43,8–44,30) sont articulés et fortement liés l'un à l'autre tout en s'accrochant au dénouement (43,1-7), on peut en ébaucher la structure suivante:

[43,1-7	Parole des chefs et attitude > refus]		
43,8-13	Acte prophétique	+ parole	= NABUCHODONOSOR EN ÉGYPTE
44,1-14	Parole de YHWH pour tout Juda en Égypte:		
	- v. 1-7 → Jérusalem (PASSÉ);		= faute continue
	- v. 8-14 → vous (*présent*)		
44,15-19	Parole des hommes et des femmes		
44,20-23	Réponse de Jérémie: le PASSÉ ayant mené à la situation actuelle		
44,24-30	Réponse de Jérémie: le *présent* et le futur		= NABUCHODONOSOR EN ÉGYPTE

L'acte prophétique des pierres reprend le dénouement, on l'a vu, par la mention de Daphné, du Seigneur et de Jérémie. Celui-ci annonce la venue de Nabuchodonosor en Égypte, message qui sera répété en inclusion, à la fin du chapitre 44 (v. 24-30). Ainsi, le plus gros de l'épilogue est parfaitement englobé entre l'oracle de la punition du peuple

45 AMSLER, *Les actes des prophètes*, p. 79. Cet auteur affirme également qu'il s'agit d'un acte de nature politique qui assume une valeur prophétique à partir du moment où il est accompli sous les yeux des réfugiés Judéens, cf. p. 78.

46 À propos de la réponse donnée par les femmes à Jérémie qui leur reproche de revenir au culte de la reine du Ciel, FRYE, *Le Grand Code*, fait une remarque intéressante, p. 121: «elles [les femmes] lui répondirent [à Jérémie] calmement qu'elles n'avaient pas eu de chance depuis qu'elles l'avaient abandonné [le culte en question] et qu'elles n'avaient rien à perdre en lui renouvelant leur fidélité – raisonnement qui n'est pas très différent du raisonnement de Jérémie lui-même». Cela souligne que les mêmes arguments peuvent servir pour appeler à la conversion et pour justifier un culte idolâtre.

dans le pays où il a cru trouver refuge, et l'annonce du châtiment de l'Égypte elle-même. Entre les deux, le lecteur est confronté à quatre discours, dont le premier correspond aux deux derniers. Dans sa parole pour le peuple, YHWH évoque d'abord le passé, le péché des pères (44,1-7), puis le présent, le péché des gens à qui il s'adresse (44,8-14). Dans sa reprise personnelle en deux temps, Jérémie évoque lui aussi, dans un premier temps, le passé (44,20-23), et, dans un second temps, le présent (44,24-30). Entre les paroles de YHWH et de Jérémie, se lit la réponse du peuple (44.15-19) qui réaffirme le refus exprimé lors du dénouement (43,1-7). Reprenons cela dans l'ordre du récit, à présent.

Après l'acte prophétique des pierres (43,8-13), YHWH adresse à Jérémie une dernière parole pour les Judéens (44,2-14). Cette parole débute par une affirmation de YHWH concernant ce que les Judéens connaissent pour l'avoir constaté: le malheur a touché Jérusalem et le peuple (v. 2). Malgré cette connaissance qui aurait dû pousser le peuple à la conversion, celui-ci se tourne vers les idoles, des dieux qui ne les connaissent pas, ni lui ni ses pères (v. 3). Il refuse ainsi le Dieu qui le connaît et n'écoute ni sa parole ni celle de ses envoyés (v. 4-5). Cette brève récapitulation de l'histoire introduit une complainte du Seigneur qui semble se demander pourquoi le peuple persiste ainsi dans le mal (v. 7-10). Celle-ci débouche finalement sur la condamnation définitive du peuple qui connaîtra un sort pire que celui de Jérusalem (v. 11-14).

Face à cela, la réponse du peuple est claire. Cette fois, les Judéens affirment qu'ils sont conscients que cette parole vient de YHWH, mais qu'ils la refusent (v. 15-16) et se tournent définitivement vers les autres dieux (v. 17-19). Ce revirement extrême pousse Jérémie à parler encore une fois, interprétant les dernières paroles de YHWH qu'il reprend de manière condensée. Ainsi, il insiste fortement sur les offrandes qui ne sont pas brûlées pour YHWH (v. 21.23, voir v. 3.5b.8) et sur la non-écoute (v. 23b.24b, voir v. 3.5a). De plus, il affirme, comme Dieu, que ce sont les agissements pervers du peuple qui ont causé sa perte (v. 22-23, voir v. 6-14). Enfin, il rappelle que l'Égypte n'est pas le pays du salut et il annonce sa défaite, ce qui renvoie en inclusion au début de l'épilogue, l'acte prophétique des pierres.

Au fond, le refus du peuple et de ses guides est la parfaite illustration de ce que l'histoire récente ne leur a rien enseigné… Non contents d'avoir été châtiés, d'avoir perdu leur terre, leur ville et leur roi en raison du refus de la parole de YHWH, les chefs se rebellent une fois de plus en s'entêtant à descendre en Égypte[47]. Signe d'un refus obstiné de

47 Voir à ce propos les réflexions faites à propos de la manière dont YHWH présente le peuple dès le chap. 32, cf. *supra*, pp. 69-71.

YHWH, de son prophète et de sa parole, ce retour n'est pas le seul signe de l'opiniâtreté dans le mal. En effet, en Égypte se concrétise, pour l'unique fois dans le long récit, le rejet du Seigneur lui-même par le peuple[48]. Cette fois, YHWH n'est plus seulement refusé par le biais de sa parole, mais de manière directe, par un acte ouvert et délibéré d'idolâtrie (44,15-19).

Le lecteur sait depuis l'exposition que le peuple a une propension à l'idolâtrie (32,29-35), un élément repris également dans la première phase de la complication (35,15); les deux fois, le lecteur l'a appris de la bouche même de Dieu, le premier concerné par ce rejet. L'idolâtrie revient donc massivement dans l'épilogue, mais, à nouveau, elle n'est que très peu mise en récit (voir 44,15); elle fait plutôt l'objet de deux discours, l'un de YHWH qui dénonce précisément ce péché du peuple (v. 2-14, en particulier v. 3.5.8), et l'autre du peuple qui affirme au contraire sa volonté d'être idolâtre (v. 16-20), un discours sur lequel Jérémie rebondira en faisant une dernière fois allusion à cette faute majeure (v. 24-30, voir v. 25). Cette manière de présenter l'idolâtrie, dans la bouche de ses acteurs et de sa «victime», est beaucoup plus forte que si le narrateur en avait fait le simple constat. D'une part, cela explique au lecteur l'accusation de mensonge portée par le peuple contre Jérémie: s'il ne reconnaissent pas YHWH comme Dieu, les chefs du peuple peuvent facilement dire que ce n'est pas «notre Dieu» (43,2) qui dit de ne pas aller en Égypte. D'autre part, ce qui se passe en Égypte est communiqué au lecteur à travers le jugement de YHWH, une façon de faire qui rend encore plus dramatique aux yeux du lecteur la réaction du peuple. En effet, si le lecteur a déjà été informé de la ferme décision du peuple de se rendre en Égypte pour y trouver refuge, il ne sait rien encore de sa volonté de rejeter YHWH et de choisir les idoles. Dès lors, s'il peut comprendre que la peur pousse à nouveau le peuple à n'en faire qu'à sa tête – malgré les nombreuses preuves qu'il a déjà eues de la justesse des paroles de Jérémie –, il peut difficilement cautionner ce revirement extrême du peuple, se mettant ainsi définitivement du côté de YHWH, bafoué par ceux qu'il voulait siens. S'agirait-il là d'une invitation au lecteur à faire les bons choix? C'est probable.

Le dialogue de sourds auquel le lecteur assiste se termine par un oracle de Jérémie contre l'idolâtrie (44,24-30), une annonce du châtiment. Cet oracle peut se lire également comme un oracle contre la violence faite à la parole de Dieu. Car le peuple peut croire qu'il fuit la colère des Chaldéens en se réfugiant en Égypte (voir 41,18 et 42,14),

48 Dans l'ensemble narratif étudié, le refus total de la parole de YHWH par le roi s'est concrétisé au chap. 36, lorsque Joaqim brûle le rouleau des paroles.

mais cela est illusoire: même en Égypte, Nabuchodonosor viendra châtier ce refus d'écouter (44,27-30 voir 42,15-17). Et ce n'est pas tout. L'annonce de la venue de Nabuchodonosor se double d'un oracle contre Pharaon qui subira le même sort que Sédécias: celui que le peuple se choisit comme nouveau roi – le roi de la terre de refuge, qui vénère la divinité que le peuple se choisit[49] – est promis lui aussi au châtiment (44,30). Dans cet oracle, Jérémie reprend les paroles que YHWH lui avait dites en 43,9-13, lors de l'acte prophétique des pierres. Ainsi, c'est sur une belle inclusion que l'épilogue se termine. Chaque partie campe sur ses positions, et ce dernier oracle pourrait être le mot de la fin après l'abomination suprême que signifient le retour en Égypte, où Jérémie est allé pour rester au milieu du peuple, et surtout l'idolâtrie. Que dire encore, en effet, après une telle affirmation que le peuple fait volontairement et en pleine conscience?

Mais il ne s'agit pas du mot de la fin, car une question reste encore sans réponse. Le narrateur vient de montrer clairement que le peuple, malgré toutes les épreuves qu'il a subies n'a rien appris et n'a pas changé, ce qui répond à la question initiale du lecteur concernant l'attitude du peuple face au nouveau don de Dieu. Mais YHWH, lui, a-t-il changé? Une fois Dieu refusé, qu'en sera-t-il de la promesse affirmée au début du récit (32–33)? La réponse à cette question est amorcée dès 44,28a qui annonce le retour d'un petit nombre de rescapés. Ainsi, le lecteur sait que quelques témoins de la destruction du peuple, et donc aussi de la vérité des paroles de Jérémie, se sauveront et pourront témoigner. Cette amorce se prolonge dans l'annonce de vie sauve à Baruch (chap. 45). Quel meilleur témoin, en effet, pour les paroles de Jérémie, que ce témoin fidèle de la réalisation des oracles du prophète? De la sorte, en conclusion du récit, grâce au chapitre 45, le lecteur est mis paradoxalement face à un rappel. Par sa reprise du début tant logique (chap. 32) que chronologique (chap. 36) du récit, il vient réaffirmer la promesse initiale par l'évocation de Baruch, homme fidèle à la parole, au prophète et à YHWH. Ainsi, malgré les refus du peuple, les promesses initiales sont maintenues mais différées, alors qu'elles auraient déjà pu se réaliser, comme le montre clairement le retour à la paix et à la prospérité en 40,1-12[50].

49 Cf. *supra*, pp. 70-71.

50 Ceci confirme que, du point de vue narratif, le chap. 45 est à la bonne place dans le récit.

III. Reprise: un récit global

Sans prétendre faire entrer de force le récit des chapitres 32–45 dans le moule formaté des schémas de manuel, ce qui précède me semble montrer que l'ensemble du récit est construit de façon à développer une intrigue avec un début et une fin[51], dans laquelle les liens internes sont plus logiques que chronologiques[52], une intrigue qui parle de refus et d'espoir: le refus du peuple et l'espoir, finalement déçu, que Dieu avait de le voir changer. Mais cet espoir n'est pas mort puisque Dieu assurera un avenir à son peuple, quelle que soit la réponse qu'il lui a donnée à un certain moment de son histoire.

1. Une intrigue thématique

Ce refus et cet espoir se déploient en une intrigue qui est tant thématique qu'événementielle et cela, même si certains retours en arrière ponctuent la première partie. On pourrait schématiser le plan narratif de l'intrigue jusqu'ici dégagée comme cela est proposé dans le tableau ci-contre.

La première et la deuxième phases de la complication s'attachent chacune à déployer une problématique introduite dans l'exposition: l'écoute de la parole de YHWH et le sort du prophète. La troisième phase, après l'amorce de la réalisation de la promesse, enregistre à nouveau le double refus relaté dans les phases 1 et 2. Ainsi, par cette reprise, se résout pour le lecteur une des questions posées d'emblée par l'exposition: maintenant il sait comment le peuple réagit au nouveau don de YHWH, malgré les signes de la restauration effective, en particulier le retour à la paix et à la prospérité, ainsi que le rassemblement des exilés (40,1-12). De plus, ce nouveau refus va de pair avec une violence qui se déploie à l'intérieur du peuple auteur d'un tel refus. Le tout est couronné, pour ainsi dire, par un refus capital: celui de l'histoire du salut. Ce dernier est ponctué par le retour au pays de l'esclavage et amorce le refus ultime, celui du Dieu de la vie, YHWH lui-même.

51 Voir à ce propos RICŒUR, *Temps et récit* 1, p. 81, qui affirme ceci: «ce qui définit le commencement n'est pas l'absence d'antécédent, mais l'absence de nécessité dans la succession. [...] Les idées de commencement, de milieu et de fin ne sont pas prises de l'expérience: ce ne sont pas des traits de l'action effective, mais des effets de l'ordonnance du poème».

52 Cf. RICŒUR, *Temps et récit* 1, p. 82.

Exposition		32–33 Mise en place de la problématique	- annonce du châtiment - sort du prophète - promesse de restauration
Complication	1e phase	Refus d'écouter la parole: 34 - du prophète et de l'alliance 35 - de YHWH 36 - écrite sur le rouleau	
	2e phase	Sort du prophète et de la ville (chap. 37–39): - Prophète emprisonné et libéré - Jérusalem encerclée et prise - Sort de ceux qui n'écoutent pas (le roi et les siens) (39,1-10) et sort des fidèles (Jérémie et 'Ebed-Melek) (39,11-18)	
	3e phase	40,1-12 - Début de la réalisation de la promesse (1er dénouement, mais...) Refus de la parole d'autrui et conséquences: 40,13–41,18 - violences internes au peuple 42,1-22 - Demande d'une parole: sera-t-elle enfin entendue?	
Dénouement		43,1-7 - Refus du prophète et de sa parole	
Épilogue		43,8–44,30 - Refus de YHWH: idolâtrie 45 - YHWH laisse la porte ouverte à la restauration	

Mais l'histoire ne se termine pas sur ce refus, puisqu'un rebondissement inattendu vient ouvrir pour quelques-uns, dont Baruch, l'impasse dans laquelle le peuple s'est enfermé. Ainsi, l'épilogue débouche sur une ouverture, ce qui montre que le récit des chapitres 32–45 «se conforme aux "règles du jeu narratif" sans renoncer pour autant à la liberté et à la créativité»[53]. Là, le lecteur est invité à trouver une finale à l'histoire, à «prendre la leçon» et à opérer des choix qui le mèneront à la liberté et à la vie.

2. Un renversement de l'histoire du salut

Mais l'intrigue met en évidence un autre trait qui n'est visible que dans l'ensemble, à savoir la déconstruction en acte de l'histoire du salut. Ainsi, comme le montre bien J.-M. Abrego de Lacy[54], dans les chapitres 37–44, les éléments de l'exode sont renversés, à commencer par la direction du mouvement global. Le peuple, qui par l'exode, est allé de

53 J.-L. SKA, «Le livre de Ruth ou l'art narratif biblique dans l'Ancien Testament», in: D. MARGUERAT (ed.), *La Bible en récit: l'exégèse biblique à l'heure du lecteur. Colloque international d'analyse narrative des textes de la Bible, Lausanne (mars 2002)*, Le monde de la Bible 48, Genève, 2003, pp. 41-72, citation p. 63.

54 Voir en particulier ABREGO DE LACY, *Jeremías y el final del reino*, pp. 202-206 et ID., *I libri profetici*, Introduzione allo studio della Bibbia 4, Brescia, 1996, p. 152. Je résume ici les arguments présentés par Abrego de Lacy dans sa thèse en insistant sur l'un ou l'autre aspect qui me semble important.

l'Égypte de l'esclavage à la terre de la liberté, fait ici le voyage inverse: de la terre à l'Égypte. L'image est très claire et elle est renforcée par le dernier refus du peuple, en Égypte, celui de YHWH.

Abrego souligne encore que le récit biblique de l'établissement dans la terre est légèrement différent si l'on se rapporte au Livre des Chroniques ou au livre du Deutéronome. En effet, si le premier insiste longuement sur la construction du temple et culmine sur le repos de YHWH dans le temple (voir 1 Ch 28,2), le second met en évidence la figure du roi et sa responsabilité vis-à-vis de la gestion de la terre (voir Dt 17,14-20 et 28,36). Le récit de Jr unit ces deux aspects en annonçant la fin de la dynastie davidique (36,30) et en racontant la prise de la ville et la destruction du temple (39,1 et 52,12-23). Ensuite, les autres éléments de l'exode sont repris dans l'ordre, mais inversés: le peuple, effrayé et en déroute, abandonne la terre (41,10.18). Il entreprend ainsi sa «marche au désert», qu'une halte interrompt non loin de Bethléem (41,17)[55]. À cette occasion, le peuple demande une parole de YHWH, qu'il reçoit et à laquelle il désobéit (43,1-7). Ainsi, c'est la loi et l'alliance qui sont rejetées. Cette désobéissance s'accomplit enfin par l'entrée en Égypte (43,7), où le peuple affirme son idolâtrie, rejetant ainsi le premier précepte de l'alliance scellant la sortie d'Égypte (Ex 20,3, voir aussi Ex 12,12), et où il fait disparaître définitivement de sa bouche le nom du Seigneur (Jr 44,26). Il faut ajouter à cela que, comme les tables de la Loi au désert, le rouleau de Jérémie est écrit deux fois[56]. On remarquera enfin que cette descente en Égypte rappelle l'annonce qui en est faite par YHWH lui-même en Dt 28,68.

J.-M. Abrego souligne que ces éléments sont les plus visibles, mais que d'autres pourraient être ajoutés, qui renforcent cette image de contre-exode. Par exemple le fait que «en Égypte, le peuple avait commencé par augmenter (Ex 1,7), alors qu'ici il diminue tant en nombre (42,2) qu'en richesse (39,10)»[57]. Un autre élément est la présence du vocabu-

55 Cette halte rappelle bien sûr Nb 14 où le peuple dans le désert refuse d'avancer et veut retourner en Égypte. Cet élément de l'exode n'est qu'en partie inversé. En effet, l'état d'esprit du peuple semble être le même: la marche reprendra vers la terre en Nb 14 et se fera de manière décidée vers l'Égypte en Jr.

56 ABREGO DE LACY, *Jeremías y el final del reino*, pp. 203-204: «Los demás elementos del éxodo mantienen fundamentalmente su sucesión, en orden inverso: La tierra es abandonada por el pueblo atemorizado y derrotado (41,10.18) /4./; El alto en el camino junto a Belén (41,17), en donde buscan la palabra del Señor, concluye con la desobediencia a su palabra (41,21 [*sic*]) y se interpreta como desprecio de su Ley (44,16-19). Como las tablas de la Ley en el desierto, también la palabra del Señor tendrá que escribirse dos veces (Jer 36) /3./; La desobediencia se consuma en la ida a Egipto (43,7. Cfr. Dt 28,68) /2./; y finalmente, roto todo, desaparece también el nombre del Señor de la boca de los judíos (44,26) /1./».

57 ABREGO DE LACY, *Jeremías y el final del reino*, p. 204, je traduis.

laire typique de l'exode (sortir, entrer, donner), inversé dans le contexte de Jr. J'ajouterais enfin que, de part et d'autre, les guides du peuple sont au nombre de deux: Moïse et Josué à l'exode sont suivis par le peuple; Jérémie et Baruch sont rejetés par le peuple qui les emmène avec lui.

À ces remarques fort intéressantes qui embrassent la deuxième et la troisième phases de la complication, ainsi que le dénouement et l'épilogue, on pourrait en ajouter une autre qui englobe l'exposition et la première phase de la complication et qu'Abrego n'a pas pu voir, étant donné que son étude se limite aux chapitres 36–45. Cet élément concerne la présence de l'Égypte[58] dans les chapitres 32–35 et peut servir à faire le lien entre l'histoire du peuple qui vit le contre-exode et le début de l'histoire du peuple.

En 32,20-23, Jérémie fait mémoire, dans sa prière, de l'exode fondateur, premier acte de salut que YHWH opère pour son peuple: il le fait sortir d'Égypte, la terre de l'esclavage, pour le faire entrer en terre promise. Dès le début, cependant, le peuple n'a pas reçu la terre comme un don, mais l'a prise comme un dû, ce qui va de pair avec les apostasies et les désordres racontés dans les Livres des Juges et des Rois, péchés dont la première phase de la complication montre qu'ils sont toujours d'actualité. Car le début de la première phase de la complication relate explicitement le refus de l'alliance conclue après la sortie d'Égypte (cf. 34,12-16). Ce refus se vérifie pendant le siège (chap. 34) mais n'est pas isolé (chap. 35 et 36). En particulier, en brûlant le livre, Joaqim manifeste son refus définitif de la parole. Ce refus radical montre aussi comment le peuple renie les choix des pères qui avaient accepté le texte proclamé par Moïse, puis écrit et lu aux oreilles de tous (Ex 24,3-9). Il s'aligne plutôt sur le comportement que ces pères adopte-

58 L'Égypte est fort présente dans le bloc en prose. On la trouve pour la première fois mentionnée dans l'exposition du récit (32,20-21), où Jérémie rappelle que YHWH a «fait sortir» le peuple d'Égypte. En 34,13, YHWH rappelle à nouveau son action lors de l'exode: il a «fait sortir» le peuple mais il lui a aussi donné une alliance. Au chap. 37, l'Égypte est pressentie par le peuple comme une aide contre les Chaldéens, mais il n'en est rien (cf. v. 5.7). Enfin, c'est bien dans ce lieu où il ne pourra trouver refuge que le peuple cherche à se sauver (cf. 41,17 et 42–44). Pour une étude approfondie de la présence de l'Égypte dans Jr voir M.P. MAIER, *Ägypten – Israels Herkunft und Geschick: Studien über einen theo-politischen Zentralbegriff im hebräischen Jeremiabuch*, ÖBS 21, Frankfurt-am-Main, 2002. Pour les chap. qui nous intéressent, voir en particulier pp. 113-125 (chap. 32); pp. 126-140 (chap. 34); pp. 167-235 et 264-273 (chap. 37–44). Dans cette étude, Maier montre que l'Égypte est une des clés dans la compréhension de Jr. Dans les 16 péricopes différentes où elle apparaît en Jr, l'Égypte est présentée d'une part comme le pays d'où YHWH a fait sortir Israël, et d'autre part comme le pays dans lequel le peuple continue à voir le lieu d'où viendra le salut. YHWH promet donc la punition de l'Égypte, afin de rendre possible un «nouvel Exode» pour le peuple.

ront plus loin (Ex 32), refusant la loi écrite. Celle-ci sera détruite en signe de rupture d'alliance, puis sera réécrite sur ordre de YHWH (Ex 33–34), comme cela arrive au chapitre 36[59].

Ce trait majeur de l'exode inversé n'est pas le seul à unir l'ensemble du récit du point de vue de l'histoire du salut. Un autre élément, déjà mis en évidence par Abrego, se dégage dès le début du bloc en prose. Cet auteur, on l'a dit, montre comment le récit de Jr unit les deux aspects de l'établissement dans la terre mis en évidence l'un par les Chroniques et l'autre par le Deutéronome et ce, en particulier, dans les chapitres 36 et 39. Mais ces deux éléments sont présents ensemble bien avant dans le récit. On les trouve en effet à partir de l'exposition du récit qui, après le rappel des péchés du peuple, insiste positivement sur le temple, en annonçant le rétablissement du culte juste (33,21-22), mais aussi sur le roi et sur la gestion de la terre dont il est le responsable (33,15-21). Ces trois piliers fondamentaux dans le dessin de restauration de Dieu que sont le culte, le roi et la terre, seront précisément mis à mal par le peuple et ses chefs lors du contre-exode.

Ainsi, comme le montre la présence de l'Égypte, un élément-clé dans le récit, ce n'est pas uniquement l'exode qui est refusé, mais l'ensemble de l'histoire du salut que YHWH a écrite avec et pour son peuple. De la sorte, l'insistance initiale du récit sur les promesses qui débutent par le rappel de la sortie d'Égypte, met en relief l'ampleur de ce que refuse le peuple[60]. Cet élément global confirme l'existence d'une intrigue thématique de refus, qui se manifeste tant dans les différents stades du récit que dans son ensemble.

59 On remarque ici un parallèle assez fort entre les deux personnages, Jérémie et Moïse, au niveau de la mise par écrit des paroles de Dieu avec une deuxième édition suivant la destruction de la première (cf. Ex 24; 32–34 et Dt 31 et suivants). De plus, en Ex et Nb, le peuple n'écoute pas toujours Moïse qui connaît également de fortes contestations de sa personne et de son œuvre. Mais il réussit néanmoins à mener sa mission presque à terme, les résistants et autres rebelles étant châtiés (éliminés), mais le gros du peuple restant malgré tout fidèle (avec des hauts et des bas). Jérémie, par contre, fait face à un peuple totalement pourri.

60 Dans cette optique, la répétition de la série péché - destruction - promesse, que l'on retrouve dans l'exposition mais aussi dans l'ensemble du récit, montre clairement au lecteur le paradoxe qui se crée dans l'histoire du peuple. Depuis les origines, en effet, cette série se répète inlassablement, comme pour interpeller directement le lecteur en l'invitant à ne pas reproduire une fois de plus les choix désastreux de ses prédécesseurs dont parle le récit.

3. Une intrigue événementielle composée de micro-récits

Cela dit, peut-on malgré tout nier que l'ensemble du récit composé par les chapitres 32–45 présente aussi une intrigue de type événementiel? La réponse la plus évidente serait négative en raison des retours en arrière qui cassent l'enchaînement chronologique des événements et fragmentent le discours dans la première partie. Mais les choses sont-elles aussi simples? Probablement pas. En effet, les retours en arrière servent, on l'a vu, essentiellement à deux choses. D'une part à ralentir le tempo narratif pour que le lecteur «sente» en quelque sorte la durée du siège. D'autre part, ils servent aussi à donner des éléments essentiels, nécessaires à la compréhension par le lecteur des rétroactes de la situation présente du peuple.

Ainsi, après avoir exposé la situation initiale en 32,1-4, dans laquelle il introduit l'emprisonnement du prophète et l'encerclement de la ville, le narrateur montre comment le refus par le peuple de la parole prophétique évolue et s'aggrave, parole qui fait problème puisque c'est elle qui vaut au prophète son emprisonnement. Le refus du peuple est l'élément enclenchant le récit qui suit et en constitue le cœur. C'est de lui, en effet, que dépendent non seulement les mauvais traitements du prophète, mais aussi la prise de la ville et la déportation de ses habitants. Malgré cela, la parole ne fait pas que proclamer la débâcle. Elle a proclamé aussi la restauration, qui se réalise effectivement. Mais elle est également refusée par le peuple qui réitère ainsi sa non-écoute. Cette nouvelle étape entraîne une violence interne au peuple, et la décision ferme de se rendre en Égypte, là où YHWH et son prophète seront définitivement reniés par le retour conscient et délibéré aux idoles. De la sorte, le châtiment est inévitable, mais un petit reste est annoncé et l'espoir d'une renaissance demeure encore possible. Ce rapide parcours montre à quel point, dans la gestion des événements que le narrateur raconte, une intrigue de type événementiel est intimement liée à l'aspect thématique. En effet, c'est l'écoute ou non de la parole qui détermine le cours des événements, ainsi que l'option prise par le maître des événements en réaction à la réponse du peuple.

Au fond, cette histoire montre comment, une fois déçu l'espoir initial de Dieu de voir le peuple se convertir et revenir à lui (voir 36,3), se réalise le châtiment en vue d'une restauration. En effet, lorsque l'histoire commence, en 32–33, il n'y a déjà plus d'espoir, et le châtiment aura bien lieu. Une restauration est néanmoins annoncée. Les chapitres 39–40 racontent ensuite comment se réalise la destruction, avant de montrer la restauration qui commence. Mais celle-ci est refusée à son tour, ce qui entraîne un nouveau châtiment. Dans l'annonce de celui-ci, cependant, une porte reste entrouverte: 44,28a et 45[61] annoncent en effet qu'un petit reste s'en sortira et pourra témoigner de la réalisation des paroles prophétiques. Ainsi, après l'espoir déçu, Dieu annonce que l'histoire du salut reprendra, mais seulement après la catastrophe. Face à cela, le lecteur, confronté aux refus répétés que le peuple oppose au prophète et à la parole de YHWH, apprend, au fil de sa lecture, que Dieu et le peuple persistent dans leur entêtement, l'un positif et qui veut la vie, l'autre négatif et qui s'engouffre dans la mort.

Cette cohérence narrative et thématique d'ensemble n'empêche pas qu'à l'intérieur du macro-récit, puissent se développer des micro-récits qui se tiennent en eux-mêmes et qui ont leur propre intrigue, tout en contribuant à l'évolution de l'ensemble[62]. On pourrait même dire que chaque épisode de l'histoire qui nous est ici racontée constitue un micro-récit. L'histoire du champ et la prière de Jérémie (32,1-25), les esclaves libérés (chap. 34), l'épisode des Récabites (chap. 35), le livre brûlé (chap. 36), les déboires de Jérémie (chap. 37–38), la prise de la ville et l'exil du peuple (chap. 39), les événements autour de Godolias (chap. 40–41), le retour en Égypte (chap. 42–44) sont tous des épisodes qui peuvent être lus indépendamment les uns des autres et faire sens en eux-mêmes. Mais leur organisation dans une intrigue thématique et événementielle souligne qu'ils font également sens ensemble par leur enchaînement même. En effet, «souvent dans le dispositif d'enchâssement, l'intrigue du récit intérieur est au service du récit extérieur»[63].

61 Cet entêtement de Dieu à sauver le peuple rappelle celui dont il fait preuve en Ex 7–12, où il s'entête à sauver le peuple en résistant jusqu'au bout au refus de Pharaon.

62 À ce propos, MARGUERAT, BOURQUIN, *La Bible se raconte*, p. 71, disent ceci: «[...] les complexes narratifs plus vastes construits par le narrateur (séquence et macro-récit) sont dotés de leur propre intrigue, qui englobe et surplombe l'intrigue des unités plus petites. On différenciera dès lors une intrigue épisodique (micro-récit) d'une intrigue unifiante (séquence ou macro-récit). Il convient d'y être attentif, car l'intégration du micro-récit dans son contexte est hautement révélatrice du parcours de lecture que le narrateur entend suggérer à son lecteur». On peut aussi rapporter ici l'affirmation de D.H. Richter, citée par SONNET, «Le rendez-vous», p. 365. Cet auteur se réfère à des œuvres complètes, mais il me semble que l'on peut l'appliquer aussi à des récits «qui mènent une double existence, comme "touts" distincts, pleinement réalisés, d'une part, et comme parties d'un schéma plus large, d'autre part».

63 MARGUERAT, «Entrer dans le monde du récit», p. 29. À cela on peut ajouter, à la suite de PELLETIER, *D'âge en âge*, p. 48, que «si l'intelligence d'une œuvre s'élabore au fil de la lecture par le cumul de ce qui est compris dans ses différentes parties, l'intelligence de chaque partie, elle, ne s'atteint véritablement qu'en la référant à la totalité à laquelle elle appartient. Expérience familière à tous les lecteurs, même si elle reste non théorisée: c'est au moment où nous achevons la lecture d'un livre que nous sommes en mesure de saisir rétrospectivement la portée véritable de chacun de ses passages particuliers. Comprendre consiste donc à entrer dans un mouvement circulaire qui met en jeu une dialectique du tout et de la partie».

Ainsi mis en perspective, les différents épisodes s'éclairent les uns les autres montrant l'opposition toujours plus aiguë entre deux comportements qui ne changent pas du début à la fin, ceux des deux partenaires d'alliance: le peuple qui s'enfonce de plus en plus dans son péché, le refus d'écouter, et YHWH qui, malgré cela, ne rejette pas complètement son peuple. En effet, quelle que soit la faute du peuple, Dieu maintient ouverte sa proposition d'alliance et sa volonté de salut. Cela crée un effet sur le lecteur: confronté, d'une part, au choix de Dieu qui veut le salut du peuple envers et contre tout, quoi qu'il en soit du châtiment, et confronté, d'autre part, au péché par lequel le peuple fait son propre malheur, le lecteur doit faire un choix pour sa propre vie. Acceptera-t-il l'offre du salut, nécessaire pour entrer dans une démarche d'alliance? Dira-t-il non aux choix de mort de ses prédécesseurs, choix longuement racontés dans ce récit?

4. Une ouverture double

Cette volonté de YHWH de ne pas rejeter son peuple malgré tout se manifeste en finale par l'ouverture du récit. Annonçant la survie de témoins, dont Baruch, cette ouverture annonce que la lecture du rouleau des paroles de Jérémie pourra encore se faire. Mais, on l'a dit, le récit ne dit rien de ce que fera Baruch. Ainsi, l'intrigue est ouverte, car le soin est laissé au seul lecteur d'imaginer une suite et une fin à l'histoire, qui soient en phase avec ce qu'il vient de lire, une finale qui doit répondre essentiellement à deux questions. La première est: que fera le témoin? Une réponse à cette question peut être suggérée par le fait même que l'histoire est écrite. En effet, si le témoin n'avait pas témoigné, aurions-nous souvenir de tout cela? La seconde est peut-être alors plus pressante pour le lecteur: que va-t-il faire après avoir lu? Car, on l'a dit, l'essentiel pour le narrateur est que ses auditeurs-lecteurs prennent une leçon, à l'exemple de ceux qui écoutent… et en comprenant ce qui arrive à ceux qui refusent la parole prophétique. Ainsi, le particulier de l'histoire d'Israël devient universel, car tout lecteur peut se sentir interpellé par l'appel mis en avant dans ces différents épisodes, reliés entre eux par une intrigue globale dont les différentes phases s'enchaînent par nécessité[64]. Ainsi, à côté de l'approche rhétorique, qui permet de mettre en évidence des symétries éclairantes, la méthode narrative montre que, au-delà du désordre apparent, l'ensemble 32–45 est organisé selon une logique qui sert une stratégie narrative bien par-

64 Voir à ce propos RICŒUR, *Temps et récit* 1, en particulier pp. 79-92.

ticulière: inviter le lecteur à *prendre une leçon* des paroles de vie de YHWH pour avoir la vie, contrairement au peuple qui, au-delà même du châtiment, persiste à se vouer lui-même à la mort en Égypte.

CHAPITRE 2
Jérémie: personnage-clé du récit

I. Introduction

Dans le parcours accompli jusqu'à présent, en particulier lors de l'étude du chapitre 32, nous avons eu l'occasion d'analyser quelque peu le personnage de Jérémie.

En plus de jouer un rôle dans l'histoire en lien et en relation avec les autres personnages, Jérémie occupe aussi une place essentielle par rapport au lecteur. Pour celui-ci, en effet, le prophète apparaît d'emblée comme un personnage fiable, que le narrateur met à ses côtés comme guide dans la compréhension des faits qu'il raconte[1]. De plus, le lecteur partage avec lui, à un certain degré, la connaissance du plan de Dieu concernant le présent et l'avenir du peuple. Cette connaissance n'est pas partagée d'emblée par les autres personnages «humains» du récit. Ainsi, précisément sur ce plan, Jérémie occupe une position particulière. Il faut donc reprendre les éléments qui ont déjà affleuré au cours du travail, concernant essentiellement l'exposition du récit, et qui peuvent aider à comprendre ce que le degré différent de connaissance du prophète par rapport aux autres personnages apporte à sa caractérisation.

Il faudra voir ensuite comment ce personnage évolue dans l'ensemble du récit. Cela permettra de s'interroger sur le rapport qu'il entretient avec les autres personnages, en particulier avec YHWH et le peuple, y compris ses chefs et son roi.

C'est à l'étude d'une telle évolution qu'est consacré ce chapitre. Pour ce faire, l'intrigue mise au jour servira de fil rouge. En effet, nous allons suivre Jérémie dans les différentes phases de cette intrigue, pour voir comment ce personnage est construit. Ce n'est qu'à la fin d'un tel cheminement, après avoir vu l'ensemble de ses faits et gestes, qu'il sera possible de voir quelles sont les particularités du personnage, et de les reprendre de manière systématique. Ainsi pourront ressortir d'autres éléments de caractérisation, et il sera possible de voir, par exemple, si Jérémie est un personnage rond, qui évolue et qui change, ou un per-

1 Voir en particulier *supra*, pp. 104-109.

sonnage plat, à savoir qui reste pareil à lui-même du début à la fin du récit[2].

Ce parcours permettra aussi de s'interroger sur les instances de lecture, les différentes positions du lecteur par rapport à Jérémie et aux autres personnages.

II. Le personnage de Jérémie dans l'intrigue

1. Jérémie dans l'exposition du récit (chap. 32–33)

C'est surtout le chapitre 32, en particulier les versets 1-25, qui sont décisifs pour la caractérisation du personnage du prophète dans l'exposition. En effet, c'est là qu'il est mis en scène, alors que la suite (32,26–33,26) rapporte les paroles de YHWH à son adresse, paroles qui serviront aussi à mieux comprendre le personnage, mais à un autre niveau. En effet, si la première partie du chapitre 32 le montre en action, les paroles de YHWH qui suivent lui donnent une position particulière par rapport aux autres acteurs «humains» du récit.

La première rencontre avec le personnage de Jérémie dans la section qui nous occupe arrive dès le début du récit. Le lecteur apprend deux choses à son propos: premièrement, il est le destinataire d'une parole de YHWH (32,1) que le narrateur ne communique pas au lecteur[3]; deuxièmement, il est en bien mauvaise posture, enfermé dans une ville encerclée, emprisonné par le roi, sa prophétie étant mise en cause (32,2-5). Ainsi, Jérémie ne semble guère avoir d'autre choix que de se justifier. Cette entrée en matière aiguille d'emblée le lecteur vers un rapport conflictuel entre le prophète et le roi[4].

Au lieu de se justifier, Jérémie raconte son histoire d'achat du champ. Il n'est pas nécessaire ici de revenir sur la signification de cet achat, mais il faut regarder comment Jérémie se décrit lui-même dans son histoire[5]. D'entrée de jeu, le prophète raconte qu'il a reçu une an-

---

2 Pour plus de détails sur ce que sont un personnage rond et un personnage plat, voir SKA, «*Our Fathers Have Told Us*», p. 84-85 et MARGUERAT, BOURQUIN, *La Bible se raconte*, p. 78.

3 Ce type d'introduction narrative, qui annonce une parole de YHWH sans pour autant la livrer, se retrouve trois fois dans la section étudiée, cf. 32,1; 34,8; 40,1.

4 Cf. *supra*, p. 43.

5 Ces éléments ont déjà été en partie mis en lumière lors de l'étude spécifique du chapitre introductif de la section, au chap. 2 de la première partie.

nonce de YHWH (v. 6), et qu'il en a reconnu l'accomplissement dans la visite de son cousin (v. 8). Cette amorce, où il insiste sur la réalisation précise de la parole reçue de Dieu, suggère immédiatement qu'une relation d'intimité le lie à ce Dieu dont la parole est fiable. En racontant son histoire, Jérémie ne dit pas qu'il aurait reçu l'ordre précis d'acheter le champ. Ainsi, le lecteur peut croire qu'il le fait de sa propre initiative, à moins qu'il n'ait reçu un ordre dont le narrateur ne dit rien, le suggérant seulement par les premiers mots du verset 1. Quoi qu'il en soit, aux yeux du lecteur, Jérémie apparaît comme un homme qui comprend ce que YHWH lui demande, tout en ne racontant pas ce qui lui permet de le comprendre. De la sorte, il se présente comme un homme à la fois confiant et intuitif, mais aussi secret.

Jérémie raconte ensuite qu'il applique scrupuleusement les règles des transactions notariales. Il est très respectueux des formes, ce qui implique l'introduction, à côté des témoins, d'une tierce personne, témoin privilégié et notaire de l'acte. En effet, il donne à Baruch l'ordre de garder l'acte d'achat en vue de sa conservation (32,13). Cela suppose qu'il ne peut agir seul. Le prophète apparaît donc comme quelqu'un d'attentif au respect de la loi, consciencieux et exécutant les ordres qui lui sont donnés, même si en racontant son histoire, il ne dit pas tout, usant, comme tout bon narrateur, d'un certain droit de réserve – un élément sur lequel il faudra revenir[6]. De plus, il n'agit pas seul, mais associe à sa mission un membre du peuple pour une tâche importante: être le garant de son action.

Dans la suite du chapitre, le narrateur souligne que Jérémie n'est pas un simple canal de transmission de la parole divine. Si tel avait été le cas, il se serait contenté d'accomplir l'ordre sans chercher à le comprendre, comme un bon petit soldat obéissant. Jérémie obéit, certes, mais cela ne l'empêche pas, après coup, de s'interroger et de questionner YHWH. En effet, le drame qui se passe sous ses yeux est en complète discordance avec les ordres qu'il reçoit. C'est de cette crise dont il est témoin que jaillit sa prière (32,17-25). Celle-ci donne au lecteur des indications supplémentaires sur le prophète, et en particulier sur sa relation à YHWH, tout en lui fournissant des éléments pour comprendre la manière qu'a Jérémie de percevoir son Dieu. De plus, butant en finale sur le présent paradoxal auquel Jérémie est confronté (v. 25), elle contribue à donner une image complexe du personnage.

Cherchant à comprendre quelque chose de la réalité contradictoire dans laquelle il est plongé, Jérémie prie. Dans sa prière, il prend ses distances par rapport à cette réalité, et espère que son Dieu lui donnera

---

6 Cf. *infra*, pp. 273-274 et 277-280.

des éléments de réponse. Car la réalité est complexe, et YHWH doit détenir les clés qui peuvent lui permettre de mieux la comprendre. Ainsi, Jérémie rappelle d'abord l'action de Dieu, qui seul est capable de faire des merveilles, mais qui est aussi celui qui rétribue les fautes (32,18-19). Cet agir paradoxal de Dieu souligné dès le début de la prière revient massivement à la fin, en particulier aux versets 24 et 25. Ce paradoxe sur lequel le prophète bute est important pour sa caractérisation. D'une part, le verset 24 montre un Jérémie qui, plus que YHWH (voir v. 40-41), est sévère, et l'est davantage par rapport aux personnes que par rapport au lieu symbolique qu'est la ville de Jérusalem[7]. D'autre part, il y a les deux lectures possibles de la fin du verset 25. Que l'on choisisse de lire: «tu m'as dit, Seigneur YHWH: "*Achète pour toi le champ avec l'argent et fais témoigner des témoins, alors que / même si la ville est donnée dans la main des Chaldéens*"»; ou de lire: «tu m'as dit, Seigneur YHWH: "*Achète pour toi le champ avec l'argent et fais témoigner des témoins*", alors que la ville est donnée dans la main des Chaldéens», deux portraits différents du prophète se dessinent. Ainsi, face au présent paradoxal, Jérémie exprime soit l'incompréhension, soit la confiance totale face à l'ordre reçu. Dans le premier cas, il apparaît comme quelqu'un qui cherche à comprendre et qui pour cela fait part de son étonnement et questionne. Dans le second cas, par contre, il semble se laisser faire plus facilement, constatant tout simplement le paradoxe qu'il observe. Mais il faut souligner que les deux interprétations ne s'excluent pas l'une l'autre – d'autant que le narrateur ne lève pas l'ambiguïté. Ensemble, elles rendent la figure du prophète plus complexe. Elles permettent de dire que si l'homme questionne son Dieu pour mieux comprendre, il n'en demeure pas moins confiant dans son action, dont il a rappelé d'emblée qu'elle est difficile à comprendre dans une logique humaine. Elle pourrait donc l'être à nouveau dans le présent.

Si l'on résume ce qui précède, on voit aisément que la première partie du chapitre 32 montre un Jérémie excellent narrateur, un point sur lequel on aura à revenir. Il se met en scène dans un récit où, malgré son emprisonnement, il est très actif dans l'exécution de sa mission. Cela ne l'empêche pas d'entretenir un rapport privilégié avec YHWH, comme le montre la prière qu'il lui adresse. Ce rapport lui est nécessaire pour comprendre le sens de sa mission, et peut-être aussi pour pouvoir la continuer, comme on le verra plus loin. Dans sa démarche de questionnement, il est accueilli et même invité par le Seigneur à l'approfondir (33,3), une possibilité dont le récit ne dit pas qu'il profite-

7 Cf. à ce propos, ce qui a été dit *supra*, pp. 68-69, sur la manière différente que les deux personnages ont d'évoquer le châtiment.

ra. Ainsi, l'exposition du récit, en particulier la longue prière adressée à YHWH, brosse du prophète un portrait complexe. Bien qu'il vive des sentiments contrastés face à sa mission, il l'accomplit fidèlement, dans la confiance de Dieu et avec une certaine dose de flair, d'intuition. Cela dit, sa confiance et sa fidélité ne l'empêchent pas de chercher à comprendre ce qu'il fait et le message paradoxal dont Dieu le charge.

Face à la perplexité de l'homme, YHWH ne reste pas sans réponse. C'est ainsi qu'il adresse au prophète quatre discours les uns à la suite des autres (32,26-44; 33,1-18; 33,19-22; 33,23-26), dans lesquels il explique son dessein de restauration au-delà du péché et du châtiment du peuple. Dans ces paroles, comme l'indiquent peut-être les interruptions du discours divin marquées par une intervention du narrateur (33,1.19 et 23), YHWH semble laisser à son interlocuteur l'espace pour l'appeler, le questionner (33,3); mais Jérémie n'entre pas en dialogue.

Dans la longue réponse de YHWH au prophète, où les paroles, on l'a vu[8], se renforcent par un effet d'accumulation, Jérémie – et le lecteur avec lui – est mis au courant d'un certain nombre d'informations concernant le plan divin de restauration, dont le narrateur ne dit pas que Jérémie l'annonce. Cela dit, il semble que Jérémie reçoive cette parole uniquement pour lui, peut-être pour le conforter dans sa mission. En effet, le montage narratif du chapitre 32, où cette parole de YHWH est une réponse aux perplexités du prophète, la fait apparaître comme une parole privée que le narrateur donne au lecteur de surprendre, pour ainsi dire. Cependant, étant donné qu'ailleurs dans le récit, le narrateur ne spécifie pas toujours si Jérémie proclame ou non les paroles reçues, il est nécessaire de prendre un peu de recul pour voir si ce silence du narrateur fait partie de sa manière de raconter, et est donc une des règles du contrat de lecture global, ou si, au contraire, le lecteur est en droit de douter de l'accomplissement par Jérémie de la mission que Dieu lui confie.

Dès le début du livre, le lecteur apprend de la bouche de Jérémie lui-même ce que YHWH dit à son prophète lors de sa vocation (1,7.9): «[...] partout où je t'ai envoyé tu iras et tout ce que je t'ai ordonné tu proclameras. [...] Alors YHWH envoya sa main et toucha ma bouche et YHWH me dit: "Voici je mets mes paroles dans ta bouche"». Voilà qui, d'emblée, est clair concernant l'origine des paroles que le prophète prononcera. À partir du chapitre 2, Jérémie reçoit plusieurs fois l'ordre d'aller proclamer les paroles du Seigneur (voir par ex. 2,2; 3,12; 7,2; 8,4;

8 Cf. *supra*, pp. 207-210.

13,12; 17,19; 18,11; et 21,8[9]), mais jamais le narrateur ne dit qu'il accomplit l'ordre qui lui est donné[10]. Ainsi, dès le début, la convention concernant les paroles reçues semble être celle-ci: Jérémie proclame les paroles qu'il reçoit, mais le narrateur ne ressent pas le besoin de le souligner, utilisant systématiquement l'ellipse au service de l'économie narrative de son récit. En effet, du moment que le lecteur sait que les paroles de Jérémie sont celles de YHWH, nul besoin pour le narrateur de répéter que le prophète a exécuté l'ordre reçu, pour autant qu'il y ait effectivement un ordre divin[11].

Une exception à ce qui vient d'être dit se trouve peut-être en 11,1, où Jérémie répond par l'affirmative à l'ordre que YHWH lui donne. Cela dit, il s'agit ici d'un cas limite, car le chapitre 11 débute par une introduction du narrateur et continue, juste après la parole du Seigneur, par un récit de Jérémie à la première personne (11,5b-14). C'est que les choses sont quelque peu différentes lorsqu'il s'agit des récits en «je» de Jérémie. Lorsque le prophète raconte lui-même une histoire, souvent un acte prophétique[12], on le voit, la plupart du temps, souligner qu'il exécute les ordres reçus, comme c'est le cas en 13,1-7, 18,1-12, 32,6-15, 35,1-

9 À ces quelques références il faut ajouter celles qui sont présentes dans les chap. 32–45, sur lesquelles on reviendra dans la suite.

10 Une seule fois, en dehors de la section 32–45, cette constante ne se vérifie pas. Il s'agit de l'épisode du chap. 26, où après l'ordre du v. 1, le narrateur affirme au v. 6 que Jérémie l'exécute.

11 On peut ajouter à cela qu'une ellipse ne doit pas forcément être comblée, mais permet au lecteur de l'interpréter avec les indices présents dans le texte. Cf. à ce propos M. STERNBERG, *The Poetics of Biblical Narrative. Ideological Literature and the Drama of Reading*, Indiana Literary Biblical Series, Bloomington, 1985, pp. 186-229.

12 Le narrateur ne laisse pas Jérémie raconter tous les actes prophétiques qu'il accomplit. Par ex., celui de la gargoulette, au chap. 19, est raconté à la troisième personne par le narrateur qui, dans ce cas, semble se conformer à la manière courante de raconter de Jérémie, terminant son récit par la mention de l'accomplissement de l'ordre. L'acte prophétique du joug, aux chap. 27–28 est un «hybride» puisque le narrateur commence par raconter lui-même (chap. 27), laissant le soin à Jérémie de raconter l'accomplissement (28,1-11). Cela dit, il y a un élément curieux dans cet épisode. En effet, le narrateur reprend le récit au v. 12, pour annoncer une parole de YHWH que Jérémie devra aller proclamer à Hananya, ce que le prophète fait (v. 15). Cependant, les deux paroles sont complètement différentes l'une de l'autre (voir 28,13-14 et 28,15-16), et les deux se réaliseront. C'est peut-être l'observation que Jérémie fait du paradoxe qui se crée entre les paroles de Hananya et celles de YHWH qui l'amène à comprendre qu'Hananya est un faux prophète, et donc à lui livrer une parole personnelle, fruit de sa propre interprétation de la parole reçue de Dieu, cf. MCKANE, *Jeremiah* 2, pp. 719-720. La menace de mort que Jérémie prononce, et qui est totalement absente des paroles de YHWH, serait, quant à elle, une interprétation de Dt 18,20 qui annonce le sort réservé à ceux qui prophétisent le faux au nom de Dieu.

11, même si, de temps à autre, il n'en éprouve pas la nécessité (voir, par ex., 14,11-22[13] et 16,1-13).

Dès lors, faut-il supposer que Jérémie transmet les paroles de 32,22–33,26? Pour pouvoir répondre à cette question, une distinction supplémentaire est nécessaire. Il faut séparer, en effet, les paroles divines accompagnées de l'ordre explicite de les proclamer de celles qui ne font pas l'objet d'un tel ordre, comme cela se vérifie en 30–31. En 32,27–33,26 il n'y a pas d'ordre divin explicite pour que ces oracles soient proclamés. Mais le discours lui-même porte-t-il des indices dans un sens ou dans l'autre? En 32,27–33,18, les deux premiers discours de YHWH, les gens concernés sont toujours à la troisième personne, sauf trois fois, dans une expression stéréotypée où la deuxième personne est utilisée («dont vous dites»: 32,36 et 43; 33,18). Le discours semble donc bien adressé au seul Jérémie, les «vous» pouvant être expliqués comme englobant Jérémie dans un groupe, éventuellement fictif, catastrophé par la situation de la ville et du pays. Reste le «vous» de 33,20, qui peut s'expliquer de la même façon. On le voit donc: mis à part ces quelques exceptions qui n'en sont pas vraiment, ces trois discours de YHWH parlent en «ils» d'Israël, de Juda et des habitants de Jérusalem. De plus, leur forme n'est pas adaptée à la proclamation publique. On peut donc supposer que, dans ces discours, Dieu s'adresse au seul Jérémie pour lui expliquer ce qu'il en est des «autres». En 30–31, Jérémie ne reçoit pas l'ordre de proclamer ce qu'il entend, mais de l'écrire, chose que le prophète a pu exécuter. Mais l'écriture ne signifie pas qu'il s'agisse d'une parole privée. C'est une parole destinée à la proclamation publique mais dont l'annonce est différée, réservée à plus tard, lorsque le moment sera opportun, après le châtiment, sans doute. L'ordre d'écrire, et non de proclamer, ces paroles de restauration vient appuyer le caractère privé des paroles reçues par Jérémie en 32,27–33,26, qui sont elles aussi des paroles qui promettent la restauration.

Reprenons maintenant le fil du récit. L'annonce du plan de restauration des chapitres 32–33, donne clairement au prophète une position différente par rapport au reste du peuple, position supérieure quant à la connaissance du sort du peuple lui-même[14]. Cette position privilégiée est partagée par le lecteur qui entend avec Jérémie les paroles divines.

13 Dans ce cas précis, le prophète cherche à dialoguer avec YHWH qui lui interdit d'intercéder pour le peuple. Jérémie semble dire que le peuple est victime des faux prophètes, cherchant ainsi à amadouer le Seigneur.

14 Les auditeurs du récit de Jérémie – s'il y en a en dehors du roi (32,3-6) – reçoivent seulement une annonce assez vague de la restauration, la fin du v. 15 précisant la portée de l'action symbolique de l'achat du champ.

Voilà qui a sur lui un effet particulier. Il éprouve de la sympathie pour le prophète, car en «participant, au moins en partie, à l'univers» du personnage, «le lecteur en est d'autant plus "impliqué"»[15]. Dès le départ, en effet, grâce à cette position particulière, le lecteur est placé à côté du prophète, et donc aussi de YHWH. Il suivra donc les événements racontés dans la suite en percevant clairement la contradiction entre ce qu'il sait et ce qu'il voit. Ainsi, du début à la fin, le lecteur sera franchement aux côtés de Jérémie face à ceux qui l'écoutent. N'est-ce pas justement cette position que YHWH voudrait voir assumer par le peuple et ses chefs?

De plus, si Jérémie connaît le plan de Dieu à l'insu des autres personnages, qui savent cependant, depuis le débat des chapitres 26–29, qu'il est le vrai prophète[16], qu'est-ce que cela implique par rapport à la mission qui est la sienne? Car Jérémie sait, depuis le chapitre 1 où il raconte lui-même sa vocation, qu'il est le vrai prophète du Seigneur. Ainsi, la question se pose en tout cas de savoir pourquoi le prophète ne divulgue pas ce qu'il vient d'apprendre, étant donné qu'il n'a pas reçu l'ordre de se taire à ce propos[17]. Peut-être une des raisons pour lesquelles il garde pour lui l'annonce de la restauration après la punition est-elle de respecter activement la pédagogie de Dieu sans en casser les effets. Quel serait l'intérêt d'une punition, si ses destinataires savaient d'emblée, avant même qu'elle ait lieu, qu'ils rentreront malgré tout dans les bonnes grâces du Dieu qu'ils ont abandonné et qui les châtie? Ainsi, Jérémie pourrait avoir compris qu'il ne doit pas divulguer trop tôt le plan de Dieu.

2. Jérémie dans la première phase de la complication (chap. 34–36)

La première phase de la complication débute par la nouvelle mention d'une parole de YHWH qui s'adresse à Jérémie (34,1). Cette fois, la parole est bien présente et comporte un ordre que le prophète s'empresse d'exécuter, en allant rapporter l'oracle à son destinataire, le roi Sédécias. Comme le souligne le narrateur (34,6-7), Jérémie annonce au roi les

15 J.-L. SKA, «Genèse 22 ou l'épreuve d'Abraham», in: D. MARGUERAT (ed.), *Quand la Bible se raconte*, Lire la Bible 134, Paris, 2003, pp. 67-84, citation p. 70.

16 Le lecteur le sait dès le chap. 1, et même avant, étant donné que lorsqu'il aborde la lecture du livre biblique qui porte le nom de Jérémie, il sait qu'il est prophète, le tout étant peut-être de voir comment il l'est.

17 Une question supplémentaire pourrait être celle de savoir pourquoi le peuple ne le questionne pas davantage après le récit de l'achat du champ. Peut-être est-il déjà tellement enfermé dans son refus du prophète que les gestes qu'il pose ne l'interpellent pas?

paroles exactes qu'il a reçues. Ainsi, il obéit de manière précise à la parole que le Seigneur lui adresse[18]. Cela dit, le fait que le narrateur souligne ici que Jérémie proclame ces paroles au roi (34,6) pose question: pourquoi, en effet, contrairement à ce qu'il fait d'habitude, ressent-il le besoin de dire que le prophète a proclamé les paroles de YHWH? Sans aller chercher trop loin, il s'agit peut-être seulement ici d'une manière pour le narrateur de reprendre le fil de la narration en soulignant que l'oracle qu'il vient de citer vient bien de YHWH. Le lecteur, en effet, aurait pu en douter après en avoir entendu l'écho dans la bouche de Sédécias, au début du premier épisode en 32,3-5, lorsque le roi accusait le prophète.

Ensuite, le narrateur annonce une parole de YHWH adressée à Jérémie (34,8). Après la longue incise des versets 8b-11 exposant les circonstances, cette parole débute au verset 12 par une nouvelle introduction rappelant qu'il s'agit d'une parole de YHWH au prophète. Cet oracle contient des paroles de malheur (v. 13-22) adressées au peuple. Après cet oracle, Jérémie reçoit à nouveau, dans un *flash-back* du récit, l'ordre d'accomplir un geste fort. En 35,1, en effet, un ordre de YHWH l'envoie chez les Récabites, lui enjoignant de les emmener au temple et de leur faire boire du vin[19]. Jérémie s'empresse d'exécuter cet ordre tout en introduisant quelques petites variations dans le récit qu'il fait lui-même de son exécution (v. 3-4), voir tableau page suivante.

Jérémie ne raconte pas qu'il va jusqu'à la maison des Récabites, même si le verset 3 suggère qu'il s'y est bien rendu, ni qu'il parle avec eux. Cela n'a rien d'étonnant car là n'est pas l'essentiel de l'action accomplie par le prophète. Celui-ci ne relate que la venue au temple avec

---

18 Cela est important car, d'autres fois, on y viendra, Jérémie se montre inventif tant dans les paroles qu'il dit (cf. 35,18-19 ou chap. 45) que dans les gestes qu'il accomplit après en avoir reçu l'ordre (cf. 35,3-5 ou chap. 36).

19 Selon certains auteurs, Jérémie exécute ici une action symbolique représentative. C'est l'avis, par ex., de VOLZ, *Jeremia*, pp. 322-323 et WEISER, *Jeremia 25,15–52,34*, p. 317. Selon AMSLER, *Les actes des prophètes*, pp. 58-59, «dans cette mise à l'épreuve, Jérémie tient le rôle inquiétant du tentateur», où l'action qu'il est invité à poser débouche sur une «leçon d'obéissance» qui n'est pas donnée par Jérémie, mais se dégage du comportement que l'acte même souligne. «En lui-même – continue Amsler – l'acte du prophète est négatif, mais il crée une situation significative de ce que Dieu attend de son peuple». Selon DRAÏ, *La communication prophétique* 1, p. 266, il s'agit d'un «geste opératoire sociologique» qui «tend à montrer au peuple, pris en masse dans des conduites que cette massification même tend à légitimer (quiconque transgresse la voix de Dieu fait "comme tout le monde", la transgression personnelle semble alors absoute par le conformisme social), qui tend donc à lui montrer qu'il est sinon des individus, en tout cas des groupes, des communautés capables de résister à un tel conformisme et qui savent renoncer à suivre "l'opinion compacte de la masse"».

ORDRE DE YHWH (35,2)	EXÉCUTION DE JÉRÉMIE (35,3-5)
[2]«Va à *la maison des Récabites*, et tu leur parleras	[3]Et je pris Ya'azanya fils de Jérémie fils de Habaçinya et ses frères et tous ses fils et toute *la maison des Récabites*,
et tu les feras venir à la maison de YHWH,	[4]*et je les fis venir à la maison de YHWH*
vers une des *salles*	*vers* la *salle* des fils de Hanan fils de Ygdalia, l'homme de Dieu, qui est près de la salle des princes qui est au dessus de la salle de Mahaseya fils de Shallum, gardien du seuil.
et *tu leur feras boire du vin.*»	[5]Et je mis devant les fils de la maison des Récabites des coupes remplies de vin et des gobelets, et je leur dis: «*Buvez du vin*».

ces hommes qui, semble-t-il, le suivent sans poser de question. Connaîtraient-ils Jérémie? Le reconnaissent-ils comme prophète de YHWH pour le suivre de la sorte sans opposer aucune forme de résistance? Quoi qu'il en soit, dans le récit qu'il fait, Jérémie ne mentionne aucune opposition des Récabites, ce qui amorce le contraste entre leur attitude et celle des Judéens.

Un autre élément frappant est la minutie avec laquelle Jérémie décrit le lieu où il conduit les Récabites. Une telle précision, absente dans l'ordre du Seigneur, n'est pas sans rappeler la méticulosité dont Jérémie fait état dans le récit d'achat du champ en 32,6-14. Une question se pose dès lors. Pourquoi raconte-t-il avec force détails? Voudrait-il de la sorte rendre son récit vérifiable pour ses auditeurs[20], ou donner des éléments qui rendent son histoire crédible, même longtemps après que celle-ci a eu lieu, faisant du lecteur, par l'accumulation même des détails, comme en 32,9-13, un témoin précis de l'acte accompli[21]?

L'attention minutieuse du prophète dans l'exécution de l'ordre se manifeste également d'une autre manière. Après avoir conduit les Récabites dans la salle en question, Jérémie leur dit: «buvez du vin» (v. 5). Il respecte ainsi l'ordre du Seigneur qui ne lui a pas demandé de préciser que c'est de lui que venait cette initiative. Jérémie ne dit donc pas aux Récabites: «buvez du vin, car c'est YHWH qui m'a dit de vous donner cet ordre», ce qui aurait pu les pousser à obéir[22]. De plus, pour eux,

20 Aucun auditeur n'est explicitement mentionné au chap. 35.

21 Certains auteurs soulignent plutôt que tous ces détails démontrent l'historicité de l'épisode. Par ex. pour STEINMANN, *Jérémie*, p. 199, «il n'y a aucune raison d'en suspecter la réalité», et WEISER, *Jeremia 25,15–52,34*, p. 318, estime, contre Reuss, que ces précisions suffisent pour affirmer qu'il ne s'agit pas d'une fiction littéraire.

22 Selon DRAÏ, *La communication prophétique* 1, pp. 267-269, les Récabites sont invités à résister à la parole de YHWH qui leur commande l'interdit dans le but de parjurer la

Jérémie se mue en quelque sorte en faux prophète puisque «la parole qu'ils entendent leur commande l'infidélité, l'incohérence, la négation de soi, la complaisance et la désobéissance»[23]. Mais cela fait partie du scénario imaginé par Dieu, dont le but n'est pas de donner en exemple un peuple obéissant à YHWH, mais un peuple fidèle à la parole de son père, comme la suite de l'épisode le montre[24]. Le lecteur ne sait pas si Jérémie est au courant de ce but ultime voulu par YHWH. Si tel est néanmoins le cas, cela signifie qu'encore une fois, Jérémie se montre bon narrateur et fait monter le suspense dans son récit, usant au bon moment de son droit de réserve.

Après cet ordre reçu et exécuté fidèlement, et suite à la réponse argumentée des Récabites, Jérémie reçoit d'autres instructions en 35,13: il doit aller proclamer aux Judéens un oracle qui les compare expressément aux Récabites. Au vu de ce qui a été observé plus haut, à propos des ellipses du narrateur quant à la proclamation des oracles par le prophète, on peut difficilement douter que Jérémie n'ait pas proclamé celui-ci. Cependant, le chapitre continue par une mention curieuse et inattendue. En effet, Jérémie parle ensuite de son propre chef aux Récabites (35,18-19), leur adressant un oracle qui leur promet une descendance qui se tiendra face au Seigneur. Si l'on en croit l'introduction du narrateur (v. 18), le prophète n'a pas reçu cet oracle de YHWH, ni donc l'ordre d'aller le leur annoncer; en tout cas, le narrateur n'en dit rien, ce qui laisse supposer que le prophète agit de sa propre initiative[25]. Ce

---

parole de leur père. Cette observation mérite réflexion, mais elle doit être nuancée. En effet, les Récabites ne savent pas que c'est de YHWH que vient l'ordre puisque Jérémie ne le leur dit pas. Cela dit, ces hommes, contrairement aux Judéens, refusent de dépasser la limite vitale que leur père leur a prescrite.

23 Cf. DRAÏ, *La communication prophétique* 1, pp. 267-268. L'auteur ajoute, que par leur attitude, les Récabites démontrent «quelle doit être la conduite à tenir face au faux prophète».

24 C'est cette fidélité qui donnera au prophète l'occasion de sermonner le peuple. C'est ce que soulignent, par ex., CONDAMIN, *Jérémie,* pp. 257-258; WEISER, *Jeremia 25,15–52,34*, pp. 317-318, ou encore BRUEGGEMANN, *Exile and Homecoming*, pp. 330-331, pour qui les Récabites sont fidèles au «pentalogue» que leur a laissé leur père. Cf. aussi DRAÏ, *La communication prophétique* 1, pp. 268-269 qui écrit que cette épreuve non seulement révèle la possibilité de la fidélité et de la vérité, mais aussi que «les Récabites font la preuve, sont la preuve, que la fidélité est concevable et la constance praticable». Ainsi, cet exemple ouvre au peuple une alternative à son «comportement actuel».

25 On pourrait également supposer que Jérémie dévoile ici une parole qu'il aurait reçue, par ex., au moment où il a reçu l'ordre d'aller chez les Récabites, mais qu'il ne prononce qu'au moment opportun. Mais, dans ce cas, il faudrait comprendre pourquoi le narrateur, qui, selon le TM, a repris la narration depuis 35,12, ne dit pas que cette parole vient de YHWH, comme il l'a fait alors. Dans la LXX, tout le chap. 42 (= 35TM) est un récit en «je», à l'exception du v. 1 (voir v. 12 et l'absence de transition narrative au v. 18).

qu'il leur annonce n'est, cependant, pas sans lien avec la parole divine reçue auparavant. En effet, cet oracle pour les Récabites qui écoutent reprend des termes du chapitre 33, là où il est question de la restauration de la royauté et du culte juste (35,19, voir 33,17-18)[26]. Ainsi, il semble que Jérémie use d'une certaine liberté dans sa mission, et le Seigneur semble le soutenir, dans la mesure où le narrateur ne donne aucune indication infirmant les paroles personnelles de Jérémie pour les Récabites. Car ces hommes ont fait ce que YHWH demande à son peuple: écouter une parole qui les mène à la vie. Cela montre que, tout en restant dans l'esprit du message de restauration reçu en privé, le prophète l'applique à des gens qu'il estime pouvoir être concernés par une parole de salut, en raison de leur écoute et de leur obéissance. C'est probablement pour cette raison que le narrateur ne fait aucune mention d'une parole de YHWH à cet endroit. Tout en agissant de son propre chef, Jérémie reste dans le cadre de sa mission: annoncer le salut à ceux qui écoutent une parole de vie et la suivent.

Dans l'affaire du livre brûlé au chapitre 36, un nouveau *flash-back* par rapport à l'aujourd'hui du récit et même par rapport à l'épisode précédent, le prophète n'est guère présent, si ce n'est au début et à la fin. Au début, il reçoit une parole de YHWH, l'ordre de prendre un livre et d'y écrire les oracles reçus depuis le temps de Josias, pour ensuite en faire la lecture au peuple dans l'espoir que celui-ci se convertisse (v. 1-3). Si Jérémie exécute cet ordre, il ne le fait pas de la manière prévue par YHWH. En effet, il ne prend pas lui-même le rouleau pour y écrire ses prophéties, mais il appelle Baruch, lui ordonnant de mettre par écrit ce qu'il lui dictera, et d'aller ensuite au temple pour lire le rouleau (v. 4-7). L'ordre que Jérémie reçoit est ainsi exécuté, mais en deux temps. Cette fois, il respecte l'esprit de l'ordre divin plus que la lettre[27], en introduisant encore une fois, comme au chapitre 32, un membre du peuple – à nouveau Baruch – pour l'épauler dans sa mission qu'il dit ne pouvoir remplir à cause d'un empêchement. Il faut souligner que celui-ci n'est pas utilisé par Jérémie comme prétexte pour ne pas faire ce que Dieu

26 L'expression utilisée ici pour les Récabites, «se tenir devant ma face tous les jours», se retrouve en 33,18; sans la mention «tous les jours», elle se trouve aussi en 7,10 dans un contexte négatif, où le fait de se tenir face au Seigneur donne bonne conscience aux gens de Jérusalem, et en 15,19, dans un contexte de restauration: celui qui revient et se convertit à YHWH, ce dernier le fera revenir et il se tiendra devant sa face.

27 Pour plus de détails sur la lecture de ce passage, cf. DI PEDE, «Jérémie 36», pp. 132 et 134.

lui dit, car il se montre inventif pour contourner l'obstacle afin que l'ordre soit accompli malgré tout[28].

Quoi qu'il en soit de cet empêchement, l'ordre de YHWH est exécuté fidèlement, et le livre est lu au peuple et à ses chefs en l'absence du prophète, dont on ne reparle qu'à la fin de l'épisode (v. 26). Alors, le roi cherche à le mettre à mort avec Baruch à cause du contenu du rouleau. Il s'agit là, d'un point de vue tant chronologique que narratif, du premier avertissement concernant le grave danger pesant sur la vie du prophète, en tout cas dans la section qui nous occupe. Mais dans l'immédiat, celui-ci et son fidèle compagnon, Baruch, sont protégés par YHWH qui les cache[29]. Cela dit, le prophète a encore du pain sur la planche. Le rouleau écrit par Baruch au début du chapitre 36 ayant été détruit par le roi, Jérémie se voit réitérer le premier ordre de l'épisode: prendre un rouleau et écrire. Alors, au lieu de s'indigner de la destruction infligée à son écrit[30], Jérémie exécute le nouvel ordre; comme au début, il le fait, en deux temps, et avec l'appui de Baruch.

---

28 Concernant cet empêchement, voir *infra*, n. 10, pp. 295-296. Il faut insister ici sur le fait que si, d'un point de vue historique, il peut être important de connaître les raisons de cette absence, il n'en est rien d'un point de vue littéraire, car si la raison de l'empêchement avait été nécessaire à la compréhension du récit, le narrateur en aurait fait état. Dès lors, ce n'est pas tant la raison de l'absence du prophète que son absence elle-même qui est importante, le récit montrant que la parole prophétique peut circuler malgré l'éloignement, voire la disparition du prophète, grâce à des relais autorisés: le témoin et le livre lui-même.

29 La mention de l'intervention de YHWH est absente de la LXX, ce qui, du point de vue littéraire, tendrait à augmenter le rôle de YHWH en faveur de son prophète à cet endroit dans le TM. À ce propos, les commentateurs se partagent essentiellement en deux groupes: il y a ceux qui préfèrent la leçon de la LXX, expliquant le יהוה du TM par une dittographie du ויהי du v. 27, comme par ex. DUHM, *Jeremia*, p. 295, selon qui la leçon du TM est un ajout édifiant; ou RUDOLPH, *Jeremia*, p. 235 qui préfère la leçon de la LXX en raison de sa sobriété. Parmi ceux qui privilégient la leçon du TM, on peut citer, par ex. FREEDMAN, *Jeremiah*, p. 246; WEISER, *Jeremia 25,15–52,34*, p. 328; FEINBERG, *Jeremiah*, p. 252.

30 L'indignation, comme le souligne WIESEL, *Célébrations Prophétiques*, p. 266, aurait été le sentiment naturel d'un écrivain confronté à la destruction de son œuvre. C'est d'ailleurs ce sentiment qui ressort de la réaction de YHWH (v. 29-31), le véritable auteur. Par contre, Jérémie réagit en écrivant à nouveau, il écrit «un autre livre, peut-être le même, ce qui est plus difficile, en y ajoutant le récit de la destruction du premier». C'est ici que se trouve, selon Wiesel, «l'ultime leçon» de Jérémie: «réécrire est parfois plus important qu'écrire, répéter une histoire est plus vital que l'inventer». D'ici découle le rôle capital des témoins et de la mémoire dans Jr. Comme le note ce même auteur, pp. 256-257: «Son rôle [du prophète] est de revendiquer le droit à la mémoire: Souvenez-vous que jadis vous étiez liés à Dieu par une alliance, et la mémoire constitue l'essence même de cette alliance. Pour Israël, l'oubli signifie la fin d'Israël. Or, comme la fin approche, cela signifie qu'Israël se perd dans l'oubli: voilà la dialectique de Jérémie, pour qui le passé et l'avenir sont éternellement liés».

On remarquera encore que le lecteur prend ici pleinement conscience du fait que le prophète n'est indispensable qu'à certains moments. Si sa présence est nécessaire afin que les paroles prophétiques soient consignées par écrit, elle ne l'est plus lorsqu'il s'agit de les faire circuler. Là, c'est la présence du témoin, et surtout celle du livre contenant les paroles qui est fondamentale. Demeure la question de savoir si le prophète est lui-même conscient de cela, ce dont le récit ne dit rien.

Dans cette première phase de la complication, le prophète apparaît comme un personnage fidèle, à l'écoute des paroles et des ordres de YHWH. Néanmoins, il n'est pas un exécutant passif des ordres reçus, un simple instrument, une marionnette dans les mains de celui qui l'envoie en mission. Jérémie est tellement à l'écoute de la parole qui lui est communiquée qu'il peut l'interpréter avec une certaine inventivité, tout en en respectant profondément l'esprit, ainsi que celui qui la lui communique. Il est donc un personnage plutôt actif, bien que le narrateur le montre peu en action. À côté de cet aspect des choses, cette première phase de la complication souligne également que si Jérémie est un personnage important, il n'est pas pour autant toujours indispensable: sa parole peut circuler par écrit et donc être entendue ou refusée sans lui[31].

3. Jérémie dans la deuxième phase de la complication (chap. 37–39)

À côté du sort de la ville, on l'a vu, la deuxième phase de la complication se centre spécifiquement sur la personne du prophète. Si, dans l'exposition et dans la première phase de la complication, le prophète était très souvent sollicité par la parole de YHWH, il semble, dans cette phase-ci, livré à lui-même: à l'exception du début (37,6-10) et de la fin (39,15), aucune mention n'est faite d'une parole du Seigneur qui lui serait adressée. Est-ce le résultat de ce qui est affirmé au début, et qui résume l'essentiel du récit des chapitres 34–36, à savoir que personne n'écoute ce que YHWH dit par Jérémie (37,2)?

Pour ce qui est de l'étude de la figure du prophète, on peut diviser cette deuxième phase en deux parties. La première comprend les chapitres 37 et 38, deux récits parallèles pour ce qui est du sort du prophète – cela sera analysé plus loin[32]. La deuxième, le chapitre 39, pro-

---

31 Indirectement, pour le lecteur, cela signifie que la parole du prophète reste valable dans son aujourd'hui, bien que ce dernier ne soit plus qu'un personnage «de papier» et non plus l'homme en chair et en os qu'il était pour ses contemporains.

32 Cf. *infra*, pp. 281-283. Le choix d'étudier plus à fond ces épisodes dans le paragraphe consacré à l'étude des rapports entre Jérémie et le roi est motivé par le fait que, s'ils

longe un épisode déjà contenu en 38, la libération de Jérémie par un étranger, 'Ebed-Melek, et insiste sur cette libération ainsi que sur le sort du premier libérateur. Reprenons ce qui concerne spécifiquement la construction du personnage de Jérémie.

Au début du chapitre 37, le prophète est sollicité par le roi au moyen d'une ambassade, afin qu'il intercède auprès de YHWH (v. 3-4). Face à cette demande, Jérémie reste silencieux, il ne fait rien. Cette attitude marque à sa manière une rupture de dialogue, que la construction même des versets 2-4 du chapitre 37 met en évidence:

v. 2	parole de YHWH pour	le roi
		ses serviteurs
		le peuple
	transmise par Jérémie	
		résultat: non-écoute
v. 3-4	parole du roi pour	Jérémie afin qu'il intercède auprès de YHWH
	transmise par les ambassadeurs	
		résultat: Jérémie reste libre

Le narrateur n'enregistre donc aucune réaction de Jérémie à l'ambassade du roi. Il semble préférer souligner la liberté du prophète qui pourrait aussi être vue comme une liberté par rapport à ce qui vient de lui être dit. Jérémie semble donc reproduire ici le comportement du peuple et de ses chefs en n'écoutant pas leur parole[33], puisqu'il ne se montre pas concerné par ce qu'on lui dit. Mais la levée du siège au verset 5 peut donner à penser au roi et aux siens que YHWH les a entendus. De plus, la parole de YHWH aux versets 5-10 semble répondre en quelque sorte à l'ambassade, puisqu'elle livre au prophète une parole à transmettre au roi (v. 7-10). Mais cette parole est là pour interdire l'interprétation que le roi et les autres ont pu donner de la levée du siège: en réalité, celle-ci n'est que temporaire (v. 9-10).

À cela, il faut ajouter ces éléments qui ressortent du parallèle repérable entre les deux épisodes de la première partie de cette phase. Au début, Jérémie est libre (37,4 et 38,1). Au chapitre 37, sa liberté lui permet de circuler et la levée du siège le pousse à se rendre dans sa famille

---

fournissent quelques éléments de caractérisation du personnage du prophète, ils sont beaucoup plus représentatifs des rapports complexes entre les deux personnages.

33 À cela, on peut ajouter que le sort de Jérémie est lié à celui de la ville: au v. 4 Jérémie est temporairement libre, tout comme Jérusalem l'est au v. 5.

pour une affaire de partage, probablement un héritage (v. 12)[34]. Or, s'occuper d'un héritage, cela signifie, certes, s'occuper du présent, mais surtout du futur. Cela revient, en effet, à faire en sorte que la vie continue après un événement dramatique tel que la mort. Jérémie veut-il dès lors annoncer une restauration en acte liée à l'acte prophétique de 32? Peut-être, mais il ne pourra pas aller jusqu'au bout, car il est arrêté aux portes de Jérusalem. Lors de son arrestation, il est accusé de déserter ou de trahir (37,13). Il s'agit là d'une accusation grave, tout aussi grave que celle qui lui est adressée en 38,4, à savoir décourager les soldats et vouloir le malheur du peuple, ce qui s'apparente assez à l'accusation de trahison[35]. Ces reproches disent bien ce que le peuple pense de lui. Mais si, la première fois, Jérémie cherche à se défendre de ces attaques (37,14), il reste ensuite silencieux (38,6), peut-être parce qu'il sait que se rebeller face aux fonctionnaires du roi serait peine perdue (voir 37,14-16). Dans les deux cas, le résultat est le même pour lui: il est jeté dans une citerne. L'une est celle de la maison de Yonatan (37,15), l'autre est située dans la cour de la garde et elle est pleine de boue (38,6)[36]. Mais, au terme de chaque épisode, Jérémie est libéré de son cachot et se retrouve prisonnier dans la cour de la garde, suite à l'intervention du roi en 37,21 et à celle d''Ebed-Melek en 38,13 (voir 38,28).

Contrairement à ce qui s'est passé en 36,26, où Dieu avait caché le prophète, Jérémie semble donc devoir affronter la persécution sans protection divine et jusqu'au bout. D'un épisode à l'autre, le suspense monte. En effet, le roi l'a libéré de la citerne-prison où il se voyait déjà mourir (voir 37,20-21); mais cette intervention du souverain ne semble guère être efficace, puisque l'histoire se répète un peu plus tard, au chapitre 38. Ici, le monarque semble sans ressource contre les fonctionnaires, qui veulent faire mourir le prophète en le jetant dans une autre citerne, pleine de boue cette fois (38,4-6). Ainsi, lorsque le Seigneur n'est plus là pour le protéger, Jérémie subit le sort auquel il a échappé autrefois. Personne à l'intérieur du peuple, en effet, ne semble capable

34 La racine חלק II signifie «partager», en général dans le cadre d'un héritage. Pour le point de vue des commentateurs à ce sujet, voir *supra*, n. 14, p. 129.

35 À propos de ce que les commentateurs pensent de cette accusation, voir *supra*, n. 18, p. 46.

36 Y a-t-il ici un clin d'œil ironique du narrateur au lecteur, sous forme d'allusion plus ou moins directe à ce que YHWH dit de lui-même en 2,13, où il se compare aux sources d'eaux vives, les idoles étant comme des citernes fissurées qui ne retiennent pas l'eau? Quoi qu'il en soit, l'absence d'eau dans la citerne où Jérémie est jeté est à la fois providentielle et mortelle: providentielle car Jérémie n'y meurt pas noyé; mortelle car le manque d'eau condamne le prophète à mourir de soif rapidement. Parmi les auteurs consultés, seul CARROLL, *Jeremiah*, p. 680, suggère un éventuel rapprochement avec 2,13b, sans pour autant proposer d'interprétation.

ou même désireux de le sauver. Et c'est de l'étranger que viennent le salut du prophète et la possibilité de continuer sa mission (38,7-13).

Après l'intervention d''Ebed-Melek, Jérémie reste dans la cour de la garde, où il est appelé par Sédécias qui veut l'interroger (38,14-28). Cette scène de rencontre entre le roi et le prophète est, on l'a dit, parallèle à la précédente qui a lieu dans des circonstances semblables en 37,17-21. Ces deux scènes sont intéressantes par rapport au personnage du prophète, car celui-ci y prononce des paroles qui le concernent, lui et sa mission. En 37,18-20, on le voit plaider sa cause: il demande au roi ce qu'il a fait de mal pour se trouver en prison. Alors que les soi-disant prophètes, reconnus par Juda qu'ils rassuraient, ne sont plus là, lui, qui n'a rien fait d'autre que proclamer la parole de YHWH[37], est bien présent au milieu du peuple. Son sort lui semble profondément injuste, c'est pourquoi il demande à Sédécias de ne pas le renvoyer en prison (37,19-20)[38]. Il renverse ainsi la situation, puisque au début de la scène, le roi demande au prophète d'intercéder, alors qu'à la fin, c'est celui-ci qui supplie le roi. Dans la deuxième rencontre, la parole personnelle de Jérémie est bien plus courte, mais exprime tout autant le ressentiment du prophète face à son sort et à la manière dont le roi traite sa parole: «quoi que je te dise, tu me tueras ou, au mieux, tu ne m'écouteras pas» (38,15). Ainsi, ce sont les difficultés personnelles qu'il rencontre au cours de sa mission que le prophète exprime. Indirectement, il montre qu'être prophète n'est pas chose aisée, que cela comporte des difficultés intimement liées à sa mission[39].

Dans cette partie, en l'absence de paroles de YHWH, lorsque Jérémie reçoit des ordres, il s'agit d'ordres humains. Du roi, il reçoit l'ordre de parler dans un premier temps (37,17 et 38,14) et celui de mentir dans un second temps (38,24-26). Dans les deux cas, il s'exécute. Encore une fois, il apparaît comme quelqu'un qui obéit tout en cherchant à comprendre. Cela dit, il est probable que Jérémie n'obéisse pas toujours aux ordres reçus pour les mêmes raisons. S'il obéit au roi qui lui demande une parole, il le fait dans le cadre de sa mission. Les deux paroles que Jérémie annonce à Sédécias, en effet (37,17 et 38,17-23), viennent du

37 En d'autres occasions, Jérémie a même défendu le peuple de l'emprise de ces faux prophètes devant son Dieu (cf. par ex. 14,11-22).

38 Un aspect souligné par de nombreux commentateurs. Cf., par ex., WEISER, *Jeremia 25,15–52,34*, p. 336; FEINBERG, *Jeremiah*, p. 257, qui affirme que «these verses show Jeremiah's humanity. He asked for justice, not pity»; KEOWN, SCALISE, SMOTHERS, *Jeremiah 26–52*, p. 218; BRUEGGEMANN, *Exile and Homecoming*, p. 359.

39 Le lecteur du livre sait que la mission de Jérémie est difficile, comme il en témoigne lui-même dans ce qu'il est convenu d'appeler ses «confessions». C'est probablement la raison pour laquelle aucun détail n'est donné ici concernant la nature de cette difficulté.

Seigneur. C'est en tout cas ce que le prophète affirme et on peut difficilement en douter, étant donné qu'elles sont le concentré de ce que Jérémie a proclamé jusqu'à présent: la venue du roi de Babel est réaffirmée les deux fois, alors que le sort du roi abordé dans le second discours reprend directement, outre la prophétie habituelle, ce que Jérémie a proclamé en 38,2. Ainsi, s'il ne reçoit pas de parole de Dieu au moment où celle-ci est sollicitée par le roi, Jérémie peut lui livrer le message de YHWH en toute assurance, en reprenant ce qu'il a déjà dit auparavant.

Mais une question se pose concernant son obéissance au roi qui lui ordonne de mentir sur le contenu de leur entretien (38,24-27). Deux interprétations, qui ne s'excluent pas forcément l'une l'autre, sont possibles. D'une part, Jérémie sait probablement que c'est peine perdue de parler avec des gens qui ont déjà montré qu'ils ne l'écoutent pas et qu'ils veulent sa mort[40]; d'autre part, une telle attitude peut aussi montrer le tact du prophète qui ne veut pas attirer d'ennuis au roi[41]. Du reste, on peut raisonnablement se demander si le prophète ment vraiment. En effet, ce que Jérémie dit en 38,26 sur l'ordre du roi n'est pas entièrement faux, puisque cela correspond au contenu de la première entrevue en 37,20, voir tableau page suivante.

Ce qu'il dit n'est donc qu'une ruse, un demi mensonge qui contient au moins une part de vérité. Il le fait probablement pour tromper des gens retors, ne faisant que dire, comme le souligne l'insistance du narrateur en 38,27, ce que le roi lui a demandé de dire pour qu'il ne meure pas (voir l'ordre au v. 24b).

---

40 Cette parole du roi rappelle au lecteur deux épisodes au cours desquels YHWH suggère à Jérémie la réponse à une question qui pourrait lui être posée (cf. 15,1-4 et 16,10-13). Cela dit, si les termes sont semblables, l'intention n'est pas la même car, si YHWH souffle à Jérémie des réponses en lien avec sa mission, Sédécias suggère au prophète une réponse qui l'arrange. Ainsi, son invitation est perverse, et souligne toute l'ambiguïté du personnage. En effet, comme le souligne BOYLE, «Narrative as Ideology», p. 297, il s'agit là d'une manière détournée de faire taire la parole de YHWH. Dans le même sens, voir JONDOT, *Aujourd'hui à Jérusalem*, p. 148, qui souligne la contradiction dans le comportement du roi.

41 Les auteurs consultés n'interprètent pas souvent l'attitude de Jérémie à cet endroit. Lorsqu'ils le font, ils tendent souvent à la justifier: comment est-il possible, en effet, que le prophète puisse mentir? Par ex., VOLZ, *Jeremia*, pp. 335-336, estime qu'il y a conflit de conscience dans le chef de Jérémie entre éthique et amour. RUDOLPH, *Jeremia*, p. 243 estime dans un premier temps que Jérémie n'a pas eu d'hésitation de type éthique; il se corrige ensuite en disant que l'absence d'un rapport de confiance permet au prophète de ne pas dire la vérité. WEISER, *Jeremia 25,15–52,34*, p. 337 pense qu'il est difficile de croire que Jérémie a obéi au roi sans aucune hésitation, mais le texte ne permet pas d'aller plus loin. Quoi qu'il en soit, selon cet auteur, l'épisode montre que Jérémie ne doit pas être érigé en une sorte de saint irréprochable.

37,20	38,26
Et maintenant, écoute, de grâce, monseigneur le roi, que ma supplication tombe à ta face et ne me fais pas retourner dans la maison de Yonatan le scribe et que je ne meure pas là.	tu leur diras: "Je faisais tomber ma supplication à la face du roi, afin qu'il ne me fasse pas retourner à la maison de Yonatan, pour mourir là."

Ainsi, le prophète est dans de bien sales draps, et le Seigneur semble ne plus être là pour le défendre. Une question se pose alors au lecteur. Quel est le ressort qui permet à Jérémie d'affronter ses malheurs personnels, alors qu'il ne reçoit plus de paroles de son Dieu, ni pour le peuple ni pour lui-même? C'est ici qu'il faut peut-être revenir aux paroles divines de l'exposition, paroles desquelles seuls Jérémie et le lecteur sont au courant, et où YHWH annonce la restauration. N'est-ce pas cela qui permet ici à Jérémie de surmonter ses déboires? Mais un autre élément mérite d'être souligné. La première partie de la complication, et plus largement l'ensemble de ce qui précède, a montré combien Jérémie est pétri de la parole qu'il reçoit, au point de pouvoir lui-même, sans la trahir, annoncer le bonheur (35,18-19) ou le malheur (voir 28,15-16)[42]. Mais cette parole qui s'adresse à lui ne concerne pas uniquement le peuple. Elle le concerne aussi personnellement et l'encourage, et cela dès la vocation (voir 1,8.18-19). Dès lors, Jérémie ne peut douter que le Seigneur est avec lui dans ces moments difficiles[43]. Ainsi, s'il ne montre ici aucun signe de faiblesse, à l'exception peut-être de sa requête personnelle à Sédécias (37,19-20) – mais est-ce un signe de faiblesse que de revendiquer la justice? –, c'est probablement un indice de ce qu'il croit en la présence discrète de YHWH à ses côtés, comme il raconte que cela lui fut annoncé dès 1,17.

Le second volet de cette deuxième phase de la complication est le chapitre 39. Jérémie revient sur le devant de la scène après que le narrateur a raconté la réalisation de ses paroles au sujet du salut de la ville et du peuple. C'est lui qui est au centre de l'unique parole de Nabuchodonosor rapportée par le narrateur dans l'ensemble du livre (39,12). C'est un ordre clair: il faut le libérer et ne lui faire aucun mal. C'est donc à nouveau un étranger, dans ce cas l'instrument même de la punition voulue

42 Cf. à ce propos *supra*, n. 12, p. 248.

43 Voir également 15,11.20-21, mais aussi certains passages où Jérémie s'en remet à Dieu (11,20; 15,15; 17,14-18; 18,18-23 et 20,11).

par Dieu[44], qui rend la liberté au prophète et lui permet de rester au milieu du peuple. Dans le récit de cette libération, il y a quelque chose de très solennel. En effet, c'est tout d'abord Nabuchodonosor en personne qui en décide et délègue à cet effet le chef de sa garde (v. 11). Ensuite, ce dernier avec les chefs des fonctionnaires et tous les grands du roi de Babel (v. 13) envoient chercher Jérémie afin qu'il soit confié à Godolias (v. 14). Ainsi libéré en grande pompe par tout ce beau monde et confié à la garde de Godolias, Jérémie reste au milieu du peuple, échappant à la déportation (v. 14)[45].

Dans la deuxième phase de la complication, Jérémie apparaît donc dans toute son humanité. Il n'est pas passif, mais subit la haine des hommes, apprenant à ses dépens la difficulté de la mission qui lui a été assignée, tout en lui demeurant fidèle malgré tout. D'une manière paradoxale, cela ne signifie pas que Jérémie est impuissant. Au contraire, sa force est soulignée, positivement par une certaine liberté (37,4.12.18; 38,2-3.15.27), et négativement par l'agressivité et la violence que ses contemporains déploient pour se défaire de lui, pour le faire taire. Les gens importants de Jérusalem en ont, en effet, peur au point de vouloir le supprimer[46]. Dans sa manière de présenter les choses, le narrateur

---

44 Il me semble utile de rappeler ici la différence essentielle entre le TM et la LXX concernant le rôle des Chaldéens et en particulier de Nabuchodonosor. Dans la LXX, Nabuchodonosor n'est mentionné qu'en relation aux événements historiques de la montée de Babylone contre l'Égypte et aux conséquences que cela comporte pour Jérusalem et pour le peuple. Par contre, dans le TM, le roi de Babel apparaît comme l'agent de la punition divine. Par trois fois, YHWH y appelle ce roi de Babel «mon serviteur». Il est celui qui exécute le plan de Dieu contre Juda et les Nations (cf. 25,9), sur les créatures (cf. 27,6) et contre l'Égypte (cf. 43,10). D'un point de vue narratif, cette différence dans la présentation du roi de Babel dans les deux éditions du livre est importante. En effet, si, dans la LXX, Nabuchodonosor ne semble pas faire partie intégrante du plan de YHWH, dans le TM, il en devient un élément capital en tant qu'instrument de la punition divine. Dans Jr TM, Nabuchodonosor est cité par son nom et sa fonction en 21,2.7; 22,25; 24,1; 25,1.9; 27,6.8.20; 28,3.11.14; 29,3.21; *32,28; 34,1; 35,11; 37,1; 39,1.5.11; 43,10; 44,30*; 46,2.13.26; 49,28.30; 50,17; 51,34; 52,4.12; et par son seul nom en 29,1; *32,1*; 52,28.29.30. Il est cité uniquement par son titre de roi de Babel en 20,4; 21,10; 25,12; 27,8.11.12; 28,2.4; *32,2.3.4.36; 34,2.3.7.21; 38,3.17.18.22.23; 39,3(2x).13; 42,11*; 50,18; 51,31; 52,3.9.12.15.26.31.34. YHWH l'appelle «mon serviteur» en 25,9; 27,6; *43,10*. Voir à ce propos BOGAERT, «Le livre de Jérémie en perspective», en particulier pp. 393-394; B. GOSSE, «Nabuchodonosor et les évolutions de la rédaction du livre de Jérémie», *Science et Esprit* 47 (1995), pp. 177-187, en particulier p. 183.

45 Suite à cette libération en grande pompe se produit quelque chose d'assez surprenant pour le lecteur: après la solennité déployée par les Chaldéens pour libérer Jérémie, ce dernier reste au milieu du peuple, sans aucun honneur particulier.

46 Cela est vrai tant pour Joaqim en 36,26 que pour les personnages à qui Jérémie est confronté en 37 et 38. La puissance du prophète dans ce contexte et le contraste que le narrateur ménage entre Jérémie et ses opposants sont soulignés par BOYLE, «Narrative as Ideology», p. 297.

guide dès le départ le lecteur vers une évaluation négative des fonctionnaires, en présentant Jérémie comme leur victime. Il attire ainsi sur lui la sympathie du lecteur[47], cette fois non seulement parce que ce dernier partage son univers de connaissance, mais aussi et surtout à cause du traitement profondément injuste que le personnage subit de la part de ses concitoyens.

Dans cette partie, le narrateur insiste également sur le rôle positif des étrangers[48] envers Jérémie, ce qui souligne en contraste son rejet par le peuple élu. Cela rappelle également au lecteur que le prophète n'est pas là uniquement pour Israël et Juda, mais aussi pour les nations (voir 1,10), et en particulier pour ceux qui le reconnaissent, comme par exemple 'Ebed-Melek.

4. Jérémie dans la troisième phase de la complication (40,1–42,22)

Du point de vue du personnage, on peut diviser cette troisième phase en deux parties bien distinctes: la première où, après que le narrateur a situé le prophète par rapport aux personnages (40,1-6), il disparaît du récit (40,7–41,18); la seconde, où, à nouveau sollicité par les chefs du peuple et le peuple lui-même, il est ramené sur le devant de la scène (42,1–42,22). On a vu dans l'étude de l'intrigue que cette mise entre parenthèses du prophète et de YHWH en 40,7–41,18 est le signe du refus du peuple d'écouter la parole malgré le retour à la paix et à la prospérité, où s'amorce la restauration annoncée.

Les versets 1-6 rapportent la parole de Nebuzar'ᵃdân à Jérémie lors de sa libération. En citant cette parole, le narrateur revient avec insistance sur l'événement, et donne des détails supplémentaires. Premièrement, le lecteur apprend que Jérémie se trouvait enchaîné dans le groupe de gens en passe d'être déportés (v. 1). Ensuite, Jérémie entend Nebuzar'ᵃdân lui confirmer implicitement l'accomplissement de sa prophétie (v. 2.3a), un élément curieux – d'autant que le Chaldéen englobe Jérémie dans les pécheurs (v. 3b). Enfin, Nebuzar'ᵃdân laisse le choix au prophète (v. 4). Il peut soit aller à Babylone sans faire partie des déportés et y trouver protection, ce qui impliquerait un traitement de faveur; soit rester dans le pays avec, dans ce cas, un choix supplémentaire: ou bien aller avec Godolias et rester au milieu du peuple, ou bien aller où il veut, indépendamment du peuple qui reste[49]. Devant ces

47 Cf. BOYLE, «Narrative as Ideology», p. 298.

48 Voir aussi à ce propos ce qui a été dit *supra* à propos de la caractérisation en contraste des étrangers et des membres du peuple dans cette partie du récit, pp. 167-170.

49 À ce propos, voir les considérations qui ont été faites *supra*, p. 133.

trois solutions qui s'offrent à lui, Jérémie choisit la seule qui lui permet de rester avec le peuple, confirmant ainsi ce qui avait déjà été dit en 39,14b. Mais si là, le choix adopté par Jérémie ne semblait pas vraiment relever d'une décision de sa part, mais être seulement la conséquence de sa libération, les trois possibilités qui lui sont données ici montrent qu'il s'agit bien du choix de Jérémie qui, en retenant une des deux autres options, aurait pu tirer son épingle du jeu. Ce choix fait, Jérémie rentre dans le rang et disparaît de la scène.

Ce n'est qu'une fois le départ vers l'Égypte envisagé (41,17-18) que le peuple et ses chefs font de nouveau appel à Jérémie en tant que prophète (voir 42,2a), afin qu'il sollicite pour eux une parole de YHWH (42,1-3). Cette invitation faite au prophète en rappelle une autre, celle de l'ambassade de Sédécias en 37,3. Dans les deux cas, la demande est la même:

37,3	התפלל־נא בעדנו אל־יהוה		אלהינו
42,2	התפלל בעדנו אל־יהוה אלהיך	v. 6	יהוה אלהינו׃

On le voit, les ambassadeurs et les chefs s'adressent à Jérémie de la même manière, même si l'expression «notre Dieu» n'intervient qu'à la fin du discours des chefs, au verset 6. Cela dit, le but de la demande est différent. Si en 37,3, la demande est faite seulement pour une intercession, en 42,2-3, les chefs souhaitent que YHWH dise ce qu'il faut faire. Ce qui change fort d'un épisode à l'autre, c'est la réaction de Jérémie. Au chapitre 42, il répond à ceux qui l'interpellent, il prend la parole pour marquer son accord avec leur demande. Il se montre décidé, il ne pose pas d'objection, comme il l'avait fait lors du deuxième entretien avec Sédécias (voir 38,15). Mais que s'est-il passé entre-temps, pour que Jérémie n'ait plus peur et qu'il réponde ainsi immédiatement à la sollicitation qui lui est faite, après ce qu'il a vécu dans la deuxième phase de la complication?

Certainement, il a été témoin du début de la restauration puis du chaos engendré par le refus d'écoute de Godolias. Ensuite, comme il le dit lui-même au verset 4, il entend ce qui lui est dit, notamment le rappel de ce qu'il peut voir: le peuple est réduit à un petit nombre (v. 2a). Ainsi, il a une autre réaction qu'en 37,3-4: il écoute ceux qui semblent disposés à écouter ce que YHWH dira, élément confirmé ensuite par ces gens eux-mêmes (v. 5-6). À cela, on peut ajouter que ceux qui l'interpellent sont les gens qui ont prévenu Godolias en 40,13, puis qui ont arraché le peuple aux mains de Yishmaël. Jérémie peut-il leur refuser une requête qui semble tellement sincère?

Lorsqu'il reçoit la parole sollicitée par le peuple dix jours plus tard – oublié jusque-là, YHWH se ferait-il prier? –, Jérémie réunit en premier lieu ceux qui l'ont sollicité en 42,1 pour la leur communiquer. Une fois n'est pas coutume, le lecteur entend la parole de YHWH non quand il la dit à Jérémie mais quand celui-ci la transmet à ses destinataires. Ce discours est adapté tant à la demande du verset 4 qu'à la situation du peuple décrite en 41,17-18: il invite le peuple à choisir de rester au pays (42,10) et à ne pas craindre les Chaldéens (v. 11). Une alternative est donc offerte entre rester, ce qui entraînera la reprise de la restauration (v. 10-12), et partir en Égypte, ce qui signifie périr (v. 13-19). À cette parole de Dieu, Jérémie semble ensuite ajouter la sienne propre. S'il rappelle par deux fois la sollicitation qui lui a été faite (v. 9 et 20), il anticipe aussi le refus que le peuple va lui opposer, malgré la demande et le serment d'écouter la parole, quelle qu'elle soit (v. 21, voir v. 3.5-6).

Une question se pose ici. Pourquoi Jérémie termine-t-il son discours de la sorte, avant même d'entendre la réaction des gens? Tout se passe dans ce discours comme si, tandis qu'il parlait, Jérémie lisait sur le visage de ses interlocuteurs le refus de l'entendre. Aussi, il souligne que leur démarche et leur promesse font de lui un témoin à charge (v. 19-20). Car à présent, à peine la parole est-elle délivrée, le peuple refuse de l'écouter. Aussi dans l'avenir, c'est la mort qui l'attend, alors même qu'il croit pouvoir l'esquiver. De la sorte, Jérémie renvoie le peuple à son comportement incohérent tant envers YHWH qu'envers lui, tout en soulignant le résultat à venir de ce comportement (v. 22). Qu'est-ce que cela dit du prophète? Qu'il n'est sans doute pas dupe de la requête qui lui est faite, après tout ce qu'il a vécu jusqu'à présent. Cependant, il ne perd pas l'espoir de pouvoir ramener le peuple sur le droit chemin, et la conclusion de son discours vise certainement ce but. Car, par cette péroraison désespérée où il résume sa prophétie, Jérémie espère peut-être qu'elle n'en sera que plus percutante, et détournera les Judéens de leur refus constant de l'écouter. Malheureusement, la suite ne tardera pas à démentir cet espoir.

Dans cette troisième phase de la complication, lorsqu'il revient sur le devant de la scène, Jérémie apparaît donc comme un homme d'autant plus décidé qu'il est resté silencieux jusque-là, et qu'il ne reprend du service que parce que les gens le sollicitent. Il recommence à répercuter la parole de YHWH, que celui-ci lui adresse en réponse au peuple, et il ne cache rien de ce que le Seigneur lui annonce. En tout cas, c'est ce qu'il dit. De plus, il n'hésite pas à redire les choses, afin de souligner le comportement négatif du peuple, qui a pourtant été témoin de la punition et du début de la restauration. Jusqu'au bout, malgré ce dont il a été témoin, malgré aussi la réaction qu'il devine sans doute chez ses interlocuteurs, Jérémie espère un changement du peuple, se faisant peut-être, en cela aussi, le porte-parole et l'avocat du Dieu à l'espoir tenace, jusqu'au-boutiste. Ainsi, dans cette partie, encore plus que dans les précédentes, la liberté dont il fait preuve dans sa mission est au service de celle-ci, et, pour cette raison, sa personne passe au second plan.

5. Jérémie dans le dénouement (43,1-7)

La parole que Jérémie vient de proclamer suite à la demande du peuple et à la réponse de Dieu ne sert pas à grand-chose. En effet, le prophète a vu juste en dénonçant en finale le refus d'écouter du peuple (42,21): il vient à peine de terminer son discours qu'il est accusé de mensonge (43,2). Par cette accusation formulée par les demandeurs – qui, cette fois, sont qualifiés négativement par le narrateur qui les traite d'«hommes insolents» – Jérémie est ramené, on l'a vu[50], sur le même plan que ces faux prophètes «que Dieu n'a pas envoyés» et contre lesquels il s'est battu (43,3, voir 23,9-40 et chap. 28), ces prophètes qui «non seulement [...] manquent à leur mission, mais [...] empêchent que le peuple crédule ne réalise la gravité de son état»[51]. Par ailleurs, derrière le prophète, Baruch est également visé, car selon les accusateurs, c'est lui qui influence le prophète dans ses choix pro-babyloniens. Ainsi, aux yeux du peuple, le collaborateur précieux devient instigateur dangereux[52]. Mais pourquoi accuser Baruch? Il faut remarquer qu'en faisant cela, ces hommes inversent la réalité. Auparavant, en effet, aux chapitres 32 et 36, Baruch a toujours agi sur ordre de Jérémie, lui-même inspiré par Dieu. Ainsi, par cette accusation, ces hommes veulent peut-être épargner malgré tout la prophétie, ou refuser à Jérémie toute inspiration divine, voire les deux ensemble. Le résultat de tout cela est évidemment la décision de partir en Égypte, où Jérémie et Baruch sont emmenés par Yohanân et les autres (v. 6-7). Il faut remarquer ici que Jérémie et Baruch sont situés en fin de liste, après tout le reste de Juda: «les hommes, les femmes, les rejetons, les filles du roi, tous ceux que

---

50 Cf. *supra*, pp. 227-228.

51 DRAÏ, *La communication prophétique* 1, p. 256. Il continue de la sorte à propos des faux prophètes: «En niant la réalité, ils font obstacle à la crise et à la prise de conscience du peuple».

52 Selon WEISER, *Jeremia 25,15–52,34*, p. 363, l'accusation est motivée par la volonté de saper l'autorité du prophète auprès de ceux qui voudraient encore suivre ce qu'il dit. Pour sa part, BRUEGGEMANN, *Exile and Homecoming*, p. 396, souligne que ces hommes s'opposent ainsi à l'autorité de Dieu ou de Jérémie.

Nebuzar'ᵃdân avait laissés avec Godolias». Ainsi, d'une part, un petit suspense est ménagé: que vont devenir le prophète et son fidèle ami? D'autre part, les choses sont racontées comme si tout le peuple entraînait les deux hommes avec lui. Le peuple, en effet, ne croit pas que ce que Jérémie lui dit est la parole de YHWH son Dieu (v. 2b)[53].

Par rapport à cela, le narrateur prend clairement position pour la première fois. Ainsi, il raconte que YHWH répond à Jérémie (42,7), et que celui-ci répercute donc bien, comme ailleurs, la parole divine. Il disqualifie donc à l'avance l'accusation proférée par Azaya, Yohanân et les autres contre Jérémie (43,2b-3). De plus, en introduisant ces hommes et leur réponse, il les présente comme des insolents (האנשים הזדים[54]). Ainsi, chose rare, le narrateur formule un jugement moral négatif sur les accusateurs du prophète, guidant ainsi directement le lecteur dans la manière de considérer les paroles qu'il va lire. Il faut ajouter à cela, qu'après l'affirmation des accusateurs, le narrateur reprend la parole pour insister sur la non-écoute globale et collective de tous les présents (v. 4). Son insistance porte, d'une part, sur la globalité du refus (v. 4a) et, d'autre part sur le fait que ce qu'ils refusent, c'est la parole de YHWH qui les invite à rester en Juda (v. 4b). Ainsi, parmi ceux qui n'écoutent pas se trouvent également ceux «qui étaient revenus de toutes les nations où ils s'égaraient, pour résider dans le pays de Juda» (v. 5). Aussi, même ceux qui ont déjà vécu un retour d'exil, en plus du retour à la paix et à la prospérité (voir 40,1-12), n'écoutent pas la voix de YHWH répercutée par le prophète, qui se retrouve d'autant plus seul, avec son fidèle Baruch.

Dans ce dénouement du récit, malgré les graves accusations portées contre lui et malgré le chemin que le peuple le contraint à accomplir, Jérémie demeure silencieux. Mais son silence ne fait peut-être que préparer sa dernière plaidoirie qui aura lieu dans l'épilogue.

53 Voir à ce propos *supra*, pp. 226-227.

54 Le terme זד, dont le pluriel est utilisé ici pour qualifier ces hommes, signifie «insolent», «présomptueux», et n'est utilisé qu'une fois dans Jr. Par contre, le substantif abstrait זדון est utilisé en 49,16 pour désigner Édom et en 50,31.32 pour Babel.

6. Jérémie dans l'épilogue (43,8–45,5)

a. Jérémie en Égypte (43,8–44,30)

Le Seigneur s'adresse à nouveau massivement à Jérémie dans l'épilogue, comme c'était le cas au début du récit. Cela commence par l'ordre donné au prophète d'accomplir un nouvel acte prophétique, concernant, cette fois, le sort de l'Égypte et de son souverain (43,8-13). Contrairement à l'acte prophétique de l'achat du champ (32,6-13), le narrateur ne rapporte que l'ordre donné, et non son exécution par Jérémie. Quoi qu'il en soit de celle-ci, à cet endroit, l'ordre et le message de Dieu suffisent, pour ce qui est du récit. En effet, la parole-signe pour l'Égypte que contient cet oracle est en fait destinée aux Judéens (v. 9-10). De plus, par la brièveté du récit, la dernière parole de YHWH et l'ultime discussion entre le peuple récalcitrant et le prophète (chap. 44) sont introduites beaucoup plus rapidement. Celle-ci, entre autres choses, permet de constater que ce dernier acte prophétique n'a pas amené la prise de conscience espérée.

Le dialogue débute par une parole de YHWH qui s'adresse, par l'intermédiaire de Jérémie, aux Judéens dont on apprend qu'ils se sont installés dans diverses villes d'Égypte (44,1-14). Après l'avoir entendue, ceux de Patros[55] répondent au prophète (v. 15-19). Leur réponse se fait en deux temps. Ce sont d'abord les hommes qui prennent la parole, pour défendre leurs femmes (v. 15); ensuite, les femmes elles-mêmes affirment que le culte qu'elles vouent à la reine du ciel est célébré avec leurs maris (v. 19). Suite à cela, Jérémie prend la parole une dernière fois, pour dénoncer l'idolâtrie volontairement pratiquée par le peuple. Lui aussi le fait en deux temps (v. 21-23 et 24-30), dans un oracle adressé au peuple sans qu'il y ait eu ordre explicite de YHWH. Cette ultime parole aux Judéens est intéressante au niveau de la caractérisation du personnage.

Tout d'abord, dans la première partie de sa réponse, Jérémie explique comment le comportement passé de tout le peuple a fini par lasser le Seigneur, au point que celui-ci ne peut plus le supporter et que le malheur a frappé la terre d'Israël (v. 21-23). Ayant compris les raisons qu'avait YHWH de punir son peuple, Jérémie cherche à les faire comprendre au peuple, en espérant que celui-ci dise quelque chose, ré-

55 Comme le signalent la note de la TOB et certains commentateurs, comme par ex. WEISER, *Jeremia 25,15–52,34*, p. 367, n. 6; CARROLL, *Jeremiah*, p. 729; HOLLADAY, *Jeremiah* 2, p. 303, Patros est en Haute-Égypte. Dans ce cas, Jérémie a été emmené encore plus loin que Daphné qui est situé dans le nord du pays.

ponde, se justifie, ou peut-être, se convertisse. Mais le peuple ne réagit pas[56]. Alors, Jérémie reprend la parole et livre un «oracle personnel», mais pétri de toutes les paroles reçues auparavant du Seigneur. En prononçant cet oracle, il insiste en effet sur le fait qu'il s'agit d'une parole de YHWH (v. 24.25.26[2x].29.30). Comme c'était le cas avec les Récabites, Jérémie se montre inventif, tout en restant profondément fidèle à YHWH. De lui-même, il peut mettre le peuple en garde et lui annoncer que l'Égypte n'est pas un lieu où il pourra sauver sa vie. Cette parole rappelle l'acte prophétique des pierres (43,8-13), et c'est probablement ce qui l'inspire.

On retrouve ici de nombreux éléments de caractérisation du prophète, déjà présents dans le récit qui précède, et en particulier dans l'exposition. Jérémie est presque effacé derrière la parole de YHWH, très présente dans le texte. Cela ne signifie pas pour autant qu'il reste inactif, car la parole doit être proclamée. En plus, Jérémie se montre un bon observateur de la situation dont il est témoin et, jusqu'au bout, il dénonce le comportement du peuple, même sans ordre explicite de Dieu. Il montre à quel point il est habité par la parole qu'il doit proclamer: dans ses prises de position contre le peuple, on le voit vigoureusement enraciné dans sa mission et résolument du côté de Dieu, dont il se fait l'avocat (voir 44,20-23), mettant sans cesse le peuple face à ses choix de mort.

b. Jérémie et ses rapports avec Baruch (chap. 45)

Par un nouveau *flash-back* qui renvoie le lecteur au chapitre 36, le récit se termine, dans l'ouverture, sur une dernière parole personnelle de Jérémie. Cette fois, elle s'adresse à Baruch. L'introduction narrative à cet oracle ne mentionne pas YHWH, ni un ordre qu'aurait reçu Jérémie de transmettre à Baruch une parole de vie sauve[57]. Jérémie entend-il «forcer la main de Dieu» en faveur de Baruch, qui se plaint à lui (v. 3)? Ainsi, il manifesterait son espoir que, malgré la catastrophe annoncée et réalisée, la parole de restauration s'accomplira – parole déjà en partie accomplie, puisque Baruch est toujours en vie. Mais, on l'a dit, à ce stade du récit on peut difficilement mettre en doute la parole de Jérémie, et ce essentiellement pour deux raisons. La première, c'est que lorsqu'il prend des initiatives personnelles concernant YHWH, Jérémie se montre fidèle à son message, comme le montrent l'oracle pour les

56 C'est ce que laisse à penser l'introduction narrative du v. 24, qui suggère que Jérémie a marqué une pause entre ce qu'il a dit aux v. 20-23 et la suite (v. 24-30).

57 À l'inverse de ce qui se passe, on l'a vu, pour l'oracle à 'Ebed-Melek.

Récabites (35,18-19) et sa dernière parole au peuple (44,24-30), où il reprend à son propre compte la parole de YHWH, s'inspirant des promesses initiales (voir 33,18) ainsi que des paroles de malheur (43,8-13 et 44,2-5). De plus, le récit qui précède a montré que tout ce que Jérémie a annoncé s'est réalisé, et qu'il est donc un vrai prophète mandaté par YHWH. Ainsi, lorsque Jérémie manifeste son espoir en réconfortant le témoin privilégié de sa prophétie, afin que celui-ci puisse témoigner de la restauration, il apparaît comme l'interprète inventif de la parole de YHWH, comme déjà dans les deux autres *flash-back* de la première phase de la complication. Il peut dès lors annoncer la vie sauve à son collaborateur qui pourra continuer sa mission de conservation et de proclamation de la parole lorsque le prophète ne sera plus là.

C'est dans ce sens que pousse l'observation des relations entre Jérémie et Baruch. Ce dernier est appelé par le prophète à des moments-clés du récit, lorsqu'il est question d'écrire et de conserver la Parole. La première fois, en 32, Baruch était invité à garder soigneusement l'acte notarié de l'achat de Jérémie. La seconde fois, en 36, il écrit et lit les oracles en absence du prophète. Curieusement, dans le récit, les deux personnages se croisent très peu, mis à part au moment du départ en Égypte, où ils sont entraînés ensemble. Dans les deux récits où Jérémie fait appel à Baruch, il lui demande d'être le relais de la parole de YHWH pour ces temps où lui-même pourra être absent – comme au chapitre 32, où l'acte doit demeurer de nombreux jours –, ou l'est effectivement – comme au chapitre 36. En 32, Baruch doit faire en sorte que l'acte subsiste longtemps, car si l'acte est là et bien gardé, le prophète n'a plus besoin d'être présent pour le garantir. En 36, une fois les paroles écrites, elles peuvent être entendues sans le prophète qui les a proclamées, pour autant que le témoin les répercute et que le livre circule, raison pour laquelle il est à nouveau écrit, après avoir été détruit par le roi. À présent, dans l'ouverture (chap. 45), par cette ultime légitimation du témoin – juste après la dernière intervention de Jérémie en Égypte –, le narrateur suggère que la mission du prophète est terminée: il sera remplacé par des écrits qui ont un bon gardien. Celui-ci saura les protéger, et faire en sorte que le message de malheur (chap. 36) et de restauration (chap. 32) traverse le temps, au-delà de la disparition du prophète.

III. Observations globales sur le personnage du prophète

Le paragraphe précédent a mis en lumière au fil du récit un certain nombre d'éléments concernant le personnage de Jérémie. Dès le début, le narrateur lui laisse prendre la parole pour raconter des épisodes qui le concernent; YHWH s'adresse à lui essentiellement au début (exposition et première phase de la complication) et à la fin (troisième phase de la complication et dénouement), ce qui montre surtout comment le prophète est en relation avec lui; l'ensemble, et en particulier la deuxième phase de la complication, le montre également aux prises avec le peuple et ses chefs. De plus, en général, Jérémie apparaît globalement comme un personnage réactif. Reprenons ces observations pour les approfondir et pour voir si cela amène d'autres éléments permettant une meilleure compréhension du personnage.

1. Jérémie, un personnage réactif

Dans l'ensemble, Jérémie est un personnage réactif. Il ne prend pas personnellement l'initiative d'un contact ou d'une conversation. Il s'implique dans l'histoire, soit parce que YHWH lui demande de parler (voir par ex. 34,1; 37,6-7; 42,7; 44,1) ou d'agir (35,1-2; 36,1-2; 49,8), soit parce que quelqu'un l'interpelle, avec une question ou une requête (voir par ex. 32,3; 37,3.17; 38,14; 42,2). Ainsi, Jérémie apparaît comme quelqu'un qui réagit lorsque d'autres l'impliquent dans leur présent. Dans ce sens, il est un personnage très constant. Pour montrer cet aspect de son caractère, il est utile de dresser la liste des passages où Jérémie est interpellé et invité à intervenir, voir tableau page suivante. Dans tout cela, les initiatives personnelles de Jérémie se perdent, car mis à part les quelques paroles personnelles qu'il prononce, sa seule initiative semble être son voyage interrompu en 37,11-16.

On le voit, le prophète ne prend jamais l'initiative de ces rencontres, il est soit envoyé par YHWH, soit sollicité par les acteurs humains du récit. Ainsi, par exemple, en ce qui concerne les rencontres avec le roi, Jérémie est interpellé par Sédécias en 32,2; il est envoyé par YHWH en 34,1-7; Sédécias lui envoie une ambassade en 37,3 et convoque le prophète en 37,17 et 38,14; en revanche, Jérémie n'a jamais l'initiative d'un contact avec le roi. L'aspect déjà souligné de passivité du personnage se trouve donc renforcé ici: Jérémie n'agit pratiquement pas, mais réagit sans cesse, parce que d'autres veulent l'impliquer dans l'histoire. C'est là un trait constant et assez surprenant de son personnage.

Cela ne signifie pas, néanmoins, qu'il ne puisse pas faire preuve d'une certaine inventivité dans sa façon de réagir. En effet, il ne répond pas toujours de la même manière aux sollicitations qui lui sont faites, mais semble s'adapter aux circonstances, en tout cas en ce qui concerne les demandes des personnages humains du récit. Ainsi, parfois, il réagit en racontant lui-même des histoires. Il s'agit là d'un trait spécifique du personnage Jérémie, le seul à qui le narrateur laisse de temps à autre sa place. Cet aspect particulier qui le caractérise mérite un examen approfondi.

OÙ?	PAR QUI?	POURQUOI?	DANS QUELLES CIRCONSTANCES?	RÉACTION DE JÉRÉMIE
32,3-5	Sédécias	à cause de sa prophétie	siège de la ville; emprisonnement de Jérémie	récit (32,6-15)
32,8	Hanam'el	acheter le champ	droit du *goel*	achat (32,9-13)
33,3	YHWH	l'invoquer en vue d'une révélation	réponse à la perplexité de Jérémie	aucune réaction signalée
34,2	YHWH	aller parler à Sédécias	peu avant le siège de Jérusalem	il va parler à Sédécias (34,6)
35,1	YHWH	aller chez les Récabites et les amener au temple	pendant le règne de Sédécias	il va chez les Récabites et les amène au temple (35,3-5)
36,2	YHWH	écrire les prophéties	lorsque la conversion est peut-être encore possible	il appelle Baruch pour exécuter l'ordre (36,4)
36,28	YHWH	écrire les prophéties	plus de conversion possible	il appelle Baruch pour exécuter l'ordre (36,32)
37,3	Sédécias	intercéder	au cours d'une ambassade	pas de réaction signalée
37,17	Sédécias	avoir une parole de YHWH	lorsque Jérémie est en prison	il demande justice et livre la parole demandée (37,18-20)
38,14	Sédécias	avoir une parole	lorsque Jérémie est en prison	il livre la parole demandée (38,17-18)
38,27	Fonctionnaires	l'interroger	connaître ce qu'il a dit au roi	il répond en suivant le conseil de Sédécias (38,27)
40,2	Nebuzar'ᵃdân	le renvoyer où il veut	libération du prophète	pas de réaction mentionnée (40,5)
40,5	Nebuzar'ᵃdân	le renvoyer chez Godolias	libération du prophète	il va chez Godolias (40,6)
42,2	chefs et peuple	intercéder	sur le chemin de l'Égypte	il répond à la demande (42,4)
43,8	YHWH	acte des pierres	lorsque le peuple s'est établi en Égypte	pas de réaction mentionnée
44,1	YHWH	pour condamner les Judéens	Judéens établis en Égypte	[proclame la parole: implicite en 44,15]

2. Jérémie narrateur: les récits en «je»

Dans l'ensemble étudié, on l'a vu, le narrateur laisse deux fois la parole à Jérémie pour raconter une action qu'il accomplit sur ordre du Seigneur (32,6-15 et 35,1-11). En cédant la parole à l'un de ses personnages dès le début du récit[58], le narrateur lui confère un statut particulier, puisqu'il lui fait confiance au point de lui laisser sa place. Mais comment ce personnage est-il narrateur?

En déléguant Jérémie comme narrateur intradiégétique, le narrateur induit chez le lecteur un sentiment de fiabilité[59], sentiment confirmé par Jérémie lui-même au tout début du récit de l'achat du champ. En racontant la visite d'Hanam'el (32,8), en effet, il reprend les termes dont il s'était servi pour relater la parole que YHWH lui avait adressée à ce propos (v. 7):

v. 7	"Voici HANAM'EL FILS DE Shallum TON ONCLE va venir vers toi *en disant*: 'Achète pour toi mon champ qui est à Anatôt, car à toi est le droit de rachat *pour acheter*'."
v. 8	Et HANAM'EL FILS DE MON ONCLE vint vers moi selon la parole de YHWH, dans la cour de la garde, *et il dit* vers moi: "Achète de grâce mon champ qui est à Anatôt qui est dans le pays de Benjamin, car à toi est le droit de possession et à toi le [droit de] rachat: *achète* pour toi." Et je connus que c'était la parole de YHWH.

Cette manière qu'a Jérémie de s'exprimer dit quelque chose de lui-même et de YHWH. Le prophète souligne, en effet, deux aspects. Tout d'abord, en parlant ainsi, il montre que la parole que YHWH lui adresse se réalise avec exactitude. Par cette reprise presque littérale de la parole de YHWH dans son récit, Jérémie indique d'entrée de jeu à ses interlocuteurs[60], et au lecteur, qu'il est le prophète d'un Dieu qui tient parole. Ensuite, de ce Dieu, Jérémie est le confident, il est attentif à son action, de sorte qu'il peut constater que le Seigneur est fidèle à ce qu'il dit. Ainsi, même si le lecteur ne sait pas de quoi il s'agit, Jérémie le prépare en quelque sorte pour la suite: quand Dieu dit à Jérémie quelque chose concernant l'avenir, cela se produit. Et comme c'est bien de l'avenir qu'il s'agit ici (voir v. 15), cela se réalisera, même si Jérémie – et le lecteur – ne savent pas encore comment.

En achetant le champ, Jérémie exécute un ordre qu'il a reçu du Seigneur, comme il le dira au verset 25. Mais au début du récit, les choses sont moins claires. Au verset 7, en effet, Jérémie ne dit pas si le Seigneur lui demande d'acheter le champ. Pourtant, aux versets 8-9, il établit un lien implicite entre l'achat du champ et le fait qu'il a compris

58 Déjà au début du livre, ce même procédé est utilisé: après l'annonce d'un récit où Jérémie est situé dans le temps (1,1-3), la parole lui est laissée pour le récit de sa vocation (1,4–2,1). J'y reviens plus loin.

59 Cf. *supra*, pp. 108-109.

60 Les gens présents dans la cour de la garde, et peut-être le roi.

que la parole de YHWH s'était réalisée. Plus loin, aux versets 14-15, il fait état d'une parole de YHWH que le lecteur – et les éventuels auditeurs du prophète – n'ont pas encore entendue et qui donne le sens de l'achat du champ. Enfin, au verset 25, au terme de la prière qui conclut son récit, Jérémie rapporte enfin l'ordre de YHWH Élohim concernant l'achat du champ, tandis qu'il souligne son caractère paradoxal. Le lecteur est donc en droit de se demander quand Jérémie a reçu cet ordre. En tant que narrateur dont on peut penser qu'il est fiable, pourquoi relate-t-il les choses d'une manière aussi curieuse? Serait-ce pour susciter des questions chez le lecteur et ses interlocuteurs? Mais la question rebondit: pourquoi finit-il sa prière par une question indirecte sous forme d'étonnement[61]?

Ainsi, en tant que narrateur intradiégétique, Jérémie laisse une série de choses indéterminées, tout comme le narrateur du récit le fait par ailleurs. Mais, à l'inverse de ce dernier, Jérémie ne sait pas tout de l'histoire qu'il raconte, ce qui est normal étant donné qu'il s'agit d'un récit autobiographique. Mais bien sûr, il en sait plus que le lecteur. Il fait toutefois usage d'un droit de réserve, et ne distille les informations que peu à peu. Le lecteur, dès lors, dépend de lui pour être mis au courant progressivement des rétroactes de l'histoire. Mais on notera que ce que Jérémie laisse hors de prise tient à sa relation particulière avec Dieu et aux paroles que celui-ci lui dit. Il suggère ainsi au lecteur et à son (ses) interlocuteur(s) qu'il vit une intimité avec Dieu qui lui appartient, et à laquelle il(s) ne pourra(ont) avoir accès qu'à travers son récit et ce qu'il veut bien en dire[62].

Par ailleurs, le lecteur apprend aussi que le prophète ne sait pas tout, puisque celui-ci le rend témoin de sa perplexité en faisant état de son étonnement au verset 25. Le prophète apparaît dès lors comme n'étant pas un véhicule mécanique de la Parole. Il est partie prenante de l'acte de sa transmission, et celle-ci ne se fait pas sans un certain acte de foi du prophète qui peut ignorer les intentions divines ou en être

61 Cette question est probablement rhétorique dans la LXX, mais le doute est permis dans le TM. Voir à ce propos l'ambiguïté de la phrase en hébreu, cf. *supra*, p. 60.

62 Jérémie use ici magistralement de l'art de la réserve, dont PELLETIER, *D'âge en âge*, p. 101, dit ceci avec beaucoup de profondeur: «[l']"art de la réserve" (est) beaucoup plus qu'un simple trait de l'esthétique narrative de la Bible: (c'est) une manière de traduire toute une vision de l'homme, solidaire d'une foi qui, reconnaissant Dieu créateur et maître de l'histoire, sait que le jeu des causalités est beaucoup plus complexe qu'il n'y paraît, et qu'il y a plus dans le cœur de l'homme que ce qui s'en exprime au grand jour. L'opacité du récit, ses silences et ses énigmes doivent susciter précisément la conscience de cette profondeur du réel, en même temps qu'ils incitent le lecteur à s'engager dans le travail de l'interprétation, à prendre le risque d'une explication».

surpris. De plus, comme Jérémie n'est pas un narrateur omniscient, cela rejaillit sur son rapport avec le lecteur. Éloignés sur le plan du degré de connaissance, ils sont cependant sur un pied d'égalité en ce qui concerne le processus de compréhension de l'action de Dieu, qui se fait peu à peu, étape par étape, comme une révélation, même si Jérémie a une longueur d'avance.

À ces éléments, qui découlent de la manière de raconter de Jérémie, on peut en ajouter quelques autres, qui ressortent également du récit qu'il fait au début du chapitre 35. Dans sa façon de raconter cet épisode, Jérémie est très prolixe de certains détails, comme c'est aussi le cas dans son premier récit au chapitre 32. On perçoit bien ainsi l'importance qu'il accorde, en tant que narrateur, au caractère vérifiable de ses informations, mais aussi au rôle des témoins, rôle dont il investit aussi, en quelque sorte, le destinataire de son histoire.

Il faut remarquer que ces récits concernent tous deux une «action prophétique», ou un événement qui peut y être assimilé, et sont tous deux «autobiographiques», c'est-à-dire qu'ils parlent de ce que le prophète fait lui-même. Deux éléments en découlent. D'une part, cela signifie que Jérémie profite de ce qui lui est arrivé ou dont il a été témoin, pour interpeller le peuple: ce qu'il raconte constitue un message en acte de la restauration (chap. 32) ou une leçon donnée à Juda, à travers un contre-exemple «dramatisé» (chap. 35). D'autre part, le fait qu'il s'agisse de récits autobiographiques met en évidence un aspect supplémentaire du rapport entre Jérémie et le lecteur. On a déjà souligné que le prophète est guide pour la compréhension. Mais étant donné qu'il raconte ce qu'il a fait dans telle ou telle circonstance, fait aussi, pourrait-on dire, du lecteur le confident du prophète, puisque celui-ci lui donne «personnellement» de partager certains aspects de son univers, et donc de sa vie.

En réalité, dans ces récits, Jérémie joue sur deux plans. Premièrement, il est acteur dans son propre récit, et en second lieu, il est narrateur de sa propre histoire. *En tant qu'acteur,* il se montre scrupuleux dans l'exécution de l'ordre reçu et ménage, pour les témoins de son geste, un certain suspense quant à la raison de ce qu'il fait. En effet, les témoins de l'achat du champ ne sont pas immédiatement mis au courant de ce que cet achat répond à un ordre de YHWH concernant la restauration future du peuple. De même, les Récabites ne savent pas pourquoi Jérémie les emmène et les invite à boire du vin. *En tant que narrateur,* il se montre également très scrupuleux, car il raconte l'histoire dans les moindres détails, apparemment sans rien omettre de ce qui est important à ses yeux, à savoir l'exécution fidèle de l'ordre divin. Comme conteur, Jérémie distille les informations petit à petit, sans donner d'emblée les motivations de son récit. Cela fait de lui un très bon conteur qui sait éveiller l'intérêt de ses auditeurs – en l'occurrence les lecteurs[63]. Mais ces observations en disent davantage encore sur le personnage: par sa manière même de présenter les choses, Jérémie montre qu'il raconte conformément à ce qu'il est: en homme scrupuleux et obéissant, mais aussi en homme qui sait ménager ses effets pour attirer l'attention sur la parole de YHWH qu'il doit transmettre.

Mais, on l'a dit, s'il est un narrateur omniscient en ce qui concerne sa propre action, il ne l'est pas en ce qui concerne le projet de YHWH, qu'il ne raconte pas lui-même (voir 32,26 et 35,12). Ainsi, dès le début du bloc en prose (chap. 32) et dans la première phase de la complication (chap. 35), le rôle confié par le narrateur à Jérémie comme narrateur intradiégétique tend aussi à le positionner comme guide du lecteur, élément important pour le contrat de lecture de l'ensemble du bloc en prose 32–45[64]. En est-il de même pour l'ensemble du livre?

Pour répondre à cette question, il faut revenir au début du livre, tout en se posant une question supplémentaire: pourquoi le narrateur met-il de temps à autre[65] Jérémie à sa place, en en faisant un narrateur «presque» omniscient? La première fois que le narrateur cède sa place à Jérémie dans le livre, c'est au chapitre 1, où le prophète raconte lui-même sa vocation. Certes, il s'agit là d'un trait fréquent dans la littérature prophétique, à partir du moment où la vocation est une expérience éminemment personnelle, et qu'elle ne peut donc être racontée que par celui qui l'a vécue, en guise également de légitimation d'une mission qu'il n'a pas forcément choisie lui-même. Mais si, dans d'autres livres prophétiques, la vocation ne vient pas toujours au début (voir Am 7,14-15; Is 6), dans le cas de Jr c'est ce qui se passe, et ce n'est peut-être pas anodin quant à la construction du personnage dans le livre. Le fait que le narrateur associe Jérémie dès le début à sa propre tâche, à savoir raconter, induit chez le lecteur un rapport particulier au prophète. En agissant d'emblée de la sorte, en effet, le narrateur donne au lecteur de partager de l'intérieur l'univers de Jérémie, sa mission et ses difficultés par rapport à elle, en particulier grâce au récit que ce dernier fait de sa vocation. Le prophète devient guide du lecteur dès le départ, et c'est ce qui se confirme au début de la section étudiée.

63 Cf. *supra*, pp. 252-254.

64 On y a fait allusion *supra*, pp. 106-109.

65 Voir par ex. 1,1-19; 2,1–3,5; 3,6-25; 11,5b-23; 13,1–16,13.

3. Jérémie et son Dieu

Le tour d'horizon accompli jusqu'à présent montre que le personnage est en relation directe avec Dieu, surtout au début et à la fin du récit. Mais cela ne signifie pas nécessairement que le Seigneur est absent lorsque le narrateur met Jérémie en scène face à ses contemporains, dans la deuxième phase de la complication. Reprenons l'ensemble, et voyons comment cette relation est présentée et évolue dans la section qui nous occupe.

La relation entre Jérémie et YHWH fait irruption dans le récit dès le début, par les premiers mots du narrateur (32,1a). Pourtant, le narrateur ne la décrit pas, préférant la mettre en scène[66]. Ainsi, le lecteur constate rapidement que le dialogue est essentiel entre les deux personnages. Cette relation de parole a, néanmoins, quelque chose d'étonnant. En effet, si Dieu parle beaucoup à Jérémie – sauf entre 37,11 et 42,7 où l'on constate un trou[67] –, le prophète ne parle guère à Dieu, ou en tout cas, le lecteur n'est pas mis au courant de ce qu'il lui dit. La seule exception est la prière de 32,16-25, que Jérémie adresse au Seigneur pour chercher à comprendre la raison profonde de la curieuse transaction qu'il vient de passer sur son ordre. Après cela, cependant, le narrateur ne racontera plus aucune scène de ce type, bien que le lecteur puisse imaginer qu'il y en a eu d'autres (voir 37,3 et 42,2). Mais sans doute est-ce inutile de les raconter: une fois – au début – peut suffire pour camper la relation d'intimité entre Jérémie et Dieu, même si le lecteur n'y aura plus accès par après. Il reste que l'utilisation massive de formules introduisant une parole divine adressée au prophète laisse pressentir que Jérémie parle toujours au nom de YHWH, ce qui vient amplement confirmer ce que le lecteur sait depuis la vocation du prophète (voir 1,6). Cet élément est encore confirmé, à l'intérieur du récit, par la perception que les Judéens ont de Jérémie, qu'ils considèrent comme un intercesseur autorisé auprès de YHWH (37,3 et 17[68]; 42,2-6[69]).

Il faut enfin souligner un autre aspect étonnant qui s'ajoute au «silence» du prophète dans sa relation à Dieu. Ce dernier agit très peu en faveur de Jérémie, si ce n'est en 36,26 pour le sauver de Joaqim. Par contre, Jérémie agit et parle beaucoup en faveur de YHWH, dont il exécute les ordres et dont il proclame la parole (chap. 32; 35 et 36).

---

66 Cela se vérifie également dès le début du livre dans son ensemble, cf. la vocation de Jérémie au chap. 1.

67 Voir à ce propos le premier tableau de la p. 192.

68 Le roi Sédécias.

69 Le peuple et des notables.

En ce qui concerne la section en prose, c'est donc la prière de Jérémie à YHWH qui donne au lecteur les meilleures indications concernant la relation entre les deux personnages. Dans sa prière, Jérémie fait état tout d'abord de l'action paradoxale de YHWH dans l'histoire du peuple[70], une manière de souligner, peut-être, que le paradoxe auquel il assiste est le signe de la présence de Dieu dans l'histoire actuelle. Au fond, Jérémie pourrait se mettre lui-même en garde contre une mauvaise interprétation de l'histoire qu'il est en train de vivre aux côtés du peuple. Car, de la sorte, il prend distance par rapport à ce qu'il vit, non seulement du fait même de sa prière, mais en quelque sorte aussi en mettant d'emblée en évidence que Dieu a une vision des choses beaucoup plus large que celle des humains, soulignant par là même la sagesse du Seigneur. Son action ou sa colère n'est pas débridée, mais juste et sage, et ce, avant tout, pour le bien du peuple. De plus, cette prière donne à voir que le Dieu du prophète est bien celui auquel croit Israël. Jérémie en évoque tout d'abord la création et les merveilles (v. 17). Ensuite, il parle de la rétribution qui se fera de manière puissante et juste (v. 18-19), Dieu étant aussi le Dieu de l'alliance et de la Loi. Le Dieu de Jérémie est donc bien YHWH, ce que confirment les paroles suivantes. Aux versets 20-24, le prophète évoque en effet l'histoire d'Israël. Il montre, d'une part, que Dieu est fidèle à sa promesse, au serment qu'il a fait aux pères (v. 20-23a), et, d'autre part, que la réponse du peuple n'est pas celle qu'il attendait, car Israël est infidèle et refuse la loi (v. 23b-24). De cette réponse découle la rétribution, la punition constatée aujourd'hui par Dieu lui-même.

Au vu de la logique de cette histoire, Jérémie ne peut comprendre l'annonce de restauration que l'achat du champ proclame et initie. Il ne peut donc pas comprendre non plus l'ordre qu'il a reçu, un ordre absurde en soi à partir du moment où le pays est aux mains des Chaldéens. Tout comme l'ordre, la restauration apparaît absurde par rapport à la logique de Dieu dans l'histoire: le dernier mot du Dieu de la juste rétribution ne devrait-il pas être le châtiment du peuple pécheur? Au demeurant, en réponse aux perplexités du prophète, YHWH n'explique pas la logique qui est la sienne; il se borne à confirmer sa décision inattendue et paradoxale de restaurer son peuple après le châtiment. Ainsi, Jérémie est témoin d'une nouvelle révélation étonnante (voir 32,27 et 33,3).

Lue de cette façon, la prière de Jérémie informe le lecteur sur la manière dont le prophète perçoit l'action de Dieu dans l'histoire. De plus, elle le renseigne aussi sur sa foi en ce Dieu pour qui rien n'est trop

70 À ce propos, cf. *supra*, p. 58-62.

difficile, même si, sur ce terrain-là, Dieu parvient encore à le surprendre. Enfin, elle dit également du prophète que sa confiance n'est pas aveugle, ce qui est souligné par le questionnement voilé en finale de la prière (v. 25).

À une telle attitude de confiance, YHWH répond en dévoilant à Jérémie son plan en trois étapes (32,26-44; 33,1-18.19-26). YHWH joue ici un rôle de pédagogue par rapport au prophète: il l'instruit, l'invitant à élargir ses horizons De cette manière, il semble vouloir inviter le prophète à continuer la discussion, à questionner plus loin (33,3), ce que Jérémie ne fait pas, préférant peut-être écouter avant de reprendre sa mission de proclamation (voir 34,1-6) et de s'y tenir sans plus poser de question. Ce dialogue ne donne pas seulement au lecteur des éléments permettant de mieux comprendre le prophète, mais aussi des clés pour saisir l'action de YHWH, en particulier la manière qu'il a d'entrer en relation avec ceux qui l'écoutent et lui obéissent avec confiance, sans pour autant renoncer à chercher à comprendre ce qu'ils sont appelés à faire.

La suite du récit, en particulier la fin du bloc en prose, est moins explicite sur les rapports entre Jérémie et YHWH. En effet, si la parole de YHWH y revient massivement, c'est en prise directe avec l'attitude du peuple, et cela n'a guère d'implications sur la relation entre Dieu et le prophète. Mais un autre passage du récit signale l'intervention directe de YHWH en faveur de Jérémie. Il s'agit de la fin du chapitre 36 (v. 26), là où YHWH protège son prophète, mais aussi Baruch, le témoin de ses oracles[71]. De la sorte, se confirme la promesse que YHWH a faite au prophète lors de sa vocation: «Ils combattront contre toi mais ils ne l'emporteront pas sur toi (ils ne pourront rien contre toi), car je suis avec toi – oracle de YHWH – pour te sauver» (1,19). Jérémie a donc un secours fiable sur lequel compter lorsqu'il est en danger. Mais cela peut changer. Plus loin, en effet, YHWH semble s'absenter et abandonner son prophète à son triste sort, au moment où la situation empire pour lui (37,11–38,28). Plusieurs fois dans ces deux chapitres, Jérémie omet de faire appel à YHWH, alors que la situation pourrait l'y pousser. Cela commence en 37,3-4, lorsqu'une ambassade de Sédécias vient lui demander d'intercéder. Le narrateur ne dit pas que Jérémie accède à cette demande. Ensuite, en 37,16, Jérémie demeure en prison de nombreux jours. Pourtant, YHWH n'intervient pas comme en 36,26, et le prophète

71 Il est tout aussi important pour le lecteur de savoir, à cet endroit du récit, que les deux personnages sont protégés. Le prophète est à nouveau nécessaire puisque le livre contenant ses paroles a été détruit, tandis que le témoin sera à nouveau indispensable pour écrire le livre une deuxième fois et le conserver pour une autre proclamation, lorsque le prophète sera absent.

ne fait pas appel à lui, ni à personne d'ailleurs. C'est seulement lorsque le roi le fait amener pour l'interroger qu'il demande justice. Même près de la mort, Jérémie continue à ne rien demander (voir 38,6 et 9). Ainsi, dans ces deux chapitres, il apparaît comme terriblement passif. Il est quelqu'un qui subit son sort, comme si celui-ci était inéluctable. Une question se pose dès lors: pourquoi est-il dépeint de la sorte? Cette «passion du prophète» est-elle une «parabole» de ce qui va arriver à Jérusalem: être livrée à l'ennemi qui veut sa destruction, sans rien pouvoir faire, sans secours de la part de Dieu? Est-elle au contraire le signe de la totale confiance du prophète en son Dieu qui lui a promis que ses adversaires n'auraient pas le dernier mot? Peut-être est-ce les deux, d'ailleurs. Mais il n'est pas impossible non plus que le narrateur veuille faire percevoir au lecteur l'état d'abandon où se trouve le prophète, tout en respectant, par son silence, ce que Jérémie vit dans la relation intime avec Dieu en ces moments terribles. La seule chose dont le lecteur puisse être sûr, c'est que c'est uniquement après la prise de la ville, le châtiment du roi et la libération de Jérémie, que la parole de YHWH lui est à nouveau adressée, sans que le narrateur précise ce que Dieu dit alors (40,1).

Les épisodes des chapitres 37 et 38 soulignent donc un aspect important dans la relation entre YHWH et le prophète. Comme narrateur, Jérémie a été très discret sur la relation éminemment personnelle qu'il entretient avec YHWH. En ne racontant aucun état d'âme du prophète ou en ne faisant écho à aucune prière qu'il aurait pu adresser au Seigneur du plus profond de son désespoir, dans sa citerne, le narrateur pourrait respecter en quelque sorte le caractère privé de sa relation avec son Dieu. Ce droit de réserve, dont Jérémie use et que le narrateur respecte, voile et dévoile au lecteur ce pan important de la vie du prophète[72].

Si le rapport entre Jérémie et Dieu est secret et sans doute complexe, le narrateur ne manque pas de souligner combien ces deux personnages sont «sur la même longueur d'onde». Ainsi, il n'est pas étonnant de voir que, de bout en bout, Jérémie se tient à sa mission, tout en se montrant souvent inventif et en suivant les ordres de son Dieu pour les accomplir. Ainsi, fidèle à son Dieu, il peut interpréter ses paroles et parfois même aller plus loin que ce qu'il lui dit, comme c'est le cas en 35,18-19, ou au chapitre 45, lorsque, de sa propre initiative, il promet la vie sauve à ceux qui écoutent et à celui qui souffre pour la Parole.

---

72 Qu'on se rappelle ici de ce que Pelletier dit du droit de réserve, cité plus haut à la n. 62, p. 274.

4. Jérémie et son peuple

L'objet de ce paragraphe est de voir comment Jérémie se positionne par rapport au peuple dans son ensemble, y compris ses chefs. On l'a vu, Jérémie est un personnage réactif, qui s'implique auprès des personnages qui l'interpellent, en particulier le roi, mais sans trop se disperser. En termes d'efficacité, c'est très judicieux: si le roi se convertit ou seulement cesse de résister aux Chaldéens, le peuple et les fonctionnaires suivront sans doute. Mais cela n'est pas aussi simple qu'il n'y paraît, et une fois le roi déporté, quand le peuple resté au pays montre son intention de partir en Égypte, c'est à lui directement que le prophète s'adresse, sans plus de succès pour autant. Nous allons donc reprendre le récit et analyser d'abord les rapports entre Jérémie et le(s) roi(s), puis avec les fonctionnaires et enfin avec le peuple lui-même.

a. Jérémie et le roi

Dans le long récit qui nous occupe, on l'a vu, le prophète (ré)agit et parle beaucoup. Lorsqu'il se trouve face au roi, c'est la parole qui prime. Mais il ne s'agit presque jamais de la parole personnelle de Jérémie: c'est avant tout la parole de YHWH qui sort de la bouche du prophète, parole de mise en garde et d'appel à la soumission aux Chaldéens.

En s'adressant au roi, en particulier à Sédécias, Jérémie répercute sans cesse la parole de YHWH qui annonce le sort malheureux de la ville si elle ne se rend pas aux Chaldéens (32,3-4; 34,3; 37,17; 38,17-18). Ses paroles et ses gestes sont conformes à sa mission de prophète: annoncer le malheur, en vue, peut-être, de la conversion du roi et des siens. Jérémie ne semble donc jamais s'intéresser à lui-même, et son propre sort passe au second plan de ses préoccupations. Une seule fois dans le long récit 32–45, Jérémie pense à lui et à sa survie (37,18-20). Dans ces paroles, le prophète implore le roi de ne pas le faire retourner à la maison de Yonatan le scribe, paroles reprises par Sédécias lui-même un peu plus loin, lorsqu'il suggère à Jérémie ce qu'il doit répondre aux fonctionnaires s'ils l'interrogent (38,24-27).

Jérémie ne se dérobe jamais aux rencontres avec Sédécias (32,3; 34,6; 37,17-20 et 38,14-26). Certes, cela va souvent de soi puisque trois de ces entrevues, la première et les deux dernières, se passent lorsqu'il est emprisonné. Mais celle de 34,6 laisse supposer que, même dans des conditions normales, Jérémie n'hésite pas à aller dire au roi ce que YHWH lui ordonne.

À quatre reprises, Jérémie rencontre Sédécias, à partir de 32,2, où l'entrevue est seulement suggérée par le narrateur[73]. À ces quatre rencontres (32,2; 34,6; 37,17-20; 38,14-26), il faut en ajouter une cinquième, dont le statut est un peu particulier, étant donné qu'il s'agit d'une confrontation indirecte, où le roi – Joaqim cette fois – et le prophète se «rencontrent» par l'intermédiaire du rouleau, tous deux ne se trouvant pas physiquement face à face. En y regardant de plus près, les rencontres avec Sédécias se regroupent par deux, de part et d'autre de celle avec Joaqim[74].

Les deux premières scènes de rencontre (32,3 et 34,6), plus génériques, ont en commun un même contenu, à savoir la venue du roi de Babel et la prise de la ville par les Chaldéens, alors que les deux autres (37,17-21 et 38,14-28) sont plus détaillées: elles ont lieu à l'initiative du roi lui-même (37,17 et 38,14), se passent pour l'essentiel en secret (37,17 et 38,16) et concernent non seulement le sort de la ville et du roi, mais aussi celui du prophète (37,17.20-21 et 38,16.24-26), protégé de part et d'autre par Sédécias (37,21 et 38,24-28).

Au centre de ces quatre entretiens avec Sédécias, se trouve la «rencontre» un peu particulière avec Joaqim. Celle-ci a lieu suite à un ordre de YHWH, mais sur initiative des fonctionnaires royaux, et elle se fait par l'intermédiaire du rouleau. Ce roi qui ne craint rien, pas même la parole de YHWH, dépasse un point de non-retour: à partir de ce moment, le peuple va être confronté au châtiment dû à son refus d'écouter la parole, un refus rendu définitif par ce roi qui détruit le rouleau à mesure qu'il est lu[75].

L'attitude de ces deux rois semble bien différente. L'un, Sédécias, est marqué par la peur, celle de ses fonctionnaires (38,5.24), mais peut-être aussi de Jérémie (38,19); l'autre, Joaqim, n'a peur de rien, ni des fonctionnaires ni de la parole contenue dans le rouleau. Mais en profondeur, ces deux rois ont un comportement fort semblable: aucun des

73 Pour une étude plus détaillée des différentes scènes de rencontre entre le prophète et les rois de Juda, voir mon article «Jérémie et les rois de Juda en Jr 32–45», à paraître. J'en résume ici les points essentiels et renvoie à cet article pour plus d'informations.

74 Cette analyse aurait pu figurer dans la première partie de ce travail, dans l'étude du chap. 32 en tant qu'annonce de la suite du récit, cf. *supra*, p. 88 et suivantes. En effet, il s'agit ici de rapprocher des scènes qui sont semblables par le type d'action qui s'y déroule et par les personnages qui y interagissent. Elles ne sont toutefois pas identiques. Si leurs ressemblances peuvent être un indice de l'unité du texte, leurs différences montrent que chacune des rencontres est mue par des objectifs différents. Cependant ces scènes sont rapprochées ici, parce que le rapport conflictuel entre le prophète et le roi s'y dessine.

75 On l'a vu lors de l'étude de l'intrigue, et il est intéressant de le souligner: les choses basculeront de nouveau à partir du chap. 41, suite au refus de Godolias d'écouter une parole sensée. Cf. *supra*, pp. 223-225.

deux n'écoute, quoi qu'il en soit de leur manière d'agir par rapport au prophète.

Il ressort de ces scènes que prophète et roi n'ont pas des rapports faciles dans cette histoire, car Joaqim ne reconnaît plus YHWH et refuse catégoriquement d'écouter sa parole, tandis que Sédécias est un faible qui ne sait de quel côté se tourner, et finit par ne pas écouter le prophète par peur de ses ministres. Aussi, le prophète qui demeure fidèle à sa mission se trouve opposé au roi et esseulé, ou presque.

Avec Joaqim, les choses sont claires dès le début. Ce roi n'est absolument pas disposé à écouter une parole qui le dérange. Par contre, avec Sédécias, l'espoir renaît dans un premier temps; mais en finale, il refuse également d'écouter la parole de YHWH que lui communique Jérémie. Cela dit, ce roi est faible, certes, mais il fait ce qu'il peut pour sauver la vie du prophète, pour autant que cela ne le mette pas en danger, comme le suggèrent son affirmation en 38,5 et l'invitation qu'il fait à Jérémie de mentir en 38,25-26.

Il faut aussi dire un mot sur le rôle d'un autre roi présent dans le récit. Il s'agit de Nabuchodonosor. Ce dernier libère le prophète, prolongeant ainsi ce qu'avait fait Sédécias, et surtout 'Ebed-Melek (voir 39,11-12). Mais l'intervention du roi de Babel est nettement plus efficace que celle du roi de Juda. En effet, après l'ordre de Nabuchodonosor, Jérémie est effectivement libéré – bien que Nebuzar'ᵃdân devra s'y reprendre à deux fois[76] –, alors que l'intervention de Sédécias n'avait servi qu'à alléger ses conditions d'emprisonnement. Il faut dire que les subordonnés du Babylonien sont autrement fidèles à leur chef que ceux du roi de Juda.

b. Jérémie et les fonctionnaires

Lorsque les fonctionnaires et Jérémie se trouvent face à face dans le récit, le prophète a déjà pris position par rapport à eux en 34,10 (voir v. 17-22): il les condamne avec le roi, suite à l'affaire des esclaves libérés puis repris. Cette position claire fait suite à la parole que YHWH a dite au prophète en 32,32, parole où les שׂרים sont mis en cause parce que leur conduite mène à la ruine de Jérusalem. C'est donc, pour ainsi dire, Jérémie qui ouvre les hostilités avec ces hommes, et sa prise de position tranchée détermine peut-être les rapports tendus entre lui et eux. Cela n'expliquerait-il pas, en partie du moins, pourquoi ils en veulent tellement au prophète aux chapitres 37–38?

76 Cf. *supra*, pp. 133-134.

Les rencontres entre Jérémie et les fonctionnaires peuvent se classer en deux groupes. Dans les première et deuxième phases de la complication, Jérémie affronte des fonctionnaires royaux Judéens et des fonctionnaires étrangers. Par la suite, après la prise de la ville, il est aux prises avec les chefs du peuple. Reprenons ces données et voyons comment cela se passe.

Tout d'abord, Jérémie est donc confronté aux fonctionnaires Judéens. Leurs relations se jouent pour l'essentiel dans les scènes relatives aux rapports avec le roi. Comme le montre le chapitre 36, ces fonctionnaires se divisent en deux groupes: il y a, d'une part, ceux qui veulent protéger le prophète et Baruch et qui cherchent à sauver le rouleau (voir v. 19-20) et, d'autre part, ceux qui, tacitement, semblent approuver le geste du roi (voir v. 24). Mais cet épisode est peut-être moins intéressant que ce qui se joue directement entre Jérémie et certains fonctionnaires aux chapitres 37–38, où l'on ne retrouve plus que des opposants au prophète[77].

Dans ces chapitres, éclatent vraiment au grand jour la distance et la tension existant entre certains fonctionnaires royaux et le prophète. À partir de 37,11, lorsqu'il veut sortir pour aller en Benjamin et qu'il est arrêté par Yriah, Jérémie commence à subir le sort auquel avaient voulu le soustraire certains fonctionnaires au chapitre 36. Si ceux-ci l'avaient alors sauvé, non sans l'aide de YHWH (voir v. 26), de la main du roi, d'autres fonctionnaires cherchent ici à le tuer.

Cet acharnement contre le prophète en dit long sur ce qu'ils pensent de l'homme de Dieu. Tout d'abord, leur colère contre Jérémie, rapportée brièvement en 37,15, semble indiquer qu'ils sont d'accord avec Yriah pour voir en Jérémie un transfuge pro-babylonien. Ensuite, 38,1-6 relate plus longuement leur réaction à la position du prophète qui prêche la reddition aux gens de Jérusalem (v. 2). Il s'agit là d'une dernière chance puisque, répète-t-il deux fois au nom de YHWH, la ville sera prise de toute façon (v. 3). Leur accusation porte sur le fait que le discours de Jérémie démoralise – évidemment – les défenseurs de la ville qui se battent pour tenter d'empêcher que celle-ci soit prise. On le voit, les fonctionnaires réagissent ici en fonction de leur volonté de défendre la ville. C'est donc qu'ils y croient. Dès lors, peut-être leur volonté de voir mourir le prophète va-t-elle de pair avec un espoir de conjurer ses paroles et de rendre de la sorte toutes ses chances à la protection de la ville.

---

77 L'épisode du chap. 36 est négligé ici parce qu'il sera repris dans le chapitre suivant, cf. *infra*, pp. 292-308, lors de l'étude de la caractérisation des personnages dans le récit lorsque Jérémie est absent.

Une autre rencontre entre Jérémie et les fonctionnaires est rapportée à la fin du chapitre 38 (v. 25-28). Conformément à ce que le roi a dit à Jérémie (v. 25), des fonctionnaires viennent l'interroger sur le contenu de l'entretien qu'il a eu avec le souverain. Sédécias lui avait suggéré de répondre à leurs interrogations en disant qu'il voulait voir le roi pour plaider sa cause (v. 26). C'est bien ce que Jérémie fait lorsque les fonctionnaires lui demandent des comptes (v. 27). Encore une fois, Jérémie se montre obéissant, tant au roi qu'aux fonctionnaires, conformément à ce qui semble être une caractéristique constante du personnage du prophète[78].

Dans cette partie du texte et au début de la troisième phase de la complication, Jérémie est également aux prises avec des fonctionnaires étrangers, qui, contrairement à la majorité des fonctionnaires Judéens, sont dépeints comme les sauveurs du prophète. Il y a tout d'abord 'Ebed-Melek, un *sarîs* de la maison royale. Par son intervention auprès de Sédécias, il permet au prophète de sortir de la citerne pleine de boue (voir 38,7-13). Vient ensuite Nebuzar'ᵃdân entouré des autres hauts fonctionnaires de Nabuchodonosor (voir 39,11-14 et 40,1-5). C'est lui qui libère Jérémie, et qui lui permet de retrouver la liberté dont il jouissait en 37,4 (voir 39,14b et 40,5b).

Après la prise de Jérusalem et la libération du prophète, la tâche de celui-ci ne devient pas plus facile. En effet, bien que sa prophétie se soit déjà en partie réalisée, les nouveaux chefs semblent continuer à ne pas lui faire confiance. C'est ce que suggère peut-être en creux l'attitude de Godolias qui ne recourt pas à ses services lorsqu'on vient lui annoncer qu'un complot se prépare contre lui[79].

Après l'assassinat de Godolias, Jérémie est encore laissé de côté pendant un temps par les chefs des troupes accompagnant Yohanân, fils de Qareah, qui prennent le peuple en charge. Mais, alors qu'ils se préparent à aller en Égypte avec le peuple, ces chefs s'arrêtent pour solliciter de Jérémie une parole (42,1), qu'ils n'écouteront pas, allant même jusqu'à accuser le prophète d'en être un faux (43,2). En l'accusant de la sorte, les chefs cherchent probablement à le décrédibilser afin de pouvoir réaliser leur projet de se rendre en Égypte sans le moindre remords. En tout cas, les rapports entre les deux parties sont tendus, aucun dialogue ne semble possible, même si le prophète n'abandonne pas le peuple au triste sort qu'il choisit. Il semble être conscient que sa

78 La question de l'obéissance de Jérémie à cet endroit a déjà été abordée plus haut. J'y renvoie pour plus de détails sur l'épisode, cf. *supra*, pp. 256-263.

79 Cf. *supra*, p. 225 et *infra*, pp. 314-315.

place est là, avec lui, au milieu de lui[80], «ville fortifiée, colonne de fer et muraille de bronze» (voir 1,18).

Bref, on constate aisément que les rapports entre le prophète et les fonctionnaires sont en général plutôt tendus, lorsqu'il s'agit des ministres des rois d'Israël, exception faite pour ceux qui cherchent à le protéger au chapitre 36. Les choses sont tout aussi tranchées lorsqu'il s'agit des fonctionnaires étrangers, qui eux, ont tous un rôle extrêmement positif vis-à-vis du prophète, le libérant du trou et de la prison et lui sauvant ainsi la vie, que menacent les membres de son propre peuple.

c. Jérémie et le peuple

Dans les multiples oracles que Jérémie adresse au peuple, aucune réponse directe de celui-ci n'est rapportée. C'est comme si le peuple demeurait silencieux tant qu'il a un roi et des chefs qui peuvent répondre pour lui, comme le montre clairement l'épisode du chapitre 36.

Comme s'il était instruit par le comportement de ses chefs[81], le peuple montrera qu'il tire enseignement, non des paroles du prophète, mais des choix de ceux qui sont à sa tête. Cela souligne déjà une certaine indifférence, voire un certain mépris vis-à-vis de Jérémie et de sa parole. Dans la troisième phase de la complication du récit et dans son dénouement, lorsque il n'y a plus de roi et que les chefs semblent rentrer dans le rang, le peuple prend enfin lui-même la parole pour répondre au prophète.

La tension entre les deux apparaît une fois le peuple établi en Égypte (chap. 44). À ce stade, tous les chefs ont disparu: le roi n'est plus et ses fonctionnaires font leur dernière apparition au chapitre 39; Godolias est assassiné, et Yohanân ainsi que les chefs qui se chargent d'emmener le peuple en Égypte semblent s'être fondus dans la masse[82]. Seul reste le peuple qui se plonge dans l'idolâtrie. En effet, le discours du prophète n'a pas changé: l'Égypte n'est pas la terre du salut. Mais l'attitude du peuple ne change pas, elle non plus. Et c'est ainsi qu'ouvertement, de leur propre initiative (c'est-à-dire sans que le narrateur ne mentionne quelque chef qui prendrait la parole en même temps que lui), les hommes et les femmes du peuple prennent la parole pour défendre sans ambages les actes ouvertement idolâtriques qu'ils

80 Cf. à ce propos la récurrence de l'expression «au milieu du peuple», *supra*, n. 36, p. 169.

81 Cf., dans un sens semblable, P. BEAUCHAMP, *Cinquante Portraits Bibliques*, Paris, 2000, p. 193.

82 C'est ce que suggère leur disparition du récit au chap. 44, lorsque le narrateur ne mentionne plus que le peuple.

posent consciemment et tous ensemble, jouant chacun un rôle bien précis: tous versent des libations à la reine du ciel, les femmes lui font des gâteaux[83] et les hommes collaborent avec elles (44,15-19).

Le dernier mot de ce dialogue de sourds restera néanmoins à Jérémie. Celui-ci n'arrête pas de parler, même si à ce point, il est probablement conscient de l'inutilité de ses efforts[84]. Il réitère une dernière fois le message qui a toujours été le sien, en y ajoutant cette fois une parole personnelle contre le roi d'Égypte (44,24-30). Ensuite, il disparaît de la scène. En tout cas, le narrateur arrête là le récit de ses aventures avec le peuple en Égypte. Comme si l'absence de réponse du peuple à son dernier discours mettait un terme à sa parole prophétique. Mais peut-être tout est-il dit. Sans doute serait-il inutile d'en rajouter, étant donné que chacun campe sur ses positions et qu'aucune conversion du peuple ne semble envisageable. Le dernier mot appartient donc au silence qui ouvre un lieu pour la réflexion du lecteur. Arrivé à ce stade, celui-ci ne peut poser qu'un jugement extrêmement négatif sur le comportement du peuple, passé de l'indifférence passive au refus actif du prophète et de son message.

83 La question des gâteaux offerts à la reine du ciel a surtout été étudiée d'un point de vue de la religion ancienne d'Israël. Voir par ex. à ce propos S. ACKERMAN, «"And the Women Knead Dough." The Worship of the Queen of Heaven in Sixth Century Judah», in: P.L. DAY (ed.), *Gender and Difference in Ancient Israel*, Minneapolis, 1989, pp. 109-124; ID., «"And the Women Make Cakes for the Queen of Heaven" Jer 7 and 44», in: ID., *Under Every Green Tree. Popular Religion in Sixth-Century Judah*, HSM 46, Atlanta, 1992, pp. 5-35; M. DELCOR, «Le culte de la "Reine du ciel" selon Jer 7,18; 44,17-19,25 et ses survivances. Aspects de la religion populaire féminine aux alentours de l'Exil en Juda et dans les communautés juives d'Égypte», in: ID., *Environnement et Tradition de l'Ancien Testament*, AOAT 228, Kevelaer, 1990, pp. 138-159; W. MCKANE, «Worship of the Queen of Heaven (Jer 44)», in: I. KOTTSIEPER, J. VAN OORSCHOT, D. RÖMHELD, H.M. WAHL (eds), *»Wer ist wie du, HERR, unter den Göttern?« Studien zur Theologie und Religionsgeschichte Israels für Otto Kaiser zum 70. Geburtstag*, Göttingen, 1994, pp. 318-324; W.E. RAST, «Cakes for the Queen of Heaven», in: A.L. MERRILL, Th. W. OVERHOLT (eds), *Scripture in History and Theology: Essays in Honor of J. Coert Rylaarsdam*, Pittsburgh Theological Monograph Series 17, Pittsburgh, 1977, pp. 167-180; K.J.H. VRIEZEN, «Cakes and Figurines. Related Women's Cultic Offerings in Ancient Israel?», in: B. BECKING, M. DIJKSTRA (eds), *On Reading Prophetic Texts. Gender-Specific and Related Studies in Memory of Fokkelien van Dijk-Hemmes*, Biblical Interpretation Series 18, Leiden, 1996, pp. 251-263.

84 Dans ce sens WIESEL, *Célébrations Prophétiques*, p. 264: «Jérémie a pour mission de les sauver [les hommes], mais il ne le peut pas. [Pour cela] il n'arrête pas de parler, de dicter, de prêcher, de déposer. Il veut tout retenir. Pour l'avenir. Oh, il sait que cela ne sert à rien, et pourtant. Il crie, il hurle, il prie parce qu'il ne peut pas faire autrement. Il a vécu, il a survécu pour parler. Même s'il ne se fait pas entendre, il parlera».

d. Conclusion

Le récit passe successivement en revue différents acteurs du peuple de Juda. D'abord le roi et ses fonctionnaires (chap. 34–38), puis Godolias (chap. 40), Yohanân et les chefs des troupes (chap. 41–42), et enfin le peuple lui-même (chap. 43–44). Chaque fois, se produit un même processus en deux temps (attitude positive puis refus). Le roi, qui est peut-être de bonne volonté, se laisse mener par les fonctionnaires qu'il suit plutôt que de croire le prophète; et tandis que certains défendent Jérémie et la parole au chapitre 36, tous s'y opposent ensuite. Avec Godolias, le récit laisse entrevoir que la restauration est en marche, mais elle n'aboutit pas à cause de l'erreur du gouverneur, de sa non-écoute et de sa confiance mal placée. C'est ce que montrent les événements qui suivent immédiatement sa mort. Viennent ensuite Yohanân et les chefs des troupes qui semblent vouloir suivre l'avis du prophète, puis refusent sa parole et emmènent le peuple en Égypte. Enfin, le peuple, après s'être laissé mener par ses chefs, reçoit une nouvelle chance d'écouter, une fois livré à lui-même en Égypte. Mais il n'en est rien: il se livre là délibérément à l'idolâtrie, rejetant les menaces du prophète. Tout le peuple est donc contaminé par la faute. Ainsi, pour le lecteur, une chose est claire: YHWH a eu raison de châtier ce peuple perverti de la tête à la base et définitivement impénitent.

IV. Conclusion

On le voit, Jérémie est un personnage complexe et fort construit qui occupe différents rôles au sein du récit. D'une part, il a un rôle essentiel vis-à-vis du lecteur; d'autre part, il est en rapport constant avec les autres personnages de l'histoire: YHWH et les acteurs humains.

Par rapport au lecteur, Jérémie occupe parfois un rôle de guide à l'intérieur du récit. Tel Virgile ou Béatrice pour Dante, il emmène le lecteur dans le monde du récit, et lui permet de découvrir certaines faces cachées de l'histoire dans laquelle il est immergé. Et ce essentiellement parce qu'en lui cédant la place qui est normalement la sienne, le narrateur laisse Jérémie mettre directement le lecteur au courant d'événements qu'il vit. Grâce à cela, le lecteur peut partager à un certain degré le niveau de connaissance du prophète, et son rapport particulier avec Dieu.

Dans ce sens, Jérémie n'est pas que le guide du lecteur. À partir du moment où il peut raconter lui-même ce qui lui arrive dans certaines circonstances, l'achat du champ et l'épisode des Récabites, Jérémie fait, en quelque sorte, du lecteur son confident. De plus, par sa manière détaillée de raconter les choses, il lui donne le statut de témoin de l'acte prophétique. Témoin et confident, telle est la place du lecteur. Et s'il l'est du prophète, il l'est aussi en partie de Dieu, dans la mesure où le prophète est son témoin et son confident. Certes, Jérémie est très réservé sur son rapport avec Dieu, une réserve respectée par le narrateur. Cela n'empêche que, si le lecteur ne sait pas exactement comment se passe cette relation d'intimité et de parole, il connaît le plan de Dieu pour le futur du peuple et les motivations qui le justifient. Ces deux passages, où le narrateur laisse raconter l'histoire par Jérémie au début de son récit, ont donc un rôle important par rapport au lecteur qui se trouve ainsi attiré auprès de Jérémie. De la sorte, il ne pourrait guère rester neutre en lisant les autres épisodes où Jérémie intervient.

À l'intérieur du récit, Jérémie apparaît tout d'abord comme un personnage extrêmement réactif, qui ne s'implique dans l'histoire que parce que d'autres l'y entraînent. Cela ne signifie pas pour autant qu'il n'évolue pas et qu'il ne peut pas faire preuve d'inventivité dans sa manière de se rapporter aux autres acteurs humains du récit. On constate aisément que ses relations sont complexes, comme toutes les relations humaines. Le prophète est directement confronté à la manière d'être et de penser de ceux qui l'entourent. Mais la période est dure:

> «les rois sont faibles ou méchants, leurs sujets complaisants. Tous aspirent à la fortune et à la puissance, admirent les faux prophètes qui ne demandent ni sacrifice ni effort, mais offrent aux questions difficiles des réponses doucereuses et réconfortantes»[85].

Dans un tel monde, le prophète vient troubler la complaisance ambiante, au péril de sa vie et de sa liberté, sans la timidité dont il faisait preuve lors de sa vocation en évoquant son inexpérience, acceptant jusqu'au bout le sort que ses compatriotes veulent lui faire subir. Maintenant, malgré sa faiblesse et sa vulnérabilité, Jérémie est celui que ses contemporains veulent faire taire à tout prix, signe indirect de la force de la parole qu'il prononce. De plus, dans ses relations difficiles, il bénéficie de la protection de Dieu, toujours présent à ses côtés, bien que parfois de manière très discrète.

Au terme du parcours, Jérémie apparaît donc comme un personnage qui a de l'épaisseur[86], obéissant à YHWH mais avec une certaine liberté, et réactif par rapport aux autres personnages humains. Il est tellement pétri de la parole de YHWH qu'il semble facilement l'adapter, de manière parfois inventive, aux différentes situations qu'il vit, tout en

85 WIESEL, *Célébrations Prophétiques*, p. 260.

86 Il est ce que l'analyse narrative appelle un «personnage rond».

restant profondément fidèle à la mission que Dieu lui a confiée, de proclamer sa parole à un peuple qui le combat (1,19).

Enfin, il faut rappeler un élément de la caractérisation de Jérémie qui n'a pas été étudié dans ce chapitre, mais qui a été souligné dans l'étude de l'intrigue globale du passage. Il s'agit de la construction du personnage sur le modèle du Prophète Moïse. Cet aspect a été abordé par certains auteurs[87]: il démontre que Jérémie se situe dans la ligne des grands personnages qui jalonnent l'histoire du peuple élu: prophète comme Moïse et en même temps son contraire, il est aussi le «serviteur souffrant» qui cherche par sa vie et son attitude à ramener le peuple sur le chemin de l'alliance.

87 Le parallèle entre Moïse et Jérémie a déjà été largement illustré. Voir à ce propos W.L. HOLLADAY, «Jeremiah and Moses: Further observations», *JBL* 85 (1966), pp. 17-27; ALONSO SCHÖKEL, «Jeremías como anti-Moisés».

Chapitre 3
Lorsque Jérémie n'est pas en scène: deux pages significatives (36 et 40,7–41,18)

I. Introduction

Le chapitre précédent a fait la part belle au personnage de Jérémie, en analysant de plus près ses faits et gestes dans les parties du récit où il apparaît. Mais il est en particulier deux épisodes dans lesquels le prophète n'apparaît pas, ou peu, et qui n'ont donc guère été touchés lors du parcours du chapitre précédent. Ces deux micro-récits sont importants pour chercher à comprendre comment se jouent les rapports entre les différents personnages lorsque le prophète n'est pas là. Pour bien en mesurer l'importance, il est nécessaire de les regarder dans le détail, sans se limiter à l'étude des personnages. En avançant dans la lecture, les acteurs qui animent les récits n'en prendront que plus d'ampleur.

Dans ces deux récits, dont le découpage sera discuté lors de leur étude respective, le prophète est certes absent, mais il reste toujours à l'horizon. Ainsi, les deux épisodes sont situés par rapport à lui. Au chapitre 36, il est présent au début et à la fin de l'épisode; ensuite, lorsque le lecteur aborde 40,7–41,18, il sait que le prophète se trouve aux côtés de Godolias (voir 40,6). Cela ne signifie pas pour autant que ces deux récits aient le même statut par rapport au prophète et à sa parole. Au chapitre 36, en effet, ce qui importe, c'est de voir comment le peuple se comportera par rapport à la parole du prophète en l'absence de ce dernier. Par contre, dans l'épisode suivant, il n'y a plus aucun recours à la parole ni, plus globalement, à un autre, à un tiers qui permettrait de prendre de la distance par rapport aux événements qui se jouent. Dès lors, si, au chapitre 36, le prophète semble encore pouvoir jouer un rôle, malgré son empêchement (v. 5) et son absence, il n'en a plus aucun en 40,7–41,18, où ni lui ni YHWH ne sont nommés.

II. Le rouleau des paroles (chap. 36)

1. Découpage du texte et structure narrative du récit

Le petit récit du chapitre 36 est facilement isolable de ce qui l'entoure: il se situe la quatrième année de Joaqim, alors que l'épisode du chapitre 35 se passe à un moment indéterminé à la fin du règne de ce même roi[1], et que le chapitre 37 reprend le récit au règne de Sédécias. De plus, l'épisode des trois lectures est enclavé dans une inclusion parfaite entre le début et la fin de l'histoire (v. 2-4 et 27-32). YHWH donne un ordre à Jérémie concernant l'écriture d'un rouleau. Celui-ci doit contenir toutes les prophéties reçues par le prophète depuis le début de sa mission. Pour exécuter cet ordre, Jérémie se tourne vers Baruch. Cette inclusion encadre trois scènes de lecture de ce même rouleau face à trois auditoires différents[2].

EXPOSITION: v. 1a	Situation chronologique
LANCEMENT DE L'ACTION (*Inciting moment*): v. 1b-3	Ordre pour le prophète d'écrire et de lire toutes les paroles reçues de YHWH, dans l'espoir de pouvoir pardonner au peuple si celui-ci se convertit.
COMPLICATION: v. 4-26	Exécution de l'ordre par Jérémie (avec l'aide de Baruch)
Écriture, v. 4-7	Jérémie dicte à Baruch qui écrit les paroles de YHWH
1e lecture, v. 8-13[3]	Baruch lit le rouleau au peuple – Mikayehu réagit
2e lecture, v. 14-20 וישלחו	Baruch lit aux notables – réaction: peur
Action décisive 3e lecture, v. 21-26 וישלח	Yehudi lit le rouleau au roi – réaction: destruction
DÉNOUEMENT: v. 27-31	Nouvel ordre de YHWH à Jérémie: réécrire le rouleau contenant en plus des promesses négatives contre le roi.
ÉPILOGUE: v. 32	Exécution de l'ordre par Jérémie (avec l'aide de Baruch)

Ce petit récit traite la thématique de l'écoute et de la non-écoute dans une histoire colorée et vive, peuplée de nombreux personnages. C'est un récit bien agencé, qui ne manque pas de suspense et de retour-

1 Pour la datation de l'épisode des Récabites, voir *supra* pp. 126-127.

2 Pour une structure rhétorique de l'épisode, voir DI PEDE, «Jérémie 36». La structure narrative proposée ici n'est pas en concurrence avec cette première structure. En effet, on l'a dit (cf. n. 15, p. 214), si cette dernière s'arrête à la construction formelle du récit, une structure narrative cherche à voir comment le récit évolue et avance dans sa tension dramatique.

3 Le v. 8 est ce qu'on appelle un sommaire proleptique qui annonce la suite: Baruch agit conformément à l'ordre de Jérémie.

nements de situation. Le problème qui s'y pose d'emblée est de savoir ce qu'il en sera du pardon de Dieu et de son espoir de conversion du peuple, ce qui est le but de l'ordre donné au prophète (v. 3). Car le pardon suppose l'écoute d'une parole. Le lecteur, qui a été confronté à l'épisode des esclaves libérés puis repris (chap. 34) et à la démonstration de fidélité des Récabites, signe qu'il y a à Jérusalem des gens capables d'écoute (chap. 35), aborde ce nouvel épisode en prenant d'entrée de jeu le point de vue de Dieu, premier acteur dont le narrateur rapporte les paroles. Ainsi, d'emblée le lecteur assume l'espoir de YHWH: «peut-être écouteront-ils…» (36,3). Sur ce point, la suite du récit sera décevante, parce qu'elle montre clairement jusqu'où peut aller le refus conscient de la Parole par le roi. Ainsi, cette «anecdote» est bien plus que le simple récit de la mise par écrit du livre prophétique: elle souligne à sa manière les enjeux de la réception du livre.

2. Lecture narrative détaillée de l'épisode

Comme souvent, la narration de cette histoire commence par une exposition. Celle-ci situe les faits en la quatrième année de Joaqim, fils de Josias, une date importante dans le livre, on l'a dit[4]. Elle permet au lecteur de faire le lien avec un autre passage de Jr, lu au chapitre 25. Là, il a appris que cette quatrième année de Joaqim est aussi la première de Nabuchodonosor (v. 1)[5]. L'épisode qui commence aurait-il un lien direct avec la punition annoncée du peuple, comme semble le suggérer d'emblée, mais implicitement, sa situation temporelle?

4 Cf. *supra*, p. 185.

5 Le rapprochement entre les deux passages pourrait être poussé plus loin. En effet, outre la date, le début du chap. 25 insiste lourdement sur la non-écoute. De plus, tous deux racontent une proclamation d'oracles qui appellent le peuple à la conversion s'il veut éviter la punition de YHWH. Cette année-là (cf. 25), Jérémie avait rapporté au peuple de Juda et aux habitants de Jérusalem la parole les concernant (v. 1-2). Comme il l'a fait depuis de nombreuses années, le prophète annonce le malheur pour le peuple: l'asservissement à Babylone, qui durera 70 ans (v. 12). On a l'impression, du moins au début du chap. 25, que les oracles ne sont pas encore écrits, mais le v. 13 nous parle d'un livre les reprenant. Serait-ce celui dont parle le chap. 36? La grosse différence entre les chapitres 25 et 36 réside dans le fait qu'en 25, c'est Jérémie lui-même qui prononce les oracles, tandis qu'en 36 il est empêché et envoie Baruch lire à sa place les paroles du rouleau.

a. L'ordre de YHWH à Jérémie et son exécution (v. 1-8)

L'ordre que Jérémie reçoit de YHWH confirme cette première impression. En effet, Dieu ordonne au prophète d'écrire un «livre-mémoire»[6], un livre qui contiendra tous les oracles qu'il a reçus depuis le début de sa mission, et d'en faire la lecture (v. 2-3). L'espoir ténu mais déclaré du Seigneur est de pouvoir pardonner au peuple. Cet espoir est signalé clairement par le «peut-être» initial, un petit mot qui rappelle au lecteur un autre épisode du livre. Inséré dans un contexte semblable, un autre «peut-être» ouvre une histoire de proclamation de la Parole au chapitre 26[7]:

26,3	אוּלַי יִשְׁמְעוּ	אוּלַי יִשְׁמְעוּ	36,3
	(cf. v. 2 כל־ערי יהודה...)	בֵּית יְהוּדָה	
		אֵת כָּל־הָרָעָה אֲשֶׁר אָנֹכִי חֹשֵׁב לַעֲשׂוֹת לָהֶם	
	וְיָשֻׁבוּ אִישׁ מִדַּרְכּוֹ הָרָעָה	לְמַעַן יָשׁוּבוּ אִישׁ מִדַּרְכּוֹ הָרָעָה	
	וְנִחַמְתִּי אֶל־הָרָעָה אֲשֶׁר אָנֹכִי חֹשֵׁב לַעֲשׂוֹת לָהֶם מִפְּנֵי רֹעַ מַעַלְלֵיהֶם׃	וְסָלַחְתִּי לַעֲוֺנָם וּלְחַטָּאתָם׃	

Au chapitre 26, le contexte est celui d'une proclamation au temple au début du règne de Joaqim (v. 1-2). Jérémie est invité à se tenir à la porte du temple pour proclamer la parole de Dieu, dans l'espoir que les Judéens l'écoutent. Dans l'épisode du chapitre 36, la proclamation se fera également au temple, mais sans le prophète. Il y est aussi d'emblée question d'écoute et de conversion. La chronologie des deux épisodes mis en rapport ci-dessus montre cependant que c'est ici la deuxième tentative de YHWH qui, quelques années plus tard, et malgré le refus du peuple et la menace de mort contre le prophète (26,8-9), rend à nouveau sa chance à la maison de Juda. En effet, le pardon évoqué au début du chapitre 36 ne peut se faire sans une réaction en chaîne du peuple et de

6 L'expression est de DRAÏ, *La communication prophétique* 1, p. 289.

7 Ces deux épisodes s'ouvrent sur une parole de YHWH semblable et ont de nombreux points de contact. Ainsi, ils peuvent s'éclairer l'un l'autre, d'autant plus que certains personnages se retrouvent de part et d'autre. Cela dit, le fait que ces deux épisodes présentent de tels liens a poussé certains auteurs à faire de ces deux chapitres les limites d'une section du livre dans son ensemble. Voir dans ce sens FERRY, «"Yhwh crée du nouveau"» , en particulier pp. 388-391. On reviendra sur la question de la structure d'ensemble de Jr dans la conclusion de ce travail, cf. *infra*, pp. 343-349.

ses gouvernants, réaction que Dieu espère déclencher par les oracles mis par écrit, comme le souligne le petit tableau qui suit:

qu'ils écoutent
tout le *mal* que je pense leur faire
pour qu'ils reviennent de leur chemin de *mal*
et que je pardonne leur faute et leur péché

Si le peuple écoute le mal imaginé par YHWH et annoncé par le prophète, il se convertira. Alors, YHWH pardonnera les fautes du peuple.

La mission de Jérémie n'est dès lors plus de proclamer directement ses oracles, comme c'était le cas au chapitre 26. Dorénavant il aura un intermédiaire, le rouleau, qui donne à ses paroles un caractère plus fixé, plus définitif, par rapport à la proclamation orale (chap. 26) qui reste fugace[8]. *Verba volant, scripta manent.* Pour cette étape dans la transmission de sa prophétie, Jérémie semble être conscient du fait que sa présence n'est pas indispensable pour que la parole soit proclamée[9]. Ainsi, il fait appel à Baruch, qu'il charge tout d'abord d'écrire le livre (36,4). Le narrateur ne s'attarde guère à cette mise par écrit du rouleau. Il la raconte lui-même, en quelques mots, pour passer rapidement la parole à Jérémie qui ordonne à Baruch d'aller lire[10]. Il reprend à cet effet la

8 Selon DRAÏ, *La communication prophétique* 1, p. 288, le fait que les prophéties soient écrites sur un rouleau plutôt que sur des tablettes souligne que la lecture peut se faire «sans nulle interruption du regard, [en] une révélation continue».

9 Cf. *supra*, pp. 269-270.

10 Les commentateurs ont largement discuté les raisons de l'empêchement évoqué par Jérémie à cet endroit, tout en soulignant qu'il ne s'agissait pas de lâcheté de sa part. Selon certains, il est motivé par le conflit entre le prophète et les prêtres, suite au discours contre le temple (cf. chap. 7 et 26). Ainsi, par ex., CONDAMIN, *Jérémie*, p. 265; MCKANE, *Jeremiah* 2, p. 901 qui ajoute à cet épisode celui de la rencontre avec Pashehur en 20,1-6. D'autres, comme par ex. DUHM, *Jeremia*, p. 290, estiment que l'absence de Jérémie est motivée par un interdit rituel. Enfin, il faut ajouter une troisième position défendue par R.P. CARROLL, «Manuscripts don't burn – Inscribing the Prophetic Tradition. Reflections on Jeremiah 36», in: M. AUGUSTIN, K.D. SCHUNK (eds), *»Dort ziehen Schiffe dahin...«: Collected Communications to the XIVth Congress of the International Organization for the Study of the Old Testament, Paris 1992*, BEAT 28, Frankfurt, 1996, pp. 31-42, en particulier p. 33, qui estime qu'il n'y a aucun intérêt à connaître la raison de cette absence, liée au passage de la prophétie orale à la prophétie écrite; dans le même sens, voir A. BAUMANN, «Urrolle und Festtag. Zur Rekonstruktion der Urrolle des Jeremiabuches nach den Angaben in Jer 36», *ZAW* 80 (1968), pp. 350-373. Pour plus de détails voir DI PEDE, *«Prends pour toi un rouleau de livre et écris dessus...»*, pp. 72-74. Il faut souligner que, d'un point de vue narratif, le narrateur ne juge pas nécessaire d'en dire davantage: la raison de l'empêchement de Jérémie n'a pas d'importance. De plus, comme le soulignent également Carroll et Baumann dans

deuxième partie de l'ordre reçu de YHWH, en y ajoutant quelques précisions: la lecture doit être faite aux oreilles de la foule, en un lieu bien précis, le Temple, et en un jour de jeûne (v. 5-6), trois éléments absents dans l'ordre initial de Dieu. Ces précisions disent sans doute quelque chose de l'intention de Jérémie, car le lieu, et surtout le moment[11] qu'il retient, sont effectivement propices à la conversion. Étant donné que Dieu vient de manifester on ne peut plus clairement sa volonté de pardonner, Jérémie semble vouloir se donner toutes les chances de voir le peuple changer, et c'est sans doute ce qui le pousse à fixer avec précision le lieu et le moment de la lecture. Ces circonstances appuieront sans doute la lecture des oracles, dans l'espoir d'infléchir le choix des Judéens. Car Jérémie interprète également l'ordre divin, en ciblant les auditeurs qu'il voudrait voir touchés par la lecture. Si YHWH a parlé de «la maison de Juda», le prophète précise qu'il s'agit de «tous les Judéens venus de leurs villes» (v. 6), à qui le message de conversion est destiné. En ajoutant tous ces détails, on le voit, Jérémie soigne la mise en scène. Il cherche à rendre l'opération la plus efficace possible, à lui donner toutes les chances de réussir. De la sorte, il montre qu'il partage implicitement l'espoir de Dieu.

Ensuite, après avoir spécifié le jour, le lieu et les modalités de la lecture, Jérémie reprend les paroles du Seigneur concernant la conversion du peuple, mais en les modifiant sensiblement:

verset 3: ordre de YHWH	verset 7: ordre de Jérémie
Peut-être écouteront-ils, la maison de Juda,	Peut-être leur supplication
tout le malheur que moi je pense faire à eux	tombera devant la face de YHWH,
pour	et
qu'*ils reviennent chacun de sa voie mauvaise*	*ils reviendront chacun de sa voie mauvaise.*
et que je pardonne leur iniquité et leur péché.	Car grande est la colère et la fureur que YHWH
	a dites vers ce peuple.

Ainsi,

> «dans l'ordre qu'il donne à son prophète, YHWH espère le retour de son peuple ("pour qu'ils reviennent chacun de sa voie mauvaise"). Jérémie, quant à lui, semble être plus sûr de la réaction de ses coreligionnaires suite à la lecture de son secrétaire ("et ils reviendront chacun de sa voie mauvaise")»[12].

les deux articles cités, il est essentiel que le prophète soit absent. Cela souligne que sa parole n'a pas besoin de lui pour circuler.

11 C'est ce que semble indiquer la spécification qu'il ajoute pour Baruch.

12 DI PEDE, «Jérémie 36», pp. 134-135.

En outre, le rôle de YHWH et du peuple n'est pas le même dans les deux paroles: pour YHWH, c'est l'écoute qui doit amener à la conversion que le pardon divin sanctionnera. Pour Jérémie, par contre, il n'est pas question de pardon, mais uniquement de la supplication et de la conversion du peuple, seules aptes à apaiser la grande colère de YHWH. Baruch ne connaît donc pas la véritable intention de YHWH lorsqu'il s'empresse d'exécuter fidèlement l'ordre du prophète. Reste que la finale de cet ordre constitue une indication indirecte quant à la façon de lire le rouleau: il s'agit d'amener le peuple à supplier son Dieu, et à se convertir. En insistant sur la colère de Dieu, au lieu de parler de son intention de pardonner, Jérémie n'accentue-t-il pas le sentiment que la situation est grave, sentiment qui doit présider à la lecture de Baruch?

Cette observation montre que les personnages ne partagent pas le même degré de connaissance, et ce, dès le début du récit. Jérémie – ainsi que le lecteur – connaît dès le départ les intentions positives de YHWH qui se dit prêt à pardonner, ce qui n'est pas le cas de Baruch, envers qui Jérémie est moins explicite. Mais dans la suite, seul le lecteur aura une connaissance globale de l'évolution des choses, étant donné que Jérémie va disparaître de la scène. Ainsi, d'emblée, le narrateur place le lecteur dans une position dominante, et il faudra s'interroger sur la fonction de cette stratégie narrative.

Après avoir rapporté l'ordre de Jérémie à Baruch, le narrateur reprend le récit. Par un sommaire proleptique, il annonce que Baruch exécute fidèlement l'ordre reçu (v. 8). Ce sommaire a une fonction capitale pour la suite du récit. En effet, si, jusqu'à la fin du verset 7, le lecteur peut se demander si Baruch va ou non accomplir l'ordre de Jérémie, le sommaire proleptique ne laisse aucun doute à ce sujet. Ainsi, un élément de tension narrative est réglé d'emblée. Le narrateur avertit le lecteur qu'en ce qui concerne Baruch, tout se déroulera comme Jérémie l'a demandé. Cela signifie que, par la suite, l'attention du lecteur pourra se focaliser uniquement sur la réaction que les auditeurs réserveront à la lecture que le scribe fera. Ainsi, le narrateur oriente l'attention non pas vers la réalisation de l'ordre de Dieu, mais vers la réponse qui doit réaliser ou décevoir l'espoir que ce dernier exprime au verset 3.

b. La lecture face au peuple (v. 9-13)

C'est à partir du verset 9 que la tension narrative commence à monter vraiment. Tous les ingrédients sont réunis pour que Baruch se rende au Temple pour lire le rouleau: un jeûne a été convoqué et rassemble en ville tous les gens de Jérusalem et des villes de Juda. La proclamation du jour de jeûne n'est pas sans rappeler ce que YHWH avait dit à Jérémie en 14,12. Là, il avait interdit au prophète d'intercéder pour le peuple, en ajoutant qu'il demeurerait insensible à ses offrandes et à son jeûne. Jérémie avait alors plaidé la cause du peuple, essayant d'infléchir la décision de Dieu, mais sans y réussir vraiment. Ici, on l'a dit, Jérémie choisit sciemment un jour de jeûne, dans l'espoir sans doute qu'il soit propice au succès de la lecture.

Il faut noter ici une ambiguïté concernant la convocation de ce jeûne. En effet, conjugué à la troisième personne du pluriel, le verbe «appeler, convoquer» (קרא) peut être lu de deux manières: soit avec un sujet neutre, le peuple étant l'objet direct («*on convoqua* pour un jeûne devant YHWH tout le peuple...»)[13], soit comme un pluriel effectif dont le sujet serait le peuple («*tout le peuple convoqua* un jeûne devant YHWH»)[14]. Dans le second cas, la convocation du jeûne par le peuple suggérerait qu'il est peut-être bien disposé envers son Dieu. Quoi qu'il en soit, lors de la lecture faite par Baruch dans la salle de Gemaryahu, à l'entrée de la porte neuve du temple[15], le narrateur n'enregistre aucune réaction de la part du peuple, donnant à penser qu'il reste amorphe et silencieux (voir v. 10-11), contrairement à ce qu'il faisait en 26,7-9. Cette attitude déçoit l'attente du lecteur qui pouvait supposer qu'il réagirait à la convocation du jeûne.

Le seul dont le narrateur dise qu'il écoute la lecture qu'il «entend» (voir v. 11 et 13) est Mikayehu, le fils d'un fonctionnaire, qui s'empresse d'aller rapporter à son père et à d'autres fonctionnaires réunis en conseil avec lui (v. 12-13) toutes les paroles qu'il vient d'entendre tandis que Baruch lisait. Mais il y a une différence entre les deux versets où Mikayehu est sujet du verbe שמע. En effet, au verset 11, le narrateur raconte qu'il «entendit toutes les paroles de YHWH», alors qu'au verset 13, il rapporte aux fonctionnaires «toutes les paroles qu'il avait entendues tandis que Baruch lisait». Pourquoi «de YHWH» a-t-il disparu? Pour répondre à cette question, il faut prendre un peu de recul. Le mot «les paroles» revient trois fois dans les versets 10-13.

> «Au verset 10a [...] ce sont les paroles de Jérémie, au verset 11 les paroles de YHWH et au v. 13 les paroles tout court. [...] Ce glissement pourrait indiquer que Mikayehu reconnaît dans les paroles de Jérémie lues par Baruch les paroles de YHWH. Mais au verset 13, on parle de toutes les paroles, comme au verset 11, sans plus spécifier de qui elles sont. YHWH et son pro-

---

13 C'est ainsi que comprennent la TOB et la BJ, p.ex.

14 C'est ainsi que comprend la LXX, mais aussi Chouraqui et DRAÏ, *La communication prophétique* 1, p. 288.

15 «L'entrée de la porte neuve du temple» est le lieu où prirent place les princes en 26,10 pour assister au «procès» de Jérémie.

> phète disparaissent. Faut-il comprendre que Mikayehu rapporte à ses auditeurs des paroles entendues de la bouche de Baruch sans spécifier de qui il sait qu'elles proviennent? La question qui se pose alors est de savoir comment ses auditeurs vont entendre ce rapport. Vont-ils comprendre les paroles comme venant de YHWH, de Jérémie, des deux ensemble, ou encore autrement?»[16].

Tout en faisant sentir l'empressement de Mikayehu à relater ce qu'il vient d'entendre, le narrateur retarde le moment où ce personnage fera effectivement son rapport (v.13). Ainsi, il dresse la liste des fonctionnaires présents à la réunion dans la salle du scribe. De la sorte, il ralentit sensiblement le rythme, augmentant d'autant le suspense; il en profite aussi pour montrer que Mikayehu ne fait pas son rapport à n'importe qui, mais à des hauts fonctionnaires qui pourraient avoir une influence sur le cours des événements à venir. De plus, en citant les gens présents, il met des «noms» sur les auditeurs du message du rouleau. Lors de la première lecture, le peuple, masse uni(qu)e et sans nom, n'avait pas eu de réaction méritant d'être mentionnée. Maintenant, ces gens haut placés que le narrateur présente personnifient en quelque sorte les auditeurs du message, dont le lecteur se demande s'ils vont réagir et comment. C'est du moins cela qu'il espère: une réaction de leur part. Car, contrairement aux acteurs du récit, le lecteur sait que c'est de cela que dépend l'éventuel pardon divin.

c. La lecture face aux fonctionnaires (v. 14-20)

En allant avertir les princes, Mikayehu est celui qui permet la deuxième lecture du rouleau. Mais un nouveau retard vient ralentir le récit et éloigne le moment de cette lecture (v. 14-15). Dans ces versets, le narrateur s'attarde sur la description des mouvements (v. 14aα.14b), sur les ordres que les fonctionnaires impartissent d'abord à Yehudi (v. 14aβ) et ensuite à Baruch (v. 15a), et enfin sur l'obéissance de Baruch exécutant l'ordre des fonctionnaires (v. 15b). Tout cela contribue à dramatiser la scène. Avant d'enregistrer la frayeur des fonctionnaires devant ce qu'ils entendront (v. 16), le narrateur les montre s'alarmant du rapport de Mikayehu. On comprend dès lors que leur réaction à la lecture de Baruch soit immédiate: ils prennent peur (פחד), et déclarent qu'ils doivent aller en référer au roi[17]. Mais quel est l'objet de leur panique? Est-ce la teneur des paroles entendues (châtiment promis), ou l'anticipation de la réaction du roi lorsqu'il sera mis au courant? Le

---

16 Di Pede, «Jérémie 36», pp. 140-141.

17 La nuance du yiqtol précédé de l'impératif absolu (הַגֵּיד נַגִּיד) me semble être ici celle de «devoir» (cf. Joüon § 123k, voir 113m: ainsi BJ, Osty, Maredsous), meilleure que l'insistance simple (TOB: «nous ne manquerons pas de...»).

narrateur ne le précise pas, pas plus qu'il ne dit si cette peur va ou non dans le sens d'une éventuelle conversion.

En revanche, le narrateur enregistre une autre réaction. Car, avant d'en référer au roi, ils semblent souhaiter des informations supplémentaires, puisqu'ils interrogent Baruch (v. 17). La question qu'ils posent est assez surprenante. Ce qu'ils cherchent à savoir, en effet, ce n'est pas la provenance des paroles, ou encore ce qui aurait poussé à écrire le rouleau dont le contenu les effraie. Ce qu'ils demandent, c'est: «Rapporte-nous donc: *comment* as-tu écrit toutes ces paroles de sa bouche?». Ce qui les intéresse ce n'est donc pas le fond, mais la modalité de l'écriture. Voilà qui est bien étonnant. Pensent-ils que le roi pourrait les questionner à ce propos? Sont-ils curieux, ou naïfs au point de ne s'intéresser qu'à cet aspect, somme toute secondaire? Ou leur «comment» correspond-il à un étonnement («comment as-tu pu… !?»)?

La réponse que Baruch leur donne souligne, sans doute, le caractère déplacé de la question dans un moment tellement dramatique. «De sa bouche il proclamait vers moi toutes ces paroles et moi je les écrivais sur le livre *avec de l'encre*» (v. 18). Au premier degré, Baruch ne fait que répondre effectivement à la question qui lui est posée. Mais au second degré, il y a beaucoup d'ironie dans cette réponse qui est, il faut le souligner, la seule parole de Baruch à laquelle le narrateur donne accès dans l'ensemble du récit, et même du livre. Que l'on écrive avec de l'encre et non avec du vin ou de l'eau tombe sous le sens, en effet. Question absurde donc, dont la réponse de Baruch ne fait que souligner l'incongruité.

Cela dit, un autre élément étonne dans la question des fonctionnaires. Ils ne font aucune référence ni à YHWH ni à Jérémie mais semblent savoir d'où viennent les paroles puisqu'ils affirment: «ces paroles de *sa* bouche», mention absente de la LXX. Savent-ils que Jérémie est derrière Baruch[18]? Ou considèrent-ils Baruch comme un prophète qui écrirait directement de la bouche de YHWH? La suite semble plutôt appuyer la première hypothèse, étant donné qu'ils conseillent à Baruch d'aller se cacher avec Jérémie (v. 19), preuve qu'à leurs yeux, Jérémie est responsable du contenu du rouleau. Mais cette conscience affichée de la provenance des paroles – elles ne viennent pas de Baruch, mais bien du prophète – rejaillit sur l'intérêt de la question qu'ils posent. S'ils savent, en effet, que les paroles viennent de Jérémie, et donc sans doute de YHWH, pourquoi ne prennent-ils pas une position claire par rapport à ce qu'ils entendent et qui les effraie? De plus, quel est le sens de cette

18 On peut se demander de qui est la bouche dont il s'agit, mais cela est peut-être évident pour ceux qui connaissent Jérémie, et en tout cas Baruch.

question qui ne fait qu'occulter ce qu'ils pensent vraiment? Ainsi, si la réponse ironique de Baruch souligne l'incongruité de la question posée, signe peut-être de la futilité ou de la panique des fonctionnaires, la question, pour sa part, met en évidence une certaine ambiguïté dans l'attitude des princes, qui, en ne prenant pas clairement position face à la parole lue, contribuent peut-être au refus ultime par le roi des paroles du prophète, qui sont celles de YHWH lui-même.

Après avoir parlé à Baruch, les fonctionnaires font ce qu'ils ont décidé: aller voir le roi (v. 20). Mais avant cela, ils mettent le rouleau en sécurité dans le bureau de l'un d'eux, le scribe Elishama (v. 20a). Cette décision est plutôt inattendue, puisqu'elle n'avait pas été annoncée par les fonctionnaires, mais elle semble parfaitement dans la ligne du conseil que ces derniers viennent de donner à Baruch, pour autant du moins qu'ils veuillent effectivement protéger le rouleau. En effet, on peut se poser des questions à ce sujet. Car rien dans le texte ne semble indiquer qu'ils veulent le cacher, contrairement à Jérémie et Baruch. Est-ce seulement un signe de la crainte des notables? Espèrent-ils que le roi se contentera du rapport qu'ils lui feront, et qu'il ne voudra pas entendre la lecture du rouleau, le faisant taire à leur manière? Tententils par là de protéger Jérémie et son témoin, en ne permettant pas que le roi entende le contenu du rouleau[19]? Quant au conseil donné à Jérémie et à Baruch de se cacher de sorte «que personne ne sache» où ils sont, il met en évidence deux points. Tout d'abord, les fonctionnaires semblent connaître le roi au point d'anticiper ses réactions et ses envies de vengeance (voir v. 26)[20], ce que le lecteur peut aisément supposer, s'il n'a pas oublié le sort tragique d'Ouriyahou, homme qui prophétisait comme Jérémie (26,20-24). Ensuite, soulignant que nul ne doit savoir, ils semblent suggérer que le roi est assez fort pour forcer le silence des gens.

Après avoir déposé le rouleau, les fonctionnaires se rendent donc chez le roi, répétant ce que Mikayehu avait fait, lorsqu'il s'était présenté à eux après avoir entendu la lecture du rouleau par Baruch. Du reste, au verset 20b, on assiste à une nouvelle perte d'information, comme

---

19 Selon DRAÏ, *La communication prophétique* 1, p. 290, par cet ordre, les fonctionnaires sont en partie responsables de la destruction de la parole divine. Il écrit: «Alors que la parole transcrite était vouée à la révélation, [...] l'ordre d'avoir à se dissimuler commande la dénégation du *davar* divin, son refoulement et la perturbation de la communication prophétique en son essence. Pente fatale! À quoi d'autre la dissimulation mènerait-elle sinon à la destruction?»

20 L'attitude des fonctionnaires doit être rapprochée de celle des princes en 26,16. Alors, ils cherchent à calmer le jeu face aux accusations des prêtres et des prophètes, sauvant ainsi la vie à Jérémie. Ici, invitant Jérémie et Baruch à se cacher, ils obtiennent le même résultat.

c'était le cas du verset 11 au verset 13. Les fonctionnaires, qui ont entendu et savent que les paroles viennent de Jérémie (et de Dieu) rapportent «aux oreilles du roi *toutes les paroles*» sans autre précision. Serait-ce une nouvelle manière de protéger le prophète ou de faire taire sa parole?

d. La lecture face au roi (v. 21-26)

Cette troisième scène de lecture commence de la même manière que la précédente: quelqu'un a fait rapport à son (ses) supérieur(s) et parle du contenu du rouleau qui est absent. Suite à cette information, le(s) supérieur(s) envoie(nt) Yehudi chercher le rouleau pour en écouter la lecture «en direct». Ainsi, les fonctionnaires jouent ici auprès du roi le rôle tenu précédemment par Mikayehu auprès d'eux. De la sorte, au début de cette troisième scène, le lecteur est mis dans une situation identique à celle du début de la deuxième scène de lecture. Cela a un effet sur lui: il ne peut qu'espérer que cette troisième lecture, décisive sans doute[21], portera enfin ses fruits. Si c'est le cas, la lecture du rouleau pourra être un moteur de conversion. Mais l'attente du lecteur sera bien vite déçue, ce qui ne fait qu'augmenter le contraste entre la réaction espérée et ce qui se passe vraiment, comme si le narrateur voulait provoquer l'indignation du lecteur face au comportement du roi. Cette situation initiale tend donc à lui faire prendre une position claire, opposée à celle de Joaqim[22].

Reprenons le déroulement de la scène. Elle se passe au neuvième mois, et le roi se trouve dans ses quartiers d'hiver, face à un brasero allumé (v. 22). Cette précision n'est pas inutile, car elle prépare clairement la manière par laquelle le rouleau sera détruit. Envoyé par le roi, Yehudi va chercher le rouleau que les fonctionnaires avaient pris soin de mettre en sûreté avant de se rendre auprès du souverain. Yehudi prend donc le rouleau, et l'amène à Joaqim, à qui il fait la lecture. Le rôle joué par Yehudi dans ce récit est on ne peut plus ambigu. Tout d'abord, en s'empressant d'obéir, il donne de lui l'image d'un fidèle du roi, désolidarisé des autres fonctionnaires. Cela est peut-être suggéré aussi par son silence lorsque certains des fonctionnaires, présents comme lui à la deuxième lecture, cherchent à dissuader le roi de dé-

21 Le lecteur, à ce point, se rend compte que le narrateur adopte le schéma narratif de la triple répétition, la troisième étant décisive. J'y reviens plus loin.

22 On peut ajouter à cela que, dans la suite, il ne sera plus question du rouleau. Dès lors, le lecteur peut raisonnablement se demander s'il ne l'a pas en main et sous les yeux, comme tend à le suggérer le rapprochement entre 1,3 et 36,2. Le lecteur connaît donc parfaitement le contenu des prophéties de Jérémie et ne peut que déplorer l'attitude à laquelle il assiste.

truire le rouleau (voir v. 25). Cette attitude d'homme obéissant n'est pas sans rappeler un autre personnage de cet épisode: Baruch lui-même, le premier lecteur du rouleau. Mais, si Baruch est obéissant au service de la Parole, pour Yehudi, rien n'est moins sûr. Il apparaît plutôt comme l'anti-Baruch. Cet élément est d'ailleurs souligné par la construction ambiguë du verset 23, qui renforce encore l'ambivalence du personnage. Pour ménager ses effets, le narrateur construit sa phrase de telle sorte que le lecteur peut croire que c'est Yehudi lui-même qui déchire le rouleau au fur et à mesure de la lecture qu'il en fait au roi. Ainsi, son côté anti-Baruch se confirme: Yehudi serait celui qui détruit le rouleau que Baruch a écrit. Le doute plane pour le lecteur jusqu'au verset 25, lorsque le narrateur dit que ce n'est pas le suppôt du roi qui déchire et brûle le livre, mais plutôt Joaqim lui-même[23]. Construit de la sorte, ce verset 23 augmente le suspense de la scène, mais donne aussi de Yehudi l'image d'un homme qui pense et agit comme le roi. À cela, on ajoutera la signification du nom de cet homme, «Judéen». Cela ne souligne-t-il pas de manière discrète que chaque membre du peuple qui refuse la parole de YHWH est, d'une manière où d'une autre, complice du geste du roi détruisant le rouleau?

La lecture provoque donc chez le roi une réaction silencieuse. Sans mot dire, il déchire le rouleau peu à peu et le jette au feu (v. 23), froidement, sans peur, sans envisager un seul moment la possibilité de se convertir. Cette attitude de Joaqim prend davantage de relief encore si on l'oppose à la manière dont son père Josias s'est comporté lors d'un épisode semblable. En 2 R 22–23, Josias assiste à la lecture d'un livre retrouvé au hasard de travaux dans le temple. Dans les deux scènes, il s'agit de la lecture d'un rouleau inconnu auparavant, et des réactions des auditeurs. Ce que Josias entend le pousse à la conversion, au point qu'il détruit tout ce qui rappelle un culte idolâtre. Le comportement de Joaqim est diamétralement opposé à celui de Josias, ce que souligne la construction inversement parallèle des deux scènes[24]. Ainsi, briève-

23 Au v. 25, le sujet de l'infinitif שרף semble être le roi dont la mention précède. En général, les commentateurs estiment que c'est le roi lui-même qui déchire et brûle le rouleau. Une exception à cette unanimité se trouve chez HOLLADAY, *Jeremiah* 2, p. 259. Selon cet auteur, le roi demeure responsable de l'acte, mais ne manie pas lui-même le canif du scribe: il aurait donné l'ordre à Yehudi, qui à son tour en aurait chargé un serviteur.

24 Ces deux épisodes ont été étudiés d'un point de vue historique par C.D. ISBELL, «2 Kings 22,3–23,24 and Jeremiah 36: A Stylistic Comparison», *JTS* 8 (1978), pp. 33-45 et C. MINETTE DE TILLESSE, «Joiaqim, repoussoir du "pieux" Josias; parallélismes entre II Reg 22 et Jer 36», *ZAW* 105 (1993), pp. 352-376. Ces deux auteurs cherchent à établir la dépendance d'un texte par rapport à l'autre et arrivent à des conclusions opposées. Pour une lecture de 2 R 22 d'un point de vue narratif voir J.-P. SONNET, «"Le livre trouvé": 2 Rois 22 dans sa finalité narrative», *NRT* 116 (1994), pp. 836-861. La

ment, en 2 R 22–23, la première lecture est celle qui a lieu devant le roi, la dernière étant faite pour le peuple (voir 2 R 22,10 et 23,2); Josias déchire ses vêtements en signe de conversion (2 R 22,11), alors que le narrateur de Jr souligne que Joaqim ne le fait pas (Jr 36,24), mais qu'il déchire plutôt le rouleau (v. 23), montrant ainsi son refus d'écouter la parole. Suite à la lecture, les deux rois ressentent le besoin de brûler quelque chose. Mais si Josias détruit les objets du culte idolâtre, Joaqim réduit le rouleau en cendres[25]. L'écoute de Josias aboutit à une réforme, ce qui n'est évidemment pas le cas en Jr 36. Ces deux réactions opposées des souverains débouchent sur une réaction de YHWH également contrastée: positive et bienveillante pour Josias, elle devient négative et menaçante pour Joaqim.

Au verset 21, le narrateur renseigne le lecteur sur la présence d'un deuxième groupe de fonctionnaires auprès du roi[26], lorsque Yehudi revient avec le rouleau. Ces ministres adoptent la même attitude que le roi: ils demeurent silencieux et ne prennent pas peur suite à ce qu'ils entendent (voir v. 21 et 24). C'est pour cette raison, probablement, qu'ils ne cherchent pas à dissuader le souverain de brûler le rouleau. De leur point de vue, cette attitude est peut-être compréhensible: ils ne croient pas ce qui est écrit et le détruisent, peut-être pour éviter ses ravages auprès d'esprits sensibles qui pourraient être pris de panique après en avoir pris connaissance, comme ce fut le cas des fonctionnaires destinataires de la deuxième lecture du rouleau. Quelle meilleure manière de faire taire l'écrit que de le détruire? Mais le narrateur ne donne aucune indication dans ce sens. Par son silence, il souligne plutôt la gratuité du geste qui rend encore plus odieuse la destruction. Le résultat de celle-ci est que l'importun, qu'il soit le rouleau, le prophète ou YHWH lui-même, se taira. Mais si le roi peut détruire immédiatement le rouleau, Baruch et Jérémie sont toujours en liberté. C'est pourquoi il envoie trois de ses fidèles les chercher (v. 26).

Cependant, Yerahméel et les deux autres ne les trouvent pas. Rien d'étonnant puisque, précise le narrateur, YHWH lui-même cache Jéré-

---

série des épisodes de lecture ne s'arrête pas à 2 R 22 et Jr 36. En effet, il en est un autre en Ba 1. Pour une lecture des trois épisodes, voir A. KABASELE MUKENGE, «Les derniers rois de Juda et la lecture du "Livre": Josias (2R 22–23), Joiaqim (Jr 36) et Jékonias (Ba 1,1-14)», *RTL* 30 (1999), pp. 11-31. Pour une synthèse des études citées ci-dessus, voir DI PEDE, *«Prends pour toi un rouleau de livre et écris dessus...»*, pp. 85-91.

25 Dans les deux récits, la racine שרף est utilisée cinq fois (2 R 23,4.11.15.16.20; Jr 36,25. 27.28.29.32).

26 Lorsqu'ils en parlent, les commentateurs sont en général d'accord pour reconnaître que le groupe de fonctionnaires qui se trouve avec le roi n'est pas le même que celui cité au v. 12. Voir dans ce sens, par ex., MCKANE, *Jeremiah* 2, p. 907.

mie et son compagnon[27]. Le contraste est fort entre le sort du rouleau et celui des deux hommes: le premier, d'abord mis en sécurité par ces hommes, est bien vite détruit; mais les seconds sont cachés par le Seigneur qui empêchera que l'on fasse taire sa parole. Car la mission du prophète n'est pas terminée. Il faut, en effet, écrire à nouveau le rouleau pour qu'il puisse encore faire circuler la parole. C'est ce que raconte le dénouement (v. 27-32).

e. Le nouvel ordre de YHWH (v. 27-32)

La lecture devant le roi est l'action décisive du récit. Elle montre le rejet de la parole de YHWH par celui qui est censé être son plus haut représentant au sein du peuple. Les rapports entre les deux partenaires d'alliance semblent donc rompus, étant donné qu'aucune réaction du peuple n'est rapportée, et que le dénouement enchaîne avec une nouvelle parole du Seigneur qui ordonne une seconde mise par écrit des paroles. Mais les choses ont changé par rapport au début. En effet, l'espoir initial de Dieu cède la place ici à un oracle personnel contre le roi impie, et les propos de YHWH deviennent particulièrement durs, en raison de la non-écoute globale de tous les habitants de Jérusalem et de Juda (v. 31). Ce n'est qu'ici que le lecteur apprend que le peuple n'a pas écouté, même quand le rouleau a été lu. Il apprend donc cela en même temps que Jérémie. La non-écoute du roi et la destruction du rouleau ne sont pas un acte isolé, mais un acte symbolique de la réaction de tout le peuple. Et seul YHWH qui est omniscient, peut dire cela. Aussi, si le narrateur donne au lecteur une position privilégiée dès le début de ce récit, ce lecteur n'est néanmoins pas sur le même plan que Dieu: des choses lui échappent, qu'il ne peut connaître que si YHWH lui-même les lui communique.

Ainsi, c'est de la bouche du Seigneur que le lecteur apprend finalement les motivations du geste du roi (v. 29). Cela le renvoie à l'oracle pour Sédécias en 34,2-5 et donc aussi à la réaction de reproche de ce même roi en 32,3, dont l'attitude se trouve éclairée rétrospectivement. Lui aussi se comporte comme son frère, puisqu'il reproche à Jérémie exactement la même chose que Joaqim: prophétiser la venue du roi de Babel.

27 Peut-être pour annoncer et renforcer l'attitude que le roi aura lors de la lecture du rouleau des paroles de Jérémie, le chap. 26 se termine par le récit apparemment anodin du sort réservé à Ouriyahou qui proclamait des oracles semblables à ceux de Jérémie. Mais Ouriyahou, qui cherche refuge en Égypte, ne semble pas être un prophète de YHWH, raison pour laquelle, probablement, Joaqim peut facilement mettre la main sur lui et le tuer. Par contre, tenté de faire de même avec Jérémie, ce roi ne peut y arriver puisque YHWH en personne le protège.

Cela dit, le changement dans les paroles de YHWH du début à la fin du récit est radical. On ne mentionne plus aucun pardon, mais la punition certaine du peuple et la réalisation de tous les oracles de malheur prononcés contre lui. Ceux-ci auraient dû avoir comme effet la conversion. Puisqu'il n'en est rien, ils se réaliseront donc. La brisure entre les deux partenaires d'alliance est insurmontable à ce stade. S'il y avait encore un espoir et une ouverture possible dans le premier ordre de YHWH à Jérémie, ici l'avenir annoncé est entièrement noir, et le lecteur verra comment il se réalisera dans la suite du récit. Mais il faut souligner que, pour le lecteur de 32–45, l'annonce des versets 30-31 pour le roi et sa maison est déjà dépassée par la promesse de restauration de la royauté qu'il a lue en 33,15-17. Ainsi, le lecteur peut aisément apprécier la volonté de restauration de Dieu qui dépasse radicalement la volonté affichée de ne pas écouter ses paroles et l'affront que Joaqim lui a infligé.

Il ne reste plus qu'une chose à faire à Jérémie – c'est l'épilogue du récit –, accomplir l'ordre que YHWH lui a imparti. Ce qu'il fait, comme au début, en faisant appel à Baruch. Mais cette fois, le rouleau sera nettement plus long que le premier, étant donné que, à ces paroles, «furent ajoutées encore de nombreuses paroles comme celles-là» (v. 32).

f. Reprise: observations globales et conclusion

Ce récit du chapitre 36 présente une technique narrative assez fréquente dans les récits bibliques, il s'agit de la triple répétition[28].

> «Cette technique consiste à répéter trois fois un même élément narratif. Les deux premières fois, rien n'arrive, ou les choses se passent mal pour le héros; le troisième fois est la bonne et cela permet au récit d'aller de l'avant. L'effet est souvent celui d'accroître la tension en retardant l'action et en introduisant un doute pour l'issue heureuse de l'histoire»[29].

C'est effectivement ce qui se passe ici, puisque la lecture décisive est celle devant le roi. C'est Joaqim qui prend une décision claire concernant le rouleau, après que le peuple est resté passif et que les fonctionnaires s'en sont remis à la décision du monarque. La réaction du roi et

28 Voir à ce propos ALTER, *L'art du récit biblique*, p. 133. Alter y dit ceci: «Cette structure se rencontre le plus communément et le plus souvent sous la forme (d'origine folklorique) de trois – ou de trois plus une – répétitions consécutives. Elle marque, d'une occurrence à l'autre, un procès d'intensification, ou d'amplification, et elle se conclut généralement sur un paroxysme ou un retournement». Voir surtout AMIT, *Reading Biblical Narratives*, pp. 62-65 et aussi A. WÉNIN, *Samuel Juge et prophète: lecture narrative, CE* 89, Paris, 1994, en particulier l'encadré p. 22, où de nombreux exemples sont donnés.

29 WÉNIN, *Samuel Juge et prophète*, p. 22.

de ses proches vient donc conclure la série des attitudes humaines. Et elle le fait de manière tragique – retournement du schéma habituel de la triple répétition, qui souligne cette issue malheureuse.

Par ailleurs, si la parole de YHWH est omniprésente dans le récit – bien que le lecteur n'entende pas directement le contenu du rouleau qui la contient – les humains en général se taisent, sauf les fonctionnaires, au centre. En tout cas, c'est l'impression que donne le narrateur en racontant son histoire comme il le fait. Ainsi, aucun dialogue réel n'a lieu ni n'est recherché, alors que, peut-être, il pourrait changer le cours des choses, qu'il ait lieu entre humains ou entre les deux partenaires d'alliance par l'intermédiaire du prophète. À la fin de la lecture de l'épisode, le lecteur apprend même que ce qu'il avait interprété comme un silence du peuple est, en fait, un refus d'écoute de sa part (v. 31b), la décision du roi venant comme sceller celle du peuple. Or, c'est là un choix porteur de mort.

Dans tout cela, le lecteur occupe une position particulière. Dès le début, il est placé aux côtés de YHWH. Comme lui, il domine la scène et il est mis au courant des ses véritables intentions pour le peuple. Avec Dieu encore, il sera ensuite le seul témoin des trois lectures et des réactions qu'elles produisent chez les auditeurs. Du début à la fin, donc, le lecteur et YHWH sont les seuls à savoir tout ce qui se passe: ils connaissent l'espoir initial de Dieu, et voient comment il est rejeté par les refus successifs lors des différentes lectures. La question est donc de savoir pourquoi le narrateur met le lecteur quasiment sur le même plan que YHWH. Peut-être cette manière de procéder tend-elle à faire ressentir au lecteur ce que le Seigneur ressent lorsque son espoir de pardon est ainsi refusé par trois fois par le peuple qu'il a choisi comme partenaire de son alliance. De plus, connaissant toutes ces choses, le lecteur ne peut qu'approuver la décision finale de YHWH de faire reproduire le premier rouleau tout en y ajoutant des mots très durs pour le roi qui, sans rien dire, n'a pas voulu remettre en question sa manière d'agir et a refusé d'écouter l'autre, cherchant à le faire taire par n'importe quel moyen.

Le lecteur soutiendra dès lors avec Jérémie la position de Dieu. Il comprend et approuve sa décision par rapport à Jérusalem, plus encore s'il met en série les chapitres 34, 35 et 36. Lorsqu'il lira la suite, il saura donc que ce qu'il lit est amplement justifié, et il comprend pourquoi Jérusalem et Juda ne peuvent échapper à leur châtiment. Il comprend d'autant mieux qu'il sait déjà que, pour YHWH, les choses ne sont pas définitivement terminées, mais qu'un nouveau commencement est au programme après la catastrophe. Quelle meilleure manière d'inviter le lecteur à prendre une leçon et à ne pas faire comme le peuple récalcitrant, que de lui donner de partager en grande partie la connaissance de Dieu dans le récit?

III. Autour de Godolias et de son assassinat (40,7–41,18)

1. Découpage du texte et structure narrative du récit

Le découpage de ce récit ne va pas de soi, au contraire du chapitre 36. Néanmoins plusieurs éléments poussent à grouper en une unité littéraire l'ensemble allant de 40,7 à 41,18[30].

Tout d'abord, on peut avancer des éléments rhétoriques. Ceux-ci ont déjà été mis en évidence par Abrego de Lacy[31]. En premier lieu, on remarque, au début, au milieu et à la fin de ce passage, l'expression caractérisant Godolias: «*que le roi de Babel avait établi dans le pays*» (40,7; 41,2; 41,18)[32]. Ensuite, on repère une «inclusion inversée» entre 40,9 («*N'ayez pas* peur *de servir les Chaldéens*. Habitez *dans le pays*») et 41,17-18 («*[...] et ils* habitèrent *[...] loin de la face des Chaldéens car ils avaient* peur *d'eux*»), inclusion «qui donne consistance à la section»[33]. De plus la section présente de très nombreux verbes de mouvement toujours référés à la ville de Miçpa (הלך / בוא) avec une préposition de direction (אל / ל). Par contre, au chapitre 42, le seul mouvement présent sera celui vers l'Égypte. Enfin, un dernier élément, peut-être moins important, est le parallélisme entre les expressions «*les princes des forces [...] entendirent*» (40,7) et «*les princes des forces s'approchèrent*» (42,1), «les deux seuls cas où les "capitaines" passent avant Yohanân comme sujets de la

30 Certains commentateurs proposent le même découpage, se basant essentiellement sur l'absence de Jérémie dans cette partie qui dépeint les événements se passant sous Godolias. Ainsi, par ex., CARROLL, *Jeremiah*, pp. 701-713 et BRUEGGEMANN, *Exile and Homecoming*, pp. 376-385, mais voir également RUDOLPH, *Jeremia*, pp. 249-254 et WEISER, *Jeremia 25,15–52,34*, pp. 351-358. Dans le même sens, voir également BJ (1998) et Osty. D'autres, par contre, font bien commencer cette section en 40,7 mais ne la limitent pas à 41,18. En ce sens, par ex. DUHM, *Jeremia*, pp. 314-326 et CONDAMIN, *Jérémie*, p. 288, pour lesquels la fin du passage se situe en 43,7; ou encore NICHOLSON, *Jeremiah 26–52*, p. 132, qui estime que le récit se conclut en 44,30.

31 ABREGO DE LACY, *Jeremías y el final del reino*, pp. 97-106, propose également ce découpage du texte et avance de nombreux arguments en sa faveur. Je reprends brièvement ici les éléments qu'il dégage.

32 ABREGO DE LACY, *Jeremías y el final del reino*, p. 97. L'auteur souligne également que cette expression apparaît aussi en 40,11 et 41,10, mais sans la mention «dans le pays».

33 ABREGO DE LACY, *Jeremías y el final del reino*, pp. 97-98.

phrase»[34]. À cela, on ajoutera un autre élément, à savoir des mots-crochets qui se trouvent tant au début qu'à la fin de la section. Au début, le crochet se fait sur «Godolias fils de Ahiqam» (40,6 et 7), tandis qu'à la fin, c'est la mention des «chefs des forces» (41,16 et 42,1) qui relie ce récit à la suite.

Ces éléments ne sont pas les seuls à appuyer le découpage proposé. On peut, en effet, en repérer d'autres qui vont dans le même sens, et cette fois, ils sont de type narratif. À l'intérieur de cette partie, deux personnages principaux sont absents: YHWH et le prophète. Cela suggère clairement un glissement de l'intérêt du narrateur. En 40,6, suite au conseil de Nebuzar'ªdân, Jérémie arrive à Miçpa auprès de Godolias et s'y établit. Dans ses paroles au prophète, le Chaldéen fait référence à YHWH (voir v. 2-3). Ensuite, Jérémie disparaît du récit, tout comme YHWH, du reste, pour ne refaire surface qu'en 42,2. À côté de la disparition de ces deux personnages, d'autres entrent en scène, et l'un d'eux, déjà présent, va jouer un rôle actif. Tout d'abord, en 40,7, apparaissent «tous les chefs des forces» (כל־שרי החילים) avec leurs hommes. Parmi eux, quelques-uns sont nommés, dont Yishmaël, Yohanân et Yonatan fils de Qareah (v. 8), trois personnages importants par la suite[35]. Ensuite, Godolias, qui, introduit en 39,14, avait seulement été l'objet de la nomination chaldéenne (40,5.6), devient actif: il parle (40,9-10), il refuse de croire (v. 14), il répond (v. 16), il mange (41,1), et finalement se fait tuer (41,2). Enfin, 41,18 conclut le récit en récapitulant ce qui s'y est passé, à savoir que l'idée de se rendre en Égypte est le fruit de la crainte que les Chaldéens inspirent au peuple que Yohanân a délivré de Yishmaël.

D'un point de vue narratif, le passage peut se diviser en six scènes, délimitées essentiellement par l'entrée ou la sortie de scène de personnages et par les indicateurs temporels présents dans le texte[36]. Ces six scènes s'enchaînent dans un flux narratif continu et développent une intrigue à la chronologie suivie. Le récit raconte comment, après un retour à la paix, c'est à nouveau le refus d'écouter une parole qui fera basculer le cours des événements et aura des conséquences tragiques. Ainsi, on peut résumer schématiquement le passage comme suit[37]:

---

34 ABREGO DE LACY, *Jeremías y el final del reino*, p. 98. Je traduis.

35 Ces כל־שרי החילים (voir 40,13; 41,11.13.16) interrogent Jérémie en 42,1 et, parmi eux, ne se trouvera plus cette fois que le seul Yohanân, fils de Qareah (voir 42,8 et 43,4.5).

36 Ces indicateurs ont déjà été mis en évidence lors de l'étude du tempo du récit de la partie chronologique de la section en prose, cf. *supra*, pp. 182-185.

37 Ce découpage est quelque peu différent par rapport à celui qui a été proposé *supra*, p. 183. Les deux découpages ne se contredisent pas mais répondent à deux questions différentes. Là, il s'agissait de dégager le tempo du récit, alors qu'ici, il est question de la structure narrative de l'épisode. Voir dans un même esprit les remarques de la n. 15, p. 214.

1e scène	40,7-12	exposition		Les chefs apprennent que Godolias est gouverneur; ils se rendent chez lui et il les invite à la soumission. Retour des Judéens dispersés parmi les Nations et nouvelle fécondité de la terre (1er dénouement de l'histoire globale).
2e scène	40,13-16	complication	1	Les chefs mettent en garde Godolias contre un traître: il ne les croit pas
3e scène	41,1-3		2	Meurtre de Godolias et des hommes qui étaient avec lui
4e scène	41,4-10		3	Meurtre de 70 des 80 pénitents; repli du traître vers Ammon avec le peuple qu'il emmène avec lui
5e scène	41,11-15	action décisive		Poursuite du traître et libération du peuple
6e scène	41,16-18	dénouement		Départ de Yishmaël vers Ammon et du peuple vers l'Égypte

Comme le laisse entendre l'exposition, l'histoire commence plutôt bien. C'est ainsi que cette scène fait également office de dénouement provisoire du récit global. Mais c'est également une exposition, car un récit commence là, dans la mesure où il campe une situation qui va bien vite se compliquer, les choses n'allant pas aussi bien qu'on aurait pu le croire. Un traître va ramener le peuple dans le chaos en deux moments successifs: premièrement, l'assassinat du gouverneur, garant de la paix encore fragile; puis, le meurtre de pénitents se rendant à Jérusalem. Après la poursuite de cet homme qui a emmené le peuple en captivité et la libération de ce dernier, chaque partie de son côté fuit les représailles: le traître échappe aux chefs des forces en se rendant vers Ammon, et le peuple, emmené par ces mêmes chefs, prend la direction de l'Égypte. Ainsi se conclut tragiquement une histoire dont les prémisses étaient pourtant positives. Reprenons l'ensemble pour en proposer une lecture[38].

2. Lecture narrative détaillée de l'épisode

a. Exposition: les Judéens vont à Godolias (40,7-12)

Cette première scène est en même temps, on l'a dit, un premier dénouement, bien provisoire cependant, du récit global, et l'exposition du récit de 40,7–41,18. En tant que tel, il ne s'agit pas d'un récit complet, bien qu'il recèle quelques éléments de tension.

38 Un certain nombre d'éléments ayant été mis en lumière lors de l'étude globale de l'intrigue, ils ne seront pas repris ici.

Au début du nouvel épisode, le narrateur se tourne vers les chefs des troupes dispersées dans la campagne de Juda[39]. Leur réaction à la nouvelle de la nomination de Godolias retient toute l'attention. Le narrateur semble prendre le temps de mentionner les chefs en question, tous ceux qui se trouvent avec eux, après avoir introduit le gouverneur avec son titre complet et ceux qui lui ont été confiés (v. 7-8). Dans ces versets, deux groupes se réunissent: d'une part, les chefs des forces – Yishmaël, Yohanân[40], Yonatan, Seraya, les fils d'Ophaï de Netopha et Yezanyahu – avec leurs hommes; et d'autre part, les membres du peuple se trouvant déjà avec Godolias. Plus tard (v. 11-12), le narrateur signale qu'un autre groupe rejoint Godolias: ce sont les membres du peuple dispersés en Transjordanie ou dans d'autres nations qui reviennent au pays suite à la nomination du gouverneur. Ainsi, Godolias, l'homme mis en place par le roi de Babel, semble attirer à lui les Judéens qui se regroupent autour de lui. Quiconque, de Juda, n'a pas été déporté à Babylone, se retrouve donc apparemment uni autour de Godolias. Cela dit, l'entrevue entre le gouverneur et les hommes se passe bien, et le retour à la paix (v. 11-12) confirme la prophétie de Jérémie: après le châtiment, la restauration est en marche.

Dans tout cela, le narrateur est très économe. Pour décrire cette situation de retour au calme, il ne relate aucun dialogue, aucun assentiment à la parole de Godolias; mais la rapide description des actes pourrait suggérer que tous font ce que Godolias préconise. Néanmoins, cette manière de raconter les choses et l'économie du récit recèlent quelques éléments de tension.

Reprenons donc les choses au début. Tout d'abord, Godolias n'est pas un membre de la famille royale; il appartient – on peut l'imaginer – au parti pro-babylonien. Sa nomination met donc symboliquement un terme à la dynastie davidique, conformément à ce qui avait déjà été annoncé par Jérémie (voir 22,30 et 36,30)[41]. Par ailleurs, étant donné que Godolias est nommé par l'envahisseur, le lecteur peut aisément supposer que la réaction des chefs à cette désignation risque d'être négative. Ce léger suspense est nourri par la longueur du verset 8, où sont détaillés les noms des commandants qui viennent vers Godolias: le narrateur retarde ainsi le moment de la rencontre entre le gouverneur et

39 Il s'agit, pour certains commentateurs, des chefs des forces qui se sont soustraites d'une manière ou d'une autre aux Chaldéens; dans ce sens, cf. par ex. CARROLL, *Jeremiah*, p. 703 et HOLLADAY, *Jeremiah* 2, p. 295, qui ajoute que la campagne recèle de nombreux endroits pour se cacher.

40 Au v. 13, Yohanân semble prendre la tête des chefs des forces.

41 Ce fait pourrait amener le lecteur à douter de la promesse d'un roi juste annoncé en 33,15, bien qu'il sache que les promesses de restauration initiales demeureront, quoi qu'il arrive.

ces personnages, augmentant d'autant plus l'attente du lecteur qu'il souligne que ces chefs ne se sont pas déplacés seuls, mais avec leurs hommes (v. 7aα et 8bβ). Puis, il cède la parole au seul Godolias (v. 9).

Parlant à tous ces hommes, susceptibles sans doute de fomenter une rébellion, Godolias prononce un serment solennel[42], les invitant à faire allégeance aux Chaldéens. Dans cette parole, il résume en quelque sorte l'essentiel de la prophétie de Jérémie (voir par ex. 21,9). Une mise en structure du discours en fera ressortir les accents:

v. 9	Ne craignez pas de <u>servir</u> les **Chaldéens**. *Habitez dans le pays* et <u>servez</u> le roi de Babel et ce sera bien pour vous.	vous
v. 10	mais moi, voici, *j'habite* à Miçpa, pour me tenir à la face des **Chaldéens** qui viendront vers nous.	moi
	Et vous rassemblez vin et fruits et huile et mettez(-les) dans vos récipients et *<u>habitez dans vos villes</u>* <u>que vous avez occupées</u>.»	vous

Le discours de Godolias se déploie en trois parties, dont les deux extérieures concernent les arrivants («vous»), alors qu'au centre, il parle de lui («moi»). Ainsi, il dessine les rapports avec les Chaldéens: le peuple doit se soumettre à eux et à leur roi (2 fois עבד) et s'installer dans le pays, ce sur quoi il insiste en répétant deux fois le verbe ישב à l'impératif à l'adresse du peuple. Il peut aussi reprendre les activités agricoles. Ainsi, la soumission sans crainte aux Chaldéens se marquera concrètement par le fait de rester au pays et d'y vivre. Quant à lui, il montrera l'exemple en habitant (ישב) à Miçpa, et en se tenant à la disposition des Chaldéens comme intermédiaire entre eux et le peuple (v. 10)[43].

Le lecteur peut s'interroger, à ce point, sur ce qui pousse Godolias à prononcer un tel discours. Lorsqu'il répète l'essentiel de la prophétie de Jérémie, ne parle-t-il pas parce qu'il y est poussé par sa fonction? Nommé par Nabuchodonosor, il se doit de promouvoir son patron auprès des vaincus, pour lui montrer sa fidélité. Il n'est donc pas vraiment dans la position de celui qui peut dire ce qu'il veut. Quoi qu'il en soit, la déclaration de Godolias n'entraîne aucune réaction des chefs et de leurs hommes, aucun dialogue qui nous renseignerait sur les résul-

42 La construction du verbe שבע au Nifal avec ל est un peu curieuse à cet endroit. Elle signifie sans doute «adjurer; implorer quelqu'un, avec serment» (cf. par ex. Gn 21,23 et 2 S 21,17). Les commentateurs consultés ne relèvent pas cette curiosité.

43 BRUEGGEMANN, *Exile and Homecoming*, p. 377, souligne combien la position de Godolias est politiquement délicate, comme pris entre deux feux: d'une part, le peuple et, de l'autre, les Chaldéens. La structure concentrique de son discours, où il se place au centre, entre le peuple et les Chaldéens, souligne subtilement cet aspect.

tats de l'entrevue. Au contraire, le narrateur poursuit son récit en mentionnant d'autres Judéens qui, apprenant ce qui vient de se passer et qui est raconté aux versets 7-10, reviennent à leur tour au pays. Ainsi, des membres dispersés du peuple rentrent au pays, premier retour d'«exilés» après la déportation racontée en 39,9[44]. C'est alors que le narrateur mentionne la récolte abondante.

Cette curieuse façon de raconter la «non-réponse» au discours de Godolias permet deux interprétations qui ne se contredisent pas nécessairement l'une l'autre. Une première hypothèse est que le narrateur fait preuve ici d'un souci d'économie. En ne rapportant pas de réponse verbale, après le verset 10, il laisse entendre l'accord *de facto* des chefs avec la parole du gouverneur. Dans ce cas, la position centrale du discours pourrait indiquer que tous, aussi bien ceux de la campagne (v. 7-8) que ceux de Transjordanie et d'ailleurs (v. 11), l'acceptent, comme le suggère le fait que la terre leur donne ses fruits à profusion (v. 11-12). La seconde manière de comprendre est la suivante: le narrateur n'enregistre pas la position des hommes, et ouvre par là un suspense: sont-ils d'accord avec le discours qui leur a été fait? Vont-ils se soumettre? Rien n'est moins sûr…

Un autre élément de tension et d'étonnement pour le lecteur est le fait que Godolias – tout comme le narrateur, du reste – ne fait aucune allusion à Jérémie dans ce passage. Que le narrateur n'en parle pas ne surprend pas vraiment. Il a signalé, en effet, que Jérémie était auprès de Godolias (v. 6), et, ce qui l'intéresse maintenant, ce sont les réactions des membres du peuple suite à la nomination chaldéenne. Par contre, il est peut-être plus étonnant que le prophète ne soit pas nommé par le gouverneur, d'autant plus que celui-ci fait clairement écho à ce qui a été l'essentiel de sa prédication. Cela n'est pas forcément un bon signe pour la suite. Cela dit, si le résultat du discours de Godolias est effectivement le retour à la paix, la mission de Jérémie pourrait avoir touché à sa fin: le chapitre 39 a raconté point par point la réalisation des paroles de malheur[45]; ici, la réalisation de la promesse est relatée, après le retour des Judéens vers Godolias qui, pour sa part, fait preuve d'allégeance vis-à-vis des Chaldéens.

Ces quelques éléments de tension se vérifieront par la suite.

44 Il est clair qu'il ne s'agit pas des mêmes personnes. Ceux qui ont été emmenés en exil en 39,9 ne sont pas ceux qui reviennent ici. Mais ce retour ouvre concrètement l'espoir du retour de tous les exilés, y compris de ceux qui viennent d'être déportés à Babylone.

45 On y reviendra dans la conclusion globale, cf. *infra*, pp. 338-343.

b. Premier moment de la complication: entrevue des chefs avec Godolias (40,13-16)

Le retour à la paix et la récolte abondante peuvent laisser croire que la tension probable due à la nomination de Godolias s'apaise rapidement. Mais le fait que les chefs n'ont pas répondu au discours de Godolias est peut-être le signe que le gouverneur ne fait pas l'unanimité. C'est ce qui ressort de ce que disent ceux qui viennent trouver Godolias à Miçpa (v. 13). Cette parole ne concerne en rien leur allégeance . Au contraire, elle semble plutôt la confirmer. Mais elle annonce aussi que les choses risquent de se compliquer, en amenant un nouvel élément de tension dans le récit: la traîtrise dont ils prétendent qu'Yishmaël se rend coupable. Ainsi, si le gouverneur a des partisans, il a au moins un opposant, Yishmaël. Les hommes mettent donc Godolias en garde contre ce traître qui se trouve parmi eux. On notera que, cette fois, seul Yohanân est nommé parmi les chefs, même si «tous les chefs des forces qui étaient dans la campagne» sont présents (v. 13). Serait-ce qu'il a pris la tête de ce groupe? En tout cas, en ne nommant que lui avec Yishmaël, le narrateur attire l'attention du lecteur sur deux personnages qui seront en grande partie protagonistes de la suite. Les deux hommes sont présentés comme servant des intérêts différents: Yohanân est du côté de Godolias, et donc du peuple; Yishmaël est à la solde de Ba'alis, roi d'Ammon. C'est en tout cas ce qu'affirment Yohanân et les chefs qui l'accompagnent. Ainsi, si Yohanân dit vrai, le roi d'Ammon semble vouloir éliminer Godolias, bien que ses motivations demeurent cachées[46], tout comme celles de Yishmaël d'ailleurs.

Ainsi informé, Godolias ne croit pas ces hommes qui viennent le mettre en garde. Pour quelle raison? Pense-t-il que tous ceux qui sont venus vers lui et qui ont entendu son sermon (v. 7-10) lui sont fidèles, au point qu'il ne veut en aucun cas mettre en doute leur loyauté? Pourquoi ne parle-t-il pas avec Yohanân et les autres pour en savoir plus? Pourquoi ne s'inquiète-t-il pas de vérifier si ce qu'ils disent est vrai? Le narrateur ne dit rien à ce sujet, soulignant plutôt la passivité de Godolias, qui n'interroge même pas le prophète ou d'autres hommes de confiance, et qui ne fait rien pour se défendre.

La démarche collective ayant été sans résultat, Yohanân parle en secret à Godolias, et lui demande son accord pour tuer celui qu'il persiste à présenter comme un traître, ne fût-ce qu'implicitement (v. 15). Il ajoute que sa démarche est motivée par l'avenir de tous les Judéens regroupés autour de lui (v. 7-12), qui comptent sur lui pour que la si-

46 Sur les motivations du roi d'Ammon et ce qu'en disent les commentateurs, voir *supra*, n. 36, pp. 224-225.

tuation meilleure perdure, pour leur salut (v. 15b). Mais Godolias réagit en refusant la proposition et en accusant Yohanân de mensonge. Pour lui, le traître, c'est Yohanân et non Yishmaël! Ainsi, l'attitude du gouverneur est aussi claire que cohérente. Ne croyant pas un mot de ce qui lui est dit, il n'a aucune raison d'enquêter plus loin, alors même que l'autre lui a dit que le sort des Judéens est en jeu. Mais l'accusation qu'il porte contre Yohanân, montre au moins qu'il a confiance en quelqu'un, sans imaginer un instant qu'elle soit mal dirigée. Aussi, le lecteur se demande-t-il ce qui va se passer, et qui, de Godolias ou Yohanân, a raison.

Notons que, pour relater cette entrevue, le narrateur fait usage de son omniscience, puisqu'il donne au lecteur de surprendre une conversation secrète. Il attire ainsi l'attention du lecteur sur la résistance de Godolias à croire Yohanân, malgré son insistance et ses arguments de poids. C'est d'autant plus important de le faire, que cette résistance fera basculer le cours des événements, donnant raison à Yohanân.

c. Deuxième moment de la complication: meurtre de Godolias (41,1-3)

Godolias croit tellement peu ce que Yohanân lui a dit, que lorsque Yishmaël vient le trouver avec une escorte, il s'expose imprudemment en allant manger avec eux (41,1b, יחדו). En réintroduisant celui qui est peut-être un traître, le narrateur lui consacre cette fois une présentation complète (v. 1a). Le lecteur, qui savait déjà qu'il est fils de Netanyah (v. 8 et 14), apprend aussi le nom de son grand-père, Elishama'. Mais surtout, le narrateur précise que cet homme est de sang royal et que des fonctionnaires royaux (רבי המלך) l'accompagnent, en plus de dix hommes. Ainsi, se trouvent réveillées chez le lecteur les craintes qu'il a pu éprouver au début de l'épisode, quand divers groupes sont venus vers Godolias. Et si Yishmaël[47] estimait que la place de gouverneur revient de droit à un homme de sang royal[48], ce dont ne peut se revendiquer Godolias? Et si Ba'alis s'était appuyé sur ce désir frustré pour se servir

47 Le premier mentionné au v. 8.

48 Certains justifient de la sorte l'intervention de Yishmaël. Cf. à ce propos, *supra*, n. 36, pp. 224-225. A. AMMASSARI, «Un precedente biblico del terrorismo», *BeO* 20 (1978), pp. 241-244 qualifie l'action de Yishmaël d'action terroriste de la part d'un homme qui n'a pas voulu reconnaître la défaite. STEINMANN, *Jérémie*, pp. 262-263, définit Yishmaël de la sorte: «Ce terroriste, prototype des brutes qui ont déshonoré toutes les périodes tourmentées de l'histoire juive, usa du procédé de trahison le plus honteux. Sous aucun prétexte, en Orient, un homme d'honneur n'ose porter la main sur son hôte, sur celui avec lequel il vient de rompre le pain. Ismaël colorait d'impiété sa trahison».

de Yishmaël en vue de se débarrasser d'un voisin à la solde des Chaldéens? Yohanân n'a sans doute pas eu tort de mettre en garde Godolias… Du reste, ce dernier ne tardera pas à l'apprendre à ses dépens. Car à la fin du repas, si Yishmaël et les dix hommes se lèvent, ce n'est pas dans le but de partir, mais de frapper à mort le gouverneur (41,2) et «tous les Judéens qui étaient avec lui» ainsi que les Chaldéens laissés en faction à Miçpa (v. 3). Godolias aura payé cher sa confiance mal dirigée.

La mention du meurtre de tous les Judéens qui se trouvaient là introduit un nouvel élément de tension, cette fois à propos du prophète. En effet, le lecteur sait depuis 40,6 qu'il se trouve aux côtés de Godolias. Ferait-il partie des victimes? De plus, les Chaldéens, étant donné que les hommes en faction à Miçpa ont été tués eux aussi, exerceront-ils des représailles? Le narrateur laisse croître le suspense, car en ne disant rien, il laisse craindre le pire. En ce qui concerne Jérémie, le narrateur fera bientôt mention de rescapés (voir 41,16), mais sans préciser si le prophète se trouve parmi eux.

Ainsi, conformément aux paroles de Yohanân et d'autres chefs avec lui, il y avait bien un traître parmi eux, et ce dernier a réussi son coup. Le sort du peuple est donc de nouveau menacé, car cet assassinat est de nature à mettre en question la stabilité du pays, dont Godolias s'était fait le garant (voir 40,10). De plus, il marque un pas vers le refus de la suprématie chaldéenne, et met ainsi en péril la restauration qui a porté ses premiers fruits (40,12). Par ailleurs, la menace de représailles chaldéennes donnera peut-être une base à la crainte des Judéens, dont il sera question plus loin dans le récit (41,18).

d. Troisième moment de la complication: les 80 pénitents (41,4-10)

Après l'assassinat collectif perpétré par Yishmaël et ses hommes, le lecteur s'attend à en lire les conséquences immédiates pour le peuple. Mais le narrateur introduit un bref délai entre les meurtres et la suite (voir v. 4)[49]. Pourquoi ce blanc dans le récit, ce laps de temps où, apparemment, rien ne se passe, et où la mort de Godolias n'est pas divulguée? À ce stade, le lecteur ignore même s'il y a des rescapés dans la ville, et il peut imaginer que Yishmaël a supprimé tous les témoins

49 Les commentateurs qui relèvent cette marque chronologique se partagent en deux groupes. Pour certains, deux jours s'écoulent effectivement, comme par ex. pour THOMPSON, *Jeremiah*, p. 659. Pour d'autres, par contre, comme par ex. WEISER, *Jeremia 25,15–52,34*, p. 356; CARROLL, *Jeremiah*, p. 709; BRUEGGEMANN, *Exile and Homecoming*, p. 383, le massacre des pénitents se déroule le lendemain du meurtre de Godolias. Ces derniers considèrent le jour même de l'assassinat de Godolias comme le premier des deux jours en question.

(v. 3). Ainsi, le verset 4b est peut-être là pour préciser que toutes les personnes susceptibles de savoir ce qui s'est passé ont été effectivement éliminées au verset 3[50]. Cela peut aisément expliquer pourquoi il n'y a eu aucune réaction après deux jours.

Dans un premier temps, donc, le geste de Yishmaël demeure secret; c'est pourquoi le narrateur n'en raconte pas les conséquences directes. Il détourne plutôt l'attention du lecteur en décrivant avec soin le pèlerinage de quatre-vingts personnes venues de Sichem, de Silo et de Samarie et qui, en pénitents, se rendent au temple de YHWH avec des offrandes (v. 5)[51]. Ainsi, de villes d'une grande importance religieuse (Sichem et Silo) et politique (Samarie) dans le passé, sort un cortège rituel se rendant au temple de Jérusalem: bien que celui-ci ait été incendié[52], les gens de ces villes du nord lui reconnaissant encore le statut de maison de YHWH, de lieu privilégié de rencontre avec le Seigneur[53]. C'est alors qu'à une dizaine de kilomètres de leur but, ils sont arrêtés par Yishmaël qui les attire dans un traquenard (v. 6). À ce point, le lecteur est dans une position particulière: il en sait plus que les pénitents, mais ignore les motivations de Yishmaël. Sortant vers eux en pleurs, il les invite à aller voir Godolias! Le lecteur sait que le gouverneur est mort de la furie assassine de Yishmaël. Il ne peut donc que s'étonner des pleurs comme de l'invitation de la brute, dont il ne sait où elle veut en venir. Pour sûr, Yishmaël joue la comédie, mais dans quel but? Ainsi alerté, le lecteur nourrit des craintes concernant ces gens; un peu à la façon des enfants qui, devant un guignol, cherchent à mettre en garde le «bon» tenté de se fier au «méchant», il voudrait avertir les pénitents de ce qu'il sait, pour leur éviter le pire. Mais ses envies sont évidemment inutiles.

Une fois les quatre-vingts pèlerins introduits dans Miçpa, le narrateur accélère le rythme de la narration pour raconter une nouvelle atrocité de Yishmaël qui ajoute un massacre à la première tuerie (v. 7). Ce verset est même construit en sorte que, jusqu'au derniers mots, le lecteur pense qu'Yishmaël seul passe ces hommes par l'épée, ce qui exacerbe le côté violent et sanguinaire du personnage. C'est seulement à la fin que le narrateur précise qu'il n'égorge pas ces gens tout seul, mais

50 Noter que les rescapés du v. 10 peuvent tout ignorer s'ils n'étaient pas présents au repas sanglant.

51 Selon BRUEGGEMANN, *Exile and Homecoming*, p. 383 et n. 59, cet épisode montre que le culte ne s'est pas arrêté à Jérusalem après 587.

52 Ce que laisse supposer 39,8 et que 52,13 confirmera.

53 WEISER, *Jeremia 25,15–52,34*, p. 356 souligne que la destruction du temple ne touche en rien la sainteté du lieu où il était construit.

aidé par ses hommes. Il n'empêche que l'impression de cruauté marque bel et bien le personnage.

Le narrateur n'insiste pourtant pas sur le massacre: le tout est réglé en quelques mots. En revanche, il s'attarde à la réaction de dix des pénitents. Ceux-ci promettent de donner des vivres à Yishmaël s'il ne les fait pas mourir, un marché qu'il accepte (v. 8). Cela ajoute un trait au caractère de cet homme: chez lui, la seule chose qui puisse mettre un frein à la violence, c'est la promesse d'un profit. Mais cela dit aussi quelque chose des dix hommes qui, en proposant le marché, se désolidarisent des autres pour sauver leur vie. Indirectement, il apparaît que les septante autres n'ont pas soufflé mot pendant qu'ils se faisaient massacrer, apparemment passifs. N'auraient-ils rien à proposer en échange de leur vie, ou voulaient-ils rester fidèles à Godolias ou à la motivation initiale qui les a poussés vers le temple avec des offrandes? Le lecteur n'en saura rien, probablement parce que ce qui intéresse le narrateur, c'est de montrer jusqu'où peut aller la cruauté de Yishmaël, mais sans doute aussi quelles sont ses intentions retorses, sur lesquelles on va revenir (voir v. 9). Ainsi, le narrateur met en évidence un élément capital: le fait d'être de sang royal est loin d'être une garantie de justice, et ne pousse pas nécessairement à prendre des décisions qui mèneront le peuple à la vie. De la sorte, il suggère qu'un tel chef serait une catastrophe pour le peuple, tandis qu'il confirme le rôle négatif des membres de la famille royale dans l'histoire de la chute de Jérusalem.

Mais avant d'en venir au sort du peuple, le narrateur veut en finir avec la scène de massacre des pénitents. Il ralentit à nouveau le rythme du récit, avec la description détaillée de la citerne dans laquelle Yishmaël jette les cadavres de ses victimes (v. 9). Quel est l'effet d'une telle parenthèse? Selon 1 R 15,9-24, Asa, roi de Juda, est un souverain juste qui cherche à éliminer le culte idolâtre (1 R 15,12-13). Il passe aussi une partie de sa vie en guerre contre Baésha, et pour cela il fortifie Miçpa (1 R 15,22). Cela dit, ce rapprochement intertextuel, appelé par le nom des deux rois mentionnés au verset 9, ne semble guère éclairer notre passage. Cette note est-elle simplement destinée à identifier la citerne, de sorte que ceux qui passent par là fassent mémoire de ces hommes aussi sauvagement abattus? Mais peut-être met-elle autre chose en évidence. En effet, la citerne en question a été construite par un bon roi, afin de permettre la vie dans un contexte de guerre. Ici, elle est transformée par un membre de la famille royale en un lieu de mort, alors que le contexte était à la paix. Ainsi, Yishmaël détourne, probablement dans le but de cacher son méfait, la fonction première de cette citerne. Ce qui est certain, c'est que ce massacre marque une deuxième étape vers le retour au chaos, par la violence extrême déployée par Yishmaël.

À la fin du verset 9aα, une petite mention anodine du TM (ביד גדליהו «par la main de Godolias»[54]) éveille la curiosité du lecteur. En effet, à ce stade, nul ne sait que Godolias est mort, mis à part, bien sûr, son assassin et ses hommes (voir v. 4). Yishmaël aurait-il caché aussi son cadavre dans cette citerne – comme le laisserait supposer la correction de ביד par בור[55] –, ce qui expliquerait pourquoi personne n'est au courant de la mort du gouverneur? Peut-être. Mais, dans le texte que propose le TM (ביד־גדליהו), la mention insiste sans doute sur les intentions retorses de Yishmaël, déjà mises en évidence lors du traquenard lancé aux pénitents. En effet, au verset 6b, sa manière de faire auprès de ces hommes leur laisse croire qu'il agit sur ordre de Godolias. C'est aussi ce que suggérerait la clausule du verset 9: «les hommes qu'il avait frappés par la main de Godolias», c'est-à-dire qu'il a tués en les attirant dans son piège en faisant mention de Godolias. Après cela, sans doute pour faire croire que Godolias est le responsable de ce massacre, il fuit (v. 10) en emmenant la population de la ville, de sorte que nul ne s'apercevra du meurtre du gouverneur. Mais sa ruse est éventée, et le peuple captif est libéré (v. 11-14).

Ainsi, en cherchant à «faire porter le chapeau» au gouverneur que les gens croient encore en vie, Yishmaël peut vouloir déstabiliser le pays d'une double manière: tout d'abord, bien sûr, en éliminant le gouverneur mis en place et sous l'égide duquel la paix et la stabilité ont déjà porté des fruits; et d'autre part, en suggérant subtilement que ce gouverneur s'est rendu coupable de crimes abominables, ce qui est de nature à renforcer le danger qui plane sur le pays après ces événements, et à se faire passer pour un libérateur.

---

54 Cette mention pose des problèmes de critique textuelle que je résume ici en suivant la discussion qu'en fait D. BARTHÉLEMY, *Critique textuelle de l'Ancien Testament. Tome 2. Isaïe, Jérémie, Lamentations*, OBO 50/2, Fribourg – Göttingen, 1986, pp. 744-754. La correction du texte se fait en général sur base d'un texte grec, considéré comme authentique, qui présente φρέαρ μέγα, ce qui donne en hébreu בור גדול, une leçon assez semblable graphiquement mais bien différente sur le fond de ביד גדליהו. Cette correction, proposée par Movers pour pallier la difficulté présentée par ביד גדליהו, a été suivie par de nombreux commentateurs, par ex. Hitzig, Giesebrecht, Duhm, Cornill, Condamin, Volz, Rudolph, Steinmann, Weiser, Bright. Il faut toutefois souligner que l'absence de ביד גדליהו dans le grec a posé problème très tôt, étant donné que la recension origénienne, estimant que ces deux mots n'avaient pas été traduits, les insère avant φρέαρ μέγα.

55 Cf. BARTHÉLEMY, *Critique textuelle de l'Ancien Testament*, p. 745, qui cite pour cela la position de Ehrlich: «Si […] on lit בור גדליהו, on obtient une leçon déterminée: "La citerne de Godolias", c'est-à-dire la citerne où a été jeté le cadavre de Godolias; cet événement dramatique ayant valu ce nom à une citerne dont on nous explique ensuite que c'était celle que le roi Asa etc.»

e. Action décisive: repli de Yishmaël et libération du peuple (41,10-15)

Après avoir aussi sérieusement mis à mal le serment de Godolias («ne craignez pas les Chaldéens», 40,9), Yishmaël emmène captif le peuple rescapé. Le narrateur ne dit pas si celui-ci consent où non à suivre Yishmaël; il souligne plutôt son rôle passif, en le citant deux fois comme objet de l'action du traître assassin. Ainsi, le peuple est à son tour victime de cet homme cruel qui l'emmène prisonnier dans un pays voisin, apparemment chez le roi qui a commandité l'élimination de Godolias. De la sorte, le peuple qui avait été sauvé par les Chaldéens est emmené en déportation, comme ç'avait été le cas pour les gens de Jérusalem. Cet élément a comme conséquence d'amplifier la trahison de Yishmaël. Si le lecteur avait pu croire qu'il voulait prendre la place de Godolias, il constate ici qu'il n'en est rien et – ce qui est pire encore – qu'il est «vendu» au roi d'Ammon.

Emmené en captivité (41,10), le peuple n'oppose donc apparemment aucune résistance, et la question qui se pose est de savoir ce qui va se passer avec ces gens qui suivent passivement Yishmaël quand il les emmène vers son commanditaire, Ammon. Notons que, parmi le reste de la population rassemblée à Miçpa («les filles du roi et le peuple qui restait à Miçpa») et qui avait été confiée par Nebuzar'ᵃdân à Godolias (v. 10, voir 39,11-12; 40,5), doit se trouver Jérémie, bien que le narrateur ne le précise pas explicitement, entretenant le suspense au sujet du prophète.

Le repli de Yishmaël ne sera pas long. Yohanân, celui-là même qui avait mis en garde Godolias contre le traître, et tous ceux qui étaient avec lui, après avoir eu vent de ses agissements, le poursuivent (v. 11) et le rattrapent près de Gabaon (v. 22). À leur vue, le peuple se réjouit (v. 13), probablement parce qu'il va être libéré. Aussi, se retournant, il va à la rencontre de ses libérateurs, en qui il voit une chance d'échapper à Yishmaël (v. 14). Objet de son pouvoir terrorisant, le peuple reprend maintenant l'initiative. Comme le montre le jeu des verbes aux versets 10 et 14[56], le peuple redevient sujet lorsqu'il voit arriver Yohanân et les chefs. C'est alors qu'il lâche Yishmaël, qui s'enfuit avec huit hommes chez les Ammonites (v. 15). Une telle libération du peuple pourrait laisser croire que le dénouement de l'épisode est terminé, puisque les alliés de Godolias ont vaincu, eux qui ont sans doute fait allégeance aux

56 Au v. 10, le narrateur dit deux fois que les gens de Miçpa sont emmenés captifs (שבה). Il le répète au v. 14, mais cette fois dans un contexte opposé, car ces gens font demi-tour (סבב) et retournent (שוב). Et tandis qu'au v. 10, leur direction (הלך) était le pays des Ammonites, au v. 14, ils vont (הלך) vers Yohanân leur sauveur.

Chaldéens. Mais que vont faire Yohanân et les chefs? Resteront-ils au pays pour poursuivre le travail commencé avec Godolias? Après un certain retour au chaos marqué par l'assassinat de Godolias, le massacre des pénitents et le début de la déportation des gens de Miçpa, le retour à la paix pourrait être à nouveau possible. Ce n'est pourtant pas ce qui va se produire.

f. Dénouement: départ vers l'Égypte (41,16-18)

Même dans le dénouement, le narrateur semble soucieux de ménager ses effets. C'est qu'on n'est pas encore au terme du récit global. Avant de raconter quelle sera effectivement la décision des chefs, le narrateur prend le temps de dénombrer ceux qui sont avec Yohanân, à l'exception de Jérémie, dont on ne sait toujours rien (v. 16), et il insinue que tout pourrait bien se terminer, puisque tout ce petit monde revient de Gabaon et s'établit près de Bethléem (v. 17a). Mais l'espoir du lecteur est de courte durée, car il apprend vite que, dans l'esprit des Judéens, Bethléem n'est qu'un arrêt sur une route qui devrait les mener en Égypte (v. 17b).

Ce qui motive le départ, c'est la peur. Les chefs redoutent les représailles chaldéennes pour la mort de Godolias, dont le narrateur répète qu'elle est l'œuvre de Yishmaël, insistant ainsi sur le fait que les gens qui sont là ne sont pour rien dans ce qui s'est passé. Dans le contexte, cette peur est parfaitement compréhensible, bien que le narrateur ne dise nulle part que les Chaldéens ont l'intention de se venger. Mais le lecteur peut néanmoins s'étonner. En effet, ceux dont il a pensé, depuis 40,13-16, qu'ils étaient au côté de Godolias et qu'ils pourraient en son absence continuer à faire ce qu'il a demandé, de manière à profiter de la restauration, prennent peur. Ils agissent en cela contrairement à la recommandation de Godolias[57] (voir 40,9), lui qui, le premier, ne leur a pas fait confiance (voir 40,14b-16). Ainsi, si l'exposition laissait supposer que les choses se passaient bien et que la restauration était en marche, la fin montre que rien ne va plus. Godolias a perdu sur toute la ligne, à cause de son propre manque de confiance[58]. Le peuple qui a

57 La peur qui habite les chefs est probablement la raison pour laquelle ils ne cherchent pas à entrer en contact avec les autorités chaldéennes pour régler l'affaire. Ce qui souligne, encore une fois, que la parole de Godolias n'a pas véritablement été entendue. Mais en cela, ils ne font que prolonger le refus de l'écoute qui caractérise le peuple depuis longtemps. Pourtant, paradoxalement, ils feront bien vite appel à Jérémie (42,2), cherchant son aval. C'est là, en 42,2, que tout suspense quant à son sort sera levé.

58 Il faut noter que cela marque aussi l'échec de la prophétie de Jérémie.

échappé à la déportation forcée en Ammon, risque à présent d'être emmené en Égypte, de manière plus ou moins volontaire.

3. Reprise en guise de conclusion

Cet épisode en dit long sur ce que les personnages humains du récit font lorsque YHWH et le prophète sont absents. Dans la situation tragique dans laquelle ils se trouvent, les Judéens ne font aucunement appel à eux, et cherchent à se dépêtrer seuls du bourbier dans lequel ils s'enlisent. Ainsi livrés à eux-mêmes, les Judéens ne cherchent pas à se sortir de leur situation délicate par le dialogue: Godolias ne tente pas d'en savoir plus sur Yishmaël, et il ne consulte pas Jérémie; le peuple se laisse faire et ses chefs n'en réfèrent pas aux autorités chaldéennes. Quand la violence se déchaîne, ils cherchent plutôt leur salut dans la fuite. Tout, dans cet épisode, contribue à illustrer la dégradation progressive du bien-être rendu possible par ce que le lecteur voit comme un signe clair de la réalisation des promesses de YHWH pour son peuple. Témoin de la méfiance de Godolias, puis de la folie meurtrière de Yishmaël, les chefs prennent peur et dirigent leurs regards vers l'Égypte. Quant au peuple, il brille par sa passivité, bien qu'il préfère ceux qui représentent pour lui la liberté (voir 41,14).

Malgré la restauration qui pouvait être vue comme le don de Dieu – le lecteur le sait –, ce dernier est absent dans tout cet épisode, quand cela va bien comme lorsque les choses tournent mal. En effet, ni Godolias, ni les chefs, ni même le peuple emmené par Yishmaël, ne font appel à lui. La seule référence à YHWH dans le récit, mais elle est indirecte, survient lorsque l'assassin de Godolias s'en prend à quatre-vingt pèlerins qui se rendent au temple à Jérusalem.

Mais il est un trait peut-être encore plus curieux dans le récit. Il concerne la référence au prophète. Le lecteur, en effet, s'attend à le voir réapparaître, mais c'est en vain, puisque le narrateur ne lui permet pas de savoir s'il a échappé à Yishmaël. N'est-ce pas là une façon de faire sentir au lecteur que le prophète a effectivement été «éliminé», effacé dans l'esprit du peuple? En effet, il est comme gommé par Godolias qui ne le mentionne pas dans son discours, alors qu'il résume pourtant ce que Jérémie n'avait cessé d'annoncer. Le prophète est ensuite occulté aussi derrière la méfiance dont le gouverneur fait preuve vis-à-vis de Yohanân; il est éclipsé par la folie meurtrière de Yishmaël et par ses ruses perverses; enfin, il est négligé par la peur des chefs dont l'intention est de fuir en Égypte. Par cette façon de raconter, le narrateur montre comment Jérémie est vraiment «au milieu» du peuple, ballotté par les événements tragiques, au gré des actions des grands. Le prophète ne sortira du lot que lorsque on lui prêtera à nouveau attention et que l'on se souciera à nouveau de YHWH (42,2). Ce nouveau recours à YHWH et au prophète, juste avant de prendre la route vers l'Égypte, peut laisser supposer au lecteur que les chefs sentent qu'ils vont faire quelque chose qui ne lui plaît guère. Encore une fois, ce serait la peur qui les pousse!

Ces observations prennent davantage d'ampleur encore lorsque l'on recueille certains éléments des deux épisodes qui se passent en l'absence du prophète (chap. 36 et 40,7–41,18). Ils donnent, en effet, tous les deux, une image assez claire du peuple et de ses chefs.

Tout d'abord, les membres de la famille royale donnent d'eux-mêmes une image plus que déplorable: Joaqim détruit le rouleau des menaces prophétiques et veut mettre à mort Jérémie, tandis que Yishmaël ramène le peuple au chaos le plus complet, ruinant la restauration promise, au moment où Juda avait retrouvé paix et stabilité. Ce n'est donc pas uniquement la transmission de la Parole qu'ils mettent en danger, mais la survie même du peuple, comme le souligne Yohanân parlant à Godolias (40,15b). Ils le font de deux manières. Tout d'abord, par la destruction du rouleau, Joaqim cherche à empêcher que le message de conversion, et donc de retour à la vie, soit entendu par le peuple. Ensuite, en brisant l'équilibre rétabli suite à la victoire chaldéenne, Yishmaël pousse le peuple à se laisser guider par des chefs qui, à cause de leur peur, poseront l'ultime choix de mort, à savoir le retour en Égypte.

Quant au peuple, son image n'est guère brillante. Le plus souvent, on le voit uni et muet derrière des chefs qui choisissent à sa place. Il semble donc incapable de décider seul de son sort, restant à la remorque des gens qui comptent. Mais le narrateur lui en fait-il grief jusqu'ici? Ne le présente-t-il pas davantage comme une victime plus ou moins consentante de ce qui lui arrive?

Conclusion

Cette troisième partie a abordé le texte sous deux angles particuliers. Dans un premier chapitre, le récit a été relu en vue de déceler son intrigue, tandis que les deux chapitres suivants se sont penchés sur les personnages qui peuplent l'intrigue mise au jour dans le premier chapitre.

Du point de vue de l'intrigue, le récit formé par les chapitres 32–45 s'est révélé complexe et fort construit. En surface, il est formé par une série de micro-récits qui, en tout cas dans la première partie, peuvent donner au lecteur l'impression de former un ensemble fragmentaire, où les épisodes se suivent sans vraiment s'enchaîner. Mais une lecture attentive montre qu'il n'en est rien. En effet, non seulement les micro-récits s'enchaînent les uns aux autres selon une certaine logique, mais de plus, ils contribuent ensemble à l'évolution de l'intrigue tant événementielle que thématique du macro-récit.

Ainsi, à travers l'enchaînement même des épisodes, le récit déploie son message et fait ressentir au lecteur, de manière assez concrète, le chaos qui règne dans la population et dans les esprits à Jérusalem. Par sa manière de raconter l'histoire, le narrateur montre comment la pédagogie divine est à l'œuvre. Tout d'abord, en donnant longuement la parole à YHWH qui communique à Jérémie un message de restauration, le narrateur met au courant le lecteur des intentions positives de Dieu, quoi qu'il advienne et quels que soient les comportements du peuple face à la parole qu'il entend (chap. 32–33). Ensuite, il raconte où s'enracinent le mal et le malheur vécus par le peuple. Cette partie du récit fait comprendre au lecteur à quel point YHWH, secondé par Jérémie, semble avoir tout essayé pour ramener le peuple à la raison, mais en vain (chap. 34–36). Ainsi, le lecteur ne s'étonne pas de lire, dans la suite, ce qui se passe dans l'aujourd'hui du récit, au temps du siège et de la prise de la ville par Nabuchodonosor et ses hommes, trouvant normal que YHWH punisse effectivement son peuple (chap. 37–39). Mais il ne s'en tient pas au malheur présent, au contraire du peuple qui continue à se fermer sur lui-même malgré le début de restauration qu'il connaît, comme le montre clairement sa décision de partir en Égypte (chap. 40–44). Le lecteur sait, en effet, que la punition n'est qu'une étape nécessaire vers la restauration promise dès le départ. Et c'est en lisant les conséquences des choix désastreux du peuple et de ses gouvernants qu'il peut se mettre résolument du côté de YHWH et, de la sorte, ne pas répéter, dans son aujourd'hui à lui, les choix de mort de ses prédécesseurs. L'espoir reste donc entier pour le lecteur en finale du récit, puisque le livre et son témoin sont toujours là, et que lui-même est appelé à devenir témoin à sa manière.

L'intrigue développée par cette histoire parle donc de refus du peuple, et d'espoir, pour le lecteur, que malgré tout le Seigneur n'abandonnera pas les siens. Cette intrigue est peuplée de personnages qui interagissent entre eux et la font évoluer. À côté de YHWH, le personnage principal de l'histoire est certainement Jérémie, médiateur de la relation entre les deux partenaires d'alliance. Il apparaît comme un personnage fort complexe, dont la première caractéristique est certainement la réactivité. Le prophète ne prend aucune décision seul, sauf peut-être sa tentative d'aller à Anatôt en 37,12. Ses paroles et ses gestes sont toujours motivés par un ordre ou une invitation, que ce soit de YHWH ou de ceux qui l'entourent et qui veulent qu'il s'implique dans leur histoire. Face aux ordres ou aux invitations, Jérémie ne se dérobe jamais, ce qui ne l'empêche pas de renvoyer ceux qui l'interpellent à leurs agissements, et de demander justice lorsqu'il estime, en particulier face au roi, qu'il est traité de manière injuste. Ainsi, il est tenace dans sa mission qu'il accomplit en parfait accord avec ce que YHWH lui demande, bien qu'il soit conspué et rejeté par le peuple et ses chefs. De là, ressort une autre caractéristique de Jérémie, à savoir la fidélité à sa mission. Une mission qu'il exerce également avec une certaine liberté. En effet, pour remplir cette mission, le prophète proclame la parole de YHWH. Mais il est tellement pétri de cette parole qu'il peut librement prendre des initiatives. Ainsi pour les Récabites, à qui il adresse une parole de vie qu'il n'a pas reçue de YHWH, ou encore quand, le peuple ayant définitivement rejeté son Dieu en Égypte, il lui annonce, de sa propre initiative, que sa fuite ne le soustraira pas à la punition. Pour mener à bien cette mission, Jérémie recourt quelques fois à Baruch, mais il compte essentiellement sur YHWH, avec lequel il entretient une relation d'intimité particulière. Certes, le lecteur ne dispose que de quelques éléments à ce sujet, la réserve de Jérémie lui-même et du narrateur suggérant par ailleurs que cette relation avec Dieu est éminemment personnelle.

Si le personnage de Jérémie méritait un traitement particulier, vu son rôle éminent dans le récit, la caractérisation des autres personnages devait également être abordée. Mais étant donné que d'une manière où d'une autre, ceux-ci interagissent tous avec le prophète, cette étude a été combinée à l'étude du personnage de Jérémie, puis complétée à partir de deux épisodes où Jérémie est absent. Dans ces épisodes, le peuple donne l'image d'un ensemble uni derrière ses chefs qui décident pour lui. C'est seulement en Égypte qu'il prendra seul la décision de rejeter YHWH et sa parole pour choisir l'idolâtrie. Quant au roi de Juda et aux membres de la famille royale, c'est pire encore, comme le montrent d'une part l'épisode du livre brûlé et, d'autre part, les massacres perpétrés par Yishmaël qui, plutôt que de revendiquer le trône désormais vacant, préfère passer en Ammon. Les personnages présents dans ces deux épisodes sont pour l'essentiel des personnages plats, construits sur un seul trait de caractère, à l'exception de Yishmaël, dont le caractère négatif s'enrichit au fil du récit qui le voit protagoniste de divers événements, montrant à quel point il est violent et retors.

Conclusion générale

I. Approche littéraire de Jr 32–45

En fin de parcours, on peut se demander si le pari proposé au début était une «prétention absurde»[1]. Certes, l'unité de l'ensemble étudié n'apparaît que progressivement, au fil de la recherche, et elle passe parfois par des hésitations qui entraîneraient plutôt vers la fragmentation du texte. Les mots de R. Alan Culpepper à propos de l'étude des évangiles peuvent servir à expliciter l'évolution vécue au contact de la section étudiée:

> «[...] l'arrière-fond sur lequel d'autres [...] et moi-même travaillions n'était pas la présupposition de l'unité du texte, mais la présupposition [...] de la fragmentation du texte. Avec cette présupposition, les narratologues ont osé une question hérétique à l'égard de l'orthodoxie critique: jusqu'à quel point peut-on lire les évangiles comme des unités littéraires, dans l'état dans lequel ils nous sont parvenus? Les évangiles sont-ils vraiment simplement un assemblage de perles sur un fil, ou bien est-ce que leurs éléments variés reflètent un plus fort degré d'intégrité et d'interrelation que celui qu'on leur a précédemment accordé? Nous avons cherché à interpréter les évangiles en utilisant les outils de critiques qui lisaient des textes construits comme des touts littéraires. La question était heuristique. Elle n'essayait pas d'invalider des problèmes historico-critiques, mais de lire les évangiles avec un faisceau de préoccupations et de perspectives différentes dans l'espoir d'éclairer sous un jour nouveau leurs apparentes "tensions, inconsistances, ou 'apories'"»[2].

Au cours de la démarche accomplie pour aboutir à cette étude, j'ai cru tout d'abord que 32–45 était un récit fragmentaire. Mais en avançant dans la recherche, le texte m'a peu à peu imposé une autre lecture[3], que j'ai exposée dans ces pages. Quant aux questions historiques concernant la longue et difficile formation du texte, elles ne sont pas ici niées mais seulement mises entre parenthèses, afin d'accorder plus d'attention au récit et au monde qu'il crée pour le lecteur. Celui-ci, en effet,

---

1 Pour reprendre les termes de Boggio, cité *supra*, n. 5, pp. 138-139.

2 R.A. CULPEPPER, «Vingt ans d'analyse narrative des évangiles», in: D. MARGUERAT (ed.), *La Bible en récits: l'exégèse biblique à l'heure du lecteur. Colloque international d'analyse narrative des textes de la Bible, Lausanne (mars 2002)*, Le monde de la Bible 48, Genève, 2003, pp. 73-93, citation pp. 79-80.

3 Cette lecture d'ensemble a vu le jour peu à peu. Au départ, l'ensemble retenu se limitait aux chap. 36–45, suivant l'étude d'Abrego. Mais au fil du travail, cet ensemble s'est élargi dans un premier temps aux chap. 34 et 35 qui forment un ensemble avec le chap. 36. Ce n'est qu'après avoir constaté que le chap. 32 avait également un lien avec 36 en raison de la présence de Baruch, que l'hypothèse est née de lire 32–45 comme un ensemble uni et cohérent.

peut «considérer ce qui est écrit comme quelque chose de fini et de définitif, auquel il ne faut rien ajouter ni soustraire»[4]. Sa tâche est alors de se consacrer uniquement à ce qui est écrit, et non au comment cela a été écrit, ce qui est le rôle de l'écrivain ou de l'historien[5]. Faisant un pas de côté par rapport à ce dernier, il s'agissait donc de tenter une manière différente d'approcher le texte, avec d'autres questions. Car, on le sait, des questions posées dépendent les réponses; et si l'une d'elles n'aide pas à résoudre un problème, cela signifie qu'elle était mal posée. Ainsi, si, du point de vue historique, une aporie peut être la trace d'une ou de plusieurs couches rédactionnelles, d'un point de vue littéraire, cette explication n'est pas pertinente. C'est pourquoi, il faut déplacer le questionnement, ce que fait une méthode de type littéraire, en vue de laisser au texte la chance de dévoiler la richesse de sa construction et de son message. Dans ce sens, «[...] l'analyse narrative s'est montrée plus convaincante pour présenter la construction littéraire et rhétorique»[6] du texte, en expliquant autrement certaines de ses difficultés[7].

Pour illustrer cela, reprenons brièvement la moisson de ce travail. La première partie a montré que, contrairement au découpage classique du début de la section en prose, un autre peut être proposé, qui prend appui sur de nombreux éléments littéraires plaidant en faveur de l'unité narrative de l'ensemble. Les plus visibles d'entre eux sont certainement le style d'écriture en prose et la présence, exclusive à cette section, du personnage de Baruch. Cette figure est apparue, en effet, comme très importante pour la structuration d'ensemble du bloc 32–45. Par ailleurs, ce bloc s'ouvre par un chapitre qui contient des éléments essentiels pour sa compréhension, et son exploration approfondie a montré le rôle fondamental qu'il joue comme porte d'entrée du récit. [1] Il commence en effet par décrire la situation temporelle et géographique des événements qui vont suivre et par présenter les personnages, tout en laissant déjà pressentir la complexité des relations qui se jouent entre eux. [2] Il contient en germe bien des éléments déployés dans la suite, puisque le lecteur y trouve de manière concentrée la plupart des

4 CALVINO, *Se una notte*, p. 133, je traduis.

5 Les méthodes «historico-critiques» donnent au texte biblique de devenir témoin d'une époque, mais nous parlent aussi de son ou de ses auteurs, tout en montrant les ancrages successifs de l'écrit; elles sont en revanche moins attentives au sens du texte tel qu'il nous est parvenu et, dans le cas d'un texte narratif, elles ne prennent que très peu en considération le récit lui-même et l'histoire qu'il raconte.

6 CULPEPPER, «Vingt ans d'analyse narrative des évangiles», p. 80.

7 Cela ne signifie pas que l'exégèse dite «classique» n'a pas de bonnes intuitions pour répondre littérairement aux énigmes du texte, comme, par ex., l'intuition de Rudolph concernant le déplacement des deux oracles de vie sauve pour 'Ebed-Melek et pour Baruch, *supra*, p. 185.

thématiques et des problématiques du récit qui s'achève au chapitre 45. [3] Le narrateur y propose également au lecteur un «contrat» narratif qui lui permettra d'aborder la suite du récit, tout aussi déroutante que le chapitre 32. [4] Enfin, en même temps qu'un contrat, le narrateur propose au lecteur un guide fiable qui n'est autre que Jérémie lui-même. Ainsi, dès le chapitre 32, s'annonce peu à peu la cohérence narrative de l'ensemble. Le narrateur la construit ensuite par un faisceau d'éléments convergents: différentes scènes de rencontre entre personnages, en particulier entre Jérémie et le roi de Juda, présence de phrases et de mots récurrents par la suite, et thématiques qui se rejoignent.

À côté de ces éléments repérables dans la section 32–45, l'environnement immédiat semble également recommander une telle lecture. En effet, la section en prose est entourée par deux sections d'oracles de salut pour Israël (chap. 30–31 et 46–51), qui s'accrochent à la section en prose à la manière des maillons d'une chaîne, les thématiques du «livret» qui précède se retrouvant essentiellement au chapitre 33, tandis que l'Égypte, dont le châtiment est annoncé en 43 et 44, fait l'objet du premier des oracles contre les Nations en 46–47, par-delà le chapitre 45.

La deuxième étape du travail s'attache plus spécifiquement à la question de la chronologie de la section étudiée, un des principaux problèmes pour ce qui est de son unité. Elle montre que l'application de nouvelles méthodes de lecture est porteuse pour comprendre l'imbrication des différents épisodes. En effet, si les chapitres 32–45 sont parsemés d'«embûches chronologiques», il est trop court de s'arrêter à cette constatation, et d'essayer ensuite de remettre de l'ordre dans les événements afin que le tout s'enchaîne chronologiquement. Fruit d'une logique tout occidentale, ce type de proposition n'est pas vraiment pertinent lorsqu'il s'agit de comprendre un texte complexe. D'un point de vue narratif, l'étape de la remise en ordre de la *fabula* – travail que le lecteur fait toujours, même inconsciemment – est utile sans aucun doute, car elle permet au lecteur d'avoir une idée claire du déroulement des événements. À partir de là, il faut se demander pourquoi le narrateur a retenu un autre ordre pour présenter les faits. Car il y a diverses manières de raconter une même histoire, et l'ordre donné au récit qui en est fait n'est pas neutre par rapport au sens qu'on veut lui donner. Ainsi, conscient que le texte présente des difficultés, le lecteur doit poser les bonnes questions, de manière à permettre au texte de se laisser lire dans la cohérence et la signification qui lui sont propres. Dans ce sens, l'utilisation de nouvelles méthodes de lecture a conduit à des résultats intéressants qui tiennent compte du texte tel qu'il nous est parvenu et permettent de dégager une belle cohérence thématique.

Les éléments recueillis dans les deux premières parties ont posé des points de repère qui ont ensuite été utiles dans la recherche d'une dimension capitale de tout récit unifié, à savoir l'intrigue dans laquelle des personnages évoluent. Ainsi, la troisième partie reprend l'ensemble du récit, pour voir comment s'y déploie une intrigue (chapitre 1) et comment y évoluent les personnages, Jérémie (chapitre 2) et les autres quand le prophète est absent (chapitre 3). Dans cette troisième partie, l'unité de l'ensemble ressort davantage encore, cette fois du point de vue du récit lui-même qui se déploie avec un message et des enseignements bien précis.

Dans la construction du récit ainsi proposée par le narrateur, le lecteur lui-même est placé dans une position particulière. En effet, face au désordre du récit, il éprouve d'abord le chaos que le narrateur évoque et se trouve, en quelque sorte, confronté directement à ce que vivent les gens de Juda dont il est question au fil du récit. Et ce n'est que dans une lecture attentive qu'il pourra comprendre l'énigme qui lui est ainsi lancée. Mais le lecteur n'est pas seul pour affronter l'énigme et le chaos du récit. Car le narrateur, on l'a vu, le flanque d'un guide précieux: Jérémie. Dès lors, avec le prophète et comme lui, le lecteur sait dès le début de la section (chap. 32–33) que chaos et destruction ne sont pas le terme de l'histoire. D'emblée au courant des intentions positives de YHWH après la punition inéluctable, il peut aborder la suite avec le recul nécessaire, car il sait que la double catastrophe à laquelle il assiste (chap. 39 et 40,13–43,7) n'est qu'un passage vers une nouvelle histoire d'Alliance. C'est ainsi que le lecteur devient témoin de la prophétie et, en tant que tel, il est appelé à devenir «scribe»[8], ne serait-ce que pour écrire ce qu'il perçoit du sens du récit. C'est ainsi que la mémoire des paroles de Jérémie ne s'est pas perdue et ne se perdra pas.

De tout ce qui précède et du travail de lecture accompli, il résulte assez clairement que la cohérence de l'ensemble se fait jour peu à peu, au fur et à mesure que la lecture avance. Si le lecteur connaît d'emblée le projet de Dieu, il n'en demeure pas moins que sa découverte et sa compréhension du récit global se font au travers d'une *anagnorisis* progressive, comme c'est le cas aussi, du reste, dans le chapitre introductif de la section (chap. 32). Reste que la lecture est ardue, signe peut-être de la difficulté qu'il y a à comprendre les drames de l'histoire en apprenant à les voir avec les yeux «prophétiques». Ce travail est difficile, aussi bien pour la section étudiée que pour l'ensemble du livre, où se

8 Comme écrit LÉVINAS, «La Révélation dans la tradition juive», p. 59: «le lecteur est, à sa façon, scribe».

mélangent poésie et prose. Mais ce mélange ne serait-il pas aussi au service du message?

II. Jr: des oracles et des récits

Dans le vaste ensemble qu'est la Bible, la tension entre prophétie et narration est source de révélation[9]. Dès lors si, comme l'affirme P. Ricœur, «la différence entre récit et prophétie, si caractéristique dans l'Ancien Testament, est en tant que telle théologiquement signifiante»[10], qu'en est-il pour Jr? En effet, c'est une particularité de ce livre dans son ensemble que de présenter un savant mélange d'oracles prophétiques, qui ont en général une forme poétique, et de narrations, essentiellement écrites en prose. Cela renforce d'ailleurs globalement l'impression de désordre. Mais pour voir si cette alternance a une signification, il faut s'interroger à son propos. Pour ce faire, un détour par la structure du livre et par le rôle de la section 32–45 dans l'économie d'ensemble sera utile.

1. Jr 32–45: une mise en récit des prophéties de Jérémie

Dans ce paragraphe, je voudrais illustrer comment la section en prose, sujet de ce travail (chap. 32–45), met en récit les prophéties antérieures de forme oraculaire, comme pour les confirmer. Ainsi, il apparaîtra peut-être que la fonction essentielle de ce long récit est de raconter la réalisation de la parole de YHWH transmise par le prophète. Car, on l'a

---

9 P. RICŒUR, «Herméneutique de l'idée de la Révélation», in: ID., e.a., *La Révélation*, Publications des Facultés Universitaires Saint-Louis 7, Bruxelles, 1977, pp. 15-54, écrit pp. 21-22: «Aussi bien la narration inclut d'une certaine manière la prophétie dans sa mouvance, dans la mesure où la prophétie elle aussi est narrative à sa façon. Le sens de la prophétie, en effet, ne s'épuise pas dans la subjectivité du prophète: la prophétie se porte en avant vers ce "jour de Yahvé" dont le prophète dit qu'il ne sera point de joie mais de terreur. Par ce terme: "le jour de Yahvé", quelque chose de l'ordre de l'événement est annoncé, qui sera à l'histoire imminente ce qu'ont été à l'histoire racontée les événements fondateurs. La tension entre narration et prophétie s'exerce d'abord au niveau de l'événement, dans la dialectique de l'événement. Cette même histoire que la narration fondait en certitude, est soudain minée par la menace. Le socle de la fondation chancelle. Le compagnonnage de Yahvé se mue en terreur. C'est bien cette structure de l'histoire qui est en cause, et pas seulement la qualité de la parole qui la dit. La révélation est d'abord impliquée dans cette intelligence tour à tour narrative et prophétique de l'histoire».

10 RICŒUR, «Herméneutique de l'idée de la Révélation», p. 31.

dit, un simple recueil d'oracles ne donne pas aux auditeurs – et au lecteur – l'assurance que ces paroles se sont réalisées. Par contre, assorties du récit de leur réalisation, ces mêmes paroles seront porteuses d'un surcroît de sens, et leur contenu en sera d'autant plus fort et plus parlant pour le lecteur.

a. La section en prose

Les personnages en action

Au début de la section en prose, l'exposition du récit (32,1-3) présente, on l'a vu, les personnages principaux de l'histoire. Il est vrai que le lecteur a déjà rencontré ces personnages au cours de sa lecture. Mais pour l'essentiel, à l'exception de Jérémie et peut-être de YHWH, ils n'ont pas encore été montrés en action. Nabuchodonosor – avec ses troupes – est entré en scène dès 21,2 où il est la raison de la demande faite à Jérémie de consulter YHWH. Par après, à partir de 21,7, il fait l'objet pour l'essentiel des oracles de Dieu, sorte d'épouvantail brandi devant les Judéens pour qu'ils reviennent à l'Alliance et choisissent la vie. Mais ce n'est que dans les chapitres 32–40 que le roi de Babel et son armée deviennent des acteurs à part entière du récit (voir 32,2; 34,1; 37,11; 39,6-7; 40,2-6[11]).

Sédécias, quant à lui, est nommé pour la première fois en 1,3, mais il entre véritablement en scène au chapitre 21, lui aussi[12]. Là, le lecteur apprend qu'il a envoyé auprès de Jérémie une ambassade, afin qu'il consulte YHWH au sujet du peuple. Il est ensuite cité quatre fois avant la section en prose, en 24,8; 27,3.12 et 29,3. Il n'agit qu'en 29,3, où le narrateur raconte comment il a envoyé auprès de Nabuchodonosor Eléasa, à qui Jérémie avait confié sa lettre pour les exilés. Mais ce n'est qu'à partir du chapitre 32 que le lecteur découvre véritablement ce roi, les motivations de son action, ainsi que son caractère faible et ambigu (voir 32,3; 37,17-21; 38,14-26; 39,4).

Le bloc en prose est peuplé de nombreux autres personnages qui ne sont pas présentés au début du chapitre 32, mais qui sont absents ailleurs dans le livre, comme par exemple Baruch, 'Ebed-Melek, Yishmaël et Yohanân. D'autres, moins nombreux, sont présents également ailleurs dans le livre. C'est le cas, par exemple, de Joaqim, dont on sait qu'il est un roi cruel qui n'aime pas entendre des paroles comme celle de Jérémie (26,20-23). Mais ce n'est qu'au chapitre 36 que le lecteur le

11 Ce dernier passage montre comment en finale le Chaldéen reconnaît l'action de Dieu derrière la victoire de Babel (cf. v. 2-3).

12 Sédécias est nommé 44 fois dans le livre, dont 29 dans la seule section 32–45.

voit vraiment en action et ce, pour confirmer amplement ce trait de caractère (36,23-26).

Ainsi, bien que ces personnages figurent dans le livre avant le chapitre 32, ce n'est qu'à partir de là que le lecteur les voit véritablement en action, soit pour confirmer ce que YHWH avait dit au peuple par l'intermédiaire de Jérémie, soit pour corroborer l'un ou l'autre trait de leur caractère. Mais les personnages ne sont pas les seuls à être repris ici. Car ce qui est peut-être plus frappant, c'est la mise en récit et la confirmation des thématiques essentielles contenues dans les oracles prononcés antérieurement par le prophète et rapportés dans les sections poétiques.

Les oracles confirmés

C'est la thématique de la non-écoute du peuple et de ses conséquences qui est principalement mise en récit tout au long de la section en prose. Le narrateur raconte ce que YHWH et Jérémie avaient déjà de nombreuses fois souligné (par ex. 3,13; 5,21; 7,2-28; 9,12-15; 11,1-14; 13,9-11...). Il montre comment cette non-écoute évolue et se concrétise dans les faits. Tout d'abord, ce sont les chefs qui n'écoutent pas, alors que le peuple reste passif (32,3-5; 34,8-22; 36). C'est ensuite celui-ci qui, d'abord à travers ses leaders puis directement, s'obstine de plus en plus, jusqu'à renier le prophète, la Parole et YHWH lui-même (41,16–44,30)[13]. Ainsi, les oracles de Dieu concernant l'infidélité du peuple deviennent concrets aux yeux des lecteurs, avec le sentiment diffus que, si cette infidélité est réelle dans le passé et dans le présent, elle est aussi fort probable dans le futur. Cela accroît encore plus l'étonnement du lecteur face à la promesse gratuite de YHWH de ramener et de restaurer le peuple après la punition. Mais avant cela, la catastrophe souligne ce que YHWH avait déjà dit au prophète: «Je leur montre ma nuque et non ma face» (18,17), tout comme le peuple ne cesse de montrer sa nuque à Dieu (2,27; 7,24; 15,6; 32,33.42-44).

À côté de cette thématique qui concerne le peuple et ses gouvernants, une autre tourne autour de Nabuchodonosor et de ses armées. En effet, c'est ici qu'est mise en récit la réalisation de ce que Dieu annonce depuis le début du livre: amener l'ennemi du Nord pour punir

13 À côté de la non-écoute du peuple, on notera la curieuse mention de la non-écoute de YHWH lui-même. Suite à la rébellion du peuple, en effet, Dieu invite Jérémie à ne pas intercéder pour le peuple, car il ne l'écouterait pas (cf. 7,16; 11,14; 14,11). Une fois dans la section en prose, le peuple demande à Jérémie d'intercéder pour lui auprès de YHWH qui semble ne pas écouter (37,3). On peut ajouter à cela 42,2, où YHWH semble tergiverser: une délégation demande à Jérémie d'intercéder pour le peuple, ce que le prophète fait. Mais Dieu répond seulement après dix jours (cf. 42,7).

son peuple (1,15; 6,22-23). Ainsi se confirme également ce que YHWH disait du roi de Babel: «mon serviteur»[14]. Dans le récit de Jr en effet[15], il n'est pas anodin que ce soit un serviteur de YHWH qui punisse le peuple, puisque c'est YHWH lui-même qui conduit l'histoire. C'est donc l'histoire du peuple mais aussi des grandes puissances, Babylone (et l'Égypte), qui est ici mise en récit.

Il n'est pas étonnant que ces deux éléments occupent une telle place dans le récit de 32–45, car c'est, en résumé, l'essentiel de la proclamation de Jérémie: le peuple est invité avec insistance à revenir à l'alliance, et cela ne peut se faire que par une écoute renouvelée et véritable de la Parole et par la conversion. Mais le peuple n'écoute pas les appels insistants du Seigneur (par ex. 3,13; 5,3.21; 6,10; 7,13.24.26; 9,12; 11,8.10; 13,10-11; 16,12), et rejette même les prophètes qu'il envoie (7,25; 25,4). Refusant de se convertir, le peuple repousse le choix de vie que YHWH souhaite pour lui (voir 36,2-3). De la sorte, il doit assumer les conséquences de ses agissements mortifères, et subir le châtiment annoncé (7,32-34; 11,21-23; 13,12-14; 15,3-4), face auquel la résistance est vaine. Ainsi, l'ennemi du Nord, instrument de YHWH, viendra (voir 21,8-10), attaquera le pays (4,7.13.16; 6,19; 7,20; 12,9.12 et 13,20), assiégera la ville (6,6) et la prendra (6,1-5) avec le temple (7,14; 9,20-21 et 18,27), et il déportera le peuple (5,15-17; 9,18; 16,13). On le voit, dans la section en prose, les éléments centraux de la prophétie de Jérémie sont repris et mis en récit, afin de montrer qu'ils se sont effectivement accomplis du vivant même du prophète.

Les éléments essentiels de la prophétie mis en récit tout au long de la section en prose sont renforcés par le chapitre 39 qui, au centre de celle-ci, ponctue des oracles sur lesquels on insiste moins, mais qui sont tout aussi importants. Ce chapitre semble donc occuper une place de choix qu'il faut considérer brièvement.

b. Le chapitre 39: l'accomplissement total des prophéties

Le sort du roi, de la ville et du peuple

Si l'ensemble de la section en prose raconte la pertinence des oracles de Jérémie ainsi que la difficulté de sa mission, le chapitre 39 semble jouer un rôle essentiel pour montrer l'accomplissement de tout ce que Jérémie n'a cessé de proclamer à propos de la chute de la ville. Ainsi, il vient confirmer clairement ce que 26–29 avait déjà souligné: Jérémie est

14 À propos du rôle de Nabuchodonosor dans Jr, cf. *supra*, n. 44, p. 262.

15 Dans le TM en tout cas.

un vrai prophète, puisque ses paroles trouvent leur réalisation[16]. Je vais donc suivre ici le fil de ce chapitre pour montrer comment il ponctue la réalisation des prophéties de Jérémie.

Après la mention du début du siège (v. 1), le chapitre 39 débute par la prise de la ville. Ainsi, se confirment les nombreux appels de Jérémie à se rendre aux Chaldéens (21,9; 24,5-6; 38,2.19-20), appels qui n'ont pas été suivis d'effet. Les Judéens n'ont pas voulu écouter le prophète. Aussi perdent-ils leur ville et assistent-ils à l'entrée des chefs de l'armée chaldéenne qui viennent siéger «à la porte du milieu» (v. 3), ce qui rappelle étonnamment l'annonce que YHWH avait faite au prophète lors de sa vocation (1,14b-15[17]):

> «Depuis le Nord est ouvert le malheur contre tous les habitants du pays, car voici que j'appelle pour toutes les tribus des royaumes du Nord – oracle de YHWH – et ils viendront et ils mettront chacun son trône à l'entrée des portes de Jérusalem et sur tous ses murs alentour et sur toutes les villes de Juda.»

Ainsi, l'État-Major de Nabuchodonosor s'installe en ville, d'où le roi Sédécias s'enfuit avec ses fidèles (voir 4,9). Mais cette fuite n'est pas longue: le roi et ses ministres sont vite rattrapés et conduits auprès de Nabuchodonosor en personne. Là, Sédécias voit Nabuchodonosor qui lui communique ses sentences (39,5; voir 32,4 et 34,3). Le Chaldéen est d'ailleurs la dernière personne que Sédécias verra, car après l'avoir forcé à regarder l'exécution de ses fils[18], le roi de Babel lui crève les yeux (39,6[19]) et l'emmène en déportation (39,7; voir 32,5 et 34,3). Ici, l'accomplissement semble diverger un peu de la prophétie. En effet, si Jérémie avait annoncé la déportation du roi[20], en 34,4-5, il disait au roi qu'il irait en paix à Babel. Pourtant, cela se passe avec énormément de violence. Mais est-ce vraiment étonnant? Jusqu'au dernier moment, en

16 Cela est d'autant plus frappant que ce même chapitre est, pour l'essentiel, absent dans la LXX, cf chap. 43LXX où manquent les v. 39,4-13TM. Cette absence est due probablement au fait que ces versets font «double emploi» avec le chap. 52, mais elle montre à quel point la LXX est différente narrativement du TM. Cela dit, la présence de ces deux chapitres dans le TM, loin d'être un simple doublet, conforte le lecteur sur la crédibilité du prophète, car ils insistent sur le fait que tout s'est déroulé conformément à sa parole.

17 La venue des troupes du Nord ou d'armées assaillant Jérusalem est évoquée également en 4,6-7.16; 5,15; 10,22; 13,20; 25,9.

18 Dans ce qui précède, ce sont les pasteurs du peuple qui reçoivent l'assurance d'un tel châtiment, cf. 25,34. Par ailleurs, la famille royale se voit aussi promettre une punition, cf. 21,7.14; 22,5-7.

19 Le châtiment du roi de Juda est évoqué en 13,21; 21,7; 22,18-19; 24,8-10.

20 L'exil du roi de Juda est évoqué en 21,7; 22,10-12.24-27; 24,1.8-10; 27,12-13.20; 29,2.21-22.

effet, jusque dans sa fuite, le roi de Juda s'est rebellé contre la parole de YHWH.

Le sort du roi une fois réglé, le narrateur se penche ensuite sur celui de la ville et de ses habitants (39,8-10):

> [8]Et les Chaldéens brûlèrent par le feu la maison du roi et la maison du peuple et ils abattirent les murs de Jérusalem. [9]Et Nebuzar'ᵃdân, grand des gardes déporta à Babel le reste du peuple qui subsistait dans la ville et ceux qui étaient tombés contre lui et le reste du peuple subsistant. [10]Mais du peuple, les pauvres qui n'avaient absolument rien, Nebuzar'ᵃdân, grand des gardes, les laissa subsister dans le pays de Juda, et il leur donna des vignes et des champs en ce jour.

Le sort de la ville est donc scellé: elle est brûlée par les Chaldéens (v. 8), conformément à l'annonce de YHWH et de Jérémie[21], que le peuple et ses gouvernants n'ont pas écoutée (par ex. 21,10[22]). Le peuple, quant à lui, ne subit pas le sort de la ville: une partie est emmenée à Babel (39,9[23]) tandis qu'une autre partie, les plus pauvres, reste au pays[24] et reçoit de la terre en signe de la restauration (v. 10). C'est ainsi que le lecteur se rend compte que le roi de Babel n'est pas seulement le bras de YHWH pour la punition, mais aussi pour la restauration.

Le sort de Jérémie

Jusqu'à présent, il n'a pas encore été question de Jérémie, ce qui n'est guère étonnant, tout compte fait, puisque sa prophétie concerne la ville et le peuple, et non sa personne. Mais aux versets 11-14, il est question de lui et de sa libération, racontée de façon très solennelle[25]:

> [11]Et Nabuchodonosor roi de Babel ordonna au sujet de Jérémie, par la main de Nebuzar'ᵃdân, grand des gardes, en disant: [12]«Prends-le et tes yeux pose-les sur lui, et ne lui fais rien mal, mais selon ce qu'il te dira, ainsi fais avec lui.» [13]Et il envoya Nebuzar'ᵃdân, grand des gardes, et Nebushazban, grand fonctionnaire, et Nergal Saretser, grand général et tous les grands du roi de Babel [14]et ils envoyèrent et ils prirent Jérémie de la cour de la garde et ils le donnèrent à Gedalyâhû fils de Ahiqâm fils de Shaphân pour le faire sortir vers la maison, et il demeura au milieu du peuple.

---

21 Le malheur de la ville est évoqué en 2,15; 4,7.26 (ces trois passages concernent le sort de toutes les villes de Juda); 6,23; 15,6; 17,27; 21,10.

22 Les allusions à la non-écoute du peuple et de ses gouvernants sont trop nombreuses pour être reprises ici. Mais voir, par ex. 3,13; 7,13.24.26-28; 9,12-13; etc.

23 L'exil du peuple est annoncé en 1,3; 2,15; 4,7; 7,15; 8,3; 9,15-18; 10,18; 12,17; 13,19; 15,2.7; 20,4; 27,10.

24 Cf. 5,18 et 23,3-4.

25 Notons qu'en libérant le prophète, les officiers de Nabuchodonosor permettent également que la Parole rejoigne à nouveau le peuple.

Le mot de Nabuchodonosor à propos du prophète est, dans le récit des événements de la prise de Jérusalem, la seule parole prononcée rapportée par le narrateur sous forme de discours direct[26]. Ce qui est étonnant, c'est que cette parole soit prononcée par Nabuchodonosor pour Jérémie, alors que ces deux personnages n'ont eu aucun contact auparavant dans le récit. Le lecteur est alors en droit de se demander pourquoi cette parole intervient ici, de manière aussi inopinée. Une réponse vient à l'esprit, quand on tient compte justement du fait que le chapitre 39 est la confirmation de la vérité des oracles antérieurs. Dans ces conditions, cette parole du roi de Babel pour le prophète ne réalise-t-elle pas à son tour une autre parole plusieurs fois répétées par Jérémie: «celui qui sortira vers les Chaldéens aura la vie sauve et pourra vivre libre dans le pays» (21,9; 38,2.19-20)? C'est ce qui arrive à Jérémie, dont les requêtes doivent être satisfaites. À cela il faut ajouter que, dans la scène suivante (40,2-3), la parole que le chef de la garde chaldéenne adresse à Jérémie atteste que la parole du prophète s'est réalisée. Cette situation vécue par Jérémie est peut-être aussi celle des pauvres du pays, à qui les Chaldéens donnent des terres (39,10). En revanche, ce n'est certainement pas ce que connaît Sédécias et ceux qui fuient avec lui, ce qui confirme aussi indirectement la même parole du prophète citée ci-dessus.

Cette libération de Jérémie lui permet de retrouver la place qui est la sienne, au milieu du peuple. À ce propos, il faut dire un mot du lien entre le chapitre 39 et le premier des oracles contre les Nations. Cela est important, puisque ce lien souligne comment le prophète, à l'image de YHWH, reste avec le peuple, bien que ce dernier soit divisé entre ceux qui partent à Babel et ceux qui restent dans le pays, et qui se mettront bientôt en route vers l'Égypte. Mais s'il reste avec ces derniers (voir 42,7; 43,8; 44,1), qu'en est-il pour les premiers?

Dans le récit précédant les oracles contre les Nations, le lecteur perd la trace de Jérémie en Égypte, où il a été entraîné contre son gré et où il a prononcé une parole contre le peuple, retourné à des pratiques idolâtres, reniant ainsi de manière radicale le Seigneur et replongeant dans son comportement antérieur (voir 7,18). Après cette mention, le lecteur ne reçoit plus aucune information concernant le prophète et ce qu'il devient dans son exil forcé. Si Jérémie réapparaît dans les oracles contre les Nations, c'est comme porte-parole de YHWH (46,1.13; 47,1; 49,34; 50,1). On le retrouve néanmoins une dernière fois en action dans un *flash-back* à la fin de l'oracle contre Babylone (chap. 50–51): Jérémie

---

26 Mis à part l'oracle de vie sauve pour 'Ebed-Melek des v. 15-18, qui constitue, on l'a dit, un *flash-back* dans le récit.

donne à nouveau un ordre à un fils de Nériah, fils de Mahséya. Cette fois, il ne s'agit pas de Baruch, mais de son frère Séraya, parti à Babylone avec Sédécias «dans la quatrième année de son règne», selon 51,59. Ce frère de Baruch a pour mission d'emmener à Babylone «toutes les paroles écrites» (voir 36,32) contre Babylone, où il devra les jeter dans l'Euphrate après les avoir lues, pour signifier le sort de Babel qui «sombrera et ne se redressera plus» (51,64). Ce passage ramène le lecteur en arrière dans le temps, à l'époque des événements racontés en 39,1-7.

Que vient donc faire, à la fin de l'oracle contre Babylone, ce frère de Baruch, dont il n'a jamais été question auparavant? Sans entrer dans les détails, on peut proposer une piste de réflexion. L'histoire des chapitres 40–44 relate que Baruch et Jérémie sont emmenés en Égypte avec une partie du peuple. Mais avant cela, le narrateur signale qu'une autre partie du peuple part à Babylone (39,9), précisant ensuite que Jérémie se trouve avec eux, enchaîné, avant que Nebuzar'[a]dân ne l'interpelle (40,1). L'histoire ne parlera plus de ces déportés: le prophète qui semble vouloir les accompagner les aurait-il abandonnés complètement? La mention du frère de Baruch, en fin de parcours, pourrait indiquer que tel n'est pas le cas, car elle souligne que Jérémie, ne jouissant pas du don d'ubiquité, restera *au milieu du peuple* grâce à cette parole confiée au frère de Baruch – homme de confiance s'il en est –, parole de châtiment pour les envahisseurs, et donc d'espoir pour les exilés.

Ainsi, point par point, la prophétie de Jérémie est confirmée, elle se réalise sous les yeux du lecteur qui voit également entérinée la confiance qu'il avait accordée à Jérémie au fil du récit.

Enfin, le chapitre 39 se termine avec l'oracle de vie sauve pour 'Ebed-Melek, oracle qui vient confirmer le rôle essentiel de ce chapitre. En effet, c'est à un homme qui reconnaît en Jérémie un prophète, et qui fait confiance à YHWH (v. 18), que la vie est donnée au milieu du malheur qui touche et qui touchera ceux qui n'agissent pas avec droiture comme cet étranger. C'est lui, en effet, qui a permis, en sauvant Jérémie de la mort dans la citerne, que l'action du prophète se prolonge (38,7-13). Cet étranger est sauvé du malheur ambiant, il peut le constater et en témoigner le cas échéant. Voilà qui souligne encore que ceux qui choisissent la vie auront la vie, ce que le peuple, à qui le message était destiné, s'est obstiné à ne pas écouter, et ce que les gens descendant en Égypte refusent d'entendre.

En conclusion, on voit à quel point la collaboration entre poésie et prose dans le livre qui porte le nom de Jérémie est parlante au niveau de l'implication que le lecteur doit avoir par rapport à la parole de YHWH. D'une part, il doit la sentir proche et s'adressant directement à lui, ce que font les oracles en poésie; mais il doit aussi prendre une certaine distance. Ainsi, après un grand nombre d'oracles annonçant une punition presque hors du temps et qui, pour cette raison, risque de ne pas impliquer le destinataire, le narrateur en reprend le contenu, mais cette fois dans un récit où il met en scène des personnages et leurs interactions, comme pour montrer au lecteur les conséquences, aussi bien positives que négatives, de ce que le prophète a proclamé auparavant sous forme d'oracles. De la sorte, par le biais de la narration, le lecteur sera poussé à faire ses propres choix, en ayant sous les yeux le récit des effets du choix malheureux que ses pères ont fait avant lui. De cette façon, il tirera parti aussi bien des oracles que du récit qui en fait voir la réalisation.

2. Structure globale du livre de Jérémie

Les auteurs qui proposent une structure du livre dans son ensemble ou de certaines de ses parties sont nombreux. Pour l'essentiel, ces propositions de structure se basent sur des considérations de type historique, et tiennent compte non pas d'observations textuelles mais de critères relevant de l'histoire de la rédaction[27].

27 Voir, par ex., T.R. HOBBS, «Some Remarks on the Composition and Structure of the Book of Jeremiah», *CBQ* 34 (1972), pp. 257-275, qui se base essentiellement sur des remarques d'ordre historique; quant à la structure proposée par A. ROFÉ, «The Arrangement of the Book of Jeremiah», *ZAW* 101 (1989), pp. 390-398, elle tient compte d'une part des recherches historiques et d'autre part des symétries présentes et des phrases récurrentes en Jr Elle se présente comme suit (cf. tableau p. 395): 1) chap. 1–24; 2) chap. 25–36, section où se trouve insérée la partie 3; 3) chap. 30–33; 4) chap. 37–45; 5) chap. 46–51; 6) chap. 52. Certaines parties du livres sont structurées par W.L. HOLLADAY, *The Architecture of Jeremiah 1–20*, Lewisburg – London, 1976; ABREGO DE LACY, *Jeremías y el final del reino* propose une structure des chap. 36–45. Enfin il faut citer l'article récent de FERRY, «"Yhwh crée du nouveau"», en particulier pp. 388-391. Elle propose une structure des chap. 26–36 où les chap. 30–31 occupent une place particulière comme centre du livre. Ainsi, Ferry semble revoir quelque peu sa position concernant le «livret de la consolation», proposé dans son article «"Je restaurerai"», comprenant, selon elle, les chap. 30–33. Cependant, le découpage de Jr qu'elle propose dans l'article de 2002 ne me semble pas tenir compte de l'ensemble des éléments du texte. Ainsi, elle considère que les chapitres 26–36 forment un ensemble délimité par deux épisodes, dans lesquels le prophète est refusé par le peuple et le roi et légitimé par le Seigneur (p. 389 et schéma p. 391). Pour appuyer ce découpage, elle recourt au début du chap. 37, qui «fournit un début naturel pour une nouvelle section avec le changement de roi en Juda» (p. 389). Mais s'il est vrai que le chap. 37 en vient au règne de Sédécias après deux épisodes qui se passent sous Joaqim (chap. 35 et 36), que faire des chap. 32, 33 et 34 qui se passent aussi sous Sédécias? Si Ferry ne dit pas grand-chose des chap. 32 et 33 (cf. p. 390), elle lie 34 et 35, qui «rapprochent des épisodes chronologiquement distincts [...]. S'ils sont ainsi rapprochés, c'est

D'un point de vue littéraire, cependant, ces propositions ne sont guère satisfaisantes et poussent à chercher plus loin. Deux essais de structure du livre doivent être cités ici. Tout d'abord, celui que propose David A. Dorsey, dans un ouvrage proposant une structure de l'ensemble du premier Testament et de ses parties[28]. Selon cet auteur, le livre de Jr présente une structure concentrique, au centre de laquelle se trouve le «livret de la consolation», où il regroupe les chapitres 30–33:

a	oracles contre Juda, chap. 1–12
b	annonce de l'exil et des souffrances de Juda, chap. 13–20
c	jugements datés, surtout contre les rois et des groupes, chap. 21–29
d	message d'espoir pour le futur, chap. 30–33
c'	jugements datés, surtout contre les rois et des groupes, chap. 34–35
b'	récit de la chute de Juda et de l'exil, chap. 36–45
a'	oracles contre les Nations, chap. 46–51
appendice	récit de la chute de Jérusalem, chap. 52

Cette proposition donne à penser qu'une structure de type littéraire de l'ensemble est possible, bien que les rapports entre les parties soient assez globaux et exclusivement thématiques. Elle comporte d'ailleurs quelques difficultés. Tout d'abord, elle peut donner une impression de déséquilibre, du fait que rien ne semble répondre à l'appendice du chapitre 52, qui se trouve de la sorte mis à part du reste du livre. Les parties b' et c', ensuite, séparent de manière nette les deux seuls épisodes de la deuxième moitié du livre qui se situent sous Joaqim (chap. 35 et 36[29]). Enfin, l'inclusion des chapitres 32 et 33 dans le «livret de la consolation» soulève des objections sur lesquelles il est inutile de revenir ici.

qu'ils forment un diptyque: à la désobéissance du peuple de Jérusalem qui, après avoir promis un affranchissement des esclaves reprend sa parole, s'oppose l'obéissance des Rékabites à l'ordre de leur ancêtre. Leur insertion à cet endroit dans le livre de Jérémie vient de la leçon à tirer de ce rapprochement entre les comportements des uns et des autres» (pp. 390-391). De la sorte, elle sépare l'un de l'autre les chap. 35 et 36 qui se passent sous un même roi, Joaqim, et qui mettent aussi en exergue l'opposition entre deux attitudes. Au lieu de parler de diptyque, il vaudrait donc mieux voir ici un triptyque (34,8–36,32) où les attitudes opposées sont explicitées avec, en leur centre, l'attitude exemplaire des Récabites.

28 D.A. DORSEY, *The Literary Structure of the Old Testament. A Commentary on Genesis–Malachi*, Grand Rapids, 1999, pp. 236-245.

29 À cela, on peut ajouter que, dans sa structure, Dorsey sépare le chap. 36 (b'), daté et qui contient un oracle contre le roi Joaqim, des deux chapitres précédents (c'), qu'il appelle «jugements datés contre les rois et des groupes».

À côté de cette structure, Joel Rosenberg[30] en propose une autre qui semble plus satisfaisante. Elle se présente comme suit:

a	note historique (1,1-3);
b	envoi en mission (1,4);
c	Jérémie prophète pour les nations (1,5-10);
d	malheur pour Israël, en majorité des oracles (1–10);
e	le prophète chassé d'Anatôt, focalisation sur les épreuves et les conflits du prophète, essentiellement en prose (11,1–28,17);
f	prophéties de bonheur (chap. 29–31);
e'	retour du prophète à Anatôt, focalisation sur les épreuves et les conflits du prophète, en prose (32,1–45,5);
d'	malheur pour les nations, essentiellement des oracles (chap. 46–51);
c'	Jérémie prophète pour les nations (chap. 50–51);
b'	message conclusif du prophète (51,59-64);
a'	appendice historique (chap. 52).

Plus que la précédente, cette proposition se base sur un certain nombre d'éléments du texte et tient compte en même temps du style littéraire employé et de l'imbrication des événements qui touchent Jérémie et la ville. À son propos, Rosenberg remarque que l'arrangement symétrique est courant dans la littérature biblique, et qu'il aide à comprendre une série de détails risquant de demeurer obscurs s'ils ne sont pas lus à leur place dans la structure[31].

Ainsi, selon lui, le parallèle externe (a et a') est assez clair. Ces deux parties placent le livre dans le contexte de l'histoire deutéronomiste, présupposant que le lecteur la connaît un peu, en particulier la fin du deuxième livre des Rois (2 R 21–25).

Le parallèle entre b et b' pose certains problèmes. En effet, b' (51,59-64) semble conclure uniquement l'oracle contre Babylone (chap. 50–51), et non l'ensemble du livre. De plus, cette partie est datée de la qua-

30 ROSENBERG, «Jeremiah and Ezekiel», pp. 190-194.

31 Cf. ROSENBERG, «Jeremiah and Ezekiel», p. 190. Cela lui fait dire que l'arrangement du TM est plus «plausible» que celui de la LXX. – Les remarques qui suivent sont une adaptation des pp. 190-194 de l'ouvrage cité.

trième année de Sédécias[32]. Ainsi, la dernière prophétie du livre n'est pas chronologiquement la dernière de Jérémie – celle-ci se lit au chapitre 44. Cependant, le choix de Babylone pour conclure la série des oracles contre les Nations n'est pas anodin. En effet, situer Babylone à la fin de la liste est une façon de souligner que la plus puissante des nations, le symbole par excellence de la force politique et militaire, sera punie à son tour.

Ce qui précède permet de comprendre l'importance de c et c', deux sections qui montrent que, si Jérémie parle avant tout pour Juda et Jérusalem, sa mission concerne toutes les nations, ce qui confirme la parole que YHWH lui adresse lors de sa vocation en 1,5. Cela souligne également un point essentiel de la théologie du Deutéronomiste: YHWH préside aux destinées de tous les peuples de manière impartiale. Ainsi l'«ennemi du Nord» aura lui aussi son ennemi du Nord[33].

Suite à ce qui vient d'être dit, on peut percevoir de manière plus claire la relation entre les parties poétiques (d, f et d'). Il s'agit là de trois composantes classiques de la plupart des livres prophétiques du canon hébreu: prophéties de malheur pour Israël (d) et pour les nations environnantes (d') et, au centre, prophéties de restauration pour Israël (f)[34]. Mais contrairement aux livres d'Isaïe, d'Ézéchiel ou de Jr LXX, par exemple, où ces trois blocs forment un *crescendo* dans la restauration du peuple (malheur pour Israël, malheur pour les Nations et restauration d'Israël), dans Jr TM, les deux séries d'oracles de malheur sont symétriquement opposées (d et d'), et toutes deux contrastent avec les oracles de bonheur pour Israël placés au centre (f)[35]. Israël a une responsabilité dans l'histoire des peuples voisins, puisque celle-ci dépend – pour le rédacteur final de Jr TM en tout cas – de la manière selon laquelle Israël marche dans l'alliance: s'il est fidèle, tous vivront en paix, car YHWH ne devra pas se servir d'autres peuples pour le punir. Enchâssées entre ces trois parties oraculaires, se trouvent deux sections qui touchent à la vie du prophète, chacune introduite par un épisode qui illustre un aspect de sa relation à Anatôt, son village natal (e et e').

Toutes ces remarques sont fort éclairantes, même si certains aspects de la structure que Rosenberg propose soulèvent quelques perplexités.

32 Pour relativiser cette difficulté, on peut remarquer l'inclusion nette entre 1,1 (דברי ירמיהו) et 51,64 (עד־הנה דברי ירמיהו). Ainsi, la fin de l'oracle contre Babylone semble également conclure le livre, avant l'«appendice historique» du chap. 52.

33 Cf. ROSENBERG, «Jeremiah and Ezekiel», pp. 191-192.

34 Voir à ce propos P.-M. BOGAERT, «L'organisation des grands recueils prophétiques», in: J. VERMEYLEN (ed.), *The Book of Isaiah. Le livre d'Isaïe*, BETL 81, Leuven, 1989, pp. 147-153.

35 Cf. ROSENBERG, «Jeremiah and Ezekiel», p. 192.

Ainsi, cet auteur détaille trop la structure du chapitre 1, ce qui le pousse à reprendre dans deux sections (d' et c') les chapitres 50–51. De plus, il n'isole pas les chapitres 26–29, une partie en prose pourtant assez unifiée autour de la question de la vraie et fausse prophétie.

Cela dit, sur base de la proposition de Rosenberg, de ses observations et des éléments recueillis dans le chapitre 1 de la première partie de cette étude concernant le découpage du texte, en tenant compte aussi de la disposition de l'alternance de prose et de poésie dans le livre, il est possible de proposer une macrostructure de surface simplifiée[36] qui tourne, comme les deux autres, autour du «livret de la consolation», centre et moteur du livre[37]. Celle-ci est utile pour montrer l'articulation des grands blocs à l'intérieur du livre, tout en prenant en compte de nombreux éléments formels, dont le passage de la poésie à la prose.

A	Introduction: vocation du prophète et premiers oracles (chap. 1)	
B	Oracles contre Jérusalem et Juda (chap. 2–25)	*Poésie*[38] – LONG
C	Épisodes sur Jérémie: vrai ou faux prophète? (chap. 26–29)	Prose – COURT
D	Livret de la consolation (chap. 30–31)	*Poésie*[39]
C'	Épisodes sur Jérémie et la ville (chap. 32–45)	Prose – LONG
B'	Oracles contre les Nations (chap. 46–51)	*Poésie*[40] – COURT
A'	Conclusion: reprise de la chute de la ville et de l'exil (chap. 52)	

Autour du centre, se déploient deux sections en prose, une courte (chap. 26–29) et une longue (chap. 32–45), qui concernent toutes deux le sort du prophète, ainsi que celui de la ville. Ces deux sections en prose s'articulent au «livret» par une partie qui reprend fortement les thématiques positives de celui-ci: d'une part, le chapitre 29 est une lettre que

36 Une structure qui entrerait dans le détail de tous les chapitres demanderait une recherche bien plus approfondie, et pourrait faire l'objet d'un travail en soi. On ne propose ici qu'une hypothèse d'ensemble.

37 Cette expression à propos des chap. 30–31 n'est pas anodine. En effet, en tant que centre du livre, ils contiennent un message capital qui meut le livre tout entier, celui de la restauration et de la nouvelle alliance entre YHWH et son peuple, au-delà des aléas de l'histoire. Au centre du livre se trouve un message d'espoir pour le futur qui invite à ne pas s'enfermer dans le carcan d'un passé porteur de mort, mais à aller de l'avant. Voir à ce propos T. ODASHIMA, *Heilsworte im Jeremiabuch. Untersuchungen zu ihrer vordeuteronomistischen Bearbeitung*, BWANT 125, Stuttgart, 1989.

38 Cette partie contient quelques passages en prose concernant le prophète, cf. par ex. 16,1-13 où YHWH lui ordonne de ne pas se marier et de ne prendre part ni aux funérailles ni aux mariages.

39 Cette partie contient quelques brèves parties en prose, essentiellement les introductions aux oracles.

40 Voir n. précédente.

Jérémie envoie aux déportés pour les inviter à espérer le retour après les soixante-dix ans d'exil; d'autre part, la seconde partie du chapitre 32 et le chapitre 33 reprennent, on l'a vu, plusieurs thèmes du chapitre 31 touchant à la restauration.

De part et d'autre de ces deux sections en prose, se trouvent deux sections d'oracles, une longue (chap. 2–25) concernant Jérusalem et Juda, et une courte (chap. 46–51) annonçant la punition des nations qui ont mené la vie dure au peuple de Dieu. Les deux sections en prose racontent comment le peuple refuse la parole de YHWH et de son prophète, refus qui le mène à sa perte, et les deux sections d'oracles sont juxtaposées à ces deux sections en prose. La première promet la punition d'Israël, l'autre, après le «livret» qui annonce la nouvelle alliance et après le récit des derniers jours de Jérusalem et des Judéens, prophétise la punition des ennemis, annonce indirecte de bonheur pour le peuple.

Ainsi, les parties courtes et longues, tant en poésie qu'en prose, s'équilibrent de part et d'autre du centre, et sont encadrées par une introduction (chap. 1) et une conclusion (chap. 52). Ces deux chapitres concernent surtout les deux «personnages» dont le sort occupe majoritairement les deux sections en prose (chap. 26–29 et 32–45), à savoir Jérémie et la ville. Le chapitre 1, en effet, raconte la vocation du prophète, tandis que le chapitre 52 revient sur la prise de Jérusalem et s'attarde sur les ustensiles du Temple qui ne sont pas détruits comme le reste, mais emmenés à Babylone, signe que le culte pourra reprendre une fois l'exil terminé (52,17-20). Le rapprochement entre les chapitres 1 et 52, déjà souligné par Rosenberg, est renforcé par la similitude des termes utilisés pour décrire Jérémie et la ville (voir 1,18 et 52,14.17.20).

On remarque ainsi aisément comment l'alternance de poésie et de prose est équilibrée, en tout cas globalement, et que récits et oracles s'organisent et s'articulent autour du centre et moteur du livre, le «livret de la consolation» (chap. 30–31). La question pour le lecteur est, dès lors, de savoir pourquoi cette alternance dans ce livre biblique. C'est le livre lui-même qui aide à répondre à cette question. D'emblée, en effet, Jr se présente comme un *récit* des *paroles* de Jérémie. Ces paroles reçues de Dieu et adressées au peuple sont intégrées dès le début dans un cadre narratif sans cesse rappelé, même dans les sections proprement oraculaires, dont la forme est essentiellement poétique, tandis que le cadre narratif se déploie parfois dans un authentique récit, privilégiant les événements de la vie du porte-parole[41]. Une question se

41 À l'intérieur de son propre récit, le narrateur cède parfois sa place à Jérémie et en fait un narrateur intradiégétique, qui se donne lui-même d'emblée comme prophète (voir par ex. 1,4–6,30).

pose dès lors: quel effet le narrateur cherche-t-il à produire par ce procédé? Une simple observation peut aider à ce sujet. Le récit, en effet, est souvent plus parlant qu'un poème.

> «La différence fondamentale entre la poésie et la prose narrative repose [...] sur des caractéristiques à la fois négatives et positives. Négatives: le poète biblique n'accorde aucune attention à l'ordre chronologique et à l'intrigue. Il n'y a pas de poèmes épiques dans la Bible. Positives: ses phrases obéissent à des règles relatives à la quantité et au mètre. En général, elles sont plus denses que celles de la prose et, plus encore que les phrases de celle-ci, elles font un usage intensif de divers procédés répétitifs»[42].

Mais plus fondamentalement encore, «la voix lyrique qui se fait entendre est toujours entièrement engagée dans son aujourd'hui et elle exprime cet aujourd'hui». On comprend que cette forme soit retenue pour faire entendre la parole prophétique et la rendre percutante pour le lecteur, comme elle le fut pour les interlocuteurs (même fictifs) de Jérémie. Car la poésie

> «dans son immédiateté [...] paraît s'adresser directement au lecteur»[43]. «Il en va tout autrement de la narration: presque tous les narrateurs se situent à une grande distance (dans le temps, parfois également dans l'espace ou dans la culture) du sujet qu'ils traitent. Les lecteurs éprouvent eux aussi cette distance et peuvent en tirer profit»[44].

La distance qu'implique la narration permet au lecteur une certaine liberté[45] par rapport à ce qu'il lit. La narration lui permet de voir comment se jouent les rapports entre les personnages, quelle est leur manière d'agir, quelles sont leurs réactions, ce qu'un poème ne montre pas nécessairement, surtout si son contexte événementiel n'est pas précisé. Cette forme s'impose dès lors qu'il s'agit de montrer ce qu'il en est du prophète et de l'accueil réservé à son message. La distance par rapport au «vécu» permet au lecteur de prendre la mesure du refus d'écouter de Juda et de son roi, mais aussi du courage du prophète dans sa tâche au service de la Parole[46]. De là, également, sort un message destiné au lecteur, l'invitant à écouter la parole pour que ce que Jérémie a vécu ne reste pas vain.

---

42 FOKKELMAN, *Comment lire le récit biblique,* p. 188.

43 FOKKELMAN, *Comment lire le récit biblique,* pp. 192 et 193.

44 FOKKELMAN, *Comment lire le récit biblique,* p. 192.

45 Cette distance tourne à l'avantage du lecteur lorsqu'il l'utilise «comme une forme de liberté de lecture. Grâce à elle il nous est plus facile d'approcher l'agitation, les passions et surtout la violence choquante qui nous sont présentées», FOKKELMAN, *Comment lire le récit biblique,* p. 192.

46 Ceci illustre narrativement ce que Dieu dit au prophète dès sa vocation (1,7-8.18-19). Cela confirme que Dieu s'est montré fidèle aux promesses faites à Jérémie lors de son appel.

III. Ouverture

Ce travail montre qu'une étude littéraire, et en particulier narrative, est porteuse lorsqu'il s'agit de chercher à comprendre comment se déploient le récit et le message qu'il veut transmettre au lecteur. Mais elle n'est pas complète en ce qui concerne l'ensemble de Jr. Une étude de ce type devrait être menée sur les autres parties en prose du livre, afin de mettre en évidence le sens et l'articulation de ces parties entre elles. Il s'agit là d'un terrain ouvert à l'exploration et à la recherche. À côté de cela, les études littéraires peuvent ouvrir un autre chantier dans le domaine de la comparaison entre les deux versions de Jr, celle du TM et celle de la LXX. Pour illustrer cela, reprenons l'exemple du chapitre 39, dont une grande partie, on l'a dit, est absente dans la LXX.

Cette double version du livre (TM et LXX) permet une double lecture au niveau tant diachronique que synchronique. Pour l'historien, il s'agit de deux états différents de l'écrit, reflétant également chacun une communauté différente. Ainsi, l'historien peut chercher à comprendre comment le livre et la communauté ont évolué, et dans quel sens s'est faite l'évolution: a-t-on retranché des parties d'une version longue pour en faire une plus courte, ou y a-t-il eu croissance et aménagement du texte pour arriver à une version plus longue avec sa logique propre? Je l'ai dit d'emblée, le but de ce travail n'est pas d'entrer dans le débat. Mais c'est sur ce point que l'on peut trouver une ouverture pour continuer le travail débuté dans cette étude.

Un travail de type synchronique, en effet, pourrait ouvrir de nouvelles pistes pour chercher à comprendre l'évolution littéraire du texte. Ainsi, des éléments tels qu'une plus grande cohérence littéraire, une meilleure organisation du récit, ou encore une plus grande recherche dans la caractérisation des personnages, peuvent être des indices en faveur du caractère plus récent d'une des deux versions. Pour mener à bien un tel travail, une étude synchronique du même bloc en prose dans la LXX (chap. 39–51) serait fondamental, en oubliant pour un instant l'autre version du livre, comme ce fut le cas dans le présent travail. La comparaison des résultats ainsi obtenus et de la moisson de cette étude permettrait sans doute d'amener des éléments d'ordre littéraire qui pourraient aider les historiens dans leur recherche. Mais un tel travail sur le texte de Jr LXX aurait peut-être également le mérite de redonner à ce texte – lui aussi considéré comme inspiré – ses lettres de noblesse.

Cela permettrait en outre de comprendre que, dans une version comme dans l'autre, le texte a ses lois qui se dévoilent au lecteur attentif qui s'arrête pour l'observer, pour l'écouter. Le simple déplacement de la perspective, qui, de purement historique, se fait littéraire sans pour autant nier l'histoire du texte et de sa composition, montre bien que, loin d'être illogique, le texte est minutieusement construit et répond à des questions bien précises. On l'a dit, le texte est un mécanisme paresseux, qui attend d'être réveillé par le lecteur[47]. À ce dernier, donc, de poser les bonnes questions, pour que le texte lui parle et l'interpelle dans son aujourd'hui. Encore une fois,

> «les mots du passé parlent du présent et dessinent en figure l'avenir. Et, dans cette opération, la mémoire fragile et courte d'hommes sans avenir se trouve touchée d'une lumière inconnue qui découvre, comme jamais, à la fois la profondeur du mal et la radicalité du salut que Dieu va donner»[48].

Telle est la leçon de Jérémie. Prenons-la.

47 Cf. *supra*, n. 22, p. 162.

48 PELLETIER, *D'âge en âge*, p. 92.

Abréviations

Les abréviations bibliques utilisées dans ce travail suivent celles utilisées par les bibles courantes en français, TOB et BJ.

AB	Anchor Bible
ACEBT	Amsterdamse cahiers voor exegese en bijbelse theologie
AJSLL	*American Journal of Semitic Languages and Literature*
AnBib	Analecta Biblica
AOAT	Alter Orient und Altes Testament
ARM	Archives Royales de Mari. Textes cunéiformes
ATD	Das Alte Testament Deutsch
AUSS	Andrews University Seminary Studies
BA	*The Biblical Archaeologist*
BAR	*Biblical Archaeological Review*
BBB	Bonner biblische Beiträge
BEAT	Beiträge zur Erforschung des Alten Testaments und des antiken Judentums
BeO	*Bibbia e Oriente*
BETL	Bibliotheca Ephemeridum Theologicarum Lovaniensium
Bib	*Biblica*
BibBh	*Bible Bhashyam*
BibRev	*Bible Review*
BLS	Bible and Literature Series
BN	*Biblische Notizen*
BTFT	*Bijdragen. Tijdschrift voor Filosofie en Theologie*
BTod	*Bible Today*
BWANT	Beiträge zur Wissenschaft vom Alten und Neuen Testament
BZ NF	*Biblische Zeitschrift Neue Folge*
BZAW	Beihefte zur Zeitschrift für die alttestamentliche Wissenschaft
CE	*Cahiers Évangile*
CE Suppl.	*Cahiers Évangile Suppléments*
CBQ	*Catholic Biblical Quarterly*
EAJT	*East Asia Journal of Theology*
EB	Études Bibliques
EB N.S.	Études Bibliques, Nouvelle Série

EI	*Eretz-Israel*
EstBib	*Estudios bíblicos*
ETL	*Ephemerides Theologicae Lovanienses*
ETR	*Études Théologiques et Religieuses*
ExpT	*Expository Times*
FRLANT	Forschungen zur Religion und Literatur des Alten und Neuen Testaments
HK	Handkommentar zum Alten Testament
HBT	*Horizons in Biblical Theology*
HSM	Harvard Semitic Monographs
ICC	The International Critical Commentary
IEJ	*Israel Exploration Journal*
Int	*Interpretation. A Journal of Bible and Theology*
JBL	*Journal of Biblical Literature*
JBQ	*The Jewish Bible Quarterly*
JNSL	*Journal of Northwest Semitic Languages*
JRT	*Journal of Religious Thought*
JSOT	*Journal for the Study of the Old Testament*
JSOTS	Journal for the Study of the Old Testament. Supplement Serie
JSJ	*Journal for the Study of Judaism in the Persian, Hellenistic, and Roman Periods*
JSJSup.	Journal for the Study of Judaism in the Persian, Hellenistic, and Roman Periods. Supplements
JSS	*Journal of Semitic Studies*
JTS	*Journal of Theological Studies*
KAT	Kommentar zum Alten Testament
KHC	Kurzer Hand-Commentar zum Alten Testament
LD	Lectio divina
LoB	Leggere oggi la Bibbia
MSU	Mitteilungen des Septuaginta-Unternehmens
NCBC	The New Century Bible Commentary
NESTR	*Near East School of Theology Review*
NICOT	New International Commentary on the Old Testament
NRT	*Nouvelle Revue Théologique*
NSKAT	Neuer Stuttgarter Kommentar. Altes Testament
OBO	Orbis Biblicus et Orientalis
ÖBS	Österreichische Biblische Studien
OrAnt	*Oriens Antiquus*
OTE	*Old Testament Essays*
OTL	Old Testament Library
OTS	Oudtestamentische Studiën

OTWSA	Ou Testamentiese Werkgemeenskap in Suid Afrika
PSV	*Parola Spirito e Vita*
ParVi	*Parole di Vita. Rivista di formazione biblica*
PGLM	*Proceedings of Eastern Great Lakes*
RB	*Revue Biblique*
RevBib	*Revista Biblica*
RevExp	*Review and Expositor. A Baptist Theological Quarterly*
RivBib	*Rivista biblica*
RQ	*Revue de Qumrân*
RSR	*Recherches de science religieuse*
RTL	*Revue théologique de Louvain*
SBL SS	Society of Biblical Literature. Semeia Studies
SEA	*Svensk Exegetisk Arsbok*
Sem	*Semitica*
SJOT	*Scandinavian Journal of the Old Testament*
TB	*Theologische Bücherei*
TLZ	*Theologische Literaturzeitung*
TT	*Theology Today*
TV	*Teología y Vida*
TynB	*Tyndale Bulletin*
TZ	*Theologische Zeitschrift*
UF	*Ugarit-Forschungen*
USQR	*Union Seminary Quarterly Review*
VT	*Vetus Testamentum*
VTS	Supplements to Vetus Testamentum
W&W	*Word & World. Theology for Christian Ministry*
WBC	Word Biblical Commentary
WMANT	Wissenschaftliche Monographien zum Alten und Neuen Testament
ZAW	*Zeitschrift für die alttestamentliche Wissenschaft*

Bibliographie

Dans l'environnement exégétique actuel, il est impossible d'établir pour une péricope une bibliographie complète, allant des débuts de la critique historique jusqu'à nos jours. Cela se vérifie *a fortiori* lorsque la péricope étudiée comprend quatorze chapitres, parfois très longs. Pour cette raison, outre les travaux incontournables et les commentaires plus courants du livre de Jr, cette bibliographie ne reprend que les études publiées ces vingt-cinq dernières années, et ne tient pas compte des études exclusivement archéologiques qui ne concernent pas directement le but de la présente étude. Elle comprend également d'autres travaux cités dans ce travail.

I. Outils de travail

La Bible, trad. CRAMPON, Paris – Rome – Tournai, 1905.
La Bible, trad. CHOURAQUI, Paris, 1985.
La Bible, trad. SEGOND, Villiers-le-Bel (France), 3e éd., 2002.
La Bible, trad. OSTY, TRINQUET, Paris, 1973.
La Bible. L'Ancien Testament II, La Bibliothèque de la Pléiade 39, trad. E. DHORME, Paris, 1959.
La Bible. Nouvelle traduction, Paris – Montréal, 2001.
Bible de Jérusalem, Paris, 1998.
La Bible de Maredsous, Paris – Turnhout, 1969.
Traduction Œcuménique de la Bible, Paris, 1988.

BARTHÉLEMY D., *Critique textuelle de l'Ancien Testament. Tome 2. Isaïe, Jérémie, Lamentations*, OBO 50/2, Fribourg – Göttingen, 1986.

CORNILL C.H., *The Book of the Prophet Jeremiah. Critical Edition of the Hebrew Text arranged in Chronological Order with Notes*, The Sacred Books of the Old Testament 11, Leipzig, 1895.

ELLIGER K., W. RUDOLPH, *Biblia Hebraica Stuttgartensia*, editio quarta emendata, Stuttgart, 1990.

HATCH E., H.A. REDPATH, *A Concordance to the Septuagint and the Other Greek Versions of the Old Testament* (Including the Apocryphal Books), 3 vol., Oxford, 1897-1906; 2e éd., with R.A. KRAFT, E. TOV, *In-*

troductory Essay; T. MURAOKA, *Hebrew/Aramaic Index to the Septuagint*, 1 vol., Grand Rapids, MI, 1998.

JOÜON P., *Grammaire de l'hébreu biblique*, Roma, 1947; ID., T. MURAOKA, *A Grammar of Biblical Hebrew*, Subsidia Biblica 14, 2 vol., Roma, 1996.

LISOWSKY G., *Konkordanz zum Hebräischen Alten Testament*, Stuttgart, 1958.

LUST J., E. EYNIKEL, K. HAUSPIE, with the collaboration of G. CHAMBERLAIN, *A Greek-English Lexicon of the Septuagint*, 2 vol., Stuttgart, 1992, 1997; 2e éd., 2003.

MANDELKERN S., *Veteris Testamenti Concordantiae Hebraicae atque Chaldaicae*, editio altera locupletissime aucta et emendata cura F. MARGOLIN, Graz, 1937; réimpr., 2 vol., 1955.

RAHLFS A. (ed.), *Septuaginta*, 2 vol., Stuttgart, 1935.

ZIEGLER J. (ed.), *Jeremias, Baruch, Threni, Epistola Jeremiae*, Septuaginta. Vetus Testamentum Graecum 15, Göttingen, 1976.

II. Travaux sur la narratologie et *miscellanea*

ADAM J.-M., *Le récit*, Que sais-je? 2149, Paris, 1984; 6e éd., 1999.

ADINOLFI M., «Sul messianismo sacerdotale», *BeO* 19 (1977), pp. 101-111.

ALONSO SCHÖKEL L., *La parole inspirée. L'Écriture sainte à la lumière du langage de la littérature*, LD 64, Paris, 1971.

ALTER R., *The Art of Biblical Narrative*, London – Sydney, 1981; *L'art du récit biblique*, Le livre et le rouleau 4, trad. P. LEBEAU, J.-P. SONNET, Bruxelles, 1999.

AMIT Y., *Reading Biblical Narratives. Literary Criticism and the Hebrew Bible*, Minneapolis, MN, 2001.

BAR-EFRAT S., *Narrative art in the Bible*, JSOTS 70; BLS 17, trad. D. SHAEFER-VANSON, S. BAR-EFRAT, Sheffield, 1984 (1e éd. en hébreu, Tel Aviv, 1979).

BARTHES R., *Roland Barthes par Roland Barthes*, Écrivains de toujours, Paris, 1975; 2e éd., 1995.

BEAUCHAMP P., *Cinquante Portraits Bibliques*, Paris, 2000.

—, *D'une montagne à l'autre, la Loi de Dieu*, Paris, 1999.

—, «La Bible et les formes du langage ou le texte du pardon (Daniel 9)», *Esprit* (1988), pp. 199-212.

—, *L'un et l'autre Testament*. 1. *Essai de lecture*, Parole de Dieu, Paris, 1976.

—, *L'un et l'autre Testament*. 2. *Accomplir les écritures*, Parole de Dieu, Paris, 1976.

—, «Quelques faits d'Écriture dans la poésie biblique», *RSR* 61 (1973), pp. 127-138.
BUIS P., *La notion d'alliance dans l'Ancien Testament*, LD 88, Paris, 1976.
—, «La nouvelle Alliance», *VT* 18 (1968), pp. 1-15.
—, «Notification de jugement et confession nationale», *BZ* (1967), pp. 193-205.
CALVINO I., *Se una notte d'inverno un viaggiatore*, Milano, 1994; 13e éd., 2002.
CULPEPPER R.A., «Vingt ans d'analyse narrative des évangiles», in: D. MARGUERAT (ed.), *La Bible en récits: l'exégèse biblique à l'heure du lecteur. Colloque international d'analyse narrative des textes de la Bible, Lausanne (mars 2002)*, Le monde de la Bible 48, Genève, 2003, pp. 73-93.
DE VAUX R., *Les institutions de l'Ancien Testament*, 2 vol., Paris, 1958-1960.
DORSEY D.A., *The Literary Structure of the Old Testament. A Commentary on Genesis–Malachi*, Grand Rapids, MI, 1999.
DRAÏ R., *La communication prophétique. 1. Le Dieu caché et sa révélation*, Paris, 1990.
—, *La communication prophétique. 2. La conscience des prophètes*, Paris, 1993.
DREYFUS F., «L'actualisation à l'intérieur de la Bible», *RB* 83 (1976), pp. 161-202.
ECO U., *I limiti dell'interpretazione*, Studi Bompiani. Il campo semiotico, Milano, 1990.
—, *Lector in fabula. La cooperazione interpretativa nei testi narrativi*, Milano, 1979; 7e éd., Tascabili Bompiani. Saggi 27, Milano, 2000.
—, *Sei passeggiate nei boschi narrativi. Harvard University. Norton Lectures 1992-1993*, Milano, 1994; 4e éd., Tascabili Bompiani 59, Milano, 2000.
FOHRER G., *Die Propheten des Alten Testaments*, 7 vols, Gütersloh, 1974 – 1977.
—, «Prophetie und Magie», *ZAW* 78 (1966), pp. 25-47.
FOKKELMAN J.P., *Comment lire le récit biblique. Une introduction pratique*, Le livre et le rouleau 13, trad. Cisterciennes de l'abbaye Notre-Dame de Clairefontaine, Bruxelles, 2002.
FREUD S., *Au-delà du principe du plaisir*, in: *Essais de psychanalyse*, Petite Bibliothèque Payot 44, Paris, 1985, pp. 41-115.
FRYE N., *Le Grand Code. La Bible et la littérature*, Collection Poétique, Paris, 1984.
GARBINI G., *Note di lessicografia ebraica*, Studi Biblici 118, Brescia, 1998.
GRILLI M., «Evento comunicativo e interpretazione di un testo biblico», *Gregorianum* 83 (2002), pp. 655-678.

ISER W., *L'acte de lecture. Théorie de l'effet esthétique*, Bruxelles, 1985.

JONDOT M., *Aujourd'hui à Jérusalem: le temps de la Bible*, Parole Présente, Paris, 2001.

JONGELING B., «*Lākēn* dans l'Ancien Testament», in: A.S. VAN DER WOUDE (ed.), *Remembering all the Way... A Collection of Old Testament Studies Published on the Occasion of the Fortieth Anniversary of the Oudtestamentisch Werkgezelschap in Nederland*, OTS 21, Leiden, 1981, pp. 190-200.

JUNCO GARZA C., *La crítica profética ante el Templo. Teología veterotestamentaria*, Bibliotheca Mexicana 5, Mexico, 1994.

KABASELE MUKENGE A., *L'unité littéraire du livre de Baruch*, EB N.S. 38, Paris, 1998.

LÉVINAS E., «La Révélation dans la tradition juive», in: P. RICŒUR e.a., *La Révélation*, Publications des Facultés Universitaires Saint-Louis 7, Bruxelles, 1977, pp. 55-77.

LÉVY J.-Ph., «Sur trois textes bibliques concernant des actes écrits», in: *Mélanges à la mémoire de Marcel-Henry Prévost. Droit biblique, interprétation rabbinique, communautés et société*, Publications de l'Université Lille II. Droit et Santé, Paris, 1982, pp. 23-48.

MALAMAT A., «The Last King of Judah and the Fall of Jerusalem: an Historical-Chronological Study», *IEJ* 18 (1968), pp. 137-156.

MALINCONI N., *Détours à Grignan*, Grignan, 2002.

MARGUERAT D., «Entrer dans le monde du récit», in: ID. (ed.), *Quand la Bible se raconte*, Lire la Bible 134, Paris, 2003, pp. 9-37.

MARGUERAT D., Y. BOURQUIN, *La Bible se raconte: initiation à l'analyse narrative*, Pour lire, Paris, 1998.

MARTIN W.J., «"Dischronologized" Narrative in the Old Testament», in: *Congress Volume Rome 1968*, VTS 17, Leiden, 1969, pp. 179-186.

MEYNET R., «L'analyse rhétorique, une nouvelle méthode pour comprendre la Bible», *NRT* 116 (1994), pp. 641-657.

—, *L'analyse rhétorique, une nouvelle méthode pour comprendre la Bible. Textes fondateurs et exposé systématique*, Initiations, Paris, 1989.

—, *Lire la Bible*, Dominos 92, Paris, 1996; 2e éd. revue et augmentée, Paris, 2003.

—, N. FAROUKI, L. POUZET, A. SINNO, *Rhétorique sémitique. Textes de la Bible et de la Tradition musulmane*, Patrimoines, Paris – Beyrouth, 1998.

NEHER A., *L'essence du prophétisme*, Diaspora, Paris, 1972.

NOTH M., «The Jerusalem Catastrophe of 587 B.C. and Its Significance for Israel», in: ID., *The Laws in the Pentateuch and Other Studies*, Philadelphia, 1967, p. 264.

ODELAIN O., R. SÉGUINEAU, *Dictionnaire des noms propres de la Bible*, Paris, 1978.

OZ A., *L'histoire commence*, Paris, 2002.

PELLETIER A.-M., *D'âge en âge les Écritures. La Bible et l'herméneutique contemporaine*, Le livre et le rouleau 18, Bruxelles, 2004.

PERRIN B., «Trois textes bibliques sur les techniques d'acquisition immobilière (Gn XXIII; Ruth IV; Jr XXXII,8-15)», *Revue Historique de droit français et étranger. Série 4* 41(1963), pp. 5-19; 177-195; 387-417.

RICŒUR P., «Éloge de la lecture et de l'écriture», *ETR* 64 (1989), pp. 395-405.

—, «Herméneutique de l'idée de la Révélation», in: ID., e.a., *La Révélation*, Publications des Facultés Universitaires Saint-Louis 7, Bruxelles, 1977, pp. 15-54.

—, *Temps et récit*. 1. *L'intrigue et le récit historique*, Points Essais 227, Paris, 1991.

—, *Temps et récit*. 2. *La configuration dans le récit de fiction*, Points Essais 228, Paris, 1991.

—, *Temps et récit*. 3. *Le temps raconté*, Points Essais 229, Paris, 1991.

REIMER D.J., «Political Prophets? Political Exegesis and Prophetic Theology», in: J.C. DE MOOR (ed.), *Intertextuality in Ugarit and Israel: Papers Read at the Tenth Joint Meeting of the Society for Old Testament Study and het Oudtestamentisch Werkgezelschap in Nederland en Belgïe Held at Oxford, 1997*, OTS 40, Leiden – Boston – Köln, 1998, pp. 126-142.

RÖMER T.C., J.-D. MACCHI, C. NIHAN (eds), *Introduction à l'Ancien Testament*, Le Monde de la Bible 49, Genève, 2004.

ROSSIER Fr., *L'intercession entre les hommes dans la Bible hébraïque. L'intercession entre les hommes aux origines de l'intercession auprès de Dieu*, OBO 152, Fribourg – Göttingen, 1996.

SCARPETTA G., «La littérature, miroir de l'histoire? Ce que seuls les romans peuvent dire», *Le Monde Diplomatique* (Mars 2003), p. 30.

SKA J.-L., «Genèse 22 ou l'épreuve d'Abraham», in: D. MARGUERAT (ed.), *Quand la Bible se raconte*, Lire la Bible 134, Paris, 2003, pp. 67-84.

—, *Introduzione alla lettura del Pentateuco. Chiavi per l'interpretazione dei primi cinque libri della Bibbia*, Bologna, 1998; 3e éd., Roma, 2000; *Introduction à la lecture du Pentateuque. Clés pour l'interprétation des cinq premiers livres de la Bible*, Le livre et le rouleau 5, trad. Fr. VERMOREL, Bruxelles, 2000.

—, «Le livre de Ruth ou l'art narratif biblique dans l'Ancien Testament», in: D. MARGUERAT (ed.), *La Bible en récit: l'exégèse biblique à l'heure du lecteur. Colloque international d'analyse narrative des textes de la Bible, Lausanne (mars 2002)*, Le monde de la Bible 48, Genève, 2003, pp. 41-72.

—, «La narrativité et l'exégèse biblique», *La Foi et le Temps* 23 (1993), pp. 197-210.

—, *«Our Fathers Have Told Us». Introduction to the Analysis of Hebrew Narratives*, Subsidia Biblica 13, Roma, 1990.

—, J.-P. SONNET, A. WÉNIN, *L'analyse narrative des récits de l'Ancien Testament*, *CE* 107, Paris, 1999.

SMYTH Fr., «Quand Josias fait son œuvre ou le roi bien enterré. Une lecture synchronique de 2R 22,1–23,28», in: A. DE PURY, T. RÖMER, J.-D. MACCHI (eds), *Israël construit son histoire: l'historiographie deutéronomiste à la lumière des recherches récentes*, Le monde de la Bible 34, Genève, 1996, pp. 325-339.

SONNET J.-P., «"Le livre trouvé": 2Rois 22 dans sa finalité narrative», *NRT* 11 (1994), pp. 836-861.

—, «Le Deutéronome et la modernité du livre», *NRT* 118 (1996), pp. 481-496.

—, «Le rendez-vous du Dieu vivant. La mort de Moïse dans l'intrigue du Deutéronome (Dt 1–4 et Dt 31–34)», *NRT* 123 (2001), pp. 353-372.

—, «Samson, le "dernier" des juges. Une lecture narrative de Juges 13–16», *Graphé* 13 (2004), pp. 35-51.

—, «Le Sinaï dans l'événement de sa lecture. La dimension pragmatique d'Ex 19-24», *NRT* 111 (1989), pp. 321-344.

STERNBERG M., *The Poetics of Biblical Narrative. Ideological Literature and the Drama of Reading*, Indiana Literary Biblical Series, Bloomington, IN, 1985.

—, «Time and space in Biblical (Hi)story Telling: The Grand Chronology», in: R. SCHWARTZ (ed.), *The Book and the Text: The Bible and Literary Theory*, Oxford, 1990, pp. 81-145.

TABUCCHI A., *Il gioco del rovescio*, I Narratori, Milano, 1988; 11e éd., Universale Economica 1174, Milano, 2001.

—, *Si sta facendo sempre più tardi. Romanzo in forma di lettere*, I Narratori, Milano, 2001.

THACKERAY H.St.J., *The Septuagint and Jewish Worship: a Study in Origins*, The Schweich Lectures, London, 1923.

TOV E., *Textual Criticism of the Hebrew Bible*, Assen – Maastricht, 1992.

VAN DER LINGEN A., «*bw'-ys'* ("to go out and to come in") as a military term», *VT* 42 (1992), pp. 59-66.

VANHOYE A., *La structure littéraire de l'épître aux Hébreux*, Paris, 1963; 2e éd., 1976.

VERMEYLEN J., «L'école deutéronomiste aurait-elle imaginé un premier canon des Écritures?», in: T. RÖMER (ed.), *The Future of the Deuteronomistic History*, BETL 147, Leuven, 2000, pp. 223-240.
VOGELS W., «Démission ou fidélité du prophète: Moïse, Élie, Jérémie», *Revue du Clergé Africain* 25 (1970), pp. 496-514.
—, «Prophètes et littérature prophétique», in: M. GOURGUES, L. LABERGE (eds), *«De bien des manières». La recherche biblique aux abords du XXIe siècle. Actes du Cinquantenaire de l'ACEBAC (1943-1993)*, Lectio Divina 163, Montréal – Paris, 1995, pp. 79-118.
WÉNIN A., «Dieu jaloux», in: P. GIBERT, D. MARGUERAT (eds), *Dieu, vingt-six portraits bibliques*, Paris, 2002, pp. 68-76.
—, «Personnages humains et anthropologie dans le récit biblique», in: C. FOCANT, A. WÉNIN, *La Bible en récit II. Colloque international d'analyse narrative des textes de la Bible, Louvain-la-Neuve, Avril 2004*, BETL 191, Leuven, 2005, à paraître.
—, *Samuel Juge et prophète: lecture narrative, CE* 89, Paris, 1994.
—, «Y a-t-il un "livre de Baruch"? À propos du livre récent d'André Kabasele Mukenge», in: J.-M. AUWERS, A. WÉNIN (eds), *Lectures et relectures de la Bible. Festschrift P.-M. Bogaert*, BETL 144, Leuven, 1999, pp. 231-243.
WIESEL É., *Célébrations Prophétiques. Portraits et légendes*, Paris, 1998.
ZUMSTEIN J., «Le cycle pascal du quatrième évangile (Jean 20–21)», in: D. MARGUERAT (ed.), *Quand la Bible se raconte*, Lire la Bible 134, Paris, 2003, pp. 143-161.

III. Commentaires de Jr

AESCHIMANN A., *Le prophète Jérémie. Commentaire*, Neuchâtel, 1959.
BLACKWOOD A.W. Jr, *Commentary on Jeremiah: the Word, the Words, and the World*, Waco, TX, 1977.
BOADT L., *Jeremiah 26–52, Habakkuk, Zephaniah, Nahum*, Old Testament Message 10, Wilmington, DE, 1982.
BRACKE W.M., *Jeremiah 30–52 and Lamentations*, Westminster Bible Companion, Louisville, 2000.
BRIGHT J., *Jeremiah*, AB 21, New York, 1965.
BRUEGGEMANN W., *A Commentary on Jeremiah. Exile and Homecoming*, Grand Rapids, MI – Cambridge, UK, 1998.
BULAH M., *The Book of Jeremiah*, Da'at Miqra', Jerusalem, 1983.
CARROLL R.P., *Jeremiah. A Commentary*, OTL, London, 1986.
CLEMENTS R.E., *Jeremiah*, Interpretation. A Bible Commentary for Teaching and Preaching, Atlanta, 1988.

CONDAMIN A., *Le livre de Jérémie: traduction et commentaire*, EB, Paris, 1920; 3e éd. corr., 1936.

CORNILL C.H., *Das Buch Jeremia*, Leipzig, 1905.

DUHM B., *Das Buch Jeremia*, KHC 11, Tübingen, 1901.

FEINBERG Ch.L., *Jeremiah. A Commentary*, Grand Rapids, MI, 1982.

FREEDMAN H., *Jeremiah. Hebrew Text and English Translation with an Introduction and Commentary*, Soncino Books of the Bible, London – Jerusalem – New York, 1949; 7e éd., 1977.

FREEHOF S.B., *Book of Jeremiah, a Commentary*, The Jewish Commentary for Bible Readers, New York, 1977.

FRETHEIM T.E., *Jeremiah*, Smith and Helwys Bible Commentary, Macon, GA, 2002.

GIESEBRECHT F., *Das Buch Jeremia*, HK III/2, Göttingen, 1907.

GORDON S.L., *The Book of Jeremiah*, Tel Aviv, 1967.

HARRISON R.K., *Jeremiah and Lamentations. An introduction and Commentary*, Tyndale Old Testament lecture, London, 1973.

HOLLADAY W.L., *Jeremiah. A Commentary on the Book of the Prophet Jeremiah*, Hermeneia, 2 vol., Philadelphia – Minneapolis, 1986, 1989.

HYATT J.P., *Jeremiah: Prophet of Courage and Hope*, New York, 1958.

JENSEN I.L., *Jeremiah – Prophet of Judgment*, Everyman's Bible Commentary, Chicago, 1996.

JONES D.R., *Jeremiah*, NCBC, Grand Rapids, MI, 1992.

KEIL C.F., *Jeremiah, Lamentations*, Commentary to the Old Testament, Grand Rapids, MI, repr. 1985.

KEOWN G.L., P.J. SCALISE, T.G. SMOTHERS, *Jeremiah 26–52*, WBC 27, Dallas, TX, 1995.

LUNDBOM J.R., *Jeremiah 1–20. A New Translation with Introduction and Commentary*, AB 21a, New York – London, 1999.

—, *Jeremiah 21–36. A New Translation with Introduction and Commentary*, AB 21b, New York – London, 2004.

—, *Jeremiah 37–52. A New Translation with Introduction and Commentary*, AB 21c, New York – London, 2004.

MCCONVILLE J.G., *Judgement and Promise. An Interpretation of the Book of Jeremiah*, Leichester, UK – Winona Lake, IN, 1993.

MCKANE W., *A Critical and Exegetical Commentary on Jeremiah*, ICC, 2 vol., Edinburgh, 1986, 1996.

MORGAN G.C., *Jeremiah*, Pasadena, CA, 1987.

NICHOLSON E.W., *The Book of the Prophet Jeremiah. Chapters 26–52*, Cambridge, 1975.

RABINOVITZ H.D., *The Book of Jeremiah*, The *Da'at Soferim* Commentary, Jerusalem, 1996.

RUDOLPH W., *Jeremia*, HAT 1/12, Tübingen, 1947; réimpr., 1968.

SCHREINER J., *Jeremia*. II. *25,15–52,34*, Die neue Echter Bibel. Kommentar zum Alten Testament mit der Einheitsübersetzung 9, Würzburg, 1984.
STEINMANN J., *Le prophète Jérémie. Sa vie, son œuvre et son temps*, LD 9, Paris, 1952.
THOMPSON J.A., *The Book of Jeremiah*, NICOT, Grand Rapids, MI, 1980.
VOLZ P., *Der Prophet Jeremiah*, KAT 10, Leipzig, 1922.
WANKE G., *Jeremia*. 2: *25,15-52,34*, Zürcher Bibelkommentare. AT 20/2, Zürich, 2003.
WEISER A., *Das Buch Jeremia, Kapitel 25,15–52,34*, ATD 21, Göttingen, 1969.
WERNER W., *Das Buch Jeremia: Kapitel 25,15–52*, NSKAT 19/2, Stuttgart, 2003.
WHITE R.E.O., *The Indomitable Prophet. A Biographical Commentary on Jeremiah: the Man, the Time, the Book, the Tasks*, Grand Rapids, MI, 1992.

IV. Études jérémiennes

ABREGO DE LACY J.M., «Geremia e la sua epoca», in: ID., *I libri profetici*, Introduzione allo studio della Bibbia 4, Brescia, 1996, pp. 123-156.
—, *Jeremías y el final del reino, lectura sincrónica de Jer 36–45*, Estudios del Antiguo Testamento 3, Valencia, 1983.
ABREGO J.M., «El texto hebreo estructurado de Jeremías 36–45», *Cuadernos Bíblicos* 8 (1983), pp. 1-49.
ACKERMAN S., «"And the Women Knead Dough." The Worship of the Queen of Heaven in Sixth Century Judah», in: P.L. DAY (ed.), *Gender and Difference in Ancient Israel*, Minneapolis, 1989, pp. 109-124.
—, «"And the Women Make Cakes for the Queen of Heaven" Jer 7 and 44», in: ID., *Under Every Green Tree. Popular Religion in Sixth-Century Judah*, HSM 46, Atlanta, 1992, pp. 5-35.
ACKROYD P.R., «Historians and Prophets: Jeremiah and the Fall of Jerusalem», *SEA* 33 (1968), pp. 18-54.
ADAMO D.T., «Jehudi's African Identity in Jeremiah 36,14.21.23», *BibBh* 18 (1992), pp. 153-162.
AḪITUV S., «Jeremiah in Egypt», in: I. EPH'AL, A. BEN-TOR, P. MACHINIST (eds), *Eretz-Israel (Hayim and Miriam Tadmor Volume)*, Jerusalem, 2003, pp. 33-40.
ALONSO SCHÖKEL L., «Jeremías como anti-Moisés», in: M. CARREZ, J. DORÉ, P. GRELOT (eds), *De la Tôrah au Messie. Études d'exégèse et d'herméneutique bibliques offertes à Henri Cazelles pour ses 25 années*

d'enseignement à l'Institut Catholique de Paris (octobre 1979), Tournai, 1981, pp. 245-254.

—, J.L. SICRE DIAZ, *Profetas. Comentario I*, Madrid, 1980.

—, V. COLLADO BERTOMEU, J. SICRE DIAZ, «Jeremias 30–33», *Cuadernos Bíblicos* 3 (1979), pp. 1-30.

ALTHANN R., «*Bereshît* in Jer. 26:1; 27:1; 28:1; 49:34», *JNSL* 14 (1998), pp. 1-7.

AMMASSARI A., «Un precedente biblico del terrorismo», *BeO* 20 (1978), pp. 241-244.

AMSLER S., «"Le Seigneur est notre justice" Jer 33,14-16», *Assemblées du Seigneur. 2e série* 5 (1969), pp. 56-61.

—, *Les actes des prophètes*, Essais bibliques 9, Genève, 1985.

ANBAR M., «La libération des esclaves en temps de guerre: Jer 34 et ARM XXVI.363», *ZAW* 111 (1999), pp. 253-255.

—, «La reprise», *VT* 38 (1988), pp. 385-398.

APPLEGATE J., «"Peace, Peace, when there is no Peace": Redactional Integration of Prophecy of Peace into Judgement of Jeremiah», in: A.H.W. CURTIS, T. RÖMER (eds), *Le livre de Jérémie et sa réception*, BETL 128, Leuven, 1997, pp. 51-90.

—, «Narrative Patterns for the Communication of Commissioned Speech in the Prophets. A Three Scene Model», in: G.J. BROOKE, J.-D. KAESTLI (eds), *La narrativité dans la Bible et les textes apparentés*, BETL 149, Leuven, 2000, pp. 69-88.

—, «The Fate of Zedekiah. Redactional Debate in the Book of Jeremiah», *VT* 48 (1998), pp. 137-160; 301-308.

AULD A.G., «Prophets and Prophecy in Jeremiah and Kings», *ZAW* 96 (1994), pp. 66-82.

—, «Prophets Through the Looking Glass: A Response to Robert Carroll and Hugh Williamson», *JSOT* 27 (1983), pp. 41-44.

—, «Prophets Through the Looking Glass: Between Writing and Moses», *JSOT* 27 (1983), pp. 3-23.

AVIGAD N., «Baruch the Scribe and Jerahmeel the King's Son», *IEJ* 28 (1978), pp. 52-56, pl. 15, B-D.

AYCOCK D.M., «Jeremiah 32 – Taking the Long Look: a Bible Study for Preachers and Other Would-be Prophets», *RevExp* 90 (1993), pp. 405-410.

BASTIDE Fr., C. COMBET-GALLAND, «Essai sur la création dans le livre de Jérémie», *Foi et Vie. Cahiers Bibliques* 83, 5 (1984), pp. 45-51.

BAUMANN A., «Urrolle und Festtag. Zur Rekonstruktion der Urrolle des Jeremiabuches nach den Angaben in Jer 36», *ZAW* 80 (1968), pp. 350-373.

BECKING B., «Baalis, the King of the Ammonites. An Epigraphical Note on Jeremiah 40:14», *JSS* 38 (1993), pp. 15-24.

—, «De goden, op wie zij vertrouwden... Een Assyrische aanwijzing voor de verering in Oud-Israel van god in de vorm van een beeld», in: ID., M. DIJKASTRA (eds), *Eén God alleen...? Over monotheïsme in Oud-Israël en de verering van de godin Asjera*, Kampen, 1998, pp. 114-124.

—, «Inscribed Seals as Evidence for Biblical Israel? Jeremiah 40,7–41,15 Par Exemple», in: L.L. GRABBE (ed.), *Can a «History of Israel» Be Written?*, JSOTS 245; European Seminar in Historical Methodology 1, Sheffield, 1997, pp. 65-83.

—, «The Seal of Baalisha, King of the Ammonites. Some Remarks», *BZ* 97 (1999), pp. 13-17.

BEGG C.T., «Yahwe's "visitation" of Zedekiah (Jer 32,5)», *ETL* 63 (1987), pp. 113-117.

BERLYN P.J., «Baruch Ben-Neriah: the Man Who Was Not a Prophet», *JBQ* 25 (1997), pp. 150-161.

BERRIDGE J.M., *Prophet, People, and the Word of Yahweh. An Examination of Form and Content in the Proclamation of the Prophet Jeremiah*, Basel Studies of Theology 4, Zurich, 1970.

BIDDLE M., «The Literary Frame Surrounding Jeremiah 30,1–33,26», *ZAW* 100 (1988), pp. 409-413.

BLANK S.H., «The Prophet as a Paradigm», in: J.L. CRENSHAW, J.T. WILLIS (eds), *Essays in Old Testament Theology. Festschrift J.P. Hyatt*, New York, 1974, pp. 111-130.

BLENKINSOPP J., «The Judaean Priesthood during the Neo-Babylonian and Achaemenid Periods: A Hypothetical Reconstruction», *CBQ* 60 (1998), pp. 25-43.

BOGAERT P.-M., «De Baruch à Jérémie. Les deux rédactions conservées du livre de Jérémie», in: ID. (ed.), *Le livre de Jérémie*, BETL 54, Leuven, 1981; 2e éd., 1997, pp. 168-173.

—, «Les documents placés dans une jarre: texte court et texte long de Jer 32 (LXX 39)», in: G. DORIVAL, O. MUNNICH (eds), *ΚΑΤΑ ΤΟΥΣ Ο': Selon les Septante. Trente études sur la Bible grecque des Septante. En hommage à Marguerite Harl*, Paris, 1995, pp. 53-77.

—, «La libération de Jérémie et le meurtre de Godolias: le texte court (LXX) et la rédaction longue (TM)», in: D. FRAENKEL, U. QUAST, J.Wm. WEVERS (eds), *Studien zur Septuaginta - Robert Hanhart zu Ehren, aus Anlaß seines 65. Geburtstages*, MSU 20, Göttingen, 1990, pp. 312-322.

—, «Le livre de Jérémie en perspective: les deux rédactions antiques selon les travaux en cours», *RB* 101 (1994), pp. 363-406.

—, «Le nom de Baruch dans la littérature pseudépigraphique: l'apocalypse syriaque et le livre deutérocanonique», in: W.C. VAN UNNIK (ed.), *La littérature juive entre Tenach et Mischna. Quelques problèmes*, Recherches Bibliques 9, Leiden, 1974, pp. 56-72.

—, «L'organisation des grands recueils prophétiques», in: J. VERMEYLEN (ed.), *Le livre d'Isaïe*, BETL 81, Leuven, 1989, pp. 147-153.

—, «Le personnage de Baruch et l'histoire du livre de Jérémie. Aux origines du Livre deutérocanonique de Baruch», in: E.A. LIVINGSTONE (ed.), *Studia Evangelica, VII. Papers presented to the Fifth International Congress on Biblical Studies held at Oxford, 1973*, Texte und Untersuchungen zur Geschichte der Altchristlichen Literatur 126, Berlin, 1982, pp. 73-81.

—, «Urtext, texte court et relecture: Jérémie XXXIII,14-26 TM et ses préparations», in: J.A. EMERTON (ed.), *Congress Volume Leuven 1989*, VTS 43, Leiden, 1991, pp. 236-247.

—, «La *vetus latina* de Jérémie: texte très court, témoin de la plus ancienne Septante et d'une forme plus ancienne de l'hébreu (Jer 39 et 52)», in: A. SCHENKER (ed.), *The Earlier Text of the Hebrew Bible. The Relationship between the Masoretic Text and the Hebrew Base of the Septuagint Reconsidered*, Septuagint and Cognate Studies 52, Atlanta, 2003, pp. 51-82.

—, «"Vie et paroles de Jérémie selon Baruch". Le texte court de Jérémie (LXX) comme œuvre biographique», in: E. BIANCHI, V. FUSCO, B. STANDAERT (eds), *La parola edifica la comunità*, Magnano, 1996, pp. 15-29.

BOGGIO G., «Geremia di fronte alla morte», in: *Gesù e la sua morte. Atti Della XXVII Settimana Biblica*, Brescia, 1984, pp. 253-266.

—, *Geremia. La testimonianza di un martire*, LoB 1.20, Brescia, 1982; 2e éd., 1997.

—, «Un uomo senza maschera», *ParVi* 31 (1986), pp. 94-100.

BONNARD P.-É., «Le prophète témoin de Dieu jusqu'au martyre. Jr 38,4-6.8-10. 20e Dimanche Ordinaire», *Assemblées du Seigneur* 2/51 (1972), pp. 52-55.

BOSMAN H.L., «The Rechabites and "Sippenethos" in Jer 35», *Theologia Evangelica* 16 (1983), pp. 83-86.

BOVATI P., «Dio protagonista del ritorno in Geremia», *PSV* 22 (1990), pp. 17-34.

BOYLE B., *Fire in the City: a Synchronic (Narrative Critical) and Diachronic Reading of the Interviews between Zedekiah and Jeremiah in Jeremiah 37:1–38:28a*, diss., Roma, 1997.

—, «Narrative as Ideology: Synchronic (Narrative Critical) and Diachronic Readings of Jeremiah 37–38», *Pacifica* 12 (1999), pp. 293-312.

—, «Ruination in Jerusalem: Narrative Technique and Characterisation in Jeremiah 37–38», *Compass* 32 (1998), pp. 38-45.

BOZAK B.A., *A Life «Anew». A Literary-Theological Study of Jer. 30–31*, AnBib 122, Roma, 1991.

BREKELMANS C., «Some Considerations on the Prose Sermons in the Book of Jeremiah», *BTFT* 34 (1973), pp. 204-211.

BRUEGGEMANN W., «Haunting Book – Hauntend People», *W&W* 11 (1991), pp. 62-68.

—, *Hopful Imagination. Prophetic Voices in Exile*, Philadelphia, 1986.

—, «Israel's Sense of Place in Jeremiah», in: J. JACKSON, M. KESSLER (eds), *Rhetorical Criticism. Festschrift J. Muilenburg*, Pittsburgh, 1974, pp. 149-165.

—, «Jeremiah's use of the Rhetorical Questions», *JBL* 92 (1973), pp. 358-374.

—, «Text that Linger, Word that Explode», *TT* 54 (1997), pp. 180-199.

—, «The "Baruch Connection": Reflections on Jer 43:1-7», *JBL* 113 (1994), pp. 405-420 (= «Id.», in: A.R.P. DIAMOND, K.M. O'CONNOR, L. STULMAN (eds), *Troubling Jeremiah*, JSOTS 260, Sheffield, 1999, pp. 367-386).

BULLOCK C.H., *An Introduction to the Old Testament Prophetic Books*, Chicago, 1986.

BURKE D.E., *Hope for your Future. The Composition and Coherence of Jeremiah 30–33*, diss., Toronto, 1988.

CABALLERO J.M., *Análisis y ambientación de los textos de Jeremías*, Burgos, 1971.

CALLAWAY M.Ch., «Black Fire on White Fire: Historical Context and Literary Subtext in Jeremiah 37–38», in: A.R.P. DIAMOND, K.M. O'CONNOR, L. STULMAN (eds), *Troubling Jeremiah*, JSOTS 260, Sheffield, 1999, pp. 171-178.

—, «Telling the Truth and Telling Stories. An Analysis of Jeremiah 37–38», *USQR* 44 (1991), pp. 253-265.

CARDELLINI I., *Die biblischen »Sklaven«-Gesetze in Lichte des Keilschriftlichen Sklavenrechts. Ein Beitrag zur Tratition, Überlieferung und Redaktion der alttestamentlichen Rechtstexte*, BBB 55, Bonn, 1981.

CARRIÈRE J.-M., «Une prière d'espérance. Jérémie 32,16-25», *Masses Ouvrières* 435 (1991), pp. 49-63.

CARROLL R.P., «Arguing about Jeremiah: Recent Studies and the Nature of a Prophetic Book», in: J.A. EMERTON (ed.), *Congress Volume Leuven 1989*, VTS 43, Leiden,1991, pp. 222-235.

—, «Century's End: Jeremiah Studies at the Beginning of the Third Millennium», *Current Research* 8 (2000), pp. 18-58.

—, «Deportation and Diasporic Discourses in the Prophetic Literature», in: J.M. SCOTT (ed.), *Exile: Old Testament, Jewish & Christian Perspectives*, JSJSup 56, Leiden, 1997, pp. 63-85.

—, «Halfway through a Dark Wood: Reflections on Jeremiah 25», in: A.R.P. DIAMOND, K.M. O'CONNOR, L. STULMAN (eds), *Troubling Jeremiah*, JSOTS 260, Sheffield, 1999, pp. 72-86.

—, «Inscribing the Covenant: Writing and the Written in Jeremiah», in: A.G. AULD (ed.), *Understanding Poets and Prophets. Essays in Honour of George Wishart Anderson*, JSOTS 152, Sheffield, 1993, pp. 61-76.

—, *Jeremiah*, Old Testament Guides, Sheffield, 1989, réimpr. 1997.

—, «Manuscripts don't burn – Inscribing the Prophetic Tradition. Reflections on Jeremiah 36», in: M. AUGUSTIN, K.D. SCHUNK (eds), *»Dort ziehen Schiffe dahin...«. Collected Communications to the XIVth Congress of the International Organization for the Study of the Old Testament, Paris 1992*, BEAT 28, Frankfurt, 1996, pp. 31-42.

—, «Poets not Prophets. A Response to "Prophets through the Looking-Glass"», *JSOT* 27 (1983), pp. 25-31.

—, «Synchronic Deconstructions of Jeremiah: Diachrony to the Rescue?», in: J.C. DE MOOR (ed.), *Synchronic or Diachronic? A debate on Method in Old Testament Exegesis*, OTS 34, Leiden, 1995, pp. 39-51.

CAZEAUX J., *Histoire, utopie, mystique. Ouvrir la Bible comme un livre*, Initiation Bibliques, Paris, 2003.

CAZELLES H., «La vie de Jérémie dans son contexte national et international», in: P.-M. BOGAERT (ed.), *Le livre de Jérémie. Le prophète et son milieu. Les oracles et leur transmission*, BETL 54, Leuven, 1981; 2e éd., 1997, pp. 21-39.

—, «Lecture de Jérémie et d'Ézéchiel. Alliance nouvelle, cœur nouveau», *Christus* 97 (1978), pp. 90-99.

—, «Les circonstances historiques de la vie et de l'œuvre de Jérémie», *Lumière et Vie* 165 (1983), pp. 5-20.

CECCARELLI M., *Il profeta rifiutato. Studio tematico del rifiuto del profeta nel libro di Geremia*, Estratto della tesi di Dottorato in Teologia, Pontificia Università Gregoriana, Facoltà di Teologia, Roma, 2000.

CHANG P.M., «Jeremiah's Hope in Action – An Exposition of Jer 32:1-15», *EAJT* 2 (1984), pp. 244-250.

CHAVEL S., «"Let My People Go!" Emancipation, Revelation, and Scribal Activity in Jeremiah 34.8-14», *JSOT* 76 (1997), pp. 71-95.

CHILDS B.S., *Introduction to the Old Testament as Scripture*, London, 1979.

CISNEROS M., «El derecho a la esperanza. Jeremías 32», *RevBib* 62 (2000), pp. 1-32.

CLEMENTS R., «Jeremiah, Prophet of Hope», *RevExp* 78 (1981), pp. 345-363.

COLE R.D., *The Idolatry Polemics in the Book of Jeremiah. A Study in Prophetic Rhetoric*, diss., New Orleans, 1984.

COLELLA P., «Baruch lo scriba e Jerahmeel il Figlio del Re», *BeO* 23 (1981), pp. 87-96.

COMBET-GALLAND C., «Jérémie 28 et le risque de la vérité», *Foi et Vie* 83 (1984), pp. 70-77.

COUSIN H., *Vies d'Adam et Ève, des patriarches et des prophètes. Textes juifs autour de l'ère chrétienne, CE* Suppl. 32, Paris, 1980.

COXON P., «Nebuchadnezzar's Hermeneutical Dilemma», *JSOT* 66 (1995), pp. 87-97.

CUMMINGS J.T., «The House of the Son of the Prophets and the Tents of Rechabites», in: E.A. LIVINGSTONE (ed.), *Studia Biblica, 6th International Congress on Biblical Studies, Oxford 3-7 Apr. 1978. I. Papers on Old Testament and Related Themes*, JSOTS 11, Sheffield, 1979, pp. 119-126.

CUMMINS P., «A Test Case in Text Transmission. Jeremias 33:14-26», *CBQ* 2 (1940), pp. 15-27.

DAHOOD M., «La Regina del Cielo in Geremia», *RivBib* 8 (1960), pp. 166-168.

DAVIES Ph.R., «The Audience of Prophetic Scrolls. Some Suggestions», in: St. BRECK REID (ed.), *Prophets and Paradigms. Essays in Honor of Gene M. Tucker*, JSOTS 229, Sheffield, 1996, pp. 48-62.

DAY D., *Jérémie: témoin de Dieu en un temps de crise*, Mulhouse, 1992.

DAY J., *Molech, A God of Human Sacrifice in the Old Testament*, University of Cambridge oriental publications 41, Cambridge, 1989.

DE BOER P.A.H., «Jeremiah 45, verse 5», in: M.A. BEEK (ed.), *Symbolae biblicae et Mesopotamicae Francisco Mario Theodoro de Liagre Böhl dedicatae*, Studia Francisci Scholten memoriae dicata 4, Leiden, 1973, pp. 31-37.

—, «Some Remarks Concerning and Suggested by Jeremiah 43:1-7», in: H.Th. FRANK, W.L. REED (eds), *Translating and Understanding the Old Testament. Essays in honor of Herbert Gordon May*, Nashville, TN – New York, 1970, pp. 71-79 (= «Id.», in: C. VAN DUIN [ed.], *Selected Studies in Old Testament Exegesis*, OTS 27, Leiden, 1991, pp. 113-121).

DE JONG S., *Het verhaal van Hizkia en Sanherib; een synchronische en diachronische analyse van II Kon. 18,13–19,37 (par. Jer 36–37)*, Amsterdam, 1992.

—, «Hizkia en Zedekia: Over de verhouding van 2 Kon 18,17-19,37 / Jes 36-37 tot Jer 37,1-10», *ACEBT* 5 (1984), pp. 135-146.

DEARMAN J.A., «My Servants the Scribes; Composition and Context in Jeremiah 36», *JBL* 109 (1990), pp. 403-421.

DEIST F.E., «The Punishment of Disobedient Zedekiah», *JNSL* 1 (1971), pp. 71-72.

DELCOR M., «Le culte de la "Reine du ciel" selon Jer 7,18; 44,17-19,25 et ses survivances. Aspects de la religion populaire féminine aux alentours de l'Exil en Juda et dans les communautés juives d'Égypte», in: W.C. DELSMAN, J.P.M. VAN DER PLOEG (eds), *Von Kanaan bis Kerala*, AOAT 211, Kevelaer, 1982, pp. 101-122 (= «Id.», in: M. DELCOR, *Environnement et Tradition de l'Ancien Testament*, AOAT 228, Kevelaer, 1990, pp. 138-159).

DI PEDE E., «La cohérence interne de la liste des fautes du peuple en Jr 32/29-35», *ETR* 79 (2004), pp. 239-246.

—, «Jr 32, exergue du récit des chapitres 32–45?», *ZAW* 117 (2005), pp. 559-573.

—, «Jérémie 36: Essai de structure», *RivBib* 49 (2001), pp. 129-153.

—, «Jérémie et les rois de Juda en Jr 32–45», à paraître.

—, «Jérusalem, 'Ebed-Melek et Baruch. Enquête narrative sur le déplacement chronologique de Jr 45», *RB* 111 (2004), pp. 61-77.

—, *«Prends pour toi un rouleau de livre et écris dessus…» Trois lectures de Jr 36 (43LXX)*, Mémoire de DEA en Théologie, Louvain-la-Neuve, 1999-2000, sous la direction de A. Wénin.

—, «Le refus et l'espoir. L'intrigue de Jr 32–45», *ETL* 80 (2004), pp. 373-401.

DIAMOND A.R.P., «Portraying Prophecy: of Doublets, Variants and Analogies in the Narrative Representation of Jeremiah's Oracles – Reconstructing the Hermeneutics of Prophecy», *JSOT* 57 (1993), pp. 99-119.

DICKINSON G.T., *Jeremiah the iron Prophet*, Nashville, 1978.

DOMERIS W.R., «Jeremiah and the Religion of Canaan», *OTE* 7 (1994), pp. 7-20.

DRIVER G.R., «Hebrew Notes. Jeremiah XL 3», *VT* 1 (1951), pp. 244-245.

DURKEN D., «Seer's Corner: Prophets, Shepherds, and Sheep», *BTod* 38 (2000), pp. 29-33.

EDELMAN D., «The meaning of Qiṯṯēr», *VT* 35 (1985), pp. 395-404.

EDLIN J.O., *Literary design in Jeremiah 30–33*, diss., Southern Baptist Theol. Sem., Louisville, KY, 1985.

EISSFELDT O., «Baruchs Anteil an Jeremia 38.28b-40.6», *OrAnt* 4 (1965), pp. 31-34 (= *Kleine Schriften*, 4 [1968], Tübingen, pp. 176-180).

EPH'AL I., «"You Are Defecting to the Chaldeans" (Jer 37:13)», *EI* 24 (1993), pp. 18-22.

ESHKENAZI T.C., «Exile and the Dreams of Return», *Current in Theology and Mission* 17 (1990), pp. 192-200.

FEIGIN S., «The Babylonian Officials in Jeremiah 39.3,13», *JBL* 45 (1926), pp. 149-155.

FENSHAM F.C., «Nebukadrezzar in the Book of Jeremiah», *JNSL* 10 (1982), pp. 53-63.
FERRY J., «"Yhwh crée du nouveau". Restauration et nouveauté dans le livre de Jérémie (Lecture de Jr 30–31)», *EstBib* 60 (2002), pp. 381-404.
—, «"Je restaurerai Juda et Israël" (Jr 33,7.9.26). L'écriture de Jérémie 33», *Transeuphratène* 15 (1998), pp. 69-82.
—, *Illusion et salut dans la prédication prophétique de Jérémie*, BZAW 269, Berlin – New York, 1999.
FETTKE S.M., *Messages to a Nation in Crisis. An Introduction to the Prophecy of Jeremiah*, Washington, 1983.
FISCHER G., «Les deux faces de Jérémie 52», *ETR* 74 (1999), pp. 481-489.
—, *Il libro di Geremia*, Guide spirituali all'Antico Testamento, Roma, 1995.
—, «Jeremia 52 – ein Schlüssel zum Jeremiabuch», *Biblica* 79 (1998), pp. 333-359.
—, «Jeremiah 52. A Text Case for Jeremiah LXX», in: B.A. TAYLOR (ed.), *X Congress of the International Organization for Septuagint and Cognate Studies, Oslo, 1998*, SBL Septuagint and Cognate Studies 51, Atlanta, GA, 2001, pp. 37-48.
—, *Das Trostbüchlein. Text, Komposition und Theologie von Jeremia 30–31*, Stuttgart, 1993.
FRETHEIM T.E., «Is Anything Too Hard for God? (Jeremiah 32:27)», *CBQ* 66 (2004), pp. 231-236.
FRICK F.S., «The Rechabites Reconsidered», *JBL* 90 (1971), pp. 279-287.
FRIEBEL K.G., *Jeremiah's and Ezekiel's Sign-Act*, JSOTS 283, Sheffield, 1999.
GALLING K., «Die Halle des Schreibers. Ein Beitrag zur Topographie der Akropolis von Jerusalem», *PJ* 27 (1931), pp. 51-57.
GAMBERONI J., «"... Jonadab, unser Vater, hat uns geboten..." (Jer 35,6): Die Rechabiter – am Rand und in der Mitte», in: K. BACKHAUS, F.G. UNTERGAßMAIR (eds), *Schrift und Tradition. Festschrift für Josef Ernst zum 70. Geburtstag*, Paderborn – München – Wien – Zürich, 1996, pp. 19-31.
GARCÍA DE LA FUENTE O., «El contrato de Jeremías (32,6-15): comparación con los documentos del Antiguo Oriente», in: Consejo Superior de Investigaciones Científicas (ed.), *XV Semana Biblica Española (20-25 Sept. 1954): En torno al problema de la escatología individual del Antiguo Testamento. Otros estudios*, Madrid, 1955, pp. 188-212.
GEISELMANN B., «Die sogenannte josianische Reform in der gegenwärtigen Forschung», *ZAW* 106 (1994), pp. 223-242.
GELIN A., *Jérémie*, Témoins de Dieu 13, Paris, 1952.

GERATY L.T., «Back to Egypt. An Illustration of How an Archaeological Find May Illumine a Biblical Passage [Ammonite Seal Impression May Refer to Baalis of Jer 40:14]», *Reformed Review* 47 (1994), pp. 221-227.

GEYER J.B., «Desolation and Cosmos», *VT* 49 (1999), pp. 49-64.

GITAY Y., «The Projection of the Prophet. A Rhetorical Presentation of the Prophet Jeremiah», in: ID. (ed.), *Prophecy and Prophets. The Diversity of Contemporary Issues in Scholarship*, SBL SS, Atlanta, 1997, pp. 41-55.

GITAY Z., «Prophet and Prophecy. An Artistic Dilemma», in: Y. GITAY (ed.), *Prophecy and Prophets. The Diversity of Contemporary Issues in Scholarship*, SBL SS, Atlanta, 1997, pp. 149-163.

GOLDMAN Y., «Juda et son roi au milieu des nations. La dernière rédaction du livre de Jérémie», in: A.H.W. CURTIS, Th. RÖMER (eds), *Le livre de Jérémie et sa réception*, BETL 128, Leuven, 1997, pp. 151-182.

—, *Prophétie et royauté au retour de l'exil. Les origines littéraires de la forme massorétique du livre de Jérémie*, OBO 188, Freiburg – Göttingen, 1992.

GONÇALVES Fr.J., «"La maison qui est appelée du nom du Seigneur" au livre de Jérémie», in: J.C. PETIT (ed.), *Maison. Hommage à Guy Couturier*, Québec, 1994, pp. 165-188.

GÖRG M., «Jer 38,4-6.8-10», in: J. SCHREINER (ed.), *Die alttestamentlichen Lesungen der Sonn- und Festtage Auslegung und Verkündigung*, Würzburg, 1971, pp. 9-16.

—, «Jeremia zwischen Ost und West (Jer 38,1-6). Zur Krisensituation in Jerusalem am Vorabend des Babylonischen Exils», in: L. RUPPERT, P. WEIMAR, E. ZENGER (eds), *Künder des Wortes. Beiträge zur Theologie der Propheten*, Würzburg, 1982, pp. 121-136.

GOSSE B., «Les écrits de Jérémie, la réalisation du malheur voulu par Yahvé, et le pardon du péché dans le livre de Jérémie», *EstBib* 55 (1997), pp. 53-72.

—, «Jérémie 45 et la place du recueil d'oracles contre les nations dans le livre de Jérémie», *VT* 40 (1990), pp. 145-151.

—, «La malédiction contre Babylone de Jérémie 51,59-64 et les rédactions du livre de Jérémie», *ZAW* 98 (1986), pp. 383-399.

—, «La menace qui vient du Nord, les retournements d'oracles contre Babylone et Jérémie 30–31», *EstBib* 56 (1998), pp. 289-314.

—, «Nabuchodonosor et les évolutions de la rédaction du livre de Jérémie», *Science et Esprit* 47 (1995), pp. 177-187.

—, «Trois étapes de la rédaction du livre de Jérémie: La venue du malheur contre ce lieu (Jérusalem), puis contre toute chair (Juda et les nations), et enfin de nouveau contre ce lieu, mais identifié cette fois à Babylone», *ZAW* 111 (1999), pp. 508-529.

GRAUPNER A., *Auftrag und Geschick des Propheten Jeremia. Literarische Eigenart, Herkunft und Intention vordeuteronomisticher Prosa im Jeremiabuch*, Neukirchen-Vluyn, 1991.

—, «Jeremia 45 als "Schlußwort" des Jeremiabuches», in: M. OEMING, A. GRAUPNER (eds), *Altes Testament und christliche Verkündigung. Festschrift für Antonius H.J. Gunneweg zum 65. Geburtstag*, Stuttgart – Berlin – Köln – Mainz, 1987, pp. 287-308.

GUIJARRO OPORTO S., M. SALVADOR GARCÍA (eds), *Comentario al Antiguo Testamento II*, Madrid – Salamanca – Estrello, 2e éd., 1997.

HABEL N., «The Suffering Land: Ideology in Jeremiah», *LTJ* 26 (1992), pp. 14-26.

HADDAD G., «An Ethiopian Officer Forces the Hand of King Zedekiah: Jer 38,1-13 (Ebed-Melek)», *NESTR* 5 (1982), pp. 58-62.

HARDMEIER Chr., «Jeremia 32,2-15* als Eröffnung der Erzählung von der Gefangenschaft und Befreiung Jeremias in Jer 34,7; 37,3-40,6*», in: W. GROß (ed.), *Jeremia und die »deuteronomistische Bewegung«*, BBB 98, Weinheim, 1995, pp. 187-214.

—, «Probleme der Textsyntax, der Redeeinbettung und der Abschnittgliederung in Jer 32 mit ihren kompositionsgeschichtlichen Konsequenzen», in: H. IRSIGLER (ed.), *Syntax und Text. Beiträge zur 22. Internationalen Ökumenischen Hebräisch-Dozenten-Konferenz 1993 in Bamberg*, St. Ottilien, 1993, pp. 49-79.

—, *Prophetie im Streit vor dem Untergang Judas. Erzählkommunikative Studien zur Entstehungssituation der Jesaja- und Jeremiaerzählungen in II Reg 18–20 und Jer 37–40*, BZAW 187, Berlin – New York, 1990.

HARRELSON W., *Jeremiah: Prophet to the Nations*, Philadelphia, PA, 1959.

HAYS J.D., «From the Land of the Bow: Black Soldiers in the Ancient Near East», *BibRev* 14 (1998), pp. 28-33; 50-51.

HERR L.G., «Is the Spelling of "Baalis" in Jeremiah 40:14 a Mutilation: [reply to W.H. Shea, "Mutilation of Foreign Names," 23,111-115 Spr 85]», *AUSS* 23 (1985), pp. 187-191.

—, «The servant of Baalis», *BA* 48 (1985), pp. 169-172.

HESTER D., *Authority Claims and Social Legitimation in the Book of Jeremiah*, diss., Durham, NC, 1982.

HEYNS D., «History and Narrative in Jeremiah 32», *OTE* 7 (1994), pp. 261-276.

HICKS R.L., «*delet* and *megillâh*. A Fresh Approach to Jeremiah XXXVI», *VT* 33 (1983), pp. 46-66.

HILL J., *Friend or Foe? The Figure of Babylon in the Book of Jeremiah MT*, Biblical Interpretation Series 40, Leiden – Boston – Köln, 1999.

HOBBS T.R., *The Exodus Tradition in the Book of Jeremiah. An Investigation into the Background of the Prophet*, London, 1972-1973.

—, «Some Remarks on the Composition and Structure of the Book of Jeremiah», *CBQ* 34 (1972), pp. 257-275.

HOFFMAN Y., «Aetiology, Redaction and Historicity in Jeremiah XXXVI», *VT* 46 (1996), pp. 179-189.

—, «Prophecy and Soothsaying», in: M. COGAN, B.L. EICHLER, J.H. TIGAY (eds), *Tehillah le-Moshe. Biblical and Judaic Studies in Honor of Moshe Greenberg*, Winona Lake, IN, 1997, pp. 221-244.

HOLLADAY W.L., *The Architecture of Jeremiah 1–20*, Lewisburg – London, 1976.

—, «A Coherent Chronology of Jeremiah's Early Career», in: P.-M. BOGAERT (ed.), *Le livre de Jérémie*, BETL 54, Leuven, 1981; 2e éd., 1997, pp. 58-73.

—, «A Fresh Look at "Source B" and "Source C"», *VT* 25 (1975), pp. 394-412.

—, «Jeremiah and Moses: Further Observations», *JBL* 85 (1966), pp. 17-27.

—, «The Identification of the Two Scrolls of Jeremiah», *VT* 30 (1980), pp. 452-467.

—, «The Years of Jeremiah's Preaching», *Int* 37 (1983), pp. 146-159.

HOLT E.K., «The Potent Word of God: Remarks on the Composition of Jeremiah 37–44», in: A.R.P. DIAMOND, K.M. O'CONNOR, L. STULMAN (eds), *Troubling Jeremiah*, JSOTS 260, Sheffield, 1999, pp. 161-170.

HONEYCUTT R.L., «Jeremiah, the Prophet and the Book», *RevExp* 78 (1981), pp. 303-318.

HOROWITZ W.J., «Audience Reaction to Jeremiah», *CBQ* 32 (1970), pp. 555-564.

HOUSE P.R., «Plot, Prophecy, and Jeremiah», *JETS* 36 (1993), pp. 297-306.

HUFFMON H.B., «Jeremiah of Anathoth: A Prophet for All Israel», in: R. CHAZAN, W.W. HALLO, L.H. SHIFFMAN (eds), *Ki Baruch Hu. Ancient Near Eastern, Biblical, and Judaic Studies in Honor of Baruch A. Levine*, Winona Lake, IN, 1999, pp. 261-271.

HUTTON R.R., «Slogans in the Midst of Crisis: Jeremiah and His Adversaries», *W&W* 10 (1990), pp. 229-236.

HUWYLER B., «Jeremia und die Völker: politische Prophetie in der Zeit babylonischen Bedrohung», *TZ* 52 (1996), pp. 193-205.

HYATT J.P., «The Babylonian Officials in Jer 39,3», *JBL* 72 (1953), p. xxii.

—, HOPPER R.S., «The Book of Jeremiah. Exegesis», in: G.A. BUTTRICK et al. (eds), *The Interpreter's Bible*, New York – Nashville, TN, 1956, vol. V, pp. 775-1142.

ISBELL C.D., «2 Kings 22,3-23,24 and Jeremiah 36: A Stylistic Comparison», *JTS* 8 (1978), pp. 33-45.

JACOT P.-A., «Une fidélité qui dévoile des infidélités. La leçon des Rékabites dans Jérémie 35», *Hokma* 69 (1998), pp. 14-26.

JÉRÔME, *Commentaire sur Jérémie*, Livre V,3,2, in: *Corpus Christianorum*, Series Latina LXXIV, Turnhout, 1960, pp. 236-237.

JOBLING D.K., «The Quest of Historical Jeremiah: Hermeneutical Implications of Recent Literature», *UnSemQR* 34 (1978), pp. 3-12.

KABASELE MUKENGE A., «Les derniers rois de Juda et la lecture du "Livre": Josias (2R 22-23), Joiaqim (Jr 36) et Jékonias (Ba 1,1-14)», *RTL* 30 (1999), pp. 11-31.

KAPELRUD A.S., «The Interpretation of Jeremiah 34,18ff.», *JSOT* 22 (1982), pp. 138-140.

KEGLER J., «The Prophetic Discourse and Political Praxis of Jeremiah. Observations on Jeremiah 26 and 36», in: W. SCHOTTROFF, W. STEGERMANN (eds), *God of the Lowly*, Maryknoll, NY, 1984, pp. 47-56.

KEOWN G.L., «Jeremiah 40:1-6», *Review and Expositor* 88 (1991), pp. 69-72.

KESSLER M., «Form-Critical Suggestion on Jer 36», *CBQ* 28 (1966), pp. 389-401.

—, «Jeremiah Chapter 26–45 Reconsidered», *JNES* 27 (1968), pp. 81-88.

—, «New Directions in Biblical Exegesis», *Scottish Journal of Theology* 24 (1971), pp. 317-325.

—, «The Law of Manumission in Jer 34», *BZ NF* 5 (1971), pp. 105-108.

—, «The Significance of Jer 36», *ZAW* 81 (1969), pp. 381-383.

KEUKENS K.H., «Die rekabitischen Haussklaven in Jeremia 35», *BZ NF* 27 (1983), pp. 228-235.

—, «Zur Übersetzung von Jer 32,33b», *BN* 16 (1981), pp. 18-19.

KIDNER D., *The Message of Jeremiah*, The Bible Speaks Today, Downers Grove, IL, 1987.

KINSLER F.R., *Introductive Study of the Book of Jeremiah*, South Pasadena, CA, 1971.

KIPPER J.B., «Ein übersehenes Fragment Aquilas in Jr 38(31):22b», *Bib* 66 (1985), pp. 580-581.

KNIGHT D.A., «Jeremiah and the Dimensions of the Moral Life», in: J.L. CRENSHAW, S. SANDMEL (eds), *The Divine Helmsman. Studies on God's Control of Human Events*, New York, 1980, pp. 87-103.

KNIGHTS Chr.H., «"The Story of Zosimus" or "The Story of the Rechabites"», *JSJ* 24 (1993), pp. 235-245.

—, «"Standing before me for ever": Jeremiah 35:19», *ExpT* 108 (1996), pp. 40-42.

—, «Jeremiah 35 in the Book of Jeremiah», *ExpT* 109 (1998), pp. 207-208.

—, «The Structure of Jeremiah 35», *ExpT* 106 (1995), pp. 142-144.

—, «Who were the Rechabites», *ExpT* 107 (1996), pp. 137-140.

LALLEMAN-DE WINKEL H., *Jeremiah in Prophetic Tradition. An Examination of the Book of Jeremiah in the Light of Israel's Prophetic Traditions*, Contributions to Biblical Exegesis & Theology 26, Leuven, 2000.

LAMBLIN J.-P., «Un chemin de souffrance vers la vie; le livre de Jérémie», *Sève* 566 (1995), pp. 22-29.

LEMCHE N.P., «The Manumission of Slaves. The Follow Year. The Sabbatical Year. The Jobel Year», *VT* 26 (1976), pp. 38-59.

LEMKE W.E., «"Nebuchadrezzar, My Servant"», *CBQ* 28 (1966), pp. 45-50.

LEVENSON J.D., «On the Promise to the Rechabites», *CBQ* 38 (1976), pp. 508-514.

LIPINSKI E., «Prose ou poésie en Jer. XXXIV 1-7?», *VT* 24 (1974), pp. 112-113.

LOHFINK N., «Die Gattung der "Historischen Kurzgeschichte" in den letzten Jahren von Juda und in der Zeit des Babylonischen Exils», *ZAW* 90 (1978), pp. 319-347.

LORCHER H., «Das Verhältnis der Prosareden zu den Erzählungen im Jeremiabuch», *TLZ* 102 (1977), pp. 395-396.

LUNDBOM J.R., «Baruch, Seraiah, an Expanded Colophons in the Book of Jeremiah», *JSOT* 36 (1986), pp. 89-114.

—, *Jeremiah. A Study in Ancient Hebrew Rhetoric*, Winona Lake, IN, 1997.

LUST J., «The Diverse Text Forms of Jeremiah and History Writing with Jer 33 as a Text Case», *JNSL* 20 (1994), pp. 31-48.

MAIER M.P., *Ägypten – Israels Herkunft und Geschick: Studien über einen theo-politischen Zentralbegriff im hebraïschen Jeremiabuch*, ÖBS 21, Frankfurt-am-Main, 2002.

MARTENS E.A., «Narrative Parallelism and Message in Jeremiah 34–38», in: C.A. EVANS, W.F. STINESPRING (eds), *Early Jewish and Christian Exegesis, Studies in Memory of William Hugh Brownlee*, Scholars Press Homage series 10, Atlanta, 1987, pp. 33-49.

MCCONVILLE J.G., «Jeremiah: Prophet and Book», *TB* 42 (1991), pp. 80-95.

MCEVENUE S., «The Composition of Jer 37,1 to 44,30», in: W.C. VAN WYK (ed.), *Studies in Wisdom Literature*, OTWSA 15/16, Pretoria, 1972, pp. 59-67.

MCKANE W., «Jeremiah and the Rechabites», *ZAW* 100 suppl. (1988), pp. 106-123.

—, «Worship of the Queen of Heaven (Jer 44)», in: I. KOTTSIEPER, J. VAN OORSCHOT, D. RÖMHELD, H.M. WAHL (eds), *»Wer ist wie du, HERR, unter den Göttern?« Studien zur Theologie und Religionsgeschichte Israels für Otto Kaiser zum 70. Geburtstag*, Göttingen, 1994, pp. 318-324.

MESTERS C., *O profeta Jeremias. Boca de Deus, boca do povo. Una introdução à leitura do livro do profeta Jeremias*, Por trás palavras, São Paulo, 1992.

MIGSCH H., «"Eingehalten worden sind die Worte Jehonadabs". Zur Interpretation von Jer 35,14», *Bib* 82 (2001), pp. 385-401.

—, «Die Vorbildlichen Rechabiter: Zur Redestrçuktur [sic] von Jeremia XXXV», *VT* 47 (1997), pp. 316-328.

—, *Gottes Wort über das Ende Jerusalems: eine literar-, stil- und gattungskritische Untersuchung der Berichtes Jeremia 34,1-7; 32,2-5; 37,3–38,28*, ÖBS 2, Klosterneuburg, 1981.

—, *Jeremias Ackerkauf. Eine Untersuchung von Jeremia 32*, ÖBS 15, Frankfurt, 1996.

—, «Wohnten die Rechabiter in Jerusalem in Häusern oder in Zelten? Die Verbformation in Jer 35,8-11», *Bib* 79 (1998), pp. 242-257.

MILLER P.D. Jr., «Sin and Judgement in Jer 34,17-19», *JBL* 103 (1984), pp. 82-95.

MINETTE DE TILLESSE C., «Joiaqim, repoussoir du "pieux" Josias; parallélismes entre II Reg 22 et Jer 36», *ZAW* 105 (1993), pp. 352-376.

MINNICK M., «Responding Properly to the Word of the Lord (Jer 36)», *Biblical Viewpoint* 18 (1984), pp. 41-50.

MOLIN G., «'Ebed-Melek, der Kuschit. Bemerkungen zu Jer 38,7-13 und 39,15-18», in: R.G. STIEGNER (ed.), *Al-Hudhud: Festschrift Maia Höfner zum 80. Geburtstag*, Graz, 1981, pp. 219-223.

MORE M.S., «Jeremiah's Progressive Paradox», *RB* 93 (1986), pp. 386-414.

MORENO A., «Jeremías. La política en la vida de un profeta», *TV* 12 (1971), pp. 187-208.

MORGAN G.C., *Studies in the Prophecy of Jeremiah*, London, 1966.

MOTTU H., *Les «confessions» de Jérémie. Une protestation contre la souffrance*, Le monde de la Bible 14, Genève, 1985.

MUILENBURG J., «Baruch the Scribe», in: J.I. DURHAM, J.R. PORTER (eds), *Proclamation and Presence. Old Testament Essays in Honour of Gwynne Henton Davies*, London, 1970, pp. 215-238.

MULDER M.J., *De Rekabieten in Jeremia 35: fictie, secte of stroming?*, Kamper cahiers 68, Kampen, 1990.

NEHER A., *Jérémie*, Paris, 1960; 3e éd., Points Sagesses 139, Paris, 1998.

NELSON K., *Niederreisen und Aufbauen. Das Verhältnis von Heilsverheissung und Unheilsverkündigung bei Jeremia und im Jeremiabuch*, Biblische Theologische Studien 13, Neukirchen-Vluyn, 1990.

NICHOLSON E.W., *Preaching to the Exiles. A Study of the Prose Tradition in the Book of Jeremiah*, Oxford, 1970.

NIELSEN E., *Oral Tradition. A Modern Problem in Old Testament Introduction*, Studies in Biblical Theology 11, London, 1954.

NILES D.Pr., «The Old Testament. Man in History and Society (Jer 45)», in: E.P. NACPIL, D.J. ELWOOD (eds), *The Human and the Holy. Asian Perspectives in Christian Theology*, Quenzon City, 1978, pp. 167-176.

NOEGEL S., «Atbash in Jeremiah and its Literary Signifiance», *JBQ* 24 (1996), pp. 82-89; 160-166; 213-274.

ODASHIMA T., *Heilsworte im Jeremiabuch. Untersuchungen zu ihrer vordeuteronomistischen Bearbeitung*, BWANT 125, Stuttgart, 1989.

ODASSO G., «La ricerca di Dio in Isaia, Geremia e nel Deuteronomio», in: *Quaerere Deum*, Brescia, 1980, pp. 107-129.

OESCH J.M., «Zur Makrostruktur und Textintentionalität von Jer 32», in: W. GROß (ed.), *Jeremia und die »deuteronomistische Bewegung«*, BBB 98, Weinheim, 1995, pp. 215-223.

OLYAN S.M., «Some Observations Concerning the Identity of the Queen of Heaven», *UF* 19 (1987), pp. 161-174.

ORLINSKY H.M., «Nationalism-Universalism in the Book of Jeremiah», in: J. REUMANN (ed.), *Understanding the Sacred Text: Essays in Honor of Morton S. Enslin on the Hebrew Bible and Christian Beginnings*, Valley Forge, PA, 1972, pp. 61-83 (= «Id.», in: ID., *Essais in Biblical Culture and Bible Translation*, New York, 1974, pp. 117-143).

OVERHOLT Th.W., «King Nebuchadnezzar in the Jeremiah Tradition», *CBQ* 30 (1968), pp. 39-48.

PARDO IZAL J.J., *Pasión por un futuro imposible. Estudio literario-teológico de Jeremías 32*, Tesi Gregoriana. Serie Teologia 76, Roma, 2001.

PATTERSON R.D., «Of Bookends, Hinges, and Hooks: Literacy Clues to the Arrangement of Jeremiah's Prophecies», *The Westminister Theological Journal* 51 (1989), pp. 109-131.

PEEK-HORN M., «"Meschugge vor Hoffnung". Oder: Die Geschichte vom Ackerkauf im Untergang (Jeremia 32)», in: H.-J. BARKENINGS, U.F.W. BAUER (eds), *»Unter dem Fußboden ein tropfen Wahrheit«: Festschrift für Johann Michael Schmidt zum 65 järigen Geburtstag*, Düsseldorf, 2000, pp. 56-65.

PELLISTRANDI Ch., «Jérémie, un homme de foi pour entreprendre», *Christus* 32 (1985), pp. 315-330.

PENIAMINA L., «"For the Right of Possession and Redemption Is Yours; Buy It for Yourself"», *PJT* II,22 (1999), pp. 59-64.

PERDUE L.G., «Jeremiah in Modern Research», in: ID., B.W. KOVAKS (eds), *A Prophet to the Nations*, Winona Lake, IN, 1984, pp. 1-32.

PINÇON B., *Du Nouveau dans l'Ancien. Essai sur la notion d'Alliance Nouvelle dans le livre de Jérémie et dans quelques relectures au cours de l'Exil*, Lyon, 2000.

PIOVANELLI P., «La condamnation de la diaspora égyptienne dans le livre de Jérémie (JrA 50,8–51,30 / JrB 43,8–44,30)», *Transeuphratène* 9 (1995), pp. 35-49.

PIXLEY J.V., «A que partido político pertenecío Jeremias?», *RevBib* 48 (1986), pp. 31-49.

PLOTKIN A., *The Religion of Jeremiah*, New York, 1974.

POHLMANN K.-F., *Studien zum Jeremiabuch. Ein Beitrag zur Frage nach der Entstehung des Jeremiabuches*, FRLANT 118, Göttingen, 1978.

POLK T., *The Prophetic Persona: Jeremiah and the Language of the Self*, JSOTS 32, Sheffield, 1984.

QUINN J.R., «Take a Scroll and Write. Jer 36:2», *BT* 1 (1962), pp. 87-95.

RAITT T.M., *A Theology of Exile. Judgement and Delivrance in Jeremiah and Ezekiel*, Philadelphia, 1977.

RAST W.E., «Cakes for the Queen of Heaven», in: A.L. MERRILL, Th.W. OVERHOLT (eds), *Scripture in History and Theology: Essays in Honor of J. Coert Rylaarsdam*, Pittsburgh Theological Monograph Series 17, Pittsburgh, PA, 1977, pp. 167-180.

RAVASI G., *Il silenzio di Dio. Riflessioni sul libro di Geremia*, Milano, 1988.

REEDY G., «Jeremiah and the Absurdity of the Prophet», *BTod* 40 (1969), pp. 2781-2787.

REYMOND Ph., «Un aspect de la liberté dans l'Ancien Testament d'après Jérémie 37–38, 39.15-18», *Verbum Caro* 53 (1960), pp. 38-48.

RICE G., «Two Black Contemporaries of Jeremiah: Ebed-Melek; Jehudi ben Netanjah», *JRT* 32 (1975), pp. 95-109.

RIETZSCHEL C., *Das Problem der Urrolle. Ein Beitrag zur Redaktionsgeschichte des Jeremiabuches*, Gütersloh, 1966.

ROFÉ A., «The Arrangement of the Book of Jeremiah», *ZAW* 101 (1989), pp. 390-398.

ROMÁN MARTÍNEZ C., «La idolatría en el profeta Jeremías», *Mayéutica*, 19 (1993), pp. 265-303.

RÖMER T.C., «How Did Jeremiah Become a Convert to Deuteronomistic Ideology?», in: L.S. SCHEARING, St.L. MCKENZIE (eds), *Those Elusive Deuteronomists. The Phenomenon of Pan-Deuteronomism*, JSOTS 268, Sheffield, 1999, pp. 189-199.

—, «Y a-t-il une rédaction deutéronomiste dans le livre de Jérémie?», in: A. DE PURY, T. RÖMER, J.-D. MACCHI (eds), *Israël construit son histoire. L'historiographie deutéronomiste à la lumière des recherches récentes*, Le monde de la Bible 34, Genève, 1996, pp. 419-441.

—, *Jérémie. Du prophète au livre*, Poliez-le-Grand, 2003.

ROM-SHILONI D., «The Prophecy for "Everlasting Covenant" (Jeremiah XXXII 36-41): an Exilic Addition or a Deuteronomistic Redaction?», *VT* 53 (2003), pp. 201-223.

ROSENBERG J., «Jeremiah and Ezekiel», in: R. ALTER, Fr. KERMODE (eds), *The Literary Guide to the Bible,* Cambridge, MA, 1987, pp. 184-206; trad. française: «Jérémie et Ézéchiel», in: R. ALTER, Fr. KERMODE (eds), *Encyclopédie littéraire de la Bible,* trad. P.-E. DAUZAT, Paris, 2003, pp. 231-255.

ROUILLARD-BONRAISIN H., «Ésaïe, Jérémie et la politique des rois de Juda», in: A. LEMAIRE (ed.), *Prophètes et Rois: Bible et Proche-Orient,* LD Hors série, Paris, 2001, pp. 177-224.

RUBINGER N.J., «Jeremiah's Epistle to the Exiles and the Field in Anathot», *Judaism* 26 (1977), pp. 84-91.

RUIZ G., «Jeremías, un modelo de lectura de Dios en la historia», *Sal Terrae* 69 (1981), pp. 359-369.

SALIBI K.S., «The "Flight" from Jerusalem», *Theological Review* 11 (1990), pp. 76-84.

SARNA N., «Zedekiah's Emancipation of Slaves and the Sabbatical Year», in: H.A. Jr. HOFFNER (ed.), *Orient and Occident. Essays presented to Cyrus H. Gordon on the Occasion of his Sixty-fifth Birthday,* AOAT 22, Kevelaer – Neukirchen-Vluyn, 1973, pp. 143-149.

SAWYER D.F., «Gender-play and Sacred Text: A Scene from Jeremiah», *JOTS* 83 (1999), pp. 99-111.

SCHEDL Cl., «Zur logotechnischen Struktur von Jeremia 34,18», *BZ NF* 26 (1982), pp. 249-251.

SCHENKER A., «La liberazione degli schiavi a Gerusalemme secondo Ger 34,8-22», *RivBib* 41 (1993), pp. 453-458.

—, «Nebukadnezzars Metamorphose vom Unterjocher zum Gottesknecht. Das Bild Nebukadnezzars und einige mit ihm zusammenhangende Unterschiede in den beiden Jeremia-Rezensionen», *RB* 89 (1982), pp. 498-527.

SCHMID K., *Buchgestalten des Jeremiabuches. Untersuchungen zur Redaktions- und Rezeptionsgeschichte von Jer 30–33 im Kontext des Buches,* WMANT 72, Neukirchen-Vluyn, 1996.

SCHULTE H., «Baruch und Ebedmelech - persönliche Heilsorakel im Jeremiabuche?», *BZ* 32 (1988), pp. 257-265.

SEIDEL B., «Freunde und Feinde Jeremias unter den Beamten Judas der spätvorexilischen Zeit», *BZ* 41 (1997), pp. 28-53.

SEITZ Chr.R., «The Crisis of Interpretation over the Meaning and Purpose of the Exile. A Redactional Study of Jeremiah xxi-xliii», *VT* 35 (1985), pp. 78-97.

—, «The prophet Moses and the Canonical Shape of Jeremiah», *ZAW* 101 (1989), pp. 3-27.

—, *Theology in Conflict. Reactions to the Exile in the Book of Jeremiah,* BZAW 176, Berlin – New York, 1989.

Sharp C.J., «The Call of Jeremiah and Diaspora Politics», *JBL* 119 (2000), pp. 421-438.

Shead A.G., «Jeremiah 32 in Its Hebrew and Greek Recensions», *TynB* 50 (1999), pp. 318-320.

—, *The Open Book and the Sealed Book. Jeremiah 32 in its Hebrew and Greek Recensions*, JSOTS 347; The Hebrew Bible and its Versions 3, Sheffield, 2002.

Simpson A.B., «Asking Great Things from God», *Alliance Life* 124 (1989), pp. 4-5.

Smelik K.A.D., «Mijn knecht Nebukadnessar in het boek Jeremia: Een provocatie aan de lezer», *ACEBT* 16 (1997), pp. 44-59.

Smit E.J., «So how Did Jehoiachim Die?», *Sem* 6 (1994), pp. 46-56.

Smith M., «The Veracity of Ezekiel, the Sins of Manasseh and Jeremiah 44,18», *ZAW* 87 (1975), pp. 11-16.

Snaith N.H., «Jeremiah 33,18», *VT* 21 (1971), pp. 620-622.

Soggin J.A., «Amore e giustizia in tempi di prova. Analisi dei profeti Geremia e Ezechiele», in: E. De Gennaro (ed.), *Amore e giustizia. Analisi semantica dei due termini e delle loro correlazioni nei testi biblici veterotestamentari e neotestamentari*, L'Aquila, 1980, pp. 297-325.

Sommer B.D., «New Light on the Composition of Jeremiah», *CBQ* 61 (1999), pp. 646-666.

Stanger O., *Untersuchungen zum Prophetenbild in den Kapiteln 37–45 des Jeremiabuches*, Innsbruck, 1974.

Steiner R.C., «The Two Sons of Neriah and the Two Editions of Jeremiah in the Light of Two atbash Code-Words for Babylon», *VT* 46 (1996), pp. 74-84.

Stipp H.-J., «Die Hypothese einer schafanidischen (patrizischen) Redaktion des Jeremiabuches. Zum Beitrag von Harald Martin Wahl in ZAW 3/1998», *ZAW* 111 (1999), pp. 416-418.

—, *Jeremia im Parteienstreit. Studien zur Textentwicklung von Jer 26,36-43 und 45 als Beitrag zur Geschichte Jeremias, seines Buches und judäischer Parteien im 6. Jahrhundert*, BBB 82, Frankfurt, 1992.

—, «Zedekiah in the Book of Jeremiah: On the Formation of a Biblical Character», *CBQ* 58 (1996), pp. 627-648.

Stulman L., «Insiders and Outsiders in the Book of Jeremiah: Shifts in Symbolic Arrangements», *JSOT* 66 (1995), pp. 65-85.

—, *Oder Amid Chaos: Jeremiah as Symbolic Tapestry*, Biblical Seminar 57, Sheffield, 1998.

—, «The Narrative Tradition in Jeremiah. A Textual and Exegetical Reexamination», *PGLM* 6 (1986), pp. 183-203.

Taylor M.A., «Jeremiah 45: The Problem of Placement», *JSOT* 37 (1987), pp. 79-98.

TELCS G., «Jeremiah and Nabuchadnezzar, King of Justice», *CanadJT* 15 (1969), pp. 122-130.

THELLE R.I., «דרש את־יהוה: the Prophetic Act of Consulting YHWH in Jeremiah 21,2 and 37,7», *SJOT* 12 (1998), pp. 249-256.

THIEL W., «Das Jeremiabuch als Literatur», *Verkündigung und Forschung* 43 (1998), pp. 76-84.

—, *Die deuteronomistische Redaktion von Jeremia 26–45. Mit einer Gesamtbeurteilung der deuteronomistischen Redaktion des Buches Jeremia*, WMANT 52, Neukirchen-Vluyn, 1981.

THOMPSON M.E.W., *I Have Heard Your Prayer. The Old Testament and Prayer*, Peterborough, UK, 1996.

THONDIPARAMBIL J., *Prophecy as Theatre. An Exegetico-theological Study of the Symbolic Acts in the Book of Jeremiah*, Roma, 1989.

TOMES R., «The Reception of Jeremiah in Rabbinic Literature and in the Targum», in: A.H.W. CURTIS, T. RÖMER (eds), *Le livre de Jérémie et sa réception*, BETL 128, Leuven, 1997, pp. 233-253.

TOV E., «L'incidence de la critique textuelle sur la critique littéraire dans le livre de Jérémie», *RB* 79 (1972), pp. 189-199.

—, «Some Aspects of the Textual and Literary History of the Book of Jeremiah», in: P.-M. BOGAERT (ed.), *Le livre de Jérémie. Le prophète et son milieu. Les oracles et leur transmission*, BETL 54, Leuven, 1981; 2e éd., 1997, pp. 145-167.

—, «The Book of Jeremiah: A Work in Progress», *BRev* 16 (2000), pp. 32-38, 45.

VAN SELMS A., «Telescoped Discussion as a Literary Device in Jeremiah», *VT* 26 (1976), pp. 99-112.

VENEMA G.J., «De Woorden van JHWH, de mond van Jeremia en de hand van Baruch: Jeremia 36,17-18», *ACEBT* 16 (1997), pp. 73-79.

VERMEYLEN J., «Jérémie, le prophète et le livre», *ETL* 58 (1982), pp. 140-144.

VIRGILI R., *Geremia, l'incendio e la speranza: la figura e il messaggio del profeta*, Quaderni di Camaldoli 13, Bologna, 1998.

—, «Geremia: il profeta e il suo rotolo», in: E. MANICARDI, A. PITTA (eds), *Spirito di Dio e Sacre Scritture nell'autotestimonianza della Bibbia. XXXV Settimana Biblica Nazionale (= Ricerche Storico Bibliche* 12 [2000]), Bologna, 2000, p. 25-37.

VISCHER W., «Le salut des nations (Jérémie). Comment est-il le prophète pour les païens?», in: ID., *L'Écriture et la parole: là où le péché abonde, la grâce surabonde*, Essais Bibliques 12, Genève, 1985, pp. 65-114.

VITTONATTO G., *La Sacra Bibbia tradotta dai testi originali. Vecchio Testamento. Il libro di Geremia*, Torino, 1955.

VOUGA F., «La seconde passion de Jérémie», *Lumière et Vie* 165 (1983), pp. 71-82.

VRIEZEN K.J.H., «Cakes and Figurines. Related Women's Cultic Offerings in Ancient Israel?», in: B. BECKING, M. DIJKSTRA (eds), *On Reading Prophetic Texts. Gender-Specific and Related Studies in Memory of Fokkelien van Dijk-Hemmes*, Biblical Interpretation Series 18, Leiden, 1996, pp. 251-263.

WACHOLDER B.Z., «The "Sealed" Torah versus the "Revealed" Torah: An Exegesis of Damascus Covenant 5:1-6 and Jer 32:10-14», *RQ* 12 (1986), pp. 351-368.

WAHL H.M., «Die Entstehung der Schriftprophetie nach Jer 36», *ZAW* 110 (1998), pp. 365-389.

WALLIS W.B., «Irony in Jeremia's Prophecy of a New Covenant», *JETS* 12 (1969), pp. 107-110.

WAMBACQ B.N., «Jerémie 33,4-5», *Bib* 54 (1973), pp. 67-68.

—, «Teologia del libro di Geremia», *RivBib* 7 (1959), pp. 126-131.

WANG M.Ch.-Ch., «Jeremiah's Message of Hope in Prophetic Symbolic Action. The "Deed of Purchase" in Jer 32», *South East Asia Journal of Theology* 14 (1972 – 1973), pp. 3-13.

WANKE G., «Jeremias Ackerkauft. Heil im Gericht?», in: V. FRITZ, K.-F POHLMANN, H.-Ch. SCHMITT (eds), *Prophet und Prophetenbuch Festschrift für Otto Kaiser zum 65. Geburtstag*, BZAW 185, Berlin – New York, 1989, pp. 265-276.

—, *Untersuchungen zur sogenannten Baruchschrift*, BZAW 122, Berlin – New York, 1971.

WEINFELD M., «Jeremiah and the Spiritual Metamorphosis of Israel», *ZAW* 88 (1976), pp. 17-55.

—, «The Worship of Molech and of the Queen of Heaven and Its Background», *UF* 4 (1972), pp. 133-154.

WEIPPERT H., *Die Prosareden des Jeremiabuches*, BZAW 132, Berlin – New York, 1973.

—, «Schöpfung und Heil in Jer 45», in: R. ALBERTZ, F.W. GOLKA, J. KEGLER (eds), *Schöpfung und Befreiung*, Stuttgart, 1989, pp. 92-103.

WEISER A., «Das Gotteswort für Baruch. Jer 45 und die sogenannte Baruchbiographie», in: *Festschrift Karl Heim*, 1954, pp. 35-46 (= «Id.», in: ID., *Glaube und Geschichte im Alten Testament und andere ausgewählte Schriften*, Göttingen, 1961, pp. 321-329).

WESSELS W., «Jer 33,15-16 as a Reinterpretation of Jer 23,5-6», *Hervormde Teologiese Studies* 47 (1991), pp. 231-246.

WESTERMANN C., *Jeremia*, Stuttgart, 1967; 2e éd., 1972.

WIJESINGHE S.L.G., «Jeremiah 34,8-22. Structure and Redactional History of the Masoretic Text and of the Septuagint Hebrew Vorlage», *Logos* 37 (1999).

—, «Tracing the Shorter Version Behind the Short Text (LXX). A New Approach to the Redaction of Jeremiah 34,8-22», *Le Muséon* 110 (1997), pp. 293-328.

WILLIAMS M.J., «An Investigation of the Legitimacy of Source Distinctions for the Prose Material in Jeremiah», *JBL* 112 (1993), pp. 193-210.

WILLIS J.T., «The "Repentance" of God in the Books of Samuel, Jeremiah and Jonah», *HBT* 16 (1994), pp. 156-175.

WILSON R.R., «Historicizing the Prophets. History and Literature in the Book of Jeremiah», in: St.L. COOK, S.C. WINTER (eds), *On the Way to Niniveh: Studies in Honor of George M. Landes*, ASOR Books 4, Atlanta, 1999, pp. 136-154.

—, «Poetry and Prose in the Book of Jeremiah», in: R. CHAZAN, W.W. HALLO, L.H. SHIFFMAN (eds), *Ki Baruch Hu: Ancient Near Eastern, Biblical and Judaic Studies in Honor of Baruch A. Levine*, Winona Lake, IN, 1999, pp. 413-427.

WISSER L., *Jérémie: critique de la vie sociale. Justice sociale et connaissance de Dieu dans le livre de Jérémie*, Le monde de la Bible 7, Genève, 1982.

WRIGHT J.E., *Baruch Ben Neriah. From Biblical Scribe to Apocalyptic Seer*, Studies on Personalities of the Old Testament, Columbia, SC, 2003.

—, «Baruch, the Ideal Sage», in: J.E. COLESON, V.H. MATTHEWS (eds), *«Go to the Land I Will Show You». Studies in Honor of Dwight W. Young*, Winona Lake, IN, 1996, pp. 193-210.

WRIGHT R., «"Lachish and Azekah Were the Only Fortified Cities of Judah that Remained" (Jer 34,7)», *BAR* 8 (1982), pp. 72-73.

ZIMMERLI W., «Frucht der Anfechtung des Propheten», in: J. JEREMIAS, L. PERLITT (eds), *Die Botschaft und die Boten. Festschrift für Hans Walter Wolff zum 70. Geburtstag*, Neukirchen, 1981, pp. 131-146.

—, «Le nouvel "exode" dans le message des deux grands prophètes de l'exil», in: *Maqqél shâqédh, la branche d'amandier. Hommage à Wilhelm Vischer*, Montpellier, 1960, pp. 216-227.

—, «Visionary Experience in Jeremiah», in: E. COGGINS et al. (eds), *Israel's Prophetic Tradition. Essays in Honour of P.R. Ackroyd*, Cambridge, 1982, pp. 95-118.

Index des auteurs

Index des textes bibliques